U0835672

德国民商法案例研习译丛编委会

主　编　朱晓喆

编委会（按姓氏拼音排序）

冯洁语　胡坚明　马　颖　沈小军

王剑一　王立栋　朱晓喆

Fälle zum Besonderen Schuldrecht

Hans Josef Wieling

Thomas Finkenauer

德国民商法案例研习译丛

丛书主编：朱晓喆

德国债法分则案例研习

—第八版—

【德】汉斯·约瑟夫·威灵
【德】托马斯·芬克瑙尔 ◎著

冯洁语 ◎译

中国法制出版社
CHINA LEGAL PUBLISHING HOUSE

总序

一、什么是请求权基础案例研习

本套译丛是译介德国民法请求权基础案例研习课的教材。虽然国内文献对此已讨论颇多，[1] 但为本译丛导读，以及考虑到若有读者拟参考本译丛，实践相应的教学方法，因此，我作为丛书主编，再就该课程方法论作些介绍。

了解请求权基础案例研习，须从德国法学教育课程体系说起。德国大学法学教育以科学教育为目标，以实践运用为导向，其课程类型设置包括如下几种类型：[2]（1）大课讲授（Vorlesung）以教师讲解和学生听讲为主。限于课堂时间和学生人数较多，教师课上较少采用问答方式，课堂互动根据老师的风格而有所不同。（2）专题研讨（Seminar）是教师引导和学生

[1] 参见朱晓喆：《请求权基础实例研习教学方法论》，载《法治研究》2018 年第 1 期；卜元石：《德国法学教育中的案例研习课：值得借鉴？如何借鉴？》，载《中德法学论坛》第 13 辑，法律出版社 2016 年版，第 45—57 页；季红明、蒋毅、查云飞：《实践指向的法律人教育与案例分析——比较、反思、行动》，载《北航法律评论》2015 年第 1 辑，法律出版社 2016 年版，第 214—228 页。

[2] 邵建东：《德国法学教育制度及其对我们的启示》，载《法学论坛》2002 年第 1 期；韩赤风：《当代德国法学教育及其启示》，载《比较法研究》2004 年第 1 期；杜晓明：《德国法学教育简介》，载李昊、明辉主编：《北航法律评论》2015 年第 1 辑，法律出版社 2016 年版，第 229—232 页。

讨论为主的课程。参加课程的学生须在教师指导下作一个专题研究报告并回答教师和参加者的提问。（3）案例研习课（Übung）是撰写案例分析报告、练习适用法律的课程。大课讲授和专题研讨偏重于原理学习，而案例研习课侧重实例训练。该课程要求学生撰写案例研习报告采用“鉴定体”（Gutachtenstil）[3]，即逐一分析法律规范的构成要件，判断案件事实能否涵摄在该规范之下，进而得出是否适用该规范法律效果的结论。如在课堂上或考试中，须于指定时间段内完成案例报告，不用太多引注资料，称为课堂练习；如在课下做案例报告，即家庭作业，要借助更多文献和判例，深化案例解答的科学性，达到与通常的法学研究相同的品质。[4]（4）学习小组（Arbeitsgemeinschaft）是一种配合大课的集体辅导班，大致按民法、刑法和公法学科进行划分，由助教或博士生主持，以解决学习中的难点和进行案例分析训练为主。参加者通常为新生，每个小组人数约 20 人左右。

在上述课程体制中，案例研习课是法科学生每日必修的练习，通过大量的训练，学生们将法条、法学教义、法院判例等转化为其内在的知识和能力，养成法律思维。如科贝尔（Körber）教授说：“领会和理解生活事实，并依据法条、判决和学说去判断其中蕴含的法律争议，即解答案例，是每一位法律人的日常功课。”[5]

民法案例研习课的方法论就是请求权基础分析。关于此，我国学界已经介绍颇多。于此重申其关键要点，以便读者掌握要领。

“请求权基础”（Anspruchsgrundlagen）方法的出发点是对案例提出如下问题，即“谁得向谁依据什么请求什么？”（Wer will was von wem woraus?）[6] 分析言之：

（1）“谁向谁”（Wer von wem）。请求权是相对权，在回答问题时须明确权利人针对哪一个义务人主张请求权。

（2）“请求什么”（Was）。这一步是审查当事人主张要求什么，例如支付买卖价金、损害赔偿、返还原物等。

（3）“依据什么”（Woraus）。权利人主张的内容须以某个法律规范为

---

[3] 与鉴定体对应的是先给出结论，再叙明理由的“裁判体”（Urteilsstil）。Tettinger/ Mann, Einführung in die juristische Arbeitstechnik, 4. Aufl., C. H. Beck 2009, S. 126.

[4] Tettinger/ Mann, Einführung in die juristische Arbeitstechnik, 4. Aufl., C. H. Beck 2009, S. 179.

[5] Körber, Zivilrechtliche Fallbearbeitung in Klausur und Praxis, JuS 2008, 289.

[6] Heinemann, Übungen im bügerlichen Recht, De Gruyter 2008, S. 6.

基础，能够确立请求权的法律规范称为“请求权基础”。请求权基础包括构成要件（T）和法律效果（R）两个部分。构成要件是适用该法律规定的前提条件，由数个要素组成（可分解为t1，t2，t3……）。法律效果是满足构成要件后得出的后果，一般对应着请求的内容。

明确请求权基础方法的内涵后，还须解释一下案例研习的核心步骤，即“涵摄”（Subsumtion，或译“归入”）。涵摄是审查待决的案件事实是否可归属（Zuordung）在某一法律规范的构成要件之下，并得出法律效果是否发生的结论。在请求权基础案例研习中，其具体步骤是：（1）选择案件事实可能适用的请求权基础规范（T），并就所分析的案例提出“某人可能依此规范向另一人主张某种请求权”的待检验命题；（2）将法律规范分解为各个构成要件（t1，t2，t3……），并逐一与案件事实（s1，s2，s3……）进行比较，判断具体事实是否可归入抽象的构成要件（涵摄）；（3）对每一个构成要件和案件事实的涵摄都进行审查，得出相应的是或否的中间结论；（4）一旦案件事实满足请求权基础规范的每一构成要件，即可得出结论认为发生相应的法律效果（R），即案件当事人的请求权成立；如果欠缺任何一项构成要件，则不发生相应的请求权。可见，涵摄的核心就是亚里士多德的三段论（syllogistischer Schluss），即大前提—小前提—推论。[7]（如下图所示）

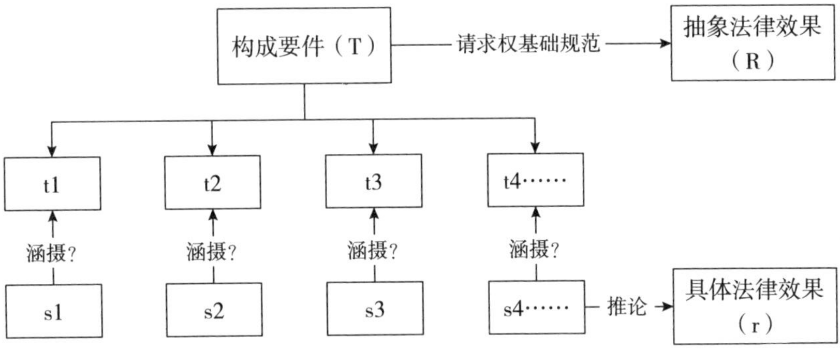

二、如何撰写请求权基础案例研习报告

一份完整的鉴定式请求权基础案例研习报告，包括案件事实和问题（题目）、解题结构（目录）、解题具体步骤和内容（请求权基础的审查）

[7] Tettinger/Mann, Einführung in die juristische Arbeitstechnik, 4. Aufl., C. H. Beck 2009, S. 143.

几部分。以下分述之。

1. 案件关键事实的领会和提取

请求权基础案例一般是出题者设计的教学或考试案例。这些案例大都来源于真实的司法裁判，但并不巨细无遗地交代案件情节，而是简洁描述和抽取重要事实，并通常对应着教科书或法典中的某一民法知识板块或制度规整。而且，案例事实本身一般不设争议，不需考虑举证问题。由此可见，请求权基础案例研习并非"法律实务训练课"，而是基础理论练习课，它不是教导学习者如何操作和办理实务案件，而是培养扎实的法律理论功底。

解题者在解题之前，先要审读和把握案件事实，并区分重要的和非重要的情节，尤其是不能遗漏那些具有法律意义的事实。准确把握案件事实，要求解题者须在事实与规范之间不停地"眼光往返流转"：一方面，所要适用的法律规范表明哪些事实是重要的；另一方面，这些事实也决定可适用的规范。[8]

案例事实的核心要素是当事人之间发生的能够产生权利义务变化的法律事实，如合同、侵权，以及权利义务的标的，如动产、不动产、权利。此外，当事人、时间和地点对于解决案例问题也有辅助作用，涉及行为能力、时效、履行地等。

2. 请求权基础审查的步骤

撰写一份严谨的请求权基础案例研习报告，须遵循如下三个步骤：请求权是否产生？请求权是否消灭？请求权是否可执行？

（1）请求权是否产生？（Anspruch entstanden?）

在这一阶段，首先从积极方面考察，案件事实是否符合（假定）可运用的请求权基础。如果请求权基础构成要件的每一要素都获得满足，可以判定请求权成立。[9] 此处的核心步骤就是"涵摄"。然后，再从消极方面审查，案件事实中有没有权利产生障碍的抗辩事由（权利阻却之抗辩），例如当事人无行为能力、意思表示无效、合同不成立或被撤销、

[8] Medicus, Grundwissen zum Bürgerlichen Recht, ein Basisbuch zu den Anspruchsgrundlagen, 8.Aufl., Carl Heymanns Verlag 2008, S. 6.

[9] Brox/Walker, AT des BGB, 34. Aufl., Verlag Franz Vahlen 2010, Rn. 856.

附生效条件的法律行为条件未成就等。[10]

（2）请求权是否消灭？（Anspruch untergegangen?）

这一阶段审查有没有导致已经产生的请求权发生消灭的后果，即考虑权利毁灭之抗辩。例如，合同的清偿、免除、抵销、解除、给付不能、附解除条件法律行为的条件成就等。[11]

（3）请求权可否贯彻执行？（Anspruch durchsetzbar?）

这一阶段审查有没有阻碍请求权执行的事由，即权利障碍之抗辩（私法上的抗辩权）。抗辩权须被告主张才可适用，例如诉讼时效抗辩权（《民法总则》第 192 条第 1 款）、同时履行抗辩权（《合同法》第 66 条）、人身性给付或履行费用过高之抗辩权（《合同法》第 110 条第 2 项）等。

以上三个步骤是审查请求权基础的完整要求。当然，在个案中，并不总是存在请求权的消灭或请求权执行障碍的事由，因此，在撰写案例研习报告时，请求权的产生必须进行审查。后两个步骤，仅在有案件事实根据时才予以审查。[12] 因此，后两个步骤在案例研习报告中可以根据情况省略。

3. 请求权基础的审查顺序

在同一案件事实中，当事人之间可能发生数项请求权。于此，须依循请求权基础的审查顺序（Prüfungsreihenfolge），逐一考察。德国民法教学中，根据各个请求权基础的特点或优先性考量，通常按照合同请求权—类合同请求权—无因管理请求权—物权请求权—侵权行为请求权—不当得利请求权，这样的顺序进行思考和解题。具体理由如下。

（1）合同请求权

合同要体现私法自治原则，如果当事人之间合同约定了权利义务关系，应首先对其尊重。如果存在其他请求权的可能，会受合同的影响。[13] 具体言之，如果存在合同关系，管理他人事务构成委托（《合同法》第 396 条），不成立无因管理。如果根据合同关系占有他人之物，通常不发生无权占有（《物权法》第 241 条），从而排除“所有权人—无权占有人”

---

[10] Heinemann, Übungen im bügerlichen Recht, De Gruyter 2008, S. 16.

[11] Heinemann, Übungen im bügerlichen Recht, De Gruyter 2008, S. 16.

[12] Körber, Jus 2008, 289.

[13] Heinemann, Übungen im bügerlichen Recht, De Gruyter 2008, S. 10.

规则的适用。如果基于合同取得他人财产利益，也不符合不当得利中的“无法律上原因”。而侵权行为的请求权，可能被合同修改或排除（合同约定可以排除侵权行为违法性），或者合同法可能有减轻责任的规定（如《合同法》第374条）或约定。

合同请求权可分为原初的给付请求权和次生的救济性请求权。前者例如《合同法》第60条第1款的履行请求权，《合同法》第135条的买受人交付标的物并转移所有权的请求权、第159条的出卖人价金请求权。后者例如《合同法》第107条的实际履行、采取补救措施、损害赔偿请求权，第111条的瑕疵担保请求权，《合同法》第97条规定解除后恢复原状、损害赔偿请求权，以及《合同法》分则规定具体合同的违约救济请求权，于此不一一枚举。

（2）类合同请求权

如果合同未成立或无效、被撤销，但当事人基于缔约磋商应尽到照顾、保护缔约对方权益的义务，若有违反应承担缔约过失责任。由于其接近合同请求权，因而紧随其后予以审查。[14]

根据我国现行民法，类合同的请求权例如：《合同法》第42条规定缔约过失请求权，第43条规定缔约中违反保密义务的损害赔偿请求权；《合同法》第58条、《民法总则》第157条规定合同或法律行为无效、被撤销或确定不发生效力后，发生返还财产、折价补偿、损害赔偿等请求权；《民法总则》第164条第2款规定的代理人与相对人恶意串通，损害被代理人权益，被代理人向二者主张连带责任的请求权；《民法总则》第171条第3款规定的无权代理人因代理未被追认时，善意相对人得请求其履行债务或承担损害赔偿责任。

（3）无因管理请求权

接着审查无因管理请求权，理由如下：无因管理人就管理行为所生之必要费用得向受益人请求偿还（《民法总则》第121条）是一种特殊的法定之债；无因管理的管理人并非侵夺占有或妨碍物权，从而排除物权请求权；无因管理的行为阻却违法，不构成侵权行为；无因管理人因管理他人事务获得财产利益，并非“无法律上原因”，不构成不当得利；无因管理人通常有责任优待（参见《德国民法典》第680条），与其竞

[14] Brox/Walker, AT des BGB, 34. Aufl., Verlag Franz Vahlen 2010, Rn. 842.

合的侵权请求权也同样如此。[15] 例如,《民法总则》第 184 条规定自愿实施紧急救助造成受助人损害的，救助人不承担民事责任。

（4）物权请求权

物权请求权之所以先于侵权和不当得利请求权审查，首先是因为物权法中就侵害或妨碍他人之物有特殊规定，从而排除侵权行为或不当得利的一般规定。[16] 例如,《物权法》第 107 条规定失主有追回遗失物的请求权。再例如,《物权法》第 242 条至第 244 条规定“所有权人—无权占有人”之间的特殊规则，据此，无权占有人造成物之损害的，恶意占有人承担赔偿责任，由此反面推论，善意占有人不负赔偿责任；善意占有人返还原物时可向所有权人请求支付必要费用；无权占有人无法返还原物，但应当返还由物之毁损、灭失产生的保险金、赔偿金或补偿金。此外，相较于侵权损害赔偿请求权而言,《物权法》上典型的原物返还请求权（第 34 条)、排除妨碍和消除危险请求权（第 35 条)、占有保护请求权（第 245 条）不以过错为要件。

（5）侵权行为请求权

因为侵权行为（包括危险责任）请求权不是其他请求权的前提，故而靠后审查。[17] 在审查侵权请求权之前，须审查是否存在特殊的约定或法律规定。

狭义的侵权请求权仅指损害赔偿请求权。但我国《侵权责任法》采取广义的侵权责任理解，包括保护物权之类绝对权的停止侵害、排除妨碍、消除危险责任，以及非损害赔偿性质的赔礼道歉、消除影响、恢复名誉等责任形式(《侵权责任法》第 15 条)。此外,《侵权责任法》还有所谓“非真正侵权责任”[18], 包括第 23 条受益人适当补偿责任、第 31 条紧急避险的牺牲请求权、第 24 条和第 33 条的损失分担责任。上述侵权责任，都可算入广义的侵权请求权。

就请求权基础而言，一般过错的侵权请求权基础是《侵权责任法》第 2 条第 1 款和第 6 条。特殊侵权责任请求权和危险责任请求权基础存

---

[15] Heinemann, Übungen im bügerlichen Recht, De Gruyter 2008, S. 10.

[16] Heinemann, Übungen im bügerlichen Recht, De Gruyter 2008, S. 10.

[17] 王泽鉴:《民法思维——请求权基础理论体系》, 北京大学出版社 2009 年版, 第 60 页。

[18] 张谷:《论〈侵权责任法〉上的非真正侵权责任》, 载《暨南学报》2010 年第 3 期。

在于《侵权责任法》第四章至第十一章，于此不赘。

（6）不当得利请求权

不当得利请求权的基本依据是《民法总则》第 122 条。如果存在合同或无因管理，将会排除不当得利。与物权请求权相比，可能物权人因物权消灭而无法主张原物返还，例如以他人油漆粉刷自己的围墙，但会发生不当得利。严格地说，侵权请求权与不当得利请求权并没有逻辑上的先后顺序，[19] 但相比而言，一般侵权请求权以过错为要件，而不当得利则否。例如，不知他人之物而为处分，获得对价利益。于此处分人因缺少过错而不构成侵权，但成立不当得利。[20] 基于此，最后考虑不当得利请求权。

以上是关于请求权基础审查顺序的一般规律，此外还须补充如下两点。

第一，如果请求权基础审查后，有数项请求权均得成立并可执行，则构成请求权聚合或请求权竞合。前者是指数个请求权可以同时并行主张；后者是指同一给付目的的数个请求权并存，但当事人仅得选择其一行使。[21] 请求权聚合或竞合时，每一请求权的构成要件、举证责任和诉讼时效可能存在差异，案例研习虽是理论训练，但也是为法律实务做准备，既反映法律思考的严谨性，也要考虑当事人的利益。因此，案例解题者必须通盘检讨所有可能成立的请求权基础，切勿任意选择一个请求权基础作答。[22]

第二，上述请求权审查的顺序和体系是以民事财产法上请求权为中心构建的。而亲属法和继承法上的请求权并未纳入进来。主要因为在亲属法和继承法上，根据不同法律关系和事实的情状，发生不同种类的请求权或法律效果，不具有可比性。例如子女扶养费请求权和遗产回复请求权，不像财产法上请求权那样可以按照事理的逻辑进行体系性安排。因此，亲属法和继承法的案例研习应具体考虑问题。

---

[19] Heinemann, Übungen im bügerlichen Recht, De Gruyter 2008, S.10 f. Körber, Jus 2008, 289.

[20] 王泽鉴：《民法思维——请求权基础理论体系》，北京大学出版社 2009 年版，第 60 页。

[21] 王泽鉴：《民法思维——请求权基础理论体系》，北京大学出版社 2009 年版，第 130—131 页。

[22] 王泽鉴：《民法思维——请求权基础理论体系》，北京大学出版社 2009 年版，第 134 页。

4. 案例研习中的法条运用

撰写请求权基础案例研习报告，除依循上述的步骤和顺序外，对于法条的理解和运用也很关键。

在案例研习中，解题者主要围绕请求权基础规范展开，但也不可忽略其他法律规范的运用。例如，根据《物权法》第34条，物权人欲主张对于无权占有人的返还原物请求权，须首先确定物权人是谁。于此，关于物权变动的规定（如《物权法》第9条、第23条）或所有权取得的规定（如《物权法》第106条以下），有助于确定物权的归属。此类规范为"辅助性规范"（Hilfsnormen）。[23] 此外，反对请求权的规定，例如法律行为无效（《民法总则》第153条）、诉讼时效的效力（《民法总则》第192条第1款），在请求权基础审查的每一阶段都可能涉及。此类规范为"反对性规范"（Gegennormen）。[24]

撰写案例研习报告须运用各种法律解释方法，展开法律规范的内涵分析，并为正确地进行涵摄奠定基础。[25] 涉及的法律解释方法包括文义解释、立法目的解释（历史解释）、体系解释、客观目的解释、合宪性解释等。但在很多疑难案例中，解题者可能发现通过法律解释，案件事实并不能准确涵摄进相关法律规范（尤其是请求权基础规范），即存在立法者规整计划的漏洞（公开的漏洞）。简单的法律解释并不足以应付案例解决，需要借助于法律续造方法，包括类推、举重明轻、举轻明重、目的性扩张等。此外，在解释运用法律时，也可能发现虽然案件事实能够涵摄进法律规范，但其实该法律规范的字面含义过宽，根据其目的不宜适用本案，由此发生"隐蔽的漏洞"，须对其进行目的性限缩。

在案例研习中须大量运用法律条文，解题者的法律适用能力得到锻炼，并结合案例留下深刻的印象，非一般教学授课可比。正如王泽鉴教授所言："背诵记忆法律条文，不求甚解，易于忘记。经由深刻思考，

---

[23] Medicus, Grundwissen zum Bürgerlichen Recht, ein Basisbuch zu den Anspruchsgrundlagen, 8.Aufl., Carl Heymanns Verlag 2008, S. 11.

[24] Medicus, Grundwissen zum Bürgerlichen Recht, ein Basisbuch zu den Anspruchsgrundlagen, 8.Aufl., Carl Heymanns Verlag 2008, S. 11.

[25] Tettinger/ Mann, Einführung in die juristische Arbeitstechnik, 4. Aufl., C. H. Beck 2009, S. 130.

亲身体验应用的条文，将成为法律人生命的法律细胞，终生难忘。”[26]

三、为什么移译本套丛书

如果从法律移植视角考察当代中国民商法的法治化进程，可以发现我国民商法的研究和教育呈现一条从“制度—思想移植”到“法学（法律）方法移植”、再到“法律教育方法移植”的发展轨迹。

首先，20 世纪 80 年代改革开放之初，中国要在一片法治废墟上建立各项法律制度，不可避免地要向法治先进国家学习和借鉴制度规则，并随之引入大量的西方法律思想学说。这一时期，与市场经济配套的民商事法律制度，几乎照搬照抄国外经验，例如担保法、合同法、公司法、证券法等。与此同时，法学研究也主要表现为“立法论”。

继而，大致 2000 年以来，我国单行民商法律基本齐备后，如何理解与适用这些法律规定成为摆在法学研究者和司法实务者面前的现实问题。于是，以阐述法律规范的涵义和实践运用的“解释论”成为当时之需。这一阶段，源于德国的“法学方法论”（或法律方法论）受到热捧，尤其是拉伦茨、齐佩利乌斯、王泽鉴、黄茂荣等人著述的出版，促进我国民商法学者开始重视法律解释方法，并将之运用于法律适用。法律的解释与适用必然与具体的部门法教义相结合，由此“法学方法论移植”最终演化为部门法学者对于“法教义学”的共识。

随后，近 10 年来，因年轻一代学者的推动，法学教育领域普遍出现模仿大陆法系或英美法系教学改革的潮流，并主要体现为德国鉴定式案例研习课程的引入。此类课程教学，以法律规范构成要件的分析为起点，以案件事实的涵摄为核心步骤，层层演绎推导出案件具体的法律效果，其教学目的在于培养学生分析法条、查找资料、研究写作等法律人必备的思维和能力。其中以民法上的请求权基础案例研习课流传最为普遍。目前国内开设此类课程的政法院校包括北京大学、中国政法大学、华东政法大学、中南财经政法大学、西南政法大学、上海财经大学等，俨然已成燎原之势。

在上述三个法律移植发展趋势中，法学教育模式的变革是最为根本性的。因为它对于人才培养起到潜移默化的作用，统一法律人的思维模式，

[26]　王泽鉴:《民法思维——请求权基础理论体系》，北京大学出版社 2009 年版，第 235 页。

提升中国法律人共同体的整体水平和专业地位。尽管目前国内已有此类课程教学实践，但尚未有全面的关于德国民法案例研习课程教材的译著，而不熟悉德语原著的研究者或实践者，只能通过一般介绍或个案翻译管窥德国此类课程方法。鉴于此，本套丛书的策划者希望通过译丛的出版，原汁原味地引进德国民商法的案例研习课程教材，以供国内法学教育者参考和借鉴。

最后，有必要对于本套译丛的背景及意义再作几点交代。2016年我和沈小军老师与中国法制出版社马颖主任共同策划本译丛时，根据当时邀请到的译者和能够联系到的原著版权，确定第一批书目包括德国民法总论、债法总论、债法分论、物权法、继承法和公司法。现在看来，既然本译丛定位“民商法案例研习课程教材”，今后有必要进一步增补家庭法以及其他商法的教材。

标准意义上的请求权基础案例研习报告的撰写格式，已如上文所述。但从本译丛的部分作品来看，德国的教材并非千篇一律。例如，民法总论案例教材里先简介相关教义学知识，然后再展开案例研习示范。债法总论案例教材也有不少教义学知识的总结。再例如，继承法案例教材中，有些案例的问题和解题的起始句并不是“谁得向谁依据什么请求什么”，而是根据题目要求，可能是表现为“遗产如何继承？”“遗产管理如何执行？”等问题。这也正说明，其实“请求权基础案例研习”是个笼统的说法，有可能案例分析的对象不是请求权，而是其他待检验的法律效果。因此，用“鉴定体”统称此类案例研习报告或许更具有概括性。

国内政法院校开展鉴定式案例教学的时机已经成熟，本套译丛出版适逢其时。若有读者参考本译丛，探索案例研习教学，编者在此适当做些建议：其一，开课对象最好是学完民法学、对民法原理有初步掌握的学生。以案例研习巩固和熟悉民法知识体系效果较好。其二，开课人数每个班在30人之内，教学要求是书面报告结合课堂讨论。其三，案例研习报告严格要求学术规范包括参考文献和引注，由此提高学生的文献检索和写作能力。其四，案例事实的设计要简明清晰，避免事实不清。所反映的民法知识点，不能过于简单直接，否则沦为“举例”。可以设计一些疑难或障碍，使解题者体会到法律实践问题的复杂性。同时，还得提醒读者注意，鉴定体案例研习只是学习法律的一种日常教学形式，不能将之神化。它其实更多的是一种思考过程的展示，是解题者分析和得出结论之后的报告形式。因此，我们在教学中不能只注重其形式，而忽略了民法原理的实质性学习。

本套译丛的出版有赖各位译者以及出版社的共同努力。丛书的译者都有留德背景，有的取得了德国的法学博士学位，都是有实力的年轻学者。在中国当下出版译著，尤其是教材的译著，从科研精力投入上说并不划算，有的学校任何成果都不算。从事这个翻译项目的译者更多是凭借着一种对民商法教学的热情和执着。中国法制出版社的马颖主任出于对本套译丛和译者们的认可，积极推动译丛的出版，以及编辑靳晓婷、王雯汀女士的辛苦付出，编者在此一并表示感谢。

上海财经大学法学院教授，博士生导师　朱晓喆

2019 年 8 月 12 日

德国法学教育之发达为世界所公认。其优势也体现在比较研究中，对此可参见克里斯蒂安·巴尔杜斯（Christian Baldus）、托马斯·吕夫纳（Thomas Rüfner）和鄙人编集的关于欧洲和美国法学教育的书。[1] 德国法学教育的突出特征在于解题技术。本书的主要目的即在于为德国学生阐释关于债法分则的解题技巧，而现在本书的受众也包括中国学生。与此同时，本书也致力于向学生传授知识，因此，本书所呈现的案例解答更胜一个优秀的学生在笔试中能做出的解答。

我很欣慰，本书经冯洁语先生翻译，呈现于中文世界。我期待该书有助于德国法文化在中国的引介。很遗憾，恩师汉斯·威灵未能得见其作品的中文译本问世。

托马斯·芬克瑙尔

2019 年 3 月于蒂宾根

---

[1] Baldus/Rüfner/Finkenauer, Juristenausbildung in Europa zwischen Tradition und Reform, Mohr Siebeck, Tübingen 2008, XIII, 388 S. Bologna und das Rechtsstudium. Fortschritte und Rückschritte der europäischen Juristenausbildung, Mohr Siebeck, Tübingen 2011, VIII, 290 S.

第八版序言

在第八版更新的文本中，本人加入了新的文献与判例。本人也坚持了本书一贯的理念，给予学生详细的案例解答，与此同时介绍重要的学习材料。第八版删除了案例二“瓷砖案”*，未针对该案之情况作相应增补，因为 2018 年 1 月 1 日生效的《德国民法典》第 439 条第 3 款明确了法律状况。作为替代，增加保证与承揽合同的案例作为第七个案例。感谢读者的修改建议。

蒂宾根，2018 年 11 月

托马斯·芬克瑙尔

* 经过与芬克瑙尔教授商议，中文版保留了原来的案例二“瓷砖案”，因此中文版比德文版多了一个案例，共二十一个案例。中文版第 1—6 个案例顺序同第七版第 1—6 个案例顺序，中文版第 7 个案例同第八版第 7 个案例，中文版第 8 个案例同第八版第 6 个案例，中文版第 9—21 个案例，同第八版第 8—20 个案例。——译者注

在第四版中本书的共同作者——海因里希·霍塞尔自愿离开。对其之前的工作我们表示感谢。托马斯·芬克瑙尔接替了霍塞尔的工作。债法改革尤其涉及本书的合同法部分，因此有必要进一步修改案例。这些案例设想为高年级学生的练习作业，绝不能认为所建议的解题路径是正确且唯一答案，其只是可能的一种答案。因为法学问题不同于只容许唯一正解的数学作业。法学问题取决于评价角度。唯有正确理解这一意义，方能认为所建议的解题答案是“解题模板”。也应指出的是，本书答案并不总符合闭卷考试（Klausur）或家庭作业预设的原则性要求。例如，这些答案并非总是写成规定的演绎式的鉴定体。在鉴定体中，过多的讨论容易变得冗余而烦琐。此外，还应当考虑到，本书案例不应仅限于教授法学问题的解题方法，在解题方法之外，也希望如教科书般传授实体法。

特里尔，2002 年 7 月

汉斯·约瑟夫·威灵、托马斯·芬克瑙尔

第一版序言节录

案例的解题技巧及方法通常无法单纯通过抽象规则来学习。同其他领域一样，案例的解答同样需熟能生巧。案例之于法律人，正如病人之于医生。只有在案例中才能学到法学论证的艺术。在纠纷中，通过援引法条，权衡正反理由，找到解决方法。因此，案例研习是学习教科书过程中必要的补充。我们强烈建议读者，首先自己草拟一份答案，然后再仔细钻研解题模板。不立行真知者，终将从错误中学。

本书难度水平大致与第一次国家考试的难度相当。……当然，考试中不要求解题答案如本书中那么详尽。本书中的注释是为了进一步深入和补充研究。本书编排遵照法典的体系。债法分则属于民法的核心部分。囿于篇幅，本书无法讨论该领域中的全部问题。我们从考试重要性的角度对此作出筛选。相应地，本书重点在于买卖合同、租赁合同、承揽合同和法定债之关系。

萨尔茨堡与特里尔，1979 年 5 月

海因里希·霍塞尔、汉斯·约瑟夫·威灵

缩略语列表

a.A.	anderer Ansicht	不同观点
a.a.O.	am angegebenen Ort	（引文）同上注
a.E.	am Ende	最后
a.F.	alte Fassung	旧法
abl.	ablehnend	反对的
a.M.	anderer Meinung	不同观点
AcP	Archiv für die civilisitsche Praxis	《民法实务档案》
AGB	Allgemeine Geschäftsbedingung（en）	一般交易条件
AGBG	Gesetz zur Regelung des Rechts der Allgemeinen Geschäftsbediungen	《德国一般交易条件法》
Anh.	Anhang	附录
AnwBl.	Anwaltsblatt	《律师公报》
Anm.	Anmerkung	评注
BauR	Baurecht	《德国建筑法》
BB	Der Betriebs–Berater	《企业顾问》
BGH	Bundesgerichtshof	德国联邦最高法院
BGHZ	Entscheidung des Bundesgerichtshofs in Zivilsachen	《德国联邦最高法院民事判决集》
D.	Digesten	《学说汇纂》
DAR	Deutsches Autorecht	《德国机动车法》
DB	Der Betrieb	《企业》
DStR	Deutsches Steuerrecht	《德国税法》
Einf.	Einführung	导论
Fn.	Fußnote	脚注
FS	Festschrift	庆祝文集
GmbHG	Gesetz betreffend die Gesellschaft mit beschränkter Haftung	《德国有限责任公司法》
GS	Gedächtnisschrift	追悼文集

续表

h.L.	herrschende Lehre	主流学说
h.M.	herrschende Meinung	主流观点
i.S.d.	im Sinne des/der	在……意义上
i.S.v.	im Sinne von	在……意义上
i.V.m.	in Verbindung mit	与……结合
JA	Juristische Arbeitsblätter	《法律工作报》
JR	Juristische Rundschau	《法律评论》
Jura	Juristische Ausbildung	《法律教育》
JuS	Juristische Schulung	《法律培训》
JW	Juristische Wochenschrift	《法律周刊》
JZ	Juristenzeitung	《法律家报》
krit.	kritisch	批判性的
Lit.	Literatur	文献
LM	Nachschlagewerk des Bundesgerichtshofs, Leitsätze mit Entscheidungen und Anmerkungen, hrsg. von Lindenmaier und Möhring	《林登迈尔（Lindenmaier）和莫宁（Möhring）编辑的德国联邦最高法院的工具书、带判决和评注的指导原则》
m.w.N.	mit weiteren Nachweisen	进一步证据
MDR	Monatsschrift für Deutsches Recht	《德国法月刊》
n.F.	neue Fassung	新法
NJW	Neue Juristische Wochenschrift	《新法学周刊》
NJW-RR	Neue Juristische Wochenschrift, Rechtsprechungs-Report Zivilrecht	《新法学周刊—民法判例报告》
NZBau	Neue Zeitschrift für Baurecht	《新建筑法杂志》
NZG	Neue Zeitschrift für Gesellschaftsrecht	《新企业法杂志》
NZM	Neue Zeitschrift für Miet- und Wohnungsrecht	《新租赁与住宅法杂志》
NZV	Neue Zeitschrift für Verkehrsrecht	《新交通法杂志》
pr.	principio, am Anfang vor weiterer Unterteilung	前言，在下级标题之前
RGZ	Entscheidungen des Reichsgerichtshofs in Zivilsachen	《德国帝国法院民事判决集》

续表

RL	Richtlinie	欧盟指令
Rn.	Randnummer	边码
str.	Streitig	有争议
st. Rspr.	ständige Rechtsprechung	主流判决
u.a.	unter andere; unter anderem	等等
Verbrauchsgüterkauf–RL	Richtlinie 1999/44/EG des Europäischen Parlaments und Rates vom 25. 5. 1999 zu bestimmten Aspekten des Verbrauchsgüterkaufs und der Garantie für Verbrauchskauf	《欧洲议会与欧盟理事会1999年5月25日1999/44/EG关于消费品买卖和担保特定方面的指令》
VersR	Versicherungsrecht	《保险法》
vgl.	vergleiche	参见
VIZ	Zeitschrift für Vermögens– und Investitionsrecht	《财产与投资法杂志》
Vorb.	Vorbemerkung	引言
Warn.	Warneyer, Die Rechtsprechung des Reichsgerichts	瓦内尔（Warneyer),《德国帝国法院判例》
WM	Wertpapiermitteilungen	《有价证券通讯》
WuM	Wohnung– und Mietrecht	《住宅与租赁法》
ZBB	Zeitschrift für Bankrecht und Bankwirtschaft	《银行法与银行经济杂志》
ZGR	Zeitschrift für Unternehmens– und Gesellschaftsrecht	《企业法与公司法杂志》
ZGS	Zeitschrift für das gesamte Schuldrecht	《全债法杂志》
ZHR	Zeitschrift für das gesamte Handelsrecht und Wirtschaftsrecht	《全商法与经济法杂志》
ZIP	Zeitschrift für Wirtschaftsrecht	《经济法杂志》
ZMR	Zeitschrift für Miet– und Raumrecht	《租赁与空间法杂志》
ZRP	Zeitschrift für Rechtspolitik	《法政策学杂志》
	z. T.zum Teil	部分
	zust.zustimmend	同意的

译者说明：本书未写明法典具体名称的条文均指《德国民法典》的条文。

目录

案例一　物美价廉的二手车

——特定物买卖合同中的瑕疵担保 / 1

案例二　有缺陷的瓷砖

——买卖合同中的拆装义务 / 15

案例三　无利可图的有限责任公司

——企业买卖中的瑕疵担保 / 30

案例四　古董店火灾

——租赁合同与转租合同中的担保责任和转租租金返还 / 41

案例五　虚假的终止理由

——租赁合同的终止及其法律效果 / 55

案例六　负有缺陷的电子数据处理机

——软件融资租赁合同的解除 / 68

案例七　未安装引擎的老爷车

——保证合同纠纷 / 87

案例八　掉落的天花板

——建设与工程设计合同纠纷 / 99

案例九　借钱玩牌
——赌债规则在赌博借贷中的类推 / 113

案例十　曾祖父的画像
——无权处分后的返还 / 120

案例十一　邻居意想不到的帮忙
——无因管理纠纷 / 129

案例十二　后果严重的汽车驾驶
——紧急无因管理 / 144

案例十三　失望的小偷
——占有人与所有权人关系　自己管理与不当得利 / 162

案例十四　不当的火车旅行
——未成年人不当取得他人服务作为得利 / 176

案例十五　存在问题的汽车租赁
——限制行为能力人取得用益可能性 / 183

案例十六　不够小心的朋友
——给付的概念与给付型不当得利 / 190

案例十七　房屋建造中的误会
——转化物之诉与侵害型不当得利 / 201

案例十八　邮票之争
——给付型不当得利与指令取得 / 210

案例十九　停业的企业
——一般侵权中的权利概念与假设因果关系 / 219

案例二十　有瑕疵的轿车
——产品自损 / 234

案例二十一 夜间事故
——多数人侵权中加害人身份不明 / 252

条文索引 / 257

内容索引 / 267

文献索引 / 288

译后记 / 291

案例一　物美价廉的二手车

——特定物买卖合同中的瑕疵担保

关键词

物之瑕疵的概念　品质约定　特定物买卖中的补充履行（*Nacherfüllung*）
解除　减价　瑕疵担保权的让与和排除　格式条款

案件事实

2018 年 2 月，K 欲购买汽车经销商 A 在售的一辆二手车。价目牌上写有如下说明：大众高尔夫，制造年份 2010 年，38000 公里，3500 欧。事实上，该车已经行驶了 115000 公里，负责二手车部门的出卖人 V 对此并不知情。他写了这份价目牌，采用的是里程表上的里程数。因此，该车只值 2500 欧。而在汽车档案中记载了真实行车里程。K 认为该报价十分优惠，遂订立了买卖合同。V 与 K 并未就里程数做任何特别协商。书面买卖合同中仅包含对该车的描述与价格。在该格式合同的正面有醒目提示，在反面印有交易条件，该条件如下：所出卖的二手车状态如检查和试驾的一样。除此之外，排除瑕疵担保。

K 驾驶该车四个月，随后以格式买卖合同（Formularkaufvertrag）的形式将该车以 3500 欧的价格卖给 Z。该格式合同中包含如下简单易懂的章节："该汽车买卖排除物之瑕疵的责任。但是，物之瑕疵所生的损害赔偿请求权如系出卖人因故意或重大过失违反义务所致，或者造成买受人人身损害的，不在排除之列。"在买卖当时，里程表显示的状态是 54000 公里。在磋商中，K 表示，他自己也无法保证里程表是否正确，但是没有理由怀疑其正确性。Z 取得该车的几天之后，意外得知了真实行车里程。评估师估价该车现值 2200 欧。

K拒绝承担任何瑕疵担保责任，但将其对A可能的权利让与给了Z。Z有什么权利？

解答

一、Z自身享有的对K的请求权与其他权利

（一）根据第437条第1项、第434条第1款第1句、第439条享有补充履行请求权

（二）根据第437条第3项、第434条第1款第1句、第311 a条第2款享有损害赔偿请求权

（三）基于第437条第2项、第434条第1款第1句、第326条第5款、第323条、第346条及以下条文，享有解除权

（四）基于第437条第2项、第434条第1款第1句、第441条享有减价权

（五）根据第812条第1款第2句第1支项享有对价款的不当得利请求权

（六）交易基础丧失（第313条第2款）

二、Z从K处受让取得的对A的诸请求权与其他权利

（一）瑕疵担保权的可让与性

（二）根据第437条第1项、第434条第1款第1句、第439条、第398条享有补充履行请求权

（三）根据第437条第3项、第434条第1款第1句、第311a条第2款、第398条享有损害赔偿请求权

（四）基于第437条第2项、第434条第1款第1句、第326条第5款、第323条、第346条及以下条文、第413条，享有解除权

（五）基于第437条第2项、第434条第1款第1句、第441条第1款、第413条享有减价权

一、Z自身享有的对K的请求权与其他权利

（一）根据第437条第1项、第434条第1款第1句、第439条* 享有补充履行请求权

如果买卖之物在风险移转之时（即交付，第446条）负有物之瑕疵，

---

* 本书未写明法典具体名称的条文均指《德国民法典》的条文。——译者注

并且瑕疵担保权未被排除，则 Z 根据第 437 条第 1 项、第 434 条第 1 款第 1 句、第 439 条享有补充履行请求权。

1. 第 434 条第 1 款第 1 句规定的主观或具体缺陷概念取决于物是“作为什么（als was）”而被卖出的。[1] 有瑕疵的实然品质不同于合同要求的应然品质。法律并未定义品质的核心概念。[2] 这是尽可能扩大意思自治的象征，品质概念包括物所负有的物理性质以及所谓的环境因素（Umweltbeziehung），也即物与其环境在法律上、事实上和经济上的联系。[3] 行驶里程毫无疑问是汽车所具有的品质。[4]K 与 Z 必然约定了特定的行驶里程。他们讨论了里程表的状态并因此认为行驶里程为 54000 公里。此种说明是对品质的明示约定。K 说明其不能保证里程数，仅仅表明 K 希望不承担品质担保（第 443 条）并排除第 276 条第 1 款第 1 句的无过失责任，而不是说，K 没有按第 434 条第 1 款第 1 句约定品质。实然品质与应然品质之间存在差异。因此，应当认为存在物之瑕疵。

2. 根据买受人的选择，补充履行有两种形式，即再交付（Nachlieferung）与修补（Nachbesserung）（第 439 条第 1 款）。但如上文所述，在特定物买卖中是否也得请求再交付（交付替代物）存在争议。第 439 条第 1 款及债法现代化法所转化的消费品买卖指令并未区分特定物买卖与种类物买卖。在二手物品买卖中，消费品买卖指令检讨理由第 16 条仅在“通常情况”排除交付替代物，因为此种物品“因其性质”无法替代。（债法）改革的立法者认为在特定二手物买卖中，“大部分”情况下可以排除交付替代物，在可替代物买卖中，当然得请求交付替代物。[5] 因此，在特定物买卖中，如果该物可补偿（ersatzbar）[按照不同观点，该物具有可替代性（vertretbar）或可交换性（austauschbar）]，买受人的利益得到满足并且该特定物买卖在

---

[1] 进一步证据参见 Larenz, II/1, § 41 I a.

[2] 对此参见 BT-Drs. 14/6040, 213.

[3] 判例通说参见 RGZ 161, 330（333）；BGHZ 79, 183（185）；BGH NJW 1992, 2564（2565）；MüKoBGB/*Westermann* § 434 Rn. 9；BeckOK BGB/*Faust* § 434 Rn. 22；*Harke* SchuldR BT Rn. 45；*Looschelders* SchuldR BT Rn. 38；也参见 BT-Drs. 14/6040, 213.

[4] Palandt/*Weidenkaff*, § 434 Rn. 72.

[5] BT-Drs. 14/6040, 209, 232.

功能上可类比种类物买卖，那么，通说认可再交付请求权。[6] 新的工业制品原则上具有此种可类比性。而在二手车买卖中，则不存在此种可类比性，此种观点是正确的。[7]K 与 Z 所达成合意的车辆，是一辆特定的且因其二手车的属性而独一无二的车辆。其他任何一辆车，哪怕型号相同，行驶里程相同，也不是 Z 凭借其在检查中获得的个人印象而挑选的车。因此，并无可能再交付。按照有力说，在特定物买卖中，原则上不考虑再交付。[8] 由于在此种特定物买卖中，给付义务自始限于特定出卖物，该出卖物以外的所有的物均与履行不符。这是因为再交付请求权在内容上无论如何也无法像最初的履行请求权一样得到实现。[9] 第 439 条第 1 款不是通说的论据，因为这一条款有一个明显的要件，即只能交付与履行相符的物，并且按照有力说，消费品买卖指令也并不必然允许再交付。[10] 允许再交付最终甚至会导致出卖人负有置备义务（这违反合同约定），并会将不是买受人选中的物强加给买受人。[11] 可交换性标准会导致某种法官的独裁，因为即使是批量生产的可替代物，个体与个体之间也会有差异，而此种差异对买卖的做出具有重要影响，如木材的纹理、包装的情况等。

因此，在本案中，无论如何，再交付均自始不能（第 275 条第 1 款）。这同样适用于修补：消除所挑选车辆增加的行车里程同样不能。因此，基于第 275 条第 1 款排除再交付。

---

[6] BGH NJW 2006, 2839；OLG Braunschweig JZ 2003, 863（864）；OLG Schleswig NJW-RR 2005, 1579（1581）；*Canaris*, JZ 2003, 831（833ff.）；Palandt/*Weidenkaff*, § 439 Rn. 15；*Looschelders* SchuldR BT Rn. 85；*Ebel*, JA 2004, 566.

[7] 参见 BGH NJW 2006, 2839；OLG Hamm NZV 2006, 97；*Ball* NZV 2004 217（220）；*Tiedtke/Schmitt*, JuS 2005, 583（585）.

[8] BeckOK BGB/*Faust*, § 439 Rn. 27. *Faust*, JZ 2007, 101（103 f.）；*Huber*, FS P. Schlechtriem, 2003, 521（523 in Fn. 9）；*Huber*, NJW 2002, 1004（1006）；*Lorenz/Riehm*, Rn. 505。*Ackermann*, JZ 2002, 378（385）；*Reinicke/Tiedtke*, Rn. 422 原则上也采此种观点。

[9] 例外是错误给付（Leistung eines aliud）的情况，如果没有极端的差别，得适用第 434 条第 3 款，因此存在再交付请求权。在这种情况下，通过再交付的方式给付了原应给付之物。

[10] 正确观点参见 *Faust*, ZGS 2004, 252（254 f.）；不同观点参见 *Ackermann*, JZ 2002, 378（385）；*ders.*, JZ 2003, 1154.

[11] 正确观点参见 Bamberger/Roth/*Faust*, § 439 Rn. 28；*Canaris*, JZ 2003, 831（836）赞同该意见。

（二）根据第437条第3项、第434条第1款第1句、第311 a条第2款享有损害赔偿请求权

过高的行驶里程是自始的、不可补正的、在合同订立之前就存在的瑕疵。因此，K不能履行（第275条第1款）基于第433条第1款第2句产生的为无瑕疵给付的义务（第311 a条第1款）。Z以3500欧的价格购买了价值为2200欧的汽车。其财产因之减少了1300欧。根据第311a条第2款第1句，除非K在订立合同时不知给付障碍并且此种不知不可归责于K，否则K必须赔偿此种财产损害。本案中，K明确表示，其无法保证里程表正确，借此排除了基于第276条第1款第1句中担保所产生的无过错责任。并且从此种表述中，也无法指责K存在过错。K从车商处购得此车，因此并无理由怀疑里程说明的正确性。本案中，无需考虑诸如再次向A询问之类的查实义务（Vergewisserungspflicht）。因此，K不承担损害赔偿责任。

（三）基于第437条第2项、第434条第1款第1句、第326条第5款、第323条、第346条及以下条文，享有解除权

1. 基于第437条第2项、第434条、第326条第5款和第323条，Z可能得解除与K的买卖合同。在向Z移转风险时，该车负有第434条第1款第1句意义上的瑕疵［见上文一（之一）1］。因为该车在合同订立之前就存在不可补正的瑕疵，所以按照第275条第1款，K不能“按合同约定”提供给付（第323条第1款），这意味着，按第433条第1款第2句提供无物之瑕疵的给付已经不能。因此，在第326条第5款意义上，K“无需”再为给付，[12] 因此Z得解除。本案中，因为补充履行已经不能［上文一之（一）2］，因此根据第326条第5款无需设置补充履行的期限（Nachfrist）。第326条第1款第1句不适用于本案。尽管该规范与第326条第5款构成要件相同（！），但是第326条第1款第2句表明基于第326条第1款第1句的自动消灭（对待给付）不适用于瑕疵给付和补充履行不能的情况：债权人应当有权决定，保留有瑕疵的给付还是（按照第326条第5款无需设置期限）解除合同。

[12] 此种表述概括了第275条第1款抗辩的情形与第275条第2款、第3款抗辩权的情形。

2. K 可能已经有效排除了 Z 的解除权。K 在“排除物之瑕疵责任的条件下”出卖该车，这包括所有的瑕疵，也包括增加的行驶里程。因为 K 没有欺诈，并且没有确保（担保）品质，因此毫无疑问，K 基于第 444 条排除了瑕疵担保责任。由于 K 不具企业的性质（第 14 条），K 与 Z 之间的交易并不属于消费品买卖，因此，第 476 条第 1 款也不适用。

存在疑问的是排除瑕疵担保的范围。如果在合同中约定了特定品质与概括性排除物之瑕疵担保责任，那么，根据德国联邦最高法院的观点，通常作如下解释：排除责任不适用于存在缺陷的情况，且此种缺陷发生在第 434 条第 1 款第 1 句确定品质的情况中，（按此种观点）则两条规则性质相同，处于对立状态。否则的话，品质约定对买受人而言无意义与价值［除了欺诈的情况（第 444 条）］。[13] 所以，此种观点不足为信，因为通过相同的论证，也得否定品质约定。德国联邦最高法院错误地认为，出卖人通过概括排除瑕疵担保责任的表述，能够正确表达其意思，不想为约定的品质提供担保。这两种表述是不同的，之间不存在矛盾，因为排除瑕疵担保责任的意义必然是排除合同性的保证义务（例如通过品质约定产生）。通说混淆了品质约定和担保之间的界限，因为根据第 444 条的价值衡量，由于矛盾行为，仅担保和排除瑕疵担保处于对立状态。

当然，排除瑕疵担保的约定可能是无效的格式条款（AGB）。格式条款必须是为大量合同而事先拟定的（第 305 条第 1 款第 1 句）。K 使用的格式条款，在其他买卖合同中同样使用。K 只希望使用一次该合同模板，不影响第 305 条第 1 款的适用。[14] 基于第 305 条第 2 款，责任排除条款同样构成了合同的有效部分：该条款对 Z 而言简单易懂，并且 Z 签名以表示同意该条款。对责任的排除尤其需要通过第 309 条进行衡量：第 8 项第 a 目与本案无关，该条不涉及与瑕疵有关的义务违反。第 8 项第 b 目仅涉及新品。需要注意的是第 7 项第 a 目与第 b 目，根据这两条，格式条款不得排除过失导致的人身损害和重大过失导致的其他损害。[15] 在本案中，K 所使

[13] BGH NJW 2007, 1346 Rn. 31.

[14] Palandt/*Grüneberg*, § 305 Rn. 9; BGH ZIP 2005, 1604.

[15] 在具体案件中，此种损害赔偿请求权是否可能发生并不重要。如果对 K 责任的排除涉及上述情况，则全部条款无效。因为通说认为不得对某一条款进行维持效力的限缩。参见 Palandt/*Grüneberg*, § 306 Rn. 6; OLG Hamm, NJW-RR 2005, 1220.

用的合同模板没有排除此种责任，因此，有效地排除了其他的瑕疵担保。[16]所以，Z 没有基于第 437 条第 2 项而生的解除权。

（四）基于第 437 条第 2 项、第 434 条第 1 款第 1 句、第 441 条享有减价权

由于有效地排除了瑕疵担保责任，Z 也不得主张替代解除的减价。

（五）根据第 812 条第 1 款第 2 句第 1 支项享有对价款的不当得利请求权

如果 Z 对 K 的付款无法律上之原因，则 Z 得依据第 812 条第 1 款第 2 句第 1 支项对 K 请求价款的不当得利返还。如果 Z 有效地撤销合同，则涉及此种情况。[17] 而其前提是，有撤销原因和撤销的意思表示符合期限（第 143 条）。

于此，需要考虑的是，根据第 119 条第 2 款，得因错误而撤销的情况。行驶里程是产生价值的因素（Wertbildender Faktor），并因此是第 119 条第 2 款意义上的交易中的重要性质。[18] 然而，第 433 条及以下作为特别法（leges speciales），排除了对因交易中的重要性质发生错误的撤销（此种交易中的重要性质同时是第 434 条意义上的品质），因为否则的话，与第 121 条第 2 款规定的最长撤销期限相比，第 438 条第 1 款第 3 项规定的较短的消灭时效，第 442 条第 1 款第 2 句的规定（不知道物之瑕疵是买受人重大过失造成的，这一情况下，排除物之瑕疵责任），特别是关于要求设置补充履行

---

[16] 也可以考虑第 307 条第 2 款第 2 项的适用（限制合同主要权利和义务）。尽管在第 433 条第 1 款第 2 句中，明确将给付无瑕疵升格为出卖人的主义务（Hauptpflicht）。但是，其并非第 307 条意义上的“基本义务”（Kardinalpflicht），否则第 309 条第 8 项的特殊要件就是多余的，也不再能排除瑕疵担保责任。对此参见 Palandt/*Grüneberg*, § 307 Rn. 37.

[17] 因撤销导致丧失法律上之原因应当适用第 812 条第 1 款第 1 句第 1 支项——非债清偿，还是适用第 812 条第 1 款第 2 句第 2 支项——原因嗣后消灭，这存在争议。两种观点各有其理由，第 142 条第 1 款撤销具有溯及力，或者撤销事实上是（履行——译者注）之后发生的。然而，撤销拟制的溯及效果并不改变给付人为给付时基于存在的债权这一事实。即使给付人知道他有权撤销，也不会因第 814 条排除其不当得利请求权。第 814 条仅适用于第 812 条第 1 款第 1 句第 1 支项，因此，应采第二种观点。参见 *Wieling*, BR, § 3 III 2.

[18] 关于第 119 条第 2 款详见 *Wieling*, Jura 2001, 577（579 ff.）.

的期限的规定，均会被破坏。[19]

然而，在合同约定排除物之瑕疵的情况下，需要进一步检讨是否例外允许因错误而撤销。如果存在瑕疵（同时构成物之重要性质），并且约定排除了责任，则从特别法的观点出发可以推论出，对排除瑕疵担保权的约定也排除了撤销权。或有观点认为已经排除了第 434 条及以下条文的适用，所以其特别法的效力也不再产生，因此得适用第 119 条第 2 款，此种观点是错误的。即使是在格式条款中约定排除瑕疵担保权，也同样排除第 119 条第 2 款的撤销。[20]

因为排除了撤销，所以不存在基于第 812 条第 1 款第 2 句第 1 支项的不当得利请求权。

（六）交易基础丧失（第 313 条第 2 款）

Z 无权请求调整其与 K 的合同（第 313 条第 1 款），也无权请求解除（第 313 条第 3 款）。因为双方当事人对该车的行驶里程有了一个错误的认识，并基于该错误的认识订立了合同。对第 313 条第 2 款规定的共同错误的处理不应与第 119 条第 2 款的单方错误有所不同，否则就会架空买卖法的特别规定。[21]

二、Z 从 K 处受让取得的对 A 的诸请求权与其他权利

（一）瑕疵担保权的可让与性

K 将对 A 可能有的权利让与给 Z。补充履行请求权（第 437 条第 1 项）、损害赔偿请求权和费用补偿请求权（第 437 条第 3 项）毫无疑问可以让与。而解除权与减价权（第 437 条第 2 项）是否具有可让与性则

---

[19] 通说参见 *BGH* NJW 1969, 184；Palandt/*Weidenkaff*, § 437 Rn. 53. MünchKommBGB/*Westermann*, § 437 Rn. 53；*Oetker/Maultzsch*, 134ff.；*Wieling*, Jura 2001 577（582f.）；反对第 119 条第 2 款的补充性参见 BeckOK BGB/*Faust* § 437 Rn. 182（与物之瑕疵担保权自由竞合）。

[20] BGHZ 63, 369（376 f.）；MünchKommBGB/*Armbrüster*, § 119 Rn. 151；BeckOK BGB/*Faust* § 437 Rn. 180. 这点经常被忽视，例如在 BGHZ 34, 32（33）中。在司法判例中，有部分观点认为，在有明确约定的情况下，排除瑕疵担保的约定才包含错误撤销。［例如，参见 OLG Karlsruhe JZ 1971, 294（295）。］此种观点错误认为，这一问题是一个纯粹法律构想的问题，而当事人通常对此一无所知。不同意见参见 *Schmidt-Salzer*, JZ 1967, 661（663）.

[21] MünchKommBGB/*Finkenauer*, § 313 Rn. 166；MünchKommBGB/*Westermann*, § 437 Rn. 56.

存在疑问，因为其不是第 398 条第 1 句意义上的债权，而是形成权。因此，应当考虑适用第 413 条。由于形成权不具独立性，因此可以认为其不具可让与性。否则的话，债权受让人可以通过行使此种形成权改变他人的合同关系。[22] 至少在合同标的同样转让给受让人的情况中（如本案），此种观点未能正确认识到实践对允许让与的迫切需求。有观点甚至认为，排除瑕疵担保的第二出卖人有义务将对第一出卖人的权利让与给第二出卖人的买家。[23] 即使不认为存在此种义务，在解除与减价中也应重视合同自由原则。判例基于实践需要认可了瑕疵担保权的让与，这主要是在建筑法与融资租赁领域中，以格式合同形式进行的让与。[24] 区分处理基于第 437 条产生的请求权与权利并不恰当，并且立法者将解除（Wandelung）与减价规定为形成权也是不希望做此种区分。* 因此，不应反对瑕疵担保权的让与（这些权利可以说是捆绑在一起了）。[25] 债权受让人有权选择行使第 437 条的请求权和形成权。

因此，如果 K 对 A 有瑕疵担保权，那么，Z 有权行使。

（二）根据第 437 条第 1 项、第 434 条第 1 款第 1 句、第 439 条、第 398 条享有补充履行请求权

1. K 与 A（通过 V 的代理）之间买卖合同有效成立。买卖标的物在风险移转时须已经负有瑕疵。尽管 K 与 A 并未将 38000 公里的行驶里程明

---

[22] 进一步证据参见 *Seetzen*, AcP 169（1969）, 352（370）; *Groß*, NJW 1971, 648.

[23] 到目前为止，德国联邦最高法院（BGH）仅在有明确依据的情况下，认可此种义务，参见 BGH NJW 2004, 1873. 有其他观点认为，从第 285 条中可以推导出此种原则性的义务，进一步证据参见 *Jud*, FS U. Huber, 2006, 370ff; Staudinger/*Caspers*, 2014, § 285 Rn. 16; 不同观点参见 *Hammen*, HS Hadding, 2004, 51ff. 然而，广泛地采让与义务并不可取，在任何情况下，都应考虑补充性的合同解释（如 Staudinger/*Honsell*, 1995, § 463 a. F. Rn. 73）。当然，排除瑕疵担保权通常与此种解释相矛盾。（Soergel/*Huber*, 12. Aufl. 1991, § 463 a. F. Rn. 58.）

[24] 关于减价权的让与参见 BGHZ 95, 250, 对其肯定性评注参见 *Schubert*, JR 1986, 154; 关于约定解除权与法定解除权参见 BGH NJW 1973, 1793; NJW 1985, 2640. 关于融资租赁法则参见案例五之二（三）。

* 2002 年《德国债法现代化法》之前，在买卖合同与承揽合同中适用特殊的解除规定，BGH 将此种解除权与减价权理解为请求权。对此参见 Medicus, Schuldrecht II, C. H. Beck 2000, 10., Aufl., S. 25.——译者注

[25] 同样观点参见 Palandt/*Grüneberg*, § 413 Rn. 5; Staudinger/*Busche*, 2005, § 413 Rn. 13; Erman/*Westermann*, § 398 Rn. 29; *Nörr/Scheyhing/Pöggeler*, Sukzessionen, 2. Aufl.（1999）, § 4 IV 2 a.

确约定为该车的品质，但是其以默示的方式约定行驶里程为该车的品质（第 434 条第 1 款第 1 句）：K 在知晓价目牌的情况下，为购买之意思表示，在解释其意思表示时应当考虑到这一点；可推知 A 出卖该车，是以该说明的行车里程为前提的。[26] 因为买卖合同并非要式合同，所以品质约定也无需特定形式。[27] 因为该车实际已经行驶 115000 公里，因此，存在物之瑕疵。[28]

而 A 采用的“如检查和试驾的一样”的条款也不产生其他效果。尽管出卖人可以自由决定，是否准确表述所卖之物存在的瑕疵，并按第 434 条第 1 款第 1 句与买受人约定此种品质：若如现状出卖一辆事故车，则约定了该车的品质是事故车。由于当事人约定优先，所以即使之前公开宣称没有事故也不会导致瑕疵责任。[29] 当然，在 A 使用的条款中无法找到关于行驶里程的品质约定。通过这一条款，排除了无需聘请专家、仅外行自己检查就能发现的瑕疵所产生的责任。[30] 与过高的行驶里程相比，显而易见的擦伤可能更符合此种情况。因此，按照该条款的文义，其并不包括本案的物之瑕疵。此外，鉴于是消费品买卖中的品质约定，必须考虑第 476 条第 1 款第 2 句：第 476 条第 1 款第 1 句规定的禁止责任限制，不得以“其他方式”规避之。为了避免此种约定看上去像是避法行为（Umgehung），品质

---

[26] 关于纯粹默示的品质约定的可能性，参见 BGH NJW 2013, 1074, 1075；Palandt/*Weidenkaff*, § 434 Rn. 17；*Oetker/Maultzsch* § 2 Rn. 62.

[27] 对此参见 Palandt/*Weidenkaff*, § 434 Rn. 18.

[28] 本案中，也需考虑适用第 434 条第 1 款第 3 句结合第 434 条第 1 款第 2 句第 2 项。A 的雇员 V 通过价目牌以公开的方式标明了该车的行驶里程。尽管按照第 434 条第 1 款第 3 句的文义，出卖人 A 是否要为其雇员的说明承担责任，对此存在疑问，但是按照法律目的（ratio legis）则并无争议（参见 MünchKommBGB/*Westermann*, § 434 Rn. 32）。A 不得以不知价目表为由进行抗辩，因为第 413 条第 1 款第 3 句将知情与应知等量齐观，并且仅轻过失（第 122 条第 2 款）就构成应知。此外，也不取决于 A 是否知道关于里程的表述与实际行驶里程不符。如本案中，由于优先适用当事人的约定（第 434 条第 1 款第 1 句），第 434 条第 1 款第 3 句并无太大的适用空间。同样观点参见 Bamberger/Roth/*Faust*, § 434 Rn. 80.

[29] 有疑问的是这样的案例，在此种案例中，一辆新车或者保养得很好的二手车被当作“瑕疵车（Bastlerfahrzeug）”或者“报废车（rollender Schrott）”出卖。通过此种品质约定，强调了维修的必要性，所以自始排除了所有的瑕疵。如果约定状态与实际状态不一致，根据第 476 条第 1 款第 2 句通常会构成避法行为或者根据第 305c 条第 1 款构成异常条款。参见 BeckOK BGB/*Faust* § 476 Rn. 9 ff.；*Müller* NJW 2003, 1975（1977）；OLG Oldenburg DAR 2005, 92.

[30] OLG Saarbrücken OLGR 2006, 51；OLG Köln NJW-RR 1992, 49；Palandt/*Weidenkaff*, § 444, Rn. 16.

约定必须具有描述性特征（beschreibende Charakter），并且让买受人足够清楚，买卖标的物的应然品质是受限的（透明报价）。[31]“如检查的一样”这样的条款对于买受人而言绝对是不够的（清晰可见的坑洼或锈斑或许能构成例外）。[32]

2. 然而，A 通过对 K 使用的条款（“如检查与试驾的一样”）可能不仅想要约定品质（如上文 1），而且按格式条款免除了所有的瑕疵担保。[33] 如果 A 承担了品质保证，也就说，A 担保了该车在风险移转时的行驶里程如价目牌上所写，此种全面的（在 2002 年之前十分普遍）排除瑕疵担保的行为因第 444 条而无效。按照以前的观点，二手车买卖中，价目牌上的宣传与说明，正好被当作性质保证（Eigenschaftszusicherung），也就是说，当作品质担保。[34] 然而，由于二手车的买受人因第 476 条第 1 款——与 2002 年之前的法律不同——不再不受保护，所以默示的承担保证时，应当普遍提高对保证人自愿承担无条件保证的要求。[35] 即使考虑到，二手车买卖取决于以内行身份出面的商人所做说明的可靠性，认为在价目牌上的说明比纯粹的宣传意义更大，仍不过是一种拟制。本案中，没有其他明显证据表明，A 意图无条件为所提供的行程里程承担担保责任，因为 V 与 K 未再对公里数做个别商议，并且在卖据（买卖合同）中也没有规定公里数。因此，对责任的排除并不因第 444 条而无效。

然而，在对消费者出卖动产（消费品买卖，第 474 条第 1 款第 1 句）时，如果某项约定限制了消费者的瑕疵担保权，那么根据第 476 条第 1 款第 1 句，企业不得主张该对消费者不利的约定。责任排除约定是此种不利的约定，并因此无效。[36] 因此，如果认为上述条款中约定了排除责任，那么，

---

[31] 正确观点参见 *Huber* FS Henrich, 2000, 297（309 f.）; *Westermann* JZ 2001, 530（536）; MüKoBGB/*Lorenz* § 475 a. F. Rn. 9.

[32] *Bohne*, in: Hoeren/Matinek, Systematischer Kommentar zum Kaufrecht, 2002, Teil 1 Rn. 551. 通说彻底否认此种条款的效力，参见 MüKoBGB/*Lorenz* § 475 a. F. Rn. 10.

[33] 对此参见 OLG Saarbrücken OLGR 2006, 51.

[34] 例如，参见 BGH NJW 1975, 1693（1694）; OLG Düsseldorf NJW-RR 2000, 505（506）; LG Kleve NJW-RR 2005, 422; *Hampel*, Jus 2003, 465（467）.

[35] 正确的观点见 *Stöber*, DAR 2004, 570（572）; 在 BGH NJW 2007, 1346（1348）中留待进一步解决。对此见案例二之二（三）3（1）。

[36] 这本身适用约定排除个别权利的情况。仅损害赔偿请求权得以此种方式排除或限制。参见第 476 条第 3 款。

因为第 475 条第 1 款第 1 句，A 也不得主张。格式条款是否被完全有效地纳入与 K 的买卖合同，这一问题还很难说。

3. 因相同的理由，K 对 A 的补充履行请求权与 Z 对 K 的补充履行请求权一样无法实现：交付另外的汽车作为替代品或者将所选的汽车修补到与应然品质所具行驶里程相符的程度，在特定物买卖中均履行不能（第 275 条第 1 款）。

（三）根据第 437 条第 3 项、第 434 条第 1 款第 1 句、第 311a 条第 2 款、第 398 条享有损害赔偿请求权

过高的行驶里程是自始不可补正的物之瑕疵。尽管 A 自己并未认识到瑕疵，此种瑕疵源自价目牌上的宣传与实际行驶里程不符；但是，在写价目牌的说明时，V 未尽到通常的注意义务，其没有检查该车相关的汽车档案。按照第 278 条，可归责于 A（第 311a 条第 2 款第 2 句）。当然，如果 K 也有损害，那么 Z 才得请求替代给付的损害赔偿。K 使用了该车 4 个月，之后以他支付的相同价格出卖该车。因此，K 并无损害，反而有所得利。因为 K 有效排除了 Z 对其的请求权，所以其也没有责任利益（Haftungsinteresse）。[37]

但是，问题在于，之后的发展是否应计入损失总额。也就是说，如果不考虑随后的财产发展，而考虑合同履行的时间点，在本案中，也就是该车的交付，那么可认为 K 有损害。在这个时点上，K 事实上有损害，其为仅价值 2500 欧的车支付了 3500 欧。尽管原则上对于损害的计算，以事实审的最后一次口头审理为准，[38] 但是，在如上述情况的案例中，绝对通说（ganz h. M.）认为应当考虑合同履行的时间点，而不考虑之后的发展。[39] 受害人通过其他行为减少其损失，甚至得利，加害人并不得因此免责，这点是令人信服的。尽管基于第 254 条第 2 款第 1 句的受害人减损义务，可以推论，损失减少对加害人有利，但是，此种减损义务并未广泛到可以将所有的利益均看作是受害人的。法律秩序必须肯定订立对自己有利的合同的

[37] K 不能排除第 309 条第 7 项下的 Z 可能的损害赔偿请求权。然而，K 并无过失，因此这类请求权也被排除了［上文一之（二）］。

[38] RGZ 59, 238（239）; OLG Hamm NJW 1974, 2091（2092）; BGH NJW 1987, 645（646）.

[39] RGZ 142, 8（11f.）; BGH NJW 1971, 837; BGHZ 79, 249（258）; 概观参见 *Schulz*, AcP 191（1991）, 433; MüKoBGB/*Oetker* § 249 Rn. 274.

私法自治权利。[40] 因此，无需考虑转卖。[41] 所以，Z 得请求 A，如同对 K 按规定的履行一样，对其履行；换言之，Z 可以收取该车现价值与没有缺陷时的价值相比减少的差价［小损害赔偿请求权（kleiner Schadenersatz）］，本案中是 1000 欧。只有在符合附加要件时（A 的义务违反具有重要性），Z 才得请求“替代全部给付”的损害赔偿［大损害赔偿请求权（großen Schadenersatz），第 311a 条第 2 款第 3 句，第 281 条第 1 款第 3 句］。行驶里程相差 77000 公里符合重要性。因此，Z 得请求 3500 欧，并同时返还该车。

因此，根据第 437 条第 3 项、第 434 条第 1 款第 1 句、第 311a 条第 2 款，Z 得主张受让取得的损害赔偿请求权。

（四）基于第 437 条第 2 项、第 434 条第 1 款第 1 句、第 326 条第 5 款、第 323 条、第 346 条及以下条文、第 413 条，享有解除权

因 K 所不知的物之瑕疵（第 442 条第 1 款）和补充履行不能，K 得解除合同。基于第 326 条第 5 款无需设置补充履行的期限。

1. 但是，因为通过转卖行为，K 自身已经不能返还该车，所以解除权有可能已经消灭。尽管 K 在为解除的意思表示之后，需按第 346 条第 1 款负担返还所受领给付的义务。但是，在这种因出卖而返还不能的情况下，需按第 346 条第 2 款第 1 句第 2 项承担价值返还义务。价值返还的数额由在合同中确定的对待给付确定，也即价款（第 346 条第 2 款第 2 句）。因为该物负有瑕疵，该瑕疵减少了 1000 欧的价值，所以，价值返还也必须减少相应的数额。[42] 问题是，转卖了所购买之物的解除权人是否首先必须尽力返还原物。与早期的法律状况相一致，应当认为存在此种置备义务（Beschaffungspflicht）：只有在返还义务人无法重新取得该物时，才按第 346 条第 2 款承担价值返还义务。由于履行价值返还是对“原物返还的替代”，这就意味着，只有在原物返还不能时，才返还价值。[43] 因为 K 将其瑕疵担

[40] Müller-Laube, JZ 1991, 162（166）. 该文认可这一点。

[41] 相同结论参见 *Büdenbender*, JuS 1976, 153（156 f.），其认为这里涉及的是利益平衡的问题，出于价值判断的原因，不能将转卖的利益看作是受害人的利益。相反观点参见 *Pfister*, JuS 1976, 373（374），尽管其否认 K 自身存在损害，但是得通过第三人损害清算原则构建赔偿请求权。然而，在连锁买卖中，欠缺损害移转的偶然性，而这对于此种法形态至关重要［正确意见，参见 *Büdenbender*, JuS 1976, 153（155）］。

[42] Palandt/*Grüneberg*, § 346 Rn. 10；类似观点已经出现于 OLG Köln, VersR 1993, 109.

[43] 参见 Palandt/*Grüneberg*, § 346 Rn. 8 a；*Kaiser*, JZ 2001, 1057（1062）.

保权让与给了 Z，而 Z 必定会为解除的意思表示，因此，无论如何该车均得依原样返还，K 不必首先置备该车。

2. 因此，Z 得解除 A 与 K 之间订立的合同（第 349 条）。Z 得基于第 346 条第 1 款请求返还 K 支付的 3500 欧，并需同时返还该车（第 348 条）。此外，Z 与 A 各自负有补偿实际使用该车与价款所取得利益的义务（第 346 条第 1 款）。当然，Z 必须在交付后两年内为解除之意思表示，也就是 2018 年 2 月 A 向 K 交付该车之后。假如补充履行请求权罹于时效届满（参见第 438 条第 1 款第 3 项、第 2 款），则解除权因第 438 条第 4 款第 1 句，第 218 条第 1 款第 2 句不发生效力。但因为在自始不能的情况下，按照第 275 条第 1 款自始排除补充履行请求权，其不可能罹于时效届满，所以构成第 218 条第 1 款第 2 句中的（补充履行）不现实。

（五）基于第 437 条第 2 项、第 434 条第 1 款第 1 句、第 441 条第 1 款、第 413 条享有减价权

基于第 441 条第 1 款，Z 有可能得请求减价。尽管在减价中涉及的不是损害赔偿请求权，但是结论上经常是类似的。减价权与解除权一样，均是以意思表示方式行使的形成权。第 441 条第 1 款第 1 句在构成要件上准用解除的构成要件（“替代解除”），此种要件在本案中成立［上文二之（四）］。

假如在没有瑕疵的状态下，物的价值与卖价相同，那么对于减价来说，第 441 条第 3 款第 1 句中规定的比例计算（Verhältnisrechnug）并无必要。[44] 在本案中可进行简单计算：卖价减去瑕疵之物的价值。因为 Z 又只能主张受让的权利，所以该物的价值取决于该车在交付给 K 时所具有的价值（即 2500 欧，而非 2200 欧）。因此，Z 得基于第 441 条第 4 款第 1 句向 A 请求支付 1000 欧。

---

[44] 参见 *Jauernig/Berger*, § 441 Rn. 6.

案例二 有缺陷的瓷砖*

——买卖合同中的拆装义务

关键词

买受人的费用补偿请求权、必要费用补偿请求权和损害赔偿请求权
出卖人的取回义务与拆除义务 对消费品买卖指令的“分裂”的解释
（gespaltene Auslegung）

案件事实

旅馆老板H决定给旅馆房间的浴室重新贴瓷砖。他通过知名瓷砖商人B，从著名制造商C提供的瓷砖目录册中，挑中了一款价值不菲的白色瓷砖。H向B询问了所挑选产品的品质，B解释道，这由“制造商与价格决定”。之后，H预定了瓷砖，并在交付之后，由铺砖人F贴瓷砖。瓷砖用白色材料勾缝，在勾缝和清理之后，H注意到，瓷砖的颜色并不统一，亮度上有明显色差。结果表明，只有在贴砖之后才能发现色调上的差异。因为没有填充的接缝颜色较深，影响了对总体的感官，因此，

---

* 拆装费用的问题在中国法中并不是大问题，因为我国通说认为，我国《合同法》采无过错责任，在无过错责任的情况下，由出卖人承担拆装费用不会如德国法一般造成体系矛盾。需要着重指出的是，该案例所适用的法律是2018年以前的《德国民法典》。《德国民法典》在2018年为了更好地贯彻欧盟法院的判例，对买卖合同与建筑合同进行了修改。修改以后的《德国民法典》第439条第3项第1句明确了出卖人承担拆装的费用。换言之，本案例的解答在现行德国法下，已经失去了法律依据。现行法下，直接依据第439条第3项第1句认为B需承担费用即可。鉴于此种情况，在本书的第八版修订中，作者芬克瑙尔教授删除了本案例。作为译者，本人向芬克瑙尔教授建议保留此案例。其理由在于，在该案例中，可以看到德国法学家如何通过法律解释，尽可能限制错误立法造成的影响。此种法教义学的思考方式，对于中国读者而言，很有启发意义。——译者注

无法立即发现色差。于是，H将此情况告诉了B，并要求交付新的色度统一的白色瓷砖。B对此表示同意。此外，H委托F拆除有瑕疵的瓷砖，为此支付了250欧；为两次铺砖共支付了2400欧。H希望B能补偿因第一次瑕疵给付所造成的费用，也就是第一次铺砖的费用1200欧，拆除的费用250欧。B拒绝了这一要求，认为其无过失，因为他在第一次交付中，如往常一样检查瓷砖包装上的产品编号和烧制编号以确认产品。

H对B有哪些请求权？

解答

一、对第439条第1款、第2款作与欧盟指令相符的解释，承担安装费用与拆除费用（1450欧）

二、安装费用（1200欧）

（一）基于第439条第2款产生的费用补偿

（二）基于第437条第3项、第434条第1款第1句、第280条第1款及第3款、第283条，因不能而产生的损害赔偿

（三）按照第437条第3项、第434条第1款第1句、第280条第1款的损害赔偿

（四）按照第437条第3项、第434条第1款第1句、第284条、第280条第1款及第3款、第281条产生的费用补偿

（五）基于第439条第4款、第347条第2款、第346条第3款第1句第1项产生的必要费用补偿

三、拆除费用（250欧）

（一）基于第437条第3项、第434条第1款第1句、第280条第1款产生的损害赔偿

（二）基于第437条第3项、第434条第1款第1句、第284条、第280条第1款及第3款、第281条产生的费用补偿

（三）基于第437条第3项、第434条第1款第1句、第280条第1款及第3款、第283条，因不能而产生的损害赔偿

一、对第439条第1款、第2款作与欧盟指令相符的解释，承担安装费用与拆除费用（1450欧）

1. 基于第439条第1款第2支项，H可能得请求B补偿其铺设与拆除

瓷砖产生的总计 1450 欧的费用。第 439 条第 1 款第 2 支项首先仅赋予买受人请求交付无瑕疵之物的请求权，并没有提及费用的补偿。但是，德国联邦最高法院追随欧洲法院（EuGH）的观点，据此，交货并不仅指其行为本身，从更广泛的、与欧盟指令相符的方式上来看，也包括用新交货的物替换（Austausch）违反合同的物。按照这种观点，第 439 条第 1 款第 2 支项内含有替换的因素（“补偿交货”）。据此，出卖人负有拆除、运走瑕疵之物，以及安装无瑕疵之物的义务。出卖人得自行拆装或者必须承担因此而产生的费用。[1] 同德国联邦最高法院的观点一样，从第 439 条第 1 款 [2] 或从第 2 款 [3] 中可直接推导出出卖人负担费用的义务。据此，原则上需考虑对 H 的费用进行补偿。

2. 但是，问题在于，此种所谓的原则是否同样适用于企业间的买卖，还是限于消费品买卖。

德国联邦最高法院在其判例中，追随了欧洲法院对《消费品买卖指令》第 3 条第 2 款至第 4 款作出的、对其有拘束力的解释：瑕疵之物的出卖人应当无偿为买受人创造符合合同约定的状态，并因此需负担装拆的费用。《消费品买卖指令》应当避免给买受人造成经济上的负担，而此种负担是买受人如果立即获得符合要求的给付所不需要承担的。[4] 补充履行的两种形式——再交付和修补——应当符合相同的债务人保护的标准，在修补中，出卖人必须承担装拆费用，这毫无疑问，因为这些费用由瑕疵之物的情况造成。[5] 相反，如果买受人需承担装拆费用，则构成了《消费品买卖指令》第 3 条第 3 款第 2 目意义上的明显不便，按照立法者的原意，应当排除此种不便。由于出卖人在合同连锁关系中，可能对制造者享有追偿权，因此对出卖人课以此种负担并不有违公正。[6]

这一判决打破了德国民法教义学的基本规则。瑕疵之物的制造不能归

---

[1] BGH BB 2012, 792（794）. 尽管德国联邦最高法院并没有对安装义务作出决定，但是，在这方面，其追随了欧洲法院的观点，NJW 2011, 2269（参见 BGH, a. a. O., 797）.

[2] 如 *Müller*, zfs 2011, 604（607）.

[3] 支持观点见 *Medicus/Petersen*, BR, Rn. 291a；*Stöber*, ZGS 2011, 346（350）；*Ludwig*, ZGS 2011, 544（550）；*Kaiser*, JZ 2011, 978（984）；相反，将其归为损害赔偿请求权，对于此种损害赔偿请求权，第 276 条第 1 款统一规定了出卖人的更严格的无过失责任，*Weber*, ZGS 2011, 539（541）.

[4] EuGH, NJW 2011, 2269（2271）.

[5] EuGH, NJW 2011, 2269（2272）.

[6] EuGH, NJW 2011, 2269（2272）.

咎于出卖人，这一判决导致了出卖人的担保责任，而此种责任是存在疑问的。[7] 借此，这一判决破坏了《德国民法典》立法者的决定——出卖人仅因过失承担损害赔偿责任（第 280 条第 1 款第 2 句）和损害赔偿权不在该指令适用范围内。物的出卖人并不负担安装义务，[8] 所以在替代原履行请求权产生的补充履行请求权的框架中，也不包括安装义务（及之前的拆除义务）。[9] 相反，欧洲法院采纳了损害赔偿法的观点，其将买受人置于如同出卖人履行符合要求的境地。最终，通过此种方式，所有瑕疵给付的瑕疵结果损害都得基于再交付请求权得到支持，无需证明过错。[10]

必须尽可能限制这一破坏体系的判决。这一判决源自《消费品买卖指令》，因此，也限于消费品买卖。只有在这种观点下，欧洲法院的判例才有拘束力。因此，如果第 474 条第 1 款的要件不成立，那么，第 439 条第 1 款第 2 支项和第 2 款并未赋予当事人费用补偿请求权。[11] 只有这样才符合第 439 条第 1 款第 2 支项的文义与《德国民法典》的体系。[12] 此外，在私人间或企业间买卖时，不存在欧洲法院所强调的追偿可能，按照第 478 条以下的追偿是对出卖人课以负担的补偿。因此，尽管不够“美观”，但应当广泛采纳对第 439 条第 1 款第 2 支项“分裂”的解释，在第 474 条第 2 款第 1 句的新规则之前，按照第 439 条第 4 款的根源性判例（Quelle-Entscheidung），即采此种观点。[13] 借此，至少在所有非消费品买卖中，得避

---

[7] 因此，对该判决正确的批判意见参见 *Lorenz*, NJW 2011, 2241（2242 f.）（“消费者保护法的社会罗曼蒂克”）; *Medicus/Petersen*, BR Rn. 291 a; Ermann/*Grunewald*, § 439 Rn. 5, 7; *Staudinger*, DAR 2011, 502; *Harke*, ZGS 2011, 536 f.; *Kroll-Schlüter*, JR 2011, 463（465）; *Greiner/Benedix*, ZGS 2011, 489（490, 492）; 相反，支持意见参见 *Eisenberg*, BB 2011, 2634（2637）.

[8] 参见下文二之（二）。

[9] 例如，在 BGHZ 177, 224 Rn. 15, 17（“小地板案”）中这一点很明确; *Popescu*, BauR 2011, 1734（1737）.

[10] *Müller*, zfs, 2011, 604（606）.

[11] 对此，参见 *Lorenz*, NJW 2011, 2241（2244）; *Medicus/Petersen*, BR Rn. 291 a; *Staudinger*, DAR 2011, 502（505）; *Ludwig*, ZGS 2011, 544（551）; Jauernig/*Berger*, § 439 Rn. 20; *Weber*, ZGS 2011, 539（544）; *Pfeiffer*, LMK 2011, 321439; *Harke*, ZGS 2011, 536（538）; *Greiner/Benedix*, ZGS 2011, 489（494）; *Popescu*, BauR 2011, 1734（1738）. 反对“分裂”的解释，参见 *NK/Büdenbender*, § 439 Rn. 31; *Faust*, JuS 2011, 748; *Stöber*, ZGS 2011, 346（352）; *Kaiser*, JZ 2011, 978（985）.

[12] 相反，在包含拆装费用时，对第 439 条第 1 款作扩大解释符合其文义：*Lorenz*, NJW 2011, 2241（2243）; *Greiner/Benedix*, ZGS 2011, 489（493）.

[13] 对此参见 BGHZ 179, 27, Rn. 26 ff.

免上述体系违反以及立法者所不希望的出卖人的担保责任。[14]

本案中，H 与 B 之间买卖瓷砖，是其营业的一部分（第 14 条第 1 款），所以不构成消费品买卖，因此，不得依第 439 条第 1 款或第 2 款请求补偿费用。

二、安装费用（1200 欧）

（一）基于第 439 条第 2 款产生的费用补偿

B 作为出卖人或须依第 439 条第 2 款对 H 产生的铺设费用承担无过失责任。然而，第 439 条第 2 款是独立的请求权基础还是仅涉及补充履行的费用的归属，这存在争议。[15] 支持第一种观点的理由在于，该规范在文字上几乎是对第 476 a 条旧法的重复，而按通说，第 476 a 条旧法是请求权基础。[16] 因此，该条的文义并不是否定其为请求权基础的决定性论据。如果将第 439 条第 2 款理解为请求权基础，那么，为了解释 H 的请求权，必须从广义上理解“为再交付的目的”。因为，如做文义解释，为再交付的“目的”而“必需的”费用，仅指因再交付本身产生的费用，换言之，主要是运输费用。其中并不包括铺设瓷砖的费用——这里最多指第二次铺设的费用，因为第一次铺设与可能的再交付无关。[17] 当然，判例与学说在解释第 476 a 条旧法之前的条文时，对必要性就做广义理解：按照此种观点，拆装的费用也是“为修补之目的所必需的”费用。[18] 如果出于体系的原因，将再交付与修补等量齐观，那么第 439 条第 2 款的费用可能包括第二次铺

[14] 当然，立法者应该是希望在上述意义下修改第 474 条第 2 款。正确的观点参见 *Staudinger*, DAR 2011, 502（506）; *Greiner/Benedix*, ZGS 2011, 489（494）; *NK/Büdenbender*, § 439 Rn. 31.

[15] 支持前者参见 Staudinger/*Matusche-Beckmann*, 2004, § 439 Rn. 32 ff.; *OLG Karlsruhe* MDR 2005, 135; *Kaiser*, JZ 2011, 978（984）; *Kroll-Schlüter*, JR 2011, 463（466）; *Greiner/Benedix*, ZGS 2011, 489（493）; 原则上同意（利息）的也参见 Palandt/*Weidenkaff*, § 439 Rn. 13; 相反观点（纯粹的费用归属规范）参见 *BGH* ZGS 2011, 312 Rn. 23; Bamberger/Roth/*Faust*, § 439 Rn. 21; *Klinck*, Jura 2006, 481; *Hellwege*, AcP 206（2006）, 136 ff.; *Purnhagen*, EuZW 2011, 626（629）; 结论上采相同观点的参见 BGH NJW 2005, 1348 ff.; NJW 2005, 3211 ff.; OLG Köln ZGS 2006, 77（78）; 如果买受人认为该费用是必要费用，根据 Oetker/*Maultzsch*, 102 f. 买受人仅得类推第 670 条主张补偿自身的费用。

[16] 仅参见 Palandt/*Putzo*, 61. Aufl. 2002, § 476 a Rn. 6.

[17] 同样观点参见 Soegel/*Huber*, 12. Aufl.（1991）, § 480 a. F. Rn. 22，第一次铺设的费用是徒然费用，参加下文二之（四）。

[18] 进一步证据参见 Soegel/*Huber*, 12. Aufl.（1991）, § 476 a a. F. Rn. 14; BGH NJW 1981, 1510; NJW 1996, 389（390）; OLG Karlsruhe, MDR 2005, 135; *Terrahe*, VersR 2004, 680（682）.

设费用。

而反对独立请求权基础说的决定性理由是物之瑕疵权利的体系性。第437条第3项表明，买受人不享有无需过失的补偿请求权。为补偿其徒然的费用，法律为买受人准用以过失为前提的第284条、第281条和第280条。[19] 在与再交付的关系中，同样不应抛弃此种原则：H所主张的安装费用实际是徒然的费用或损害。此外，如适用第439条第2款将会导致买受人得自己为补充履行，并立即在出卖人处清算其费用。而立法者仅在租赁合同与承揽合同（第536 a条第2款；第634条第2项、第637条）中规定了此种自助实施权，并且规定原则上需设置相应的规定期限。因此，不能认为第439条是请求权基础。[20]

（二）基于第437条第3项、第434条第1款第1句、第280条第1款及第3款、第283条，因不能而产生的损害赔偿

如果B对H负有铺设第二次所交付瓷砖的义务，而此种义务对B而言构成不能，且其也对此有过错，那么，H得请求B赔偿安装费用。因为F已经贴了瓷砖，对于B而言，安装已经不能（目的实现的情况）。[21] 按一种广受争议的观点看来，在补充履行中，出卖人负有安装义务。[22] 此种义务是独立的，与为无瑕疵履行的义务并存出现，因此需按第281条第1款第1句设置补充履行的期限。设置期限不应与再交付的请求相混淆。换言之，H在委托F之前，必须先为B设置安装的期限。因为其未设置期限，所以H不能请求替代给付的损害赔偿。

然而，从原则上考虑，应当否定上述观点：如果没有特别约定，那么出卖人负担交付所卖之物的义务，但是，没有安装的义务。本案中，H与B最初仅对交付瓷砖作了约定，而H委托F安装。因为补充履行请求权仅

---

[19] BT-Drs. 14/6040, 225; BGHZ 177, 224 Rn. 21f.; BGH NJW 2005, 2848（2850f.）; OLG Köln ZGS 2006, 77（78）; *Lorenz/Riehm*, Rn. 524, 542.

[20] 同采此种观点如 BGHZ 177, 224 Rn. 23 f.；正确的观点也参见 *Hellwege*, AcP 206（2006）, 168; *Klinck*, Jura 2006, 482; *Flume*, Jura 2006, 86（89）; *Thürmann*, NJW 2006, 3457（3459）. 仅在消费品买卖中有所不同［见上文一之（一）］。

[21] Palandt/*Grüneberg*, § 275 Rn. 18; *Rupp/Fleischmann*, NJW 1984, 219（220）.

[22] 例如，*OLG Karlsruhe* MDR 2005, 135（136）; Bamberger/Roth/*Faust*, §439 Rn. 19.

为对原履行请求权的替代，所以 B 在补充履行中也不承担安装义务。[23]

（三）按照第 437 条第 3 项、第 434 条第 1 款第 1 句、第 280 条第 1 款的损害赔偿

对于因第一次的瑕疵给付对其造成损害，H 可能享有损害赔偿请求权。[24]

1. 首先考虑第一次交付的瓷砖不具备所约定的品质（第 434 条第 1 款第 1 句）。在成套瓷砖的买卖中，亮度与色调属于瓷砖的物理特性，因此构成瓷砖的品质。此外，B 很清楚，H 希望在浴室中铺设的是没有瑕疵的瓷砖。尽管 H 没有明示地提出色差，但是 H 与 B 特别讨论了 H 所挑选瓷砖的质量。据此，在本案中，可以认为存在对瓷砖色牢度（工业术语，意思是不退色的程序——译者注）的默示品质约定。由于瓷砖事实上不同于应然品质，在向 H 移转风险时（即交付，第 446 条），存在物之瑕疵。依据第 439 条，H 得选择行使修补或再交付的请求权。

2. 在再交付之外，瑕疵之物的买受人得请求赔偿其因违反义务的给付所引起的损害。由于第 437 条第 2 项与第 3 项中的用语是“和”，所以不能认为，损害赔偿的请求只能与解除、减价并存，而不能与补充履行并存。当然，问题在于，本案是适用第 437 条第 3 项、第 280 条，还是适用第 437 条第 3 项、第 280 条第 1 款及第 3 款、第 281 条第 1 款（“替代给付的损害赔偿”）。[25] 替代给付的损害赔偿既包括因不履行产生的损害赔偿，也包括因瑕疵给付产生的损害赔偿。[26] 买受人的状态必须和出卖人如约履行时的状态一样，[27] 因此，其有权请求赔偿因瑕疵给付所产生的全部损失。本案中，仅得考虑第二次铺设的费用是可能的损害项目。因为即使按要求为给付，第一次铺设的费用也是必需的，因第二次铺设，H 才遭受了 1200 欧的损失。尽管本案涉及因瑕疵给付导致的损害赔偿，但本案中期限设置

---

[23] 同采此种观点如 BGHZ 177, 224 Rn. 15, 18, 21；OLG Köln ZGS 2006, 77（78）（地砖案）；*Klinck*, Jura 2006, 482；*Lorenz*, ZGS 2004, 408.

[24] 因为 B 首先必须向 C 预定瓷砖，这就不会出现自始不能，所以本案排除第 437 条第 3 项、第 311 a 第 2 款的适用。

[25] 对此参见 Palandt/*Weidenkaff*, § 437 Rn. 4 b；Bamberger/Roth/*Faust*, § 437 Rn. 170.

[26] BT-Drs. 14/6040, 134 f.；*Recker*, NJW 2002, 1247.

[27] Palandt/*Grüneberg*, § 281 Rn. 17；*BGH* NJW 1998, 2091.

并无意义，所以无第 281 条第 1 款适用之余地，这点并无争议。如果所产生的损害是终局性的，并且也无法通过符合要求的补充履行加以克服，则属于此种情况。在这种情况下，单独适用第 280 条（“与给付并存的损害赔偿”）。[28] 由于因第二次铺设所产生的损害也无法通过 B 的补充履行而排除，因此，仅需考虑第 437 条第 3 项、第 280 条为请求权基础。

3. 按照第 280 条第 1 款第 1 句，B 须违反了债之关系所生之义务。按第 433 条第 1 款第 2 句，B 负有为无瑕疵给付的义务，而其没有做到。基于此种客观的义务违反，通说认为在瑕疵给付的情况中，通常存在第 280 条第 1 款第 1 句中的义务违反，然后，需按第 280 条第 1 款第 2 句、第 276 条检讨过错（Vertretenmüssen）。[29] 第 280 条第 1 款第 2 句中规定了说明责任（Darlegungslast）与举证责任的倒置：出卖人必须说明并证明，其违反义务没有过错。[30]

（1）根据第 276 条第 1 款第 1 句，B 有可能需对其所作之担保承担责任。债务人必须表示，其愿意对性质存在问题及其所有后果承担无过失责任。[31] 判例对于默示的担保责任持谨慎的态度，这点是正确的。[32] 出卖人必须清楚知晓，其承担担保义务的程度提高了，通过承担担保的表示，相对于纯粹的品质约定，其责任更为严格。[33] 修改“出卖人是否承担担保义务”，并不总取决于出卖人内心所欲表达之意，而取决于买受人应如何理解出卖人所表达的意思。根据制造工艺，瓷砖应当具备一定程度的统一性，H 与 B 仅对这一点达成了合意。然而，没有进一步的证据

---

[28] Palandt/*Grüneberg*, § 280 Rn. 18, § 281 Rn. 2; MünchKommBGB/*Ernst*, § 280 Rn. 66; Jauernig/*Stadler*, § 280, Rn. 4; 也参见 *Lorenz*, NJW 2004, 26（28）.

[29] 仅参见 BGHZ 177, 224 Rn. 29; Palandt/*Grüneberg*, § 280 Rn. 19.

[30] *Medicus/Lorenz*, SR I, Rn. 396; MünchKommBGB/*Westermann*, § 437 Rn. 27. 这被称作“过错推定”。然而，在瑕疵给付的情况下，不能认为，出卖人必须证明其没有过错，否则就推定其存在过错［*BGH* NJW 2005, 2852（2853）; *Finkenauer*, WM 2003, 665（667）; *Keilmann*, NJW 2006, 2526］。证明在瑕疵给付中存在的客观义务违反（参见第 433 条第 1 款第 2 句）不足以证明出卖人存在过错。出卖人必须因为做了品质担保而负有支付保证义务（Einstandspflicht）或违反了（例外存在的）检查义务［也参见下文（3）］，否则，就会混淆出卖人责任与制造人为其产品无瑕疵所承担责任的界限（制造人责任基于生产者责任与产品责任的原则产生），并对出卖人造成不利。

[31] BGHZ 59, 158（160）; 128, 111（114）; 132, 55（58）; Palandt/*Grüneberg*, § 276 Rn. 29.

[32] Palandt/*Putzo*, § 459 a. F. Rn. 17; *Hattenhauer*, JuS 1998, 684（685 f.）.

[33] MünchKommBGB/*Westermann*, § 437 Rn. 36.

表明出卖人承担了担保责任：原则上，不能单纯因买卖价格很高就推断存在默示的担保品质与价格相符的责任，[34] 相反，特别低的价格却能证明不存在担保责任。[35]B 是知名的专业瓷砖商这一情况也不重要，否则的话，在专业商店的买卖总会导致这样的假设：合同预设的或约定的买卖之物的品质同时也是被担保的品质。B 宣传瓷砖品质由 C 决定，从这一单纯的宣传中也无法推导出承担担保的特别意思。最后，反对采纳担保责任也是因为考虑到，出卖人的责任不应如此广泛。在中间商是否承担无过错责任方面，判例采谨慎的态度是基于一种正确的原则性判断，即将产品损害的责任纳入侵权法中。[36] 因为这是制造人 C 的责任范围，统一预定的商品交付时应有统一的品质，不采担保责任说而采单纯的品质约定说，也符合判例在制造人责任与出卖人责任上所设的界限。

（2）但是，依据第 276 条第 1 款第 1 句，B 可能有过错。他仅检查了产品编号与烧制编号，而没有逐一检查瓷砖的亮度与色调。问题在于，此种检查是否是必需的。通常情况下，中间商（不是制造人的出卖人）不负有检查义务。[37] 就出卖人的地位而言，此种广泛的检查义务并不公正，通常情况下，出卖人对所卖之物的质量并无影响，并且对他而言，检验所卖之物费用过巨。当然，例外情况下，出卖人也负有检查义务，特别是存在特殊情况时，例如怀疑存在瑕疵时，或者合同有约定、存在交易惯例时。本案中，并无此类特殊的线索表明 B 负有义务。本案中，C 是生产高品质产品的制造人，所以 B 当然无需考虑产品负有缺陷。从 H 与 B 之间的买卖合同中也无法解释出 B 有检查义务。仅买卖价格并非此种义务的证据。此外，根据《德国商法典》第 377 条第 1 款，商人的检查义务仅存在于和制造人的关系中，而非与买受人的关系中。[38] 最后，不得将生产者 C 的过错归责于 B（第 278 条第 1 句）：通说正确地认为，制造人不是出卖人的履行辅助人。制造人与出卖人之间的债之关系、出卖人与买受人之间的债之

---

[34] *Schack*, AcP, 185（1985）, 333（352）.

[35] 不同意见见 *Peters*, NJW 1978, 665（670 见脚注 78）：价格约定的重要性。

[36] 例如，参见 Soegel/*Huber*, 12. Aufl.（1991）, Vor § 459 a. F. Rn. 90.

[37] BGH NJW 1977, 1055 f.；MünchKommBGB/*Westermann*, § 437 Rn. 28；*Finkenauer*, WM 2003, 665（667）；*Stoppel*, ZGS 2006, 49（55）.

[38] 这是通说，参见 BGH NJW 1977, 1055（1056）.

关系，二者相互独立。[39] 结论上，B 的义务违反，不因第 276 条也不因第 278 条负有过失。

（3）与通说相反，本书认为，是否存在检查义务，在第 280 条第 1 款第 1 句存在违反义务的情况下就能够得到检验。本书认为，按照单纯与结果相关的第 433 条第 1 款第 2 句，瑕疵给付不足以构成第 280 条第 1 款第 1 句。必须附加有违反其他义务，第 280 条第 1 款第 2 句与第 276 条第 1 款第 1 句的过失可责难（Schuldvorwurf）得与此种义务相关。[40] 因为只有当出卖人的行为客观上违反义务，才能责难其违反了谨慎义务。只有在出卖人例外地负有检查义务，而未尽到该义务时，才构成此种情况。[41] 适用第 280 条第 1 款第 1 句会导致买受人必须证明检查义务的存在（这点与通说不同），而不是出卖人证明该义务不存在。本案中，B 没有检查义务，因此，B 因没有客观地违反义务，所以不负担损害赔偿责任。

（四）按照第 437 条第 3 项、第 434 条第 1 款第 1 句、第 284 条、第 280 条第 1 款及第 3 款、第 281 条产生的费用补偿

H 对 B 是否享有费用补偿请求权，这存在疑问（第 284 条、第 281 条、第 280 条）。按照其文义，该请求权的主张仅得作为替代给付的损害赔偿请求权的替代。[42] 因此，如果出卖人已经为无瑕疵的补充履行（如本案中），那么，排除替代给付的损害赔偿请求权与基于第 284 条产生的请求权。

相反，如果希望在补充履行得以实现的情况下，[43] 仍成立费用补偿请求权，那么就需要考虑 H 的请求权。费用是买受人信赖“取得给付”而产

---

[39] BGHZ 48, 118；177, 224 Rn. 29；Palandt/*Grüneberg*, § 278 Rn. 13；Staudinger/*Löwisch/Gaspers*, 2009, § 278 Rn. 35, 94；Erman/*Grunewald*, § 437, Rn. 26；不同观点参见 Bamberger/Roth/*Faust*, § 437 Rn. 84；MünchKommBGB/*Grundmann*, § 278, Rn. 31；*E. Schmidt*, FS Heinrichs, 1998, 511.

[40] *Finkenauer*, WM 2003, 665（667, 669）；*Reichenbach*, Jura 2003, 518；*Katzenstein*, Jura 2005, 73（75）；*Klinck*, Jura, 2006, 482, 见脚注 19；*Emmerich*, Das Recht der Leistungsstörungen, 6. Aufl. 2005, § 21 Rn. 18；*Rust*, FS *Ehmann*, 2005, 121；*Ehmann/Sutschet*, JZ 2004, 62（67f.）；*Schmieder/Volz*, JA 2005, 778；对通说争议状况的概况的进一步证据参见 *Schulze/Ebers*, JuS 2004, 269.

[41] 此外，即使认为本案中存在检查义务，因检查不足与损害发生之间缺乏因果关系，损害赔偿请求权也不成立（第 287 条第 2 句思想的适用）：在铺设前，任何人都无法发现瓷砖不统一。因此，即使尽到了检查义务，同样会发生损害。

[42] 仅参见 *Brox/Walker* I, § 22 Rn. 74；Erman/*Westermann*, § 284 Rn. 5.

[43] *Klinck*, Jura 2006, 486, 其正确地建议在这些情况下类推适用第 284 条。对此亦参见 *Arnold/Dötsch*, BB 2003, 2250（2251）.

生的自愿的财产牺牲。[44] 这一定义过于狭隘，其仅符合不给付的情况，不符合瑕疵给付的情况：在瑕疵给付的情况中，买受人“确实”取得了标的物，当然，其对取得符合要求的给付的信任落空，而这正是第 284 条所指的。[45]H 预期瓷砖无瑕疵，基于此种期待为第一次铺设。其不会因为有瑕疵的给付而支付该费用。然而，第 284 条的请求权要求第 281 条的要件成立（“替代”）。这尤其是指，买受人只有在符合第 280 条第 1 款的附加要件的情况下，才能要求损害赔偿。正如上文所证，B 并未担保，也没有违反检查义务，所以第 280 条第 1 款的要件不满足，基于第 284 条产生的请求权无论如何也不能成立。

（五）基于第 439 条第 4 款、第 347 条第 2 款、第 346 条第 3 款第 1 句第 1 项产生的必要费用补偿

H 可能有请求权，请求补偿其作为必要费用支出的花费。根据第 439 条第 4 款，出卖人取回第一次有瑕疵给付的请求权适用第 346 条至第 348 条。因为出卖人不仅有取回请求权，而且按照通说，类推第 433 条第 2 款，[46] 也有取回的义务，必须这样理解第 439 条第 4 款，通过这一条款，同时准用了买受人基于第 347 条第 1 款所生的必要费用的补偿请求权。[47] 因此，即使 B 没有请求返还瓷砖，H 也得主张必要费用的补偿请求权。此外，在价值补偿请求权因第 346 条第 3 款第 1 句第 1 项而被排除的情况下，也存在必要费用的补偿请求权。H 无法立即返还瓷砖，至少不能无损害地返还。他加工了该瓷砖，因此必须按照第 346 条第 2 款第 1 句第 2 项负担价值返还。然而，本案并非上述情况。因为 H 只有通过铺设才能发现色差，继而发现瓷砖的缺陷，所以按第 346 条第 3 款第 1 句第 1 项其无需负担补偿义务。因此，结论上，按第 347 条第 2 款需补偿买受人对瓷砖支出的必要费用。必要费用如第 994 条中的财产费用一样，通过重新制作、取得或者改善该物的方式产生，此种费用至少应对（买卖之）物有益。在一个个别判决中，帝国枢密院（KG）认为，买受人将（负有瑕疵的）发动机安装进快

---

[44] Palandt/*Grüneberg*, § 284 Rn. 5; *Faust*, in: Huber/Faust, § 4 Rn. 10.

[45] *Dauner-Lieb*, in: Dauner-Lieb u. a., § 2 Rn. 51; MünchKommBGB/*Westermann*, § 437 Rn. 49. BT-Drs. 14/6040, 225, 认为在瑕疵给付中直接适用该规范。

[46] 参见三之（三）1。

[47] 同样观点参见 Bamberger/Roth/*Faust*, § 439 Rn. 32, 36; *Arnold/Dötsch*, BB 2003, 2250.

艇所产生的安装费用是该发动机（！）的必要费用，可获得补偿。[48] 当然，此种观点并不可取，也不能认为该判决是公正的判决。因为在安装发动机过程中，涉及的并不是针对发动机的费用：在安装之后，发动机如之前一样“好”。将瓷砖铺在浴室同样如此。所以，现在一致认为，即使此种费用符合买卖之物的特定用途，也不是具有可补偿性的必要费用。[49]

结论上，H 不得请求补偿安装费用。

三、拆除费用（250 欧）

（一）基于第 437 条第 3 项、第 434 条第 1 款第 1 句、第 280 条第 1 款产生的损害赔偿

即使 B 违反了基于第 433 条第 1 款第 2 句所生的为无瑕疵之给付的义务，但是由于欠缺检查义务，所以不满足第 280 条第 1 款的构成要件［见上文二之（三）3（2）］。

（二）基于第 437 条第 3 项、第 434 条第 1 款第 1 句、第 284 条、第 280 条第 1 款及第 3 款、第 281 条产生的费用补偿

H 产生的拆卸费用不是“基于对取得 B 所为给付的信任”。因此，这些费用不是落空损失，也无法按第 284 条进行补偿。

（三）基于第 437 条第 3 项、第 434 条第 1 款第 1 句、第 280 条第 1 款及第 3 款、第 283 条，因不能而产生的损害赔偿

根据第 437 条第 3 项、第 434 条、第 280 条第 1 款及第 3 款、第 283 条，H 可能得因拆卸费用，向 B 请求替代给付的损害赔偿。如果 B 在补充履行中有义务拆卸第一次给付的瓷砖，并取走这些瓷砖（对此见下文 3），并且因为可归责于 B 的情况，拆卸与取回陷入不能（第 275 条第 1 款），那么，构成上述情况。由于 H 自己进行了拆卸，所以导致了不能（目的实现）；B 当然不能再拆卸一次已经拆卸了的瓷砖。

---

[48] KG Berlin OLG-Rspr. 28（1914）, 138 f.; RG JW 1906, 202（运输费用与关税作为必要费用而获得补偿）与 RG Das Recht 1909, Nr. 36 同样存在疑问。

[49] BGHZ 87, 104（106 f.）（“房瓦案”）：“房瓦铺在地上也不会比铺在屋顶上更糟。”相同观点见 Soergel/*Huber*, 12. Aufl.（1991）, § 467 a. F. Rn. 121, 123; *Klinck*, Jura 2006, 482.

1. 第一个问题是 B 是否负有取回义务。第 439 条第 4 项准用解除权（第 346 条至第 348 条），并且赋予出卖人返还请求权。然而，按照通说，类推第 433 条第 2 款，出卖人也同时负有取回义务。[50] 争议点仅在于，买受人对于取回是否必须有特殊的利益。[51] 本案中，很明显 H 的利益在于，在瓷砖毁坏之后通过拆卸除去这些有瑕疵的瓷砖，所以无需讨论这一问题。

2. 第二个问题是 B 必须在何处履行其取回义务。在解除之后，对补充履行和返还的履行地存在争议。买卖合同的规则对此不适用，第 269 条第 1 款仅准用“债之关系的性质”。对于解除中的给付地，按照通说，在解除中给付地的问题上，所出卖之物的返还义务履行位置根据出卖之物在解除的时点上“符合合同”所在的地点［所谓的物之所在地（Belegenheitsort）］加以确定。[52] 德国联邦最高法院在房瓦案中认为，根据合同，有瑕疵的房瓦应在屋顶上，也就是说应当在那里取回。[53] 与之相对，也有其他观点认为应取决于能为出卖人所知的特定地点，换言之，取决于出卖人（如在本案中，其无需负担安装义务）应当交货的地点（即房屋建筑位置）。[54]

根据后一种观点，补充履行的履行地与物实际所在地经常是重合的。[55] 支持这一观点的理由是，根据第 439 条第 2 款，出卖人必须承担补充履行所必需的费用；此外，对于再交付，第 439 条第 4 款准用第 346 条以及为

---

[50] 例如 Bamberger/Roth/*Faust*, § 439 Rn. 32, § 437 Rn. 45. 以及第 478 条第 1 款的文义（“应当取回”）。不同观点参见 *Kaiser*, Die Rückabwicklung gegenseitiger Verträge wegen Nicht- und Schlechterfüllung nach BGB, 2000, 427 ff., 其认为取回义务并非源自第 242 条，仅得例外地从第 1004 条的法律思想中推导得出（第 429 页），例如，如果买受人无法提存或拍卖其向出卖人返还的符合出卖人要求的物。而本案恰好是这种情况。*Peters*, JR 1979, 265（269 ff.），其类推 1004 条，以成立取回义务。

[51] 按照通说，无需特殊利益：RGZ 57, 12（15f.）；70, 198（199）；Bamberger/Roth/*Faust*, § 439 Rn. 32；Erman/*Grunewald*, § 439, Rn. 18；相反观点参见 Palant/*Weidenkaff*, § 439, Rn. 26；*Lorenz/Riehm*, Rn. 524 in Fn. 167；BGHZ 87, 104（109）未下定论；完全反对取回义务，OLG Hamm NJW 1978, 1060.

[52] BGHZ 87, 104（109）；Bamberger/Roth/*Faust*, § 437 Rn. 45；MünchKommBGB/*Krüger*, § 269 Rn. 41；Staudinger/*Bittner*, 2009, § 269, Rn. 28.

[53] BGHZ 87, 104（111）.

[54] Soergel/*Huber*, 12. Aufl.（1991）, § 467 a. F. Rn. 120；类似观点参见 *Köhler*, FS Heinrichs, 1998, 367（371）；*Gernhuber*, Die Erfüllung und ihre Sorrogate, 2. Aufl.（1994）, § 2 V 3 c.

[55] OLG München NJW 2006, 449, 450；MünchKommBGB/*Westermann*, § 439 Rn. 7；NK/*Büdenbender*, § 439 Rn. 31；Bamberger/Roth/*Faust*, § 439 Rn. 13 a；*Stöber*, ZGS 2011, 346（351）.

解除权所发展的基本原则。[56] 反对这一观点的原因是，补充履行请求权之发生是对原给付义务的最初的履行请求权的替代。[57] 与此相反，德国联邦最高法院认为，（履行地）仅取决于第 269 条，因此，其确定以当事人约定为主，以交易观念为辅。而且德国联邦最高法院拒绝采上述两种观点：例如，在商店发生的日常生活的交易中，买受人进行投诉，通常需在出卖人的住所地出示所买商品。相反，在根据规定需要安装买卖之物的情况中就不应如此。本案中，如果认为补充履行在出卖人的住所地，对买受人而言明显不适合。[58]

3. 第三个问题是在瑕疵之物的所在地履行的取回义务本身是否也足以导致拆除义务。通说认为存在拆除义务，但是，上述德国联邦最高法院的判决与欧洲法院的判决却否定了这一义务。[59] 即使出卖人没有安装该物，也可以从一般思想中推导出出卖人“自己动手”的义务，赋予买受人“特权”是因为，出卖人因瑕疵给付没有履行其合同义务（第 433 条第 1 款第 2 句）。然而，立法者没有规定一条一般性的（无过失）条款，以使买受人的状态同履行符合要求时一样。因此，与立法者的决定相同，损害项目只有在过失责任中获得赔偿，[60] 不得通过采纳广义理解的取回义务，将拆除费用推卸给出卖人。出卖人不负有安装义务，也不负担拆除义务。[61] 因此，B 不因拆除费用而承担替代给付的损害赔偿。[62]

即使不采本书观点，认为 B 存在拆除义务，该请求权也不成立。因为 B 负担拆除义务的前提是，其必须对此不能有过失，而这并不是本案中的情况：H 通过其自己故意的实施行为使得 B 不能拆除。B 不能履行其

---

[56] 参见已经提到的 BT-Drs. 14/6040, 231；OLG München NJW 2006, 449；Staudinger/*Bittner*, 2009, § 269 Rn. 28；不同观点参见 BGH ZGS 2011, 312 Rn. 28；*Gsell*, JZ 2011, 988（990f.）.

[57] MünchKommBGB/*Krüger*, § 269 Rn. 37；*Gsell*, JZ 2011, 988（997 f.）；*Skamel*, ZGS 2006, 231.

[58] BGH ZGS 2011, 312 Rn. 20, 31, 33f., 50 f.；同意该判决的观点参见 *Kaiser*, JZ 2011, 978（983）；反对该判决的观点参见 *Picker/Nemeczek*, ZGS 2011, 447（450 ff.）.

[59] EuGH NJW 2011, 2269；BGH BB 20112, 792（794）；OLG Köln ZGS 2006, 77（78）；*Lorenz*, ZGS 2004, 408（410 f.）；Bamberger/Roth/*Faust*, § 439 Rn. 18, § 437 Rn. 45；NK/*Büdenbender*, § 439 Rn. 31；Staudinger/*Matusche-Beckmann*, 2004, § 439, Rn. 22；*Kaiser*, JZ 2011, 978（987）.

[60] 参见上文二之（一）。

[61] 同采此结论的，参见 *Köhler*, FS Heinrichs, 1998, 367（374）；*Otte*, FS Schwerdtner, 2003, 599（608）；*Thührmann*, NJW 2006, 3457（3460 f.）；Staudinger/*Matusche-Beckmann*, 2004, § 439, Rn. 21；*Oetker/Maultzsch*, § 2 Rn. 189；*Skamel*, NJW 2008, 2820（2822）；*Katzenstein*, ZGS 2009, 29（31 ff.）.

[62] 相同观点参见 *Otte*, Jura, 1988, 594（597）.

拆除义务。H 本应为 B 设置拆除的适当期限。该期限的设置标准应当考虑出卖人拆除瓷砖的义务，而非交付无瑕疵商品的义务。[63] 判例并不认可买受人没有设置期限而自行排除瑕疵，继而请求清算所产生费用的做法，这一观点是正确的。[64] 自行拆除出卖人负有拆除义务的有瑕疵之物的情况中（通说认可此种拆除义务），法律适用也无不同：立法者仅在第 536 a 条第 2 款、第 634 条第 2 项、第 637 条中赋予承租人与定作人自行实施的权利（Selbstvornahmerecht），并且明确表示买受人无权自行实施。[65] 有诸多文献提出了各自的解决方案，如通过类推第 634 条第 2 项、第 637 条，或通过减价权计算出卖人所节省的费用，或类推第 326 条第 2 款第 2 句、第 326 条第 4 款、第 346 条或者第 439 条第 4 款、第 347 条，或借助第 684 条、第 812 条或者第 812 条第 1 款第 2 句第 2 支项、第 818 条第 2 款，构建买受人的权利，[66] 而就正确的观点看来，以上这些解决方案或因缺乏法律漏洞（因此不能类推适用第 634 条等），或因第 437 条及以下应当被理解为封闭规则的特殊性，均不具说服力。[67]

---

[63] 参见 *Lorenz/Riehm*, Rn. 524; *Lorenz*, ZGS 2004, 408（411 in Fn. 27）.

[64] BGH NJW 2005, 1348 ff.; NJW 2005, 3211; ZGS 2006, 113.

[65] BT-Drs. 14/6040, 229.

[66] *Peters*, JR 2004, 353; *Lorenz*, NJW 2003, 1418 f.; *ders*, NJW 2005, 1321; *Ulrici*, Jura 2005, 612（614）; *Oechsler*, LMK 2005, 81; *Katzenstein*, ZGS 2004, 144, 300; *ders*, ZGS 2005, 305 ff.; *Bydlinski*, ZGS 2005, 129; *Braun*, ZGS 2004, 423; *Gsell*, ZIP 2005, 922; *Lerach*, JuS 2008, 953; LG Bielefeld, ZGS 2005, 79（80）.

[67] Palandt/*Weidenkaff*, § 434 Rn. 4 a; *Dauner-Lieb*, ZGS 2005, 169 ff.; *Schroeter*, JR 2004, 441; MünchkommBGB/*Westermann*, § 434 Rn. 10; Bamberger/Roth/*Faust*, §434 Rn. 4; *Flume*, Jura, 2006, 86; *v. Hertzberg*, FS U. Huber, 2006, 339 ff.; 论证的概述同样参见 *Tonner/Wiese*, BB 2005, 903 ff.，其在结论中建议适用第 254 条。

案例三　无利可图的有限责任公司

——企业买卖中的瑕疵担保

关键词

企业买卖　权利买卖　物之瑕疵责任　经营者撤回权

案件事实

A是电气批发商E有限公司的股东；A持有价值为95%的注册资本的股份。A决定转让其股份。在与意向方X的磋商中，A提供了最新的、由审计师W出具的年度决算，由于内含计算错误，所以该年度决算显示的赢利过高。实际上，该公司去年营利明显不足。A并不知审计陈述存在错误。在审计过程中，W本应能够发现错误，但是其未加审查就采纳了E有限公司的陈述，尽管W受暗示得知该买卖正待处理。X在2018年1月基于公证过的合同以400000欧的价格取得了A的股份，该价格的确定尤其以年度决算为基础。事实上，该股份仅价值250000欧。此外，在买卖合同中，A与X约定排除解除权。

2018年4月，零售商H对E有限公司为解除之意思表示，以解除其与E在2018年1月订立的买卖一台价值不菲的电视设备的合同。H已经将该设备转卖给了私人，但是因该设备存在图像再现的缺陷，H未进行修补就取回了该设备。顾客威胁说，如果不能“全部”取回他的钱，就再也不在H处购物了。修补的费用会占去E有限责任公司通过出卖该设备所取得利润的大半。

如果X在2018年7月发现陈述有误，那么X对A有哪些权利？

H能否解除与E有限责任公司的合同？

解答

一、X 对 A 的权利

（一）基于第 437 条第 1 项、第 439 条、第 434 条第 1 款第 1 句、第 453 条第 1 款，享有补充履行请求权

（二）基于第 437 条第 2 项、第 434 条第 1 款第 1 句、第 441 条第 4 款、第 453 条第 1 款，享有减价权

（三）基于第 437 条第 3 项、第 434 条第 1 款第 1 句、第 311 a 条第 2 款、第 453 条第 1 款，享有损害赔偿请求权

（四）基于第 280 条第 1 款、第 311 条第 2 款、第 241 条第 2 款，享有损害赔偿请求权（缔约过失）

（五）基于第 812 条第 1 款第 1 句第 1 支项，享有不当得利请求权

（六）第 313 条第 2 款，交易基础丧失

二、H 因第 437 条第 2 项、第 434 条第 1 款、第 445a 条第 2 款、第 323 条第 1 款、第 346 条及以下，享有解除权

一、X 对 A 的权利

（一）基于第 437 条第 1 项、第 439 条、第 434 条第 1 款第 1 句、第 453 条第 1 款，享有补充履行请求权

由于利润计算错误，E 有限责任公司或许存在物之瑕疵，则 X 有权请求补充履行。

1. A 与 X 之间关于有限责任公司股份的买卖合同有效。根据《德国民法典》第 413 条、《德国有限责任公司法》第 15 条第 3 款，在股份转让中，合同需公证，可能因欠缺形式而无效的合同其效力得根据《德国有限责任公司法》第 15 条第 4 款第 2 句而补正。在股份买卖中，涉及的是权利买卖［“股权转让”（share-deal）］，根据第 453 条第 1 款对此适用买卖法的规定。[1]

---

[1] 相反，如果取得企业资产整体［作为物、权利、无形财产（如声誉、客户关系、技术秘密的等）的集合，资产转让（asset-deal）］，则涉及的是根据第 453 条第 1 款的“特殊标的物”的买卖（参见 BT-Drs. 14/6040, 242）。资产转让与股权转让的区别，参见 *Medicus/Lorenz* SchuldR BT Rn. 374；*Korch* JuS 2018, 521（522）.

2. 问题在于，在权利买卖（股份买卖）中，是否可能存在物之瑕疵（第434条）。传统上，在权利买卖中做如下区分：如果没有特别约定，而权利本身存在，仅价值减少，那么，该权利不存在瑕疵——出卖人仅对权利的真实性负责，而不对其品质（Bonität）负责。这就导致，公司的股份并不因所经营的企业有瑕疵而负有物之瑕疵。[2] 然而，通说认为，公司股份的整体买卖是权利买卖，但是在经济上看来，这不异于企业自身的买卖，因此应当如同物的买卖一样处理。[3] 争议在于，如果所转让的股份并非全部股份，那么企业资产的瑕疵能否被视为股份的瑕疵呢？如果出卖人或第三人所残留之股份极少，实际上取得人对企业的处分权和经营权不受影响，那么，判例认为，此时同样可认为股份有瑕疵。[4] 当然，前提是当事人意思在于取得企业的整体。A与X之间的买卖符合这一要求，在这一买卖中，X取得了95%的股份。因此，如果企业存在物之瑕疵，那么，所出卖之股份按第434条同样被视为有瑕疵。[5]

3. 年度决算中不正确的声明可能导致了企业负有物之瑕疵，确切地说：有瑕疵的利润可能是第434条第1款意义上的瑕疵。如果某物的实际品质不符合约定品质，则该物负有瑕疵（主观缺陷概念）。[6] 物的品质概念包括其物理性质，也包括所谓的环境因素（Umweltfaktor），也即该物法律上、事实上和经济上与其所处环境的联系，此种联系在物的实际状态中有其基

---

[2] *Lorenz/Riehm*, Rn. 486; Palandt/*Weidenkaff*, § 453 Rn. 23.

[3] Palandt/*Weidenkaff*, § 453 Rn. 23.

[4] BGHZ 65, 246（251）; BGHZ 138, 195（204）; BGH NJW 2001, 2163（2164）; 更多线索另见 *Schmidt*, Handelsrecht, 6. Aufl. 2014, § 5 II; *Grunewald*, NZG 2003, 372（373）; *Weitnauer*, NJW 2002, 2511（2514）. 必须取得多少份额才能被视为企业买卖，存在争议。BGHZ 65, 246（252）搁置了这一问题，但同时，可考虑10%的残留份额（《德国有限责任公司法》第50条第1款：少数股东权）或者25%的残留份额（《德国有限责任公司法》第53条第2款第1句：具有封锁能力的关键性少数）是其界限。*Schmidt*, Handelsrecht, 6. Aufl. 2014, § 5 II Rn. 29同样以75%为界限。Palandt/*Weidenkaff*, § 453 Rn. 23采80%。*Looschelders* SchuldR BT Rn. 241采90%。相反，*Huber* AcP 202（2002）, 179（231）; BeckOK BGB/*Faust* § 453 Rn. 32, *Lorenz* FS Heldrich, 2005, 305（308）, 认为只有在份额100%转让，或残余份额非常微不足道时，才能将其视为物之买卖。

[5] 因为第453条第1款将权利买卖与物之买卖等量齐观，所以股份买卖的当事人得特别约定所经营企业的品质，并使该品质成为所出卖股份的标志性品质（第434条第1款第1句）。因此，在少数股权买卖中，企业某一部分的特定瑕疵也得因当事人约定成为份额的瑕疵，参见 *Wolf/Kaiser*, DB 2002, 411（416 f.）; *Gaul*, ZHR 166（2002）, 35（39）; 不同观点参见 *Huber*, AcP 202（2002）, 179（229 ff.）; BeckOK BGB/*Faust* § 453 Rn. 21.

[6] Palandt/*Weidenkaff*, § 434 Rn. 9.

础，并且该物在一定时间内与环境保持此种联系，按交易观点看，此种联系影响对物的估价。[7] 正如在第 119 条第 2 款规定的，只有对价值有决定影响的因素是第 434 条意义上的品质，而不是价值本身。在企业买卖中，利润与资产价值是实质的评价要素。[8] 通常情况下，这些因素对买卖的决定与价格的形成有决定性影响，所以利润说明错误可以被视为企业的品质存在瑕疵。[9] 此种说明对企业而言，不是实体上所“负有的”，但这一点不造成影响，因为第 453 条第 1 款仅规定类推适用物之瑕疵，并且企业本身不是实体。本案中，根据第 434 条第 1 款第 1 句，品质约定包括企业利润。尽管，A 与 X 并未明示约定企业利润，但是企业利润显而易见是磋商价格的基础。由于在决算中有所涉及，所以决算的内容是品质约定的默示组成部分。[10]

尽管在旧债法时，判例通说认为，对利润或营业额不正确的说明和操控资产负债表并不会被视作企业的缺陷。旧法第 459 条第 1 款的“品质（Beschaffenheit）”不同于第 2 款的可得保证的“性质（zusicherungsfähige Eigentschaft）”，并解释认为品质的概念远窄于性质概念。这就意味着，旧法第 459 条第 1 款中的物须是有缺陷的。而在利润瑕疵的情况中，这一点

---

[7] BeckOK BGB/*Faust* § 434 Rn. 22 ff.

[8] 对于企业评估的问题详见 *Moxter*, Grundsätze ordnungsmäßiger Unternehmensbewertung, 2. Aufl., 1983. 进一步采预期收益法的，参见 MüKoHGB/*Thiessen*, 4. Aufl. 2016, § 25 Anh. Rn. 5；然而，在实践中，资产价值仍有意义。

[9] 同样见 Palandt/*Weidenkaff* § 434 Rn. 95b；MüKoBGB/*Westermann* § 453 Rn. 31；*Thiessen*, Unternehmenskauf und Bürgerliches Gesetzbuch, 2005, 189 ff., 401 ff.；MüKoHGB/*ders*., 4. Aufl. 2016, § 25 Anh. Rn. 60 ff.；*Oechsler* Rn. 104；*Looschelders* SchuldR BT Rn. 239；*Canaris* FS Georgiades, 2006, 85；*Gaul* ZHR 166（2002）, 35（45 ff.）；*Wunderlich* WM 2002, 981（985）；*Triebel/Hölzle* BB 2002, 521（525）；*Wolf/Kaiser* DB 2002, 411（415 f.）；*Schröcker* ZGR 2005, 63（80）；*Kleinhenz/Junk* JuS 2009, 787（788 f.）；*Redeker* NJW 2012, 2471；a. A.（Anwendung der Grundsätze der *culpa in contrahendo*, §§ 280, 241）*Huber* AcP 202（2002）, 179（211 ff.）；BeckOK BGB/*Faust* § 434 Rn. 26；§ 453 Rn. 30；*Kindl* WM 2003, 409（411）；*Weitnauer* NJW 2002, 2511（2514）；*Grigoleit/Herresthal* JZ 2003, 118（125）；*Fischer* DStR 2004, 276（278）.

[10] 根据一般原则，默示品质约定足以构成第 434 条第 1 款第 1 句［参见案例一之二（二）2］。与买卖合同一样，品质约定同样因形式要求而无效，并嗣后被补正（Palandt/*Weidenkaff*, § 434 Rn. 18）。《德国有限责任公司法》第 15 条第 3 款要求公证［上文一之（一）1］。如果约定因形式而无效，则需检讨，其是否符合第 434 条第 1 款第 2 句第 1 项的其他要求；合同所预设的物的“使用”无需与品质约定相同。

被否定了。[11] 德国联邦最高法院认为，只有对较长时间段的利润所作的说明才能与旧法第 459 条第 2 款意义上的性质“在法律上同等对待”，营利能力因此才具可保证性。[12] 但是，经常会欠缺此种保证［今日的术语为“担保（Garantie）”］，所以无法根据旧法第 459 条，认为存在物之瑕疵。然而，此种结果正是法院所希望的，因为这样的话，得认为企业出卖人违反先契约义务中的说明义务，承担缔约过失责任，此种责任的消灭时效不是旧法第 477 条规定的半年，而是适用旧法第 195 条的通常时效 3 年。[13] 此外，缔约过失在法律效果上明显比解除后的企业买卖返还关系更为灵活，在一定时间后，适用返还关系会导致明显的困难。当然，在旧债法适用时，品质概念与性质概念的区分就不具说服力。[14] 基于旧法第 459 条第 1 款（“负有责任”）的文义论证不再成立，特别是旧法第 477 条规定的过短的消灭时效被延长至两年，这导致了判例对品质概念做狭义解释的理由进一步失去意义。[15] 因此，应当认为，错误的说明导致了实然品质与应然品质的差异，构成第 434 条第 1 款第 1 句意义上的物之瑕疵。

4. X 既不明知瑕疵存在，也非因重大过失而不知瑕疵，所以，不得以第 442 条第 1 款排除 X 因物之瑕疵而享有的权利。[16]

5. 本案中，补充履行自始不能。企业的瑕疵（赢利不足）无法补正，因此，排除修补（第 439 条第 1 款第 1 支项）。[17] X 同样不得请求 A 再交付

---

[11] BGH NJW 1970, 653；NJW 1977, 1538；NJW 2001, 2163；NJW- RR 1989, 306（307）；不同于帝国法院时期的判例通说（例如，RG JW 1913, 684）。

[12] BGH NJW 1977, 1536（1537）以 RGZ 67, 86（87）为基础；BGH NJW 1995, 1547.

[13] 详见 BGH NJW 1977, 1538（1539）.

[14] 对此详见 *Immenga*, AcP 171（1971）, 1（15 f.）；反对此种区分，参见 *v. Caemmerer*, FS Wolff, 1952, 3（18）；*Gronstedt/Jörgens*, ZIP 2002, 52（54）：“吹毛求疵的概念杂技”。

[15] 这正是联邦政府所希望的（BT-Drs. 14/6040, 242）。当然，其可能过于乐观了，对此参见下文一之（4）文末。

[16] 即使是未尽到现在很普遍的所谓“尽职调查”（这是从经济、金融、法律和税务角度对企业的审查；对此参见 *Körber*, NZG 2002, 263；MüKoHGB/*Thiessen*, 4. Aufl. 2016, § 25 Anh. Rn. 13），买受人也因无检查买卖之物的先契约义务，而不构成重大过失，参见 *Gaul*, ZHR 166（2002）, 35（64）.

[17] 本案中，A 无续缴款项之义务（Nachschusspflicht）；正确见解见 *Schröcker*, ZGR 2005, 63（82）；*Gronstedt/Jörgens*, ZIP 2002, 52（61）；*Triebel/Hölzle*, BB 2002, 251（526）对此持疑问态度。在结论上，不外乎会导致损害赔偿或减价（第 441 条第 4 款）。

一个“无瑕疵的物”，也就是别的企业（第439条第1款第2支项）。[18]因（客观）不能，A得依第275条第1款免于补充履行。

（二）基于第437条第2项、第434条第1款第1句、第441条第4款、第453条第1款，享有减价权

X或得依第437条第2项、第441条第4款，根据减价权请求A返还多支付的价款。根据第441条第1款第1句，有效的减价之要件同解除权的所有要件（“替代解除”）：因物之瑕疵，X得依据第437条第2项、第326条第5款解除合同；由于补充履行陷于不能，所以无需设置期限。[19]因此，根据第441条第3款，应当根据无瑕疵状态下之物的价值与实际价值之间的差价，相应削减买卖价款，也就是减少150000欧。根据第441条第1款第1句，减价权为形成权，这意味着，权利人通过意思表示的方式行使该权利。根据第441条第4款第1句，A需向X返还150000欧。

本案中，依据第444条仅得排除解除权，而未排除减价权。此种排除在企业买卖中十分常见。此外，如果（补充）履行请求权罹于时效届满并且出卖人提出时效抗辩，根据第438条第5款、第218条排除X的减价权。[20]根据第438条第1款第3项、第2款，补充履行请求权在交付之后经过两年罹于时效届满。在权利买卖中，并无“交付（Ablieferung）”，所以原则上，应取决于股份的转让（Abtretung）。[21]因为本案中，将有限责任公司股份的买卖视为企业买卖，所以相应地，对于时效的起算以企业实际交付（Übergabe）为标准。[22]因此，X得行使减价权。

---

[18]　*Gaul*, ZHR 166（2002），35（54），*Triebel/Holzle*, BB 2002, 251（526）. 如果仅单个标的物有瑕疵，而该瑕疵导致了企业整体瑕疵，则情况有所不同——如果在企业买卖中类推适用对物的买卖的规定（第453条），那么必须在整体上将企业视作“物”。因此，此种买卖可类比不动产买卖。尽管仍有争议，但是此种买卖中，只有当买卖标的物是可替代物并且买受人的给付利益在交付替代物中也得满足时［参见案例一之（一）1（2）］，出卖人才负担再履行义务和置备义务。在本案中，此二者均不成立。

[19]　本案中，因第326条第1款第2句，排除第326条第1款第1句的适用，参见案例一之一（三）1。

[20]　之所以需要这一复杂的规则，是因为减价权（同解除权）为形成权，因此，无法适用关于请求权时效的规定，第438条是请求权时效规定的特别规定。

[21]　Palandt/*Weidenkaff*, § 438 Rn. 16.

[22]　参见 BGHZ 138, 195（205）; *Eidenmüller*, NJW 2002, 1627.

（三）基于第 437 条第 3 项、第 434 条第 1 款第 1 句、第 311 a 条第 2 款、第 453 条第 1 款，享有损害赔偿请求权

基于第 437 条第 3 项、第 311 a 条第 2 款，X 或得请求 A 赔偿因瑕疵履行而造成的损失（“替代给付的损害赔偿”）。在营利不足的情况中，涉及的是自始、在合同缔约时就存在且不可补正的企业瑕疵（第 311 a 条第 1 款）；因为根据第 433 条第 1 款第 2 句，给付无瑕疵之物是出卖人的履行义务，所以，本案中涉及［质量（qualitative）］不能。[23] 第 311 a 条第 2 款并未规定需设置补充履行的期限。问题是，依第 311 a 条第 2 款第 2 句，A 是否对不知给付障碍存在过错。在此种情况下，无需考虑基于第 276 条第 1 款第 1 句的承担担保，因为无法认为，A 在任何情况下均愿担保有特定数额的利润。但是，根据第 278 条其对履行辅助人的过失同样需承担责任，[24] 换言之，需对审计师 W 未审查有限责任公司材料的过失承担责任。[25] 因为 W 受暗示得知当事人可能会使用该决算，所以其本来必须调查该决算，或者至少做抽样调查；最少他本应提示，其未审查企业所提供的说明。因此，根据第 311 a 条第 2 款，A 承担替代给付的损害赔偿责任，这就是说，他必须使 X 处于如同按要求履行的状态。因此，A 须向 X 支付 150000 欧的损害赔偿。

（四）基于第 280 条第 1 款、第 311 条第 2 款、第 241 条第 2 款，享有损害赔偿请求权（缔约过失）

基于第 280 条第 1 款，A 或需为违反先契约的说明义务而负责。虽然他自己未做错误说明，但是根据第 278 条，审计师所做的有缺陷的证明可归责于 A［上文一之（三）］。瑕疵担保法有其特别规则——第 438 条中规定的时效规则和对设置补充履行的期限的要求，因此，其对第 280 条第 1 款有阻碍适用的效果。[26] 当然，第 433 条及以下条款的阻碍效果仅在其事

---

[23] 关于这一概念，见 *Looschelders* SchuldR AT § 22 Rn. 17.

[24] Palandt/*Grüneberg*, § 311 a Rn.9.

[25] 例如，参见 BGH NJW 2001, 2163（2164）（税务咨询师案）；批判参见 *Müller*, ZIP 2000, 817（822）.

[26] Palandt/*Weidenkaff*, § 437 Rn. 51 a；*Looschelders* SchuldR BT Rn. 189；*Mertens*, AcP 203（2003）, 818（853）. RGZ 135, 399（346）；BGHZ 60；319；*BGH* NJW 1973, 1234；NJW-RR 1988, 10（11）；BGHZ 180, 205. 相反，支持自由竞合说的，参见 *Esser/Weyers*, II/1, § 6 II 1, 3 b；BeckOK BGB/*Faust* § 437 Rn. 190（在原则上）。

实构成的限度内发挥作用。所以，原则上，在违反先契约义务涉及物的性质，且该性质可构成物之瑕疵的范围内，得排除第 280 条第 1 款的适用。[27] 因此，在对买卖之物的性质做错误说明或对瑕疵保持沉默的情况下，不考虑缔约过失责任。当然，按照通行观点，第 433 条及以下条款对第 280 条第 1 款的阻碍效果仅为原则，而在违反特别的咨询或说明义务时（此种义务主要源自交易惯例或案件情况），得构成例外，不产生阻碍效果。[28] 按此种观点，违反说明义务——此种义务的理由在于出卖人的信息优势（其在企业关系中有准确的认识）和取得人对资产与利润的说明准确性的特殊信赖——会导致出卖人依第 280 条第 1 款承担责任。[29] 但与之相反，（本书认为）应当坚持上述原则，为了区分一般给付障碍法与特别的瑕疵担保法，只有在违反的从义务不会同时导致物之瑕疵时，才得成立第 280 条第 1 款、第 311 条第 2 款的请求权。[30] 当然，可以推知，法院还是坚持其迄今为止的判例，并且在对企业利润错误说明的情况中，适用第 280 条第 1 款。因为消灭时效的期限比较接近（第 438 条：客观两年；第 195 条、第 199 条：主观三年），[31] 所以在企业买卖中，关于错误资产负债表问题的状况明显缓和；因为通常情况下，企业的买受人能够在下一年的年度决算中发现错误的说明。尽管如此，由于时效方面的差异仍然存在，[32] 所以仍有需求适用一般给付障碍法，此种需求或驱使判例采独立的咨询义务或说明义务违反的观点——这在教义学上无法令人满意。[33]

---

[27] *Huber*, in: Huber/Faust, § 14 Rn. 26.

[28] BGHZ 88, 130（135）; BGH NJW 1981, 1035; WM 1984, 1092（1093）; Staudinger/*Matusche-Beckmann*, 2013, § 437 Rn. 79, und *Honsell*, JR 1976, 361.

[29] BeckOK BGB/*Faust* § 434 Rn. 26; *Baur*, BB 1979, 381 ff.; *Aderhold*, DStR 1991, 844; *Hiddemann*, ZGR 1982, 435（437）; *Stengel/Scholderer*, NJW 1994, 158（161）; BGH NJW 1977, 1538; NJW-RR 1989, 306（307）; NJW 1991, 1223（1224）; NJW 2001, 2163（2164）.

[30] 正确观点参见 *Triebel/Hölzle*, BB 2002, 521（533）（针对企业买卖）; *Schröcker*, ZGR 2005, 63（89）; *Canaris*, FS Geogiades, 2006, 93; MünchKommBGB/*Westermann*, § 453 Rn. 31; *Thiessen*, Unternehmenskauf und Bürgerliches Gesetzbuch, 2005, 426, 430, 432; *Kleinhenz/Junk*, JuS 2009, 787（791）.

[31] 关于时效法的主客观关系，参见 *Finkenauer*, in: Ehmann/Sutschet, 289 f., 296.

[32] 基于第 199 条第 1 款，时效从该年年末起算，这几乎是与两年时效唯一的区别。

[33] *Finkenauer*, in: Ehmann/Sutschet, 311; *Lorenz*, FS Heldrich, 2005, 305（322）. 详细案型参见 Palandt/*Grüneberg*, § 311 Rn. 42. 支持继续采之前判例观点的，参见 *Huber*, AcP, 202（2002）, 179（231 ff.）; *Kindl*, WM 2003, 409（411）; 与之相反，参见 MüKoHGB/*Thiessen*, 4. Aufl. 2016, § 25 Anh. Rn. 69.

基于第 280 条第 1 款的请求权仅涵盖 X 的消极利益：如果获得正确的说明，则 X 缔结的合同价格不会过高。因此，按照判例观点，应将 X 置于，如同 X 以更低廉的价格（也即股份的实际价值）购买股份的状态。出卖人是否会缔结该合同则在所不问。[34] 已经支付价款的差额是 X 的损害更精确。

（五）基于第 812 条第 1 款第 1 句第 1 支项，享有不当得利请求权

X 基于第 119 条第 2 款得因性质错误而撤销合同，但是，此种撤销在与物之瑕疵担保法竞合的领域中不成立，否则瑕疵担保法的特别规定（在解除前要求设置补充履行的期限；第 442 条第 1 款第 2 句；时间界限）就会被规避。[35] 因此，排除不当得利。

（六）第 313 条第 2 款，交易基础丧失

X 不得因其与 A 以之为前提的重要设想（wesentliche Vorstellung）被证明是错误的，而基于第 313 条第 2 款、第 1 款请求调整合同，也不得基于第 313 条第 3 款第 1 句解除合同（“交易基础丧失”）。在本案中，存在双方动机错误，如第 119 条第 2 款一样，此种错误为物之瑕疵担保法所排除。[36]

二、H 因第 437 条第 2 项、第 434 条第 1 款、第 445a 条第 2 款、第 323 条第 1 款、第 346 条及以下，享有解除权

根据第 445a 条第 2 款、第 437 条第 2 项，H 或得解除其与 E 有限责任公司的买卖合同，而无需设置补充履行的期限。[37] 由于第 445a 条第 2 款的表述，例外情况下，对于企业的追偿，有必要设置补充履行的期限。此种

---

[34] BGH NJW 1977, 1536（1538）; NJW 1977, 1538（1539）; NJW-RR 1989, 306（307）; NJW 2001, 2875; *Canaris*, ZGR 1982, 395（451）. 在结论上，这是关于缔约过失的减价权：此种情况下，通过履行利益（也即积极利益）的损害赔偿请求权也可例外地得出相同结论。参见上文一之（三）文末。

[35] 参见案例一之一（五）。

[36] 参见案例一之一（六）。在企业出卖人存在过错的情况下，其他观点希望适用交易基础丧失原则作为补充。如 *Canaris*, ZGR 1982, 395 ff., 402 ff.; *Müller*, ZIP 2000, 817（825）; Soergel/*Huber*, 12. Aufl. 1991, § 459 a. F. Rn. 268 f., 279. 如果将企业参数理解为第 434 条中的约定品质［如上文一之（一）3］，那么这一观点是多余的。

[37] 第 445a 条第 2 款与第 445a 条第 1 款不同，不是独立的请求权基础。

必要性是对出卖人的优待；买受人不得立即自行解除合同。[38] 买受人基于第 437 条第 2 项、第 3 项享有的瑕疵担保权——解除权、减价权、损害赔偿或费用补偿——原则上仅在补充履行的期限届满且无效果之后才得行使（“补充履行优先”）。当然，在法条中，仅隐晦表达了设置补充履行期限的优先性：第 437 条第 1 项至第 3 项产生瑕疵担保的权利看上去是彼此平等的，然而，根据第 437 条第 2 项、第 323 条第 1 项，解除以补充履行的适当期限届满且无效果为前提，根据第 437 条第 3 项、第 281 条第 1 款第 1 句，损害赔偿请求权同样如此；[39] 从第 440 条第 1 句中也可推导认为，只有在例外情况才无需设置期限。

第 445a 条第 2 款的优待，不取决于连环买卖的最后一环是否是消费品买卖。因为该设备无法再现图片，所以，存在第 434 条第 1 款第 2 句第 1 项意义上的瑕疵。根据第 434 条第 1 款第 1 句，该瑕疵必须在风险移转给 H 时就已经存在。然而，如果是消费品买卖（第 474 条），那么，根据第 478 条第 1 款、第 477 条，为了经营者的利益，在风险移转给消费者之后的六个月内，推定该物在风险从供货人移转给经营者之时就已经负有瑕疵。本案构成消费品买卖。根据第 14 条，H 作为企业，构成经营者。根据第 13 条，他的顾客是消费者。此外，该设备是新造之物。所以推定该设备在风险移转给 H 时就已经负有瑕疵，E 有限责任公司不得推翻该推定。也可以认为，H 尽到了《德国商法典》第 377 条的检查义务与告知义务（第 445a 条第 4 款）。

当然，问题是，第 445a 条第 2 款的要件（H“须取回该物”）是否成立。最终出卖人的解除权只有在满足第 445a 条以下的减轻要件时才得行使：最终出卖人满足了买受人的正当权利[40]，单纯对买受人的优惠并不符合[41]。必

---

[38] 根据 2001 年 12 月 31 日之前所适用之法律，也是如此（“解除 Wandelung”）。补充履行请求权经常被称作是买受人“进一步”的请求权基础，此种补充履行请求权也因此不异于出卖人“第二次给付之机”的权利（Recht zur zweiten Andienung），并且因此与之前的、所谓对消费者比较不利的法律相比，该请求权造成了买受人的不利。正确的见解参见 *Dauner-Lieb*, AnwBl. 2006, 430（431）.

[39] 根据第 437 条第 2 项、第 441 条第 1 项，减价权的要件同解除的要件（“替代解除”）；根据第 437 第 3 项、第 284 条，在费用补偿中，适用替代给付的损害赔偿的要件（“替代” anstelle）。

[40] Palandt/*Weidenkaff*, § 478 Rn. 10.

[41] MüKoBGB/*Lorenz* § 478 a. F. Rn. 19; *Medicus/Lorenz* SchuldR BT Rn. 254; *Jacobs*, JZ 2004, 225（229）.

须作如下区分：法律规则完全可以让最后出卖人承担对买受人的法律义务，然而，在最终出卖人与他的供货人的关系中，这并不表现为取回义务。例如，尽管买受人的瑕疵担保请求权已经罹于时效，最终出卖人仍取回该物。因为尽管存在抗辩权，但是，其法律义务仍然存在。然而，最终出卖人与他的供货人的合同使其负担了提出时效抗辩的不真正义务（Obliegenheit）。如果最后出卖人未注意该不真正义务，则丧失第 445a 条所规定的优待。[42] 所以，最后出卖人的取回义务必须根据诚实信用（基于最后出卖人与他的供货人的合同的角度）进行判断。因此，最后出卖人无需为了确认可能存在争议的取回义务而与买受人进行诉讼。[43] 如果出卖人取回该物，而未尝试提供“第二次给付”，则情况有所不同：尽管原则上得自由放弃法律所赋予的权利，但是，在最后出卖人与他的供货人的关系中，如果有人不主张修补，且此种修补并不困难又花费极少（如在本案中），那么，此种放弃有违诚信。[44] 根据第 445a 条第 1 款，H 本得立即对 E 有限责任公司主张该修补费用。换言之，H“不必”取回该设备，其不得主张第 445a 条第 2 款；因为设置宽限期的必要性，所以不得立即解除。因此，H 仅得向 E 有限责任公司主张以再交付和修补为形式的补充履行（第 437 条第 1 项、第 439 条第 1 款）。当然，对此其必须证明，瑕疵在风险移转给他时就已经存在，因为不适用第 445a 条第 2 款，所以第 478 条第 1 款、第 477 条的优待对其不适用。[45]

---

[42] MüKoBGB/*Lorenz* § 478 a. F. Rn. 19；不同观点见 *Lepsius*, AcP 207（2007），340（354 f.）.

[43] Palandt/*Weidenkaff*, § 478 Rn. 10；BeckOK BGB/*Faust* § 445a Rn. 20.

[44] *Huber*, in：Huber/Faust, § 15 Rn. 27. 与本文相同。

[45] 卖给 H 的买卖不是消费品买卖，由于不得适用第 445a 条第 2 款，也不得适用第 478 条第 1 款。

案例四　古董店火灾

——租赁合同与转租合同中的担保责任和转租租金返还

关键词

租赁合同中的担保责任　租赁物的转让　附保护第三人效果的合同与第三人损害清算　违法转租

案件事实

V有一套很大的商住两用房。自2018年1月1日，他将营业用房间及在该房间之上的住宅用小房间出租给了M，M希望开一家古董店；其约定的租赁期限为10年。M的古董店开张，M也搬进了该住房。2018年2月1日，V将该房转让于E，并通知了M。因为古董店运营状况好于预期，M于2018年3月1日，聘请其姐姐S作为雇员，并未询问E，即将该住宅用小房间转租给了S。M与S并未订立书面合同。

2018年7月，商用房间发生火灾，并波及邻接的住宅用房间。S当时正在该房间里，她因此受伤。部分属于M的商店设施与商品，以及S的家具因火灾被毁。火灾由商用房间的电线故障引起。火灾调查报告表明，该电线在2018年前就负有瑕疵。

S享有何种损害赔偿请求权？在M与E的关系中，存在何种请求权？

解答

一、S对M享有的损害赔偿请求权与精神损害抚慰金请求权

（一）第536a条第1款第1支项、第536条第1款

（二）基于第311a条第2款，享有损害赔偿请求权

（三）基于第 823 条第 1 款，享有损害赔偿请求权

二、S 对 E 享有的损害赔偿请求权与精神损害抚慰金请求权

（一）基于第 536 a 条第 1 款第 1 支项、第 536 条第 1 款、第 566 条第 1 款、第 311 条第 3 款第 1 句、第 241 条产生的损害赔偿（附保护第三人效果的合同）

（二）基于第 536 a 条第 1 款第 1 支项结合第三人损害清算产生的请求权

（三）基于第 823 条第 1 款，因侵权产生的请求权

三、M 对 E 享有的请求赔偿商店设施和被毁货物的损害赔偿请求权

（一）基于第 536 a 条第 1 款第 1 支项，第 536 条第 1 款，第 578 条第 2 款、第 1 款，第 566 条第 1 款所生请求权

（二）基于第 823 条第 1 款所生损害赔偿

四、基于第 536 a 条第 1 款第 1 支项、第 536 条第 1 款，M 因 S 的损害而对 E 享有的请求权

五、E 对 M 享有请求返还转租租金的请求权

（一）第 280 条第 1 款、第 241 条第 2 款、第 535 条

（二）基于第 687 条第 2 款第 1 句、第 681 条第 2 句、第 667 条产生的请求权［事务干涉（Geschäftsanmaßung）］

（三）基于第 987 条、第 990 条产生的请求权

（四）第 816 条第 1 款第 1 句产生的请求权［权益侵害型不当得利（Eingrifskondiktion）］

（五）第 812 条第 1 款第 1 句第 2 支项（权益侵害型不当得利）

（六）基于第 823 条第 1 款产生的请求权

一、S 对 M 享有的损害赔偿请求权与精神损害抚慰金请求权

（一）第 536 a 条第 1 款第 1 支项、第 536 条第 1 款

基于第 536 a 条第 1 款第 1 支项，M 或须负担赔偿其姐姐 S 所受物之损害与身体损害的责任。

1. M 与 S 之间于 2018 年 3 月 1 日有效缔结了租赁关系。转租合同的有效性不受未事先取得出租人同意的影响（如在本案中）。[1] 第 550 条的形式

[1] BeckOK BGB/*Ehlert* § 540 Rn. 23.

规定同样适用于转租合同。根据第 550 条第 1 句，租赁期限长于 1 年的口头合同，视为不定期合同。因此，欠缺书面形式并不导致合同因第 125 条第 1 句而无效。根据第 536 a 条第 1 款第 1 支项，租赁物需在合同缔结之时即负有瑕疵，该瑕疵使得该物不符合约定的用途或限制其按约定使用。[2] 隐藏的瑕疵同样构成此种情况，换言之，嗣后发生损害的原因已经存在。[3] 受损的电线表明存在隐藏的瑕疵，该瑕疵随时可导致损害。所以，此种使用时会导致危险的租赁物负有瑕疵。这同样适用于承租人不知瑕疵，因而也不知风险的情况。[4] 这不取决于危险源是否直接存在于租赁的房间。正如在本案中，住宅用房与在同一楼房内商业用房的关系一样，租赁物因距离危险源较近，所以直接暴露于危险之下。该危险如发生，那么，该租赁物即负有瑕疵。[5] 因为在与 S 缔结合同时，瑕疵已经存在，所以第 536 a 条第 1 款第 1 支项的要件成立。

2. 转租人同样需承担第 536 a 条第 1 款第 1 支项的担保责任。其是第 535 条以下意义上的出租人，承担全部权利与义务，并也因此需根据第 536 a 条第 1 款第 1 支项承担无过错责任。[6]

3. 问题在于，第 536 a 条第 1 款是否涵盖 S 所主张的身体侵害与家具损害。这不是瑕疵损害，而是瑕疵结果损害。瑕疵结果损害是债权人因合同标的的瑕疵而遭受的其他法益（主要是健康与所有权）的不利益。第 536 a 条第 1 款是否涵盖瑕疵结果损害存在争议。通说认为担保责任（Garantiehaftung）涵盖瑕疵结果损害。[7] 相反意见则认为第 536 a 条第 1 款仅限于独立的履行损害，固有利益（关于其他法益）仅得按第 280 条第 1

---

[2] 尽管买卖合同与承揽合同区分物之瑕疵与权利瑕疵，租赁法中仅存在一种“瑕疵”。第 536 条第 1 款指的“瑕疵”仅指“物之瑕疵”，但是，第 536 a 条及以下指的“瑕疵”则是上位概念。对此，正确的批判参见 *Hau*, in: Ehmann/Sutschet, 274.

[3] 参见 BGH, LM § 537 Nr. 19（保龄球道上的冷凝水案）；BGH NJW 1972, 944（负有缺陷的电线案）；Palandt/*Weidenkaff*, § 536 a Rn.9.

[4] RGZ 81, 200（202）；BGH NJW 1968, 885 f.

[5] BGH NJW 1972, 944（945）；在 BGH NZW 2006, 582 中得到了确认。

[6] BGHZ 70, 327（330）；Palandt/*Weidenkaff*, Einf. v. § 535 Rn. 3, § 540 Rn. 18；Bamberger/Roth/*Ehlert*, § 540 Rn. 23.

[7] Palandt/*Weidenkaff*, § 536 a Rn.14；BeckOK BGB/*Wiederhold* § 536a Rn. 27；*Looschelders* SchuldR BT Rn. 422；*Esser/Weyers* SchuldR BT I § 15 I 6c；同样参见 RGZ 81, 200（203）（第 536a 条第 1 款对应旧法第 538 条）；BGH NJW 1971, 424；NJW 1972, 944（945）：批判的观点参见 *Medicus/Lorenz* SchuldR BT Rn. 461.

款（积极侵害债权），在过失情况下才能获得赔偿。[8] 而按第三种观点，尽管担保责任也涵盖瑕疵结果损害，但是有一定的限制，如出租人在使用时尽到最大注意仍无法发现瑕疵，则对瑕疵结果损害不承担责任。[9] 应当认可通说：即使第 536 a 条第 1 款第 1 支项的担保责任在《德国民法典》的责任体系中是一个异类，[10] 然而由于文义清晰，所以不得对其随意限缩，必须放弃适用第 280 条第 1 款（积极侵害债权）的"隐蔽的小路"。此外，出租人负担"损害赔偿"；旧法第 538 条第 1 款对"因不履行导致的损害赔偿"（但是，按正确的观点，同样涵盖瑕疵结果损害）的限制也被删除了。此种一般性的条文表述表明，第 536 a 条第 1 款第 1 支项的责任不应限于特定的损害。正如基于第 437 条第 3 项、第 634 条第 4 项，在买卖合同与承揽合同中适用的第 280 条第 1 款、第 281 条第 1 款，也涵盖瑕疵结果损害。因此，S 得请求赔偿身体侵害与物的损害。

此外，根据第 253 条第 2 款，S 得要求支付"公正的金钱赔偿"（抚慰金），因为 M 必须赔偿其身体的损害。早期对抚慰金请求权的限制已经被废除。该规定得适用于所有合同责任、侵权责任与担保责任。[11] 因此，毋庸置疑，S 在本案的合同无过错责任中，也享有此种请求权。

（二）基于第 311 a 条第 2 款，享有损害赔偿请求权

基于第 311 a 条第 2 款，因 M 的给付自始不能，S 或享有损害赔偿请求权，M 的给付也即依第 535 条第 1 款第 2 句，交付与合同约定的使用状态相符的租赁物。与第 437 条第 3 项、第 634 条第 4 项相反，租赁法没有准用一般给付障碍法，而是在第 536 a 条第 1 款第 1 支项中独立规定了在

---

[8] 如（针对旧法第 538 条）*Todt*, BB 1971, 680（681）; *Weimar*, MDR 1960, 555（556）; *Enneccerus/Lehmann*, § 128 III 2 g.

[9] *Fikentscher/Heinemann*, Rn. 1003; *Larenz*, II/1, § 48 III 3（237）; *Diederichsen*, AcP 165（1965）, 150（168）; *Krampe*, Die Garantiehaftung des Vermieters für Sachmängel, 1980, 46ff.

[10] *Hau*, in: Ehmann/Sutschet, 271:"租赁法最著名的特征"。担保责任的基础是潘德克顿法学的总则化结论。其源自罗马法上流传的一个案例：根据 Ulpian D. 19, 2, 19，酒桶的出租人（这些酒桶储藏在地下酒窖）因担保的思想，而须对酒桶自始太薄承担责任，换言之，无需考虑过错。据此，其需赔偿流走的酒的价值。对此参见 *Krampe*, Die Garantiehaftung des Vermieters für Sachmängel, 1980, 21 ff.《德国民法典》的立法者采担保责任，主要是出于社会政策的考虑。（Protokolle bei *Mugdan*, II, 814.）

[11] 同样参见 BeckOK BGB/*Spindler* § 253 Rn. 10; Palandt/*Grüneberg*, § 253 Rn.5ff., 8.

租赁物交付之后，与自始瑕疵有关的损害赔偿请求权的构成要件与法律效果。因此，无需考虑基于第 311 a 条第 2 款的赔偿请求权。[12]

（三）基于第 823 条第 1 款，享有损害赔偿请求权

由于身体和所有权受到不法且有责的侵害，S 或得基于第 823 条第 1 款对 M 享有损害赔偿请求权。因为对身体与所有权的侵害并非由 M 的作为引起，因此，需要考虑此种侵害是否由 M 的不作为引起。仅当有作为义务存在时，不作为才具违法性。侵权请求权的义务不得直接从租赁合同中推导得出。此种义务是一种对所有人都存在的义务，仅对合同当事人存在义务不构成此种义务。避免损害的义务或得因控制危险源而产生（一般交往安全义务）。[13] 鉴于转租，M 应当检查全部电网，而其未做检查，M 或因此种不作为而违反了交往安全义务。因为在此期间并无迹象表明可能存在缺陷，所以无法认为存在此种义务。所以，侵权请求权不成立。

二、S 对 E 享有的损害赔偿请求权与精神损害抚慰金请求权

（一）基于第 536 a 条第 1 款第 1 支项、第 536 条第 1 款、第 566 条第 1 款、第 311 条第 3 款第 1 句、第 241 条产生的损害赔偿（附保护第三人效果的合同）

由于欠缺独立的合同关系，S 只有在 M 与 V 的租赁合同的保护范围之内（E 嗣后加入该合同），方得基于第 536 a 条第 1 款第 1 支项对 E 主张损害赔偿。电线设备在 2012 年之前就有瑕疵，所以在 M 与 V 的合同订立之时，租赁物就自始存在瑕疵［参见上文一之（一）1］。

1. 尽管 M 与 E 彼此并未成立合同关系，但是，对于 S 所租赁房屋，需按第 566 条第 1 款考虑租赁关系（“买卖不破租赁”）。[14] 第 566 条第 1 款的要件是，在移转之时，承租人与前所有权人之间的买卖合同有效，并且已

---

[12] 例如参见 Palandt/*Weidenkaff*, § 536 a Rn.3.

[13] 对此更多论证参见 Palandt/*Sprau*, § 823 Rn. 48 ff.; *Raab*, JuS 2002, 1041（1044）.

[14] 第 566 条的官方标题不准确［该标题为买卖不破租赁（Kauf bricht nicht Miete）］：根据第 535 条第 2 款，“租赁（Miete）”指的是容忍使用的报酬［正确说法应该是“租金（Mietzins）”］，而非“租赁关系（Mietverhältnis）”。此外，该条的关键也不是“买卖（Kauf）”，而是向取得人移转所有权（Übereignung）。

经交付使用。[15] 租赁合同的效力并不因 V 与 M 之间的租赁合同未采书面形式而受影响［上文一之（一）1］。因为在转让之时，房屋已经交付 M 使用，所以第 566 条第 1 款的要件成立。E 加入了合同的出租人一方。

2. 如果 S 在 M 与 E 的合同的保护范围之内，则 S 对 E 享有独立的赔偿请求权。尽管过去的判例将附保护第三人利益的合同的效力限于人身损害，但现在已经不再坚持此种观点。[16] 所以，S 或可以通过第三人保护的原则，获得对损坏的家具的损害赔偿。

第 536 a 条第 1 款第 1 支项规定了无过错的担保责任，而附保护第三人效果的合同则采过错责任，并且基于对侵权请求权的弥补的理由发展而成（论证依据：第 831 条、第 278 条），[17] 这不是反对基于第 536 a 条第 1 款第 1 支项结合附保护第三人效果合同制度而产生的请求权的理由。由于如果对附保护第三人效果的合同作此种限制，会有违体系。在狭义上，必须将相关第三人的固有利益与承租人同等对待；所以，该制度在第 536 a 条第 1 款第 1 支项中也得适用。[18]

虽然第 311 条第 3 款第 1 句将第三人纳入了他人缔结合同的保护范围，但是，该条款并未规定第三人的赔偿请求权。[19] 判例与学说认为唯有符合下列要件方得请求赔偿：

（1）首先，第三人必须如债权人（承租人）般受债务人（出租人）所为之给付的影响。[20] 租赁合同中，如果根据约定，多人同住或者该住房交给其他人使用（本案即为例），那么通常符合此种要件。由于近于给付（Leistungnähe）*，应当将 S 与承租人 M 同等对待。

（2）其次，只有根据合同目的，且结合考虑诚实信用原则允许纳入合

---

[15] 只有在与所有权人订立租赁合同的情况下，才得适用第 566 条。参见 Staudinger/*Emmerich*, 2018, § 566 Rn. 28. 关于与无权的出租人订立租赁合同的情况下产生问题，参见 *Finkenauer*, Jura 2001, 606（610 f.）; *Wieling*, GS Sonnenschein, 2003, 201 ff.

[16] BGHZ 49, 350（355）.

[17] 对此参见 Palandt/*Grüneberg*, § 328 Rn.13; *Medicus/Lorenz* SchuldR AT Rn. 532.

[18] 同样参见 BGHZ 49, 350（354）; BGH LM § 537 Nr. 19（保龄球道）。

[19] 尽管从第 311 条第 3 款第 1 句的文义无法明确推出附保护第三人效果的合同，但是其仍为附保护第三人效果的合同的法律依据（*Canaris*, JZ 2001, 520）; 然而，该条文是描述性法条，不具涵摄能力（*Lieb*, in: Dauner-Lieb u. a. Lehrbuch, § 3 Rn. 45）。

[20] BGHZ 49, 350（354）.

* 即与给付具有密切关系。——译者注

同保护范围的人才可纳入保护范围。如果在债权人与被纳入的第三人之间存在身份权上的关系（personnenrechtlichter Einschlag），基于此种关系债权人“可以说需对第三人的福祸负责，因为债权人对第三人附有保护和照顾义务”［“近于债权人（Gläubigernähe）”］，[21]那么，必然符合这一要件。S是M的姐姐与雇员。就亲戚关系来说，在本案的姐弟关系中，不能认为存在特殊的照顾义务。该住宅用房由M承租，并转租给S，S为该房的独立居住人。如果在S与M间存在一般的合同关系，那么家庭关系并不重要。不同的是，本案涉及的是从雇佣关系中产生的保护义务与照顾义务（第618条）。尽管对于本案，本书认为，S作为雇员，其法益并未被侵害，由于处于住宅用房内，所以不存在劳动法上的照顾义务。当然，如果考虑到S因为是M的雇员，所以才会搬到该房内，此种区分就显得过于形式。

（3）最后，按照通行观点，合同当事人必须可认识到会将第三人纳入该合同，[22]本案中对此存在争议。但是，必须考虑的是，第三人（S）有保护之必要。[23]只有S自身对其损害无合同性的赔偿请求权，才符合这一要件。当然，本案的情况是，基于与M缔结的租赁合同，S对M享有独立的请求权［上文一之（一）］。因此，在这种情况下，通说正确地拒绝了将转租承租人纳入原承租人的合同中。[24]S不得请求E赔偿其家具与医疗费。

（二）基于第536 a条第1款第1支项结合第三人损害清算产生的请求权

第三人（S）不直接享有基于清算第三人的损害而产生的请求权。仅M或得主张该权利，而S或得请求M让与该权利。

合同当事人得主张第三人的损害的情况主要有三种：间接代理、债法

---

[21]　例如，参见BGHZ 51, 91（95 f.）. 德国联邦最高法院在某些案型中未采纳此种标准，特别是在咨询案例中，通过承认财产保护，明显扩大了合同的边界。仅参见BGH JZ 1995, 306. 但对第三人的保护，仍主要在身份权上的关系存在的情况中。参见Palandt/*Grüneberg*, § 328 Rn. 17a；*Medicus/Lorenz* SchuldR AT Rn. 869.

[22]　*Medicus/Lorenz* SchuldR AT Rn. 821；*Looschelders* SchuldR AT § 9 Rn. 13.

[23]　BGHZ 70, 327（330）；129, 136（169）；BGH NJW 1996, 2927（2929）；Palandt/*Grüneberg* § 328 Rn. 18；MüKoBGB/*Gottwald* § 328 Rn. 188；*Harke* SchuldR AT Rn. 437. 反对保护必要性标准，参见*Haase*, JR 1979, 285 f.；*Schwarze*, AcP 203（2003），348（364）.

[24]　BGHZ 70, 327（330）；BGH WM 1979, 307 f.；MüKoBGB/*Gottwald* § 328 Rn. 188；*Krause* JZ 1982, 16（18 f.）；*Esser/Weyers* SchuldR BT I § 15 I 6d. 相反，如果转租合同无效，则符合该要件。

责任风险的移转（Obligatorische Gefahrenentlastung）、保管他人之物（Obhut für fremde Sache）。这些情况的共同点在于，损害并不是发生在债权人处，而是由于债权人与第三人的内部关系意外地发生在第三人处。加害人不得因意外的损害移转而免责［参见案例二十之二（一）3］。第三人损害清算主要的前提是，受害人无请求权和请求权人无损害。然而，正如在上文一之（一）中所述，基于第 536 a 条第 1 款第 1 支项，S 作为转租承租人自身对 M 享有请求权，在这个意义上，M 也有损害。M 得对 E 主张这一责任产生的损害。因此，基于此种理由，并无适用第三人损害清算的空间：S 自身享有损害赔偿请求权，并且 M 自身有损害。

（三）基于第 823 条第 1 款，因侵权产生的请求权

这一请求权因欠缺交往安全义务和过失而不成立［参见上文一之（三）］：由于没有迹象表明存在缺陷，所以无法预期 E 因取得所有权而检查全部电网。

三、M 对 E 享有的请求赔偿商店设施和被毁货物的损害赔偿请求权

（一）基于第 536 a 条第 1 款第 1 支项，第 536 条第 1 款，第 578 条第 2 款、第 1 款，第 566 条第 1 款所生请求权

1. 基于第 536 a 条第 1 款，M 或得对 E 享有损害赔偿请求权。M 与 V 之间的合同有效，E 加入了该合同，第 566 条第 1 款［上文二之（一）1］。因为第 578 条第 2 款、第 1 款规定的准用，所以关于商品用房准用第 566 条。

2. 问题是，租赁物的取得人是否也需为自始的瑕疵承担第 536 a 条第 1 款第 1 支项的担保责任。少数说否定了这一责任，理由在于取得之前产生的租赁物的瑕疵，与取得人无关。在其享有所有权的期间内，损害意外发生，所以其无需承担此种责任。[25] 此外，取得人也不得向无过错的转让人追偿。[26] 相反，通说与判例[27] 认为取得人需承担责任，因为损害赔偿请

---

[25] *Enneccerus/Lehmann*, § 133 II mit Fn. 11.

[26] 此种观点参见 *Larenz* SchuldR BT § 48 IV 脚注 110。

[27] RG JW 1905, 487, Nr. 5；BGHZ 49, 360（352）；Palandt/*Weidenkaff*, § 566 Rn.18；Staudinger/*Emmerich*, 2018, § 566 Rn.54.

求权在其享有所有权时产生，[28] 并且反对意见会导致承租人法律地位的恶化，而这与第 566 条的立法旨趣不符。[29] 否则的话，承租人因转让而丧失享有的请求权。当然，对此须作两重限制：加入租赁合同的取得人仅在瑕疵在原始租赁关系发生前即存在且损害在其加入后才发生的情况下，承担责任。一方面，如果认为判断瑕疵是否存在的时点不是合同成立之时，而是取得人加入之时，则会导致对承租人的优待，而此种优待同样与第 566 条立法旨趣不符：按照第 536 a 条第 1 款第 2 支项，仅在过错情况下才须负责的嗣后瑕疵也被担保责任所涵盖。另一方面，如果损害在新出租人加入之前就发生，则不构成“在其享有所有权期间”（第 566 条第 1 款）成立的义务。[30]

由于该瑕疵在 V 与 M 之间的合同订立之前就已经存在，而损害在 E 加入之后方发生，所以 E 须按第 536a 条第 1 款第 1 支项承担损害赔偿责任。通说不无正确地指出，E 须承担所有的瑕疵结果损害［上文一之（一）3］，也即商店设备与被毁商品。

（二）基于第 823 条第 1 款所生损害赔偿

并无证据表明，E 违反了（一般）交往安全义务［上文二之（三）］。

四、基于第 536 a 条第 1 款第 1 支项、第 536 条第 1 款，M 因 S 的损害而对 E 享有的请求权

E 对 M 承担所有因所租房间瑕疵而产生的损害。而正如所见，M 对 S 承担损害赔偿。M 的损害同样是瑕疵结果损害，并因此原则上可获赔偿。

然而，问题在于，E 是否得因 M 未获得转租的许可而免责（第 540 条第 1 款第 1 句）。[31] 从第 553 条第 1 款第 1 句仅得认为，如果存在正当利益，则 M 有权请求 E 同意转租；但是，如果欠缺许可，则 M 无权转租。当然，仅在转租增加了 E 的风险时，M 没有取得同意才具意义。[32] 例如，房屋里

[28] 损害赔偿请求权的产生总以损害存在为要件。

[29] 参见 BGHZ 49, 350（352）；虽然根据第 566 条第 2 款第 1 句，原出租人如担保人一样，对现出租人的债务负责，但是本案中，V 得基于第 566 条第 2 款第 2 句免责。

[30] 在此种情况下，原出租人继续承担责任；Palandt/*Weidenkaff*, § 566 Rn.21.

[31] 类似考虑参见 BGHZ 49, 350（355 f.）.

[32] 同样观点参见 BGHZ 49, 350（355）.

增加了其他设备或其他人。只有在这种情况下，M的行为才与E的（增加的）损害存在因果关系。而本案中，并不涉及这种两种情况：M将住宅用房“转交”给S，E的风险并未因此增加。如果否定（M的）请求权，则也会因“自陷禁区理论（versari in re illicita）”而否定损害赔偿；但在民法中，不得主张适用该刑罚思想。[33]

如果S对M主张其损害（包括抚慰金），那么M得基于第536 a条第1款第1支项，向E请求赔偿。基于第249条第1款，M也得向E主张免于对S的请求权（Freistellung vom Anspruch der S）。

五、E对M享有请求返还转租租金的请求权

（一）第280条第1款、第241条第2款、第535条

该请求权以违反从义务为要件。M负有不转租或依第553条第1款第1句取得同意的义务。而其违反了该义务，并负有过错。

根据差额说（Differenzhypothese），损害是E依第553条第2款本可收取的转租租金。因此，这必须符合第553条第1款第1句规定的要件。在租赁合同缔结之后，因为其经营态势良好，需要雇佣S也可以雇佣S，M应当享有将小的住宅用房交由S使用的正当利益。然而，根据第553条第1款第1句，M仅得将住宅用房的一部分交由S使用；但是，其将整间住宅用房转租给了S。为了使主承租人能以交付他人使用的方式取得房屋，第553条第1款第1句允许主承租人将住宅用房的一部分交由第三人使用，例如生活伴侣。[34]所以对于第553条第1款第1句的解释而言，起决定性意义的不是M将商业用房与住宅用房作为整体进行承租，如果这样看来，那么M仅将整个租赁物的一部分转交给S使用。对于第553条第1款第1句的解释仅取决于住宅用房，而M将住宅用房全部转租给了S。在如上述的混合租赁关系中，原则上，适用于整体租赁关系的法律规则均得适用于每个所承租之物。[35]在本案中，即使试图认为符合第553条第1款第1句的要件（仅部分转租），也无证据表明，只有合理提高租金才得期待E允许转租。如果转租会导致更多使用租赁物（并因此损耗），才构成此种情况。

---

[33] 同样观点参见 *Esser/Schmidt*, I/2, § 33 I 1 b.

[34] MüKoBGB/*Bieber* § 553 Rn. 2.

[35] Palandt/*Weidenkaff*, Einf. v. § 535 Rn.100.

而在本案中，M 仅将其承租的住宅用房“转交”给 S，E 已经取得了出租该住宅用房所约定的租金。因此，E 没有基于第 553 条第 2 款所生的提高租金的请求权，所以，对他而言并无损害。但是，在对排他使用权的侵害兼具违法性与过错时，需要考虑是否采损失计算的原则性标准。不能认为侵害人得益（Verletzergewinn）是损害数额，因为其中混合了不当得利法与损害赔偿法的因素，而这并非毫无疑问，并且在违约的情况下，无论如何必须否定这点。[36] 也就是说，虽然承租人负有不得未经许可转租的义务，但如果违反了这一义务，侵害人的获益无法被看作出租人的损害。E 不因违约而享有请求权。

（二）基于第 687 条第 2 款第 1 句、第 681 条第 2 句、第 667 条产生的请求权（事务干涉）

该请求权的要件是，M 将他人事务当作自己的事务加以管理，尽管其明知自己对此并无权限。依据第 540 条第 1 款第 1 句，若无出租人的许可，承租人无权转租。本案中，无法推知存在此种许可，例如通过默示的容忍。此外，M 无权依据第 553 条第 1 款第 1 句请求（出租人）同意转租，因为本案并非将住宅用房部分交付使用的情况［上文五之（一）］。所以，M 无权请求 E 同意转租，也因此无权转租。

第 687 条第 2 款第 1 句所生的请求权也以 M 将他人事务，即 E 的事务，当作自己的事务加以管理为要件。仅个别观点认为，转租是出租人的事务，因为承租人非法转租时，逾越了其与出租人所约定合同的界限。[37] 相反，通说正确地认为，在转租中，并非客观他人事务，因为只有承租人能转租，出租人无法转租。[38] 在租赁关系存续期间，出租人无法向第三人（转租承租人）移转租赁物的直接占有；通过未获同意的转租，承租人只是以不被允许的方式使用了交付给他的租赁物。当然，这构成违约［对此见上文五之（一）］，而非管理事务。因此，排除第 687 条第 2 款第 1 句的请求权。

---

[36] *Söllner*, JuS 1967, 449 f.

[37] 如 *Herschel*, JuS 1968, 562.

[38] BGHZ 131, 297（306）；BGH NJW 2006, 2323（2325）；NJW-RR 2009, 1522；Palandt/*Sprau* § 677 Rn. 4；*Medicus/Lorenz* SchuldR BT Rn. 486；*Wandt* Gesetzl. Schuldverhältnisse § 11 Rn. 13.

（三）基于第 987 条、第 990 条产生的请求权

第 987 条以下各条以所谓的返还可能状态（返还适状 Vindikationslage）为要件，也就是说，M 须为无权占有人，E 为物的所有权人。然而，M 与 E 之间存在租赁关系。因此，M 对 E 是有权占有，不构成返还适状（第 986 条第 1 款）。但是，第 987 条、第 990 条是否得类推适用于“不完全有权占有人（nicht-so-Berechtigter）”呢？对此存在争议。合法的他主占有人超越其占有权，则为“不完全有权”[所谓的他主占有之僭越（Fremdbesitzerexzess）]。对此，通说正确地未将原物返还请求权适用到“不完全有权占有人”上，因为否则就会动摇合同责任的优先性，并会排除不当得利责任与侵权责任，而此种结果实则毫无必要。[39]

（四）第 816 条第 1 款第 1 句产生的请求权（权益侵害型不当得利）

如果 M 虽无权，但其所为处分对 E 有效，则满足第 816 条第 1 款第 1 句所规定的事实构成。但是，问题是，转租是否可作为处分。处分是对权利产生直接作用的法律行为，通过处分移转权利、设置负担、改变其内容或消灭该权利。少数说认为在出租以及转租中，转租行为是处分行为；无权出租人将使用该物的租金占为己有，而这属于所有权人。[40] 相反，绝大多数主流观点既没有把转租也没有把出租视为处分。[41]（转）出租作为债权合同、占有移转的事实过程，均不是处分；因为没有对所有权产生直接作用。

第一种观点与处分的概念不符，并且忽视了处分的物权特性。为了避免此种反对意见，也有观点主张第 816 条第 1 款仅得类推适用到出租的情况。[42] 即使认可此种类推，其也仅得适用于出租，而不适用于转租。出租

---

[39] 进一步证据见 *Wieling* SachenR I § 12 II 3a；Erman/*Ebbing* Vor §§ 987–993 Rn. 20；Palandt/*Herrler* Vorb. v. § 987 Rn. 3 f.；不同观点参见 BGHZ 31, 129（133），该案是特殊情况，不得一般化，参见 BGHZ 131, 297（307）.

[40] *Diederichsen*, NJW 1964, 2296.

[41] BGHZ 131, 297（306）；BGH NJW 2006, 2323（2325）；*Wieling* BereicherungsR § 4 III 1a；Palandt/*Sprau* § 816 Rn. 4；*Larenz/Canaris* SchuldR BT II § 69 II 1d；*Looschelders* SchuldR BT Rn. 1077；对此也参见 Staudinger/*Lorenz*, 2007, § 816 Rn. 6 f. *Gursky* BereicherungsR, 11. Problem, 78 ff 做了很好的概述。

[42] 如 Staudinger/*Emmerich*, 2018, § 540 Rn. 31；*Esser/Weyers* SchuldR BT II § 50 II 2a；*Weimar* MDR 1964, 383.

非属于自己之物的人，侵害了所有权人的地位。相反，在物已经出租的情况下，出租人并无再为出租的权限；在转租中，承租人限制了自己的使用权限；其并未影响出租人的利用权（Gebrauchrecht）。[43] 对出租人而言，转租承租人并未取得占有的权源（第 546 条第 2 款！）；因此，对权利人（出租人）而言，转租并不是有效的处分。[44] 所以对于转租类推适用第 816 条第 1 款不具正当性。

（五）第 812 条第 1 款第 1 句第 2 支项（权益侵害型不当得利）

M 可能无法律上之原因“以其他方式”获有利益，而致 E 损害。E 请求返还所得租金的请求权因 M 取得租金并未导致 E“损害”而不成立。在出租给 M 之后，E 对该住宅用房不再有使用权，所以转租并未侵害属于 E 的法律地位的权益配属内容（Zuweisungsgehalt）。[45]

而其他观点则认为，在违法转租的情况下，出租人“侵害”了仅归属于出租人的同意权，因为第 553 条第 2 款规定了请求适当租金的请求权，所以该同意权具有财产价值。[46] 根据此种观点，承租人必须按第 818 条第 2 款对出租人得提高的租金金额进行价值偿还。正如上文五之（一）中所述，E 不享有基于第 553 条第 2 款所生的请求权。所以，第 812 条第 1 款第 1 句第 2 支项的请求权必然不成立。

（六）基于第 823 条第 1 款产生的请求权

承租人所为的交付使用未经授权，其侵害了出租人的所有权，因为承租人擅自延长了占有连锁关系。[47] 然而，本案中并无损害［上文五之（一）］。所以 E 不享有侵权损害赔偿请求权。

---

[43] BGHZ 131, 297（306）; *Reuter/Martinek* § 8 I 3a（311）; *Söllner*, JuS 1967, 449（452）.

[44] *Sustmann*, LM § 549 a. F. Nr. 18, 5. 如果仍考虑第 816 条，那么如果所有权人追认转租，则首先应考虑返还所得；参见 *Diederichsen*, NJW 1964, 2296.

[45] 参见 BGHZ 131, 297（306）; BGH NJW 1964, 1853; NJW-RR 2009, 1522; *Reuter/Martinek* § 8 I a（311）; *Riehm* JuS 1998, 672; MüKoBGB/*Schwab* § 812 Rn. 289 ff.

只有在确定权益归属的法律地位受侵害时，此种侵害才构成第 812 条第 1 款第 1 句第 2 支项意义上的侵害。该说被称为权益归属内容说。——译者注

[46] Erman/*Buck-Heeb* § 812 Rn. 71; *Larenz/Canaris* SchuldR BT II § 69 I 2a; *Theuffel* JuS 1997, 886（888）; *Gebauer* Jura 1998, 128（131 ff.）.

[47] *Söllner*, JuS 1967, 449（450）.

所以在结论上，E 并不因 M 违法转租而对其享有请求权；其仅享有基于第 543 条第 2 款第 1 句第 2 项所生的特殊终止权（außerordentliches Kündigungsrecht）。[48]

[48] 当然，如果承租人有权请求出租人对转租为同意（本案并非如此），那么，其可以以此为由进行抗辩。参见 Palandt/*Weidenkaff*, § 540 Rn. 14.

案例五　虚假的终止理由

——租赁合同的终止及其法律效果

关键词

租赁关系所生的请求权　不当终止与推卸美观整修（Abwälzung von Schönheitsreparaturen）情况中的损害赔偿　费用补偿　取走权（Wegnahmerecht）

案件事实

M长年是V住房的承租人，M一人居住。因为租金明显低于该地其他类似房屋的租金，V决定终止这一不定期的租赁关系。在终止书中，V的理由是自我需要（Eigenbedarf）。他欺骗M说，自己的女儿打算结婚，所以需要这间住房。事实上，并没有这回事。M对此表示怀疑，因此对终止提出了异议，并预先通知，如果他必须搬走，那么他会要求损害赔偿。V坚持终止租赁关系，M无奈搬走，在同一地区承租另一相似住房。

M随即请求因终止产生的损害：2500欧的搬家费与1000欧的中介费；此外，他每月需多支付180欧的租金。

V请求M为美观修缮，根据租赁合同中的格式条款，M“通常情况下”每五年须承担此种修缮义务，现该义务已经到了履行期。此外，V也请求更换在M租赁期间严重受损的浴缸。而在搬走之后，M拒绝进行美观修缮（就房屋的损耗来看，确有必要为美观修缮），也拒绝赔偿浴缸。因此，V委托专业公司做了修缮，并请求M赔偿所产生的费用。

在搬家一年以后，M突然想起他在V不知情的情况下，在浴室里装了一盏价值不菲的装饰艺术风格吊灯（Art-deco-Deckenleuchte）。V认为，现在还来纠缠这事为时过晚，这灯和浴室的装饰还挺搭的。

法律状况如何？

解答

一、M 对 V 的请求权

（一）M 对 V 享有的赔偿搬家费用、中介费与租金差价的请求权

1. 根据第 535 条、第 280 条第 1 款产生的损害赔偿

2. 根据第 823 条第 1 款产生的损害赔偿

3. 根据第 823 条第 2 款产生的损害赔偿

4. 基于第 826 条产生的损害赔偿

（二）M 因吊灯享有的请求权

1. 根据第 539 条第 1 款、第 683 条或第 539 条第 1 款、第 684 条享有的费用补偿请求权

2. 根据第 994 条、第 996 条产生的必要费用补偿请求权（Verwendungsersatzanspruch）

3. 根据第 951 条第 1 款第 1 句、第 812 条第 1 款第 1 句产生的赔偿请求权（Vergütungsanspruch）

4. 基于第 539 条第 2 款产生的取走权

5. 根据第 985 条产生的原物返还（Vindikation）

二、V 对 M 的请求权

（一）对损坏浴缸的损害赔偿请求权

1. 第 280 条第 1 款、第 281 条第 1 款、第 535 条

2. 第 823 条第 1 款所产生的请求权

3. 第 823 条第 2 款结合《德国刑法典》第 303 条产生的请求权

4. 结论

（二）因美观修缮而产生的费用补偿请求权

一、M 对 V 的请求权

（一）M 对 V 享有的赔偿搬家费用、中介费与租金差价的请求权

1. 根据第 535 条、第 280 条第 1 款产生的损害赔偿

因终止，M 或对 V 享有损害赔偿请求权。对此，须 V 违反租赁关系的义务（第 280 条第 1 款第 1 句）。根据第 535 条第 1 款第 1 句，只要物出

租之后，出租人就负有将租赁物交付承租人使用的义务。V仅仅是基于第573条第2款第2项，假托女儿，伪称其有自我需要，所以终止并不合法，V不得免于对M的给付义务。通过终止，V表明不愿再为所负担的给付。这就构成了违反主义务的一种案型——履行拒绝。[1]为了让M搬走，V只是假托了一个终止理由，换言之，此种行为是有意违反事实的，是故意的（第280条第1款第2句、第276条第1款第1句）。

问题是，是第280条第1款及第3款、第281条作为请求权基础，还是第280条单独作为请求权基础，换言之，M是否应对V设置补充履行的期限。M主张搬家费、中介费和租金差价。也就是说，其请求赔偿如果V按约定履行则不会产生的损害。因为本案涉及替代给付的损害赔偿，所以须适用第280条、第281条。当然，如果所产生的损害无法通过符合约定的补充履行予以补正，设置补充履行的期限则无意义，那么不适用第281条。[2]M所主张的损害项目是终局性的，无法通过补充履行补正，因此，补充履行的期限并无意义，得适用第280条第1款。[3]

V的行为与M所产生的损害之间必须有相当性因果关系。如无终止，则M无需搬家；因此，终止是事实因果关系的前提（必要条件 *condicio sine qua non*）。M的行为也是V可以预见的。尽管有所怀疑，但M仍接受终

[1] 进一步证据参见 *Seier*, Der Kündigungsbetrug, 1989, 208；相反意见参见 *OLG Hamm*, NJW 1984, 1044（1045）；也参见 *Huber*, Leistungsstörungen II, 1999, 570. 与本案情况相同参见 Staudinger/*Mülbert*, 2015, § 490 Rn. 228（不当终止借贷关系）。根据其他观点，本案构成从义务违反，基于第280条第1款、第241条第2款产生赔偿请求权。德国联邦最高法院认为违反了安全关照义务［BGH NJW 2009, 1262（1263）；NJW 2011, 914］，其他文献具体列举了照顾义务（Fürsorgepflicht）、实情告知义务（Wahrheitspflicht）或给付忠实义务（Leistungstreuepflicht）（进一步证据参见 Staudinger/*Sonnenschein*, 1997, § 546 b a. F. Rn. 191）。当然，认为构成从义务，而不考虑主义务、给付利益的理由不具说服力。安全关照义务理应限于保护固有利益（参见 Staudinger/*Otto/Schwarze*, 2015, § 324 Rn. 51）。此外，采从义务违反的观点，则在结论上必然导致适用第282条（参见 MüKoBGB/*Häublein* § 573 Rn. 103 mit Fn. 539；Staudinger/*Olzen*, 2015, § 241 Rn. 157）。最后，第281条第2款明确规定了履行拒绝的情况，所以认为构成从义务违反的观点有违体系。

[2] Palandt/*Grüneberg* § 280 Rn. 18, § 281 Rn. 1；MüKoBGB/*Ernst* § 280 Rn. 69.

[3] 参见 Palandt/*Weidenkaff*, § 573 Rn. 58；Jauernig/*Teichmann*, § 573 Rn. 5；Staudinger/*Rolfs*, 2018, § 573 Rn. 229；BGH NJW 2005, 2395（2396）；NJW 2009, 1262；NJW 2010, 1068. 相反，如果认为在不当终止的情况下，适用第280条、第281条，则必然会遇到认真地、终局性地履行拒绝（erstliche und endgültig Erfüllungsverweigerung）的问题，那么，根据第281条第2款，也无必要设置期限。

止，这一事实并未导致因果关系或归责关联（Zurechnungszusammenhang）的中断。相反，有观点认为，如果承租人怠于检查形成权行使的合法性，则可以此为由提出抗辩，承租人即不得请求损害赔偿。[4] 如果承租人审查了终止，那么他不能嗣后主张该终止是不合法的。[5] 如果在损害赔偿诉讼中，考虑出租人的理由，那么此种观点的错误会非常明显。按此种错误的观点，出租人可主张，M 能够认识到终止无效，那就可以留待迁出诉讼（Räumungsprozess）解决，那么，出租人自证了其行为有违公序良俗。此种论证不成立：谁都不能以其过失作为自己辩护的理由（*nemo auditur turpitudinem suam allegans*）。当然，M 必须检查终止的合法性以及根据第 574 条可能产生的异议，必须接受法律咨询，而不是不提异议就迁出，这点是非常明确的。[6] 本案中，M 在此期间提出了异议。此外，违反承租人检查与异议义务至多导致承租人的请求权因第 254 条受到限制。[7] 但在出租人恶意时（如在本案中），无需考虑 M 可能存在的与有过失。[8]

因此，M 可获得搬家费与中介费的赔偿，共计 3500 欧。[9] 此外，M 得请求两次租金之间的差价，因为新住房与旧住房类似。[10] 当然，该请求权仅存续到，假设 V 根据第 558 条及以下所规定的标准，依法将对原承租人的租金提高到与新住房租金相匹配的时间点，[11] 或者出租人得合法终止租赁

---

[4] OLG Karlsruhe OLGZ 1977, 72（74 f.）.

[5] OLG Karlsruhe OLGZ 1977, 72（75）. 该州高等法院进一步论证（在第 73 页），在无效的终止中，存在合意变更合同内容的要约，而承租人通过其搬走的行为，对此为承诺。相反，正确观点参见 BGHZ 89, 296（303）; *Seier,* Der Kündigungsbetrug, 1989, 166 ff.

[6] 参见 Staudinger/*Rolfs,* 2018, § 573 Rn. 238；没有迁出判决（Räumungsurteil）就搬家同样不会中断因果关系，参见 BGH NJW 2010, 1068. 如果承租人因信赖终止的合法性，进而与出租人订立了变更合同（Aufhebungsvertrag），则这也适用于变更合同的情况。参见 BGH NJW 2009, 2059.

[7] 如果出租人仅负有过失（他错误地认为存在终止理由，而未查明事实状况与法律状况），那么在个别情况下，承租人得因第 254 条丧失其请求权。

[8] Staudinger/*Rolfs,* 2018, § 573 Rn. 238. 该案中，类推第 536b 条第 1 句，仅明知不存在终止理由，会对承租人造成不利影响。同样参见 LG Mannheim WuM 1995, 711.

[9] 关于损害赔偿的范围，参见 BGH NJW 2010, 1068；Staudinger/*Rolfs,* 2018, § 573 Rn. 234 ff.. 该文献例举了其他损害项目。

[10] 参见 BGH NJW 2010, 1068；Staudinger/*Rolfs,* 2018, § 573 Rn. 236；Palandt/*Weidenkaff,* § 573 Rn. 56；*Kinne,* ZMR 2001, 317（323）. 关于第 254 条第 2 款第 1 句规定的暂时租用类似住房的不真正义务参见 MüKoBGB/*Häublein* § 573 Rn. 111.

[11] LG Darmstadt, WuM 1995, 165（167），其试图将请求差价的请求权限于 4 年。

关系的时间点［合法替代行为（Rechtsmäßiges Alternativverhalten）］。对于后者，这不仅意味着，仍必须遵守第 573 c 条的期限，而且根据第 573 条第 1 款，必须存在合法利益。[12] 对于这一点，目前为止，仍无证据证明。因此，V 必须支付租金差价，直到其得依法将租金提高 180 欧。

2. 根据第 823 条第 1 款产生的损害赔偿

如果租赁占有是“其他权利”，那么 M 得基于第 823 条第 1 款请求损害赔偿。第 823 条并不将单纯的占有作为事实上享有的权利来保护，而是保护占有的本权，这种观点是正确的。[13] 承租人有债法上的本权，所以本案中侵害了第 823 条第 1 款意义上的其他权利。终止的表示可以被看作侵害行为。[14]M 的损害项目［上文一之（一）1］与侵害租赁占有之间具有相当性因果关系。尽管如此，仍有观点否认第 823 条第 1 款所生出租人的责任，因为在不当终止中，负有缺陷的行为事实上违反了第 573 条，而合同损害赔偿请求权优先于一般的侵权责任。[15] 但是，一项请求权优先于另一项请求权的观点不符合请求权（规范）竞合的通说：此两种责任原因彼此平等独立。[16] 第 823 条第 1 款不保护合同履行的等价利益（Äquivalenzinteresse），而是取得占有的固有利益，而本案中二者的数额相同。因此，V 需基于第 823 条第 1 款承担责任。

3. 根据第 823 条第 2 款产生的损害赔偿

（1）*第 823 条第 2 款结合第 573 条*。需要检讨的是，第 573 条是否是第 823 条第 2 款意义上的保护性法律。该规定并不旨在保护所有人，而旨在保护个别承租人。所以，主流观点认可第 573 条具有保护性特点。[17] 而相反观点则将其保护目的限于维持租赁关系：第 573 条仅保护承租人免于必须迁出住宅，而不涵盖因迁出所产生的损害。其仅涉及对出租人支配自由的限制（eine Schranke der Dispositionsfreiheit des Vermieters），而非第 823

---

[12] 参见 LG Köln, WuM 1992, 14.

[13] *Wieling* SachenR I § 3 III a, § 5 IV 6c；*Larenz/Canaris* SchuldR BT II § 76 II 4f；*Medicus/Lorenz* SchuldR BT Rn. 1302；*Medicus/Petersen* BürgerlR Rn. 607；*Looschelders* SchuldR BT Rn. 1217. 不同意见参见 RGZ 91, 60,（65 f.）; BGHZ 62, 243（248）.

[14] 同样也参见 BGH NJW 2009, 1262（1263）; *Seier,* Der Kündigungsbetrug, 1989, 223 f.

[15] 关于买卖法与侵权法的关系，见 *Schwark,* AcP 179（1979）, 57（84）.

[16] 正确观点参见 *Seier,* Der Kündigungsbetrug, 1989, 224 ff.

[17] Staudinger/*Rolfs,* 2018, § 573 Rn. 233；Staudinger/*Hager,* 2009, § 823 Rn. G 41；*Seier,* Der Kündigungsbetrug, 1989, 207.

条第 2 款意义上的保护性法律。[18] 与之相反，有观点正确地主张，对（租赁关系）维持的保护与对权利免于受不当终止侵害的保护是同一的。[19] 尽管如此，仍不应认可（第 573 条）保护性特点；因为基于合同之债关系的相对性，合同法中的规范不得为侵权法意义上的保护性法律。[20]

（2）*第 823 条第 2 款结合第 858 条第 1 款*。本案中，有可能适用第 858 条第 1 款作为保护性法律。通过不当终止，V 可能侵夺了 M［就这点而言，M 受 V "摆布"，M 是 V 的 "工具"（Werkzeug）］[21] 对住房的占有。因为 M 对终止提出异议，所以或得认为，符合违反 M 的意思侵夺占有的要件。但是，公认的是，通过欺诈影响占有人不足以构成此要件。[22] 此外，有观点正确地认为，第 858 条并不保护占有人的财产地位；因此，根据本文所采通说的观点，必然不成立损害赔偿请求权。[23]

（3）*第 823 条第 2 款结合《德国刑法典》第 263 条*。进一步考虑《德国刑法典》第 263 条规定的诈骗事实构成是否为保护性法律。[24] 为了促使 M 搬家，V 假托虚构的（关于存在自我需要的）事实。在交出住房中，财产处分可以被看作直接导致经济意义上财产减少的行为。诈骗以财产损害与财产增益之间存在素材同一性（Stoffgleichheit）为主观要件。如果 M 的费用作为损害与 V 收取的利益（住房闲置）之间不一致，那么就欠缺此种素材同一性。[25]V 与 M 之间具备一致性的利益与不利，其正是对住房的实

---

[18] OLG Karlsruhe OLGZ 1977, 72（74）; OLG Hamm NJW 1984, 1044（1047）; *Schickedanz* ZMR 1975, 196（197）; Palandt/*Sprau* § 823 Rn. 65; *Sternel* MDR 1976, 265（266）.

[19] Staudinger/*Sonnenschein*, 12. Aufl.（1978）, § 564 b a. F. Rn. 136.

[20] 赞同此种论证参见 *Seier*, Der Kündigungsbetrug, 1989, 230 f.; 结论上持相同观点的，参见 *Spickhoff*, Gestetzesverstoß und Haftung, 1998, 145. 相反观点错误地混淆了合同法与侵权法。基于这一理由，一般认为，必须严格区分合同法的保护义务与侵权法的交往安全义务。即使不采本书观点，也须承认，只有在某一私法规定旨在对某一权利免于侵害提供特别保护，而非仅规定了个体的权利与义务的范围时（本案的条款属于此列），才符合第 823 条第 2 款。（对此参见 *Enneccerus/Lehmann*, § 235 I 1 b）

[21] 参见 *Seier, Der Kündigungsbetrug, 1989, 227.*

[22] 进一步证据参见 *Wieling/Finkenauer SachenR I § 5 II 1b*; *Seier,* Der Kündigungsbetrug, 1989, 227 ff.

[23] *Wieling/Finkenauer* SachenR § 5 Rn. 25; MünchKomm/Wagner § 823 Rn. 222. 相反，BGH NJW 2009, 2530; *Larenz/Canaris*, II/2, § 77 III 1 c, 认为第 858 条具有保护性法律的性质。

[24] 对此参见 *Werle*, NJW 1985, 2913; *BayObLG* NJW 1987, 1654.

[25] *Schickedanz*, ZMR 1975, 196（197）.

际占有。[26] 尽管 M 最后请求赔偿其费用，该费用与 V 所获利益之间不具素材同一性，但是这并不造成影响：如果满足《德国刑法典》第 263 条的事实构成，那么就足以适用第 823 条第 2 款；责任范围的事实构成涵盖因违反保护性法律导致 M 必然会产生的费用。[27] 因此，基于第 823 条第 2 款结合《德国刑法典》第 263 条，M 享有损害赔偿请求权。

4. 基于第 826 条产生的损害赔偿

有意虚构与实情不符的终止理由，这构成了故意以悖俗方式加害他人。[28] 故意必须包括对损害结果的故意。V 有意或至少同意放任，不当终止对 M 造成损害。因此，根据第 826 条，M 也得请求损害赔偿。

（二）M 因吊灯享有的请求权

1. 根据第 539 条第 1 款、第 683 条或第 539 条第 1 款、第 684 条享有的费用补偿请求权

基于第 539 条第 1 款，M 或得因该灯请求费用补偿。费用是指承租人为保养、修缮或改善租赁物而自愿做出的财产牺牲（Vermögensopfer）。[29] 安装吊灯是第 539 条第 1 款意义上的其他费用，因为其不是以第 536 a 条第 2 款所规定的替代修补（Ersatzvornahme）而产生的。第 539 条第 1 款是构成要件的准用（Rechtsgrundverweisung），准用无因管理法，第 677 条以下。根据无因管理，只有在管理人是在为他人管理事务的意思下管理事务时，才得请求费用补偿。[30] 如果承担事务需符合本人利益并符合本人实际或可推知的意思，那么基于第 683 条第 1 句，请求权成立；如果不符合，则仅得考虑第 684 条、第 812 条。本案中，M 为自己的利益而安装装饰风格吊灯；基于第 539 条第 1 款、第 683 条或第 539 条第 1 款、第 684 条而产生的请求权因欠缺为他人管理事务之意思而不成立。[31]

---

[26] OLG Düsseldorf, ZMR 1992, 350；BayObLG NJW 1987, 1654（1656）；*Sternel*, MDR 1976, 265.

[27] Staudinger/*Hager*, 2009, § 823 Rn. H 23；Staudinger/*Rolfs*, 2018, § 573 Rn. 234 f.

[28] 参见 Staudinger/*Rolfs*, 2018, § 573 Rn. 232；OLG Celle OLGZ 1979, 64.

[29] *Emmerich*, NZM 1998, 49（53）；Palandt/*Weidenkaff*, § 539 Rn. 5.

[30] Palandt/*Weidenkaff*, § 539 Rn. 6；BT-Drs. 14/4553, 42.

[31] 同样观点参见 OLG München ZMR 1997, 236（238）；*Emmerich*, NZM 1998, 49（53）；BT-Drs. 14/4553, 42.

2. 根据第 994 条、第 996 条产生的必要费用补偿请求权

M 在安装时是有权占有人，因此不成立返还适状，该费用补偿请求权因此也不成立。

3. 根据第 951 条第 1 款第 1 句、第 812 条第 1 款第 1 句产生的赔偿请求权

第 951 条第 1 款的要件是，M 因灯附合于住房，根据第 946 条丧失所有权。如果该灯构成重要成分（第 93 条以下），则符合该要件。摘下（拧下）一盏灯花费较小，而无需损害其完整性，也无需对住宅造成侵害（第 93 条）；[32] 而该灯也不是“为建造”该住房而“添加”进去的（第 94 条第 2 款）。[33] 尽管安装了该灯，但 M 并未丧失该灯的所有权。因此，他不得基于第 951 条第 1 款请求金钱赔偿。

4. 基于第 539 条第 2 款产生的取走权

根据第 539 条第 2 款，给住房配备设施（Einrichtung）的承租人享有取走权。所谓设施是指，所有与租赁物附合在一起，但仍可轻易分离，并确定为助租赁物的经济功用的物。[34] 照明设备与浴室设备构成此种附合，而家具则不构成。在附合之后，是否构成租赁物的重要成分则无关紧要。[35] 据此，灯具构成设施。[36] 第 539 条第 2 款规定的不是返还请求权，而是请求容忍取回的请求权，M 必须自行取回并承担费用。

然而，根据第 548 条第 2 款，该容忍取回的请求权或已罹于时效。第 548 条第 2 款规定的 6 个月的短时效始于租赁关系在法律意义上结束，而非事实上结束。这么规定的原因在于租赁关系结束后，承租人不得以拒绝迁出的方式，推迟其请求权的消灭时效。[37] 因为 V 对 M 所为的终止不法，所以租赁关系在法律上并未结束；[38] 这点也不因 M 迁出而有所改变。然而，本案中 M 已经请求损害赔偿。只要债权人请求替代给付的损害赔偿，即排除请求（原）

---

[32] 对此参见 *Wieling/Finkenauer* SachenR § 2 Rn. 29.

[33] 参见 RG Warn, 1917, Nr. 264；*RGZ* 58, 338（341）认为，安装的电气照明设备具有重要成分的性质。早在罗马法时期，罗马法学家就仅仅把灯看作装饰品，而非为（建造）房屋所需的成分，参见 D. 50, 16, 245.

[34] 例如，参见 BGH NJW 1969, 40；BGHZ 101, 37（41）；BeckOK BGB/*Zehelein* § 539 Rn. 22.

[35] Palandt/*Weidenkaff*, § 539 Rn. 9.

[36] Jauernig/*Teichmann*, § 539 Rn. 3；Erman/*Lützenkirchen* § 539 Rn. 11.

[37] BeckOK BGB/*Wiederhold* § 548 Rn. 28.

[38] 参见 BGHZ 89, 296（302）.

给付的请求权（第281条第4款）。如果根据第281条无需设置补充履行的期限，且可以根据第280条第1款立即请求损害赔偿，那么，其规则适用也和上文所述相同。所以，本案中，租赁关系何时结束，取决于请求损害赔偿的时间点。在搬走一年之后，第548条第2款规定的6个月的期限必然已经届满。V得主张时效，所以对M的请求权存在时效抗辩（第214条第1款）。

5. 根据第985条产生的原物返还

尽管该灯已经安装，但是M仍为所有权人，V是该灯的（间接）占有人［上文一之（二）3］。对于该灯，V并无第986条第1款意义上的本权。出租人对于承租人所携入之物享有（无需占有的）质权（第562条第1款第1句）。如果承租人搬走并带走这些物，出租人甚至得依第562 b条第2款请求返还。为了在债权到期之后，得变价设有质权的物，出租人必须享有本权。[39]然而，返还请求权与本权仅是为了变价，而非为了使用该物。[40]但是，在本案中，V意图长期使用该灯，并未拍卖该灯。然而，为此种目的而长期占有的本权无法从出租人质权中推导得出。

但是，从完成的时效中也许可以得出此种本权。判例认为，与第539条第2款竞合的请求权，包括第985条的原物返还请求权，在第548条规定的短时效经过后，该请求权罹于时效届满：[41]如果按照请求权竞合的原理，原物返还请求权根据第197条第1款第1项的规定，消灭时效为30年，独立于租赁法上取走权的时效，那么第548条第2款所规定的短时效在承租人仍为所有权人的情况下，就失去实际意义了。所以，从时效届满起，根据第539条第2款，出租人享有第986条第1款意义上的长期占有的本权。[42]M不得请求返还。

---

[39] Palandt/*Weidenkaff*, § 562 Rn. 19.——关于V对M的债权，见下文二。

[40] BeckOK BGB/*Wiederhold* § 562 Rn. 3；同样参见第1231条第1句——根据第562 c条，M显然得通过提供担保，以避免（出租人）主张质权。

[41] 参见（关于第547 a条、旧法第558条第1款）BGHZ 81, 146（151）；BGH NJW 1987, 2861（2862）；LG Berlin Das Eigentum 2004, 627；批评意见参见 *Eckert*, MDR 1989, 135（违反了《德国基本法》第14条）。

[42] 参见前注判决；Staudinger/*Emmerich*, 2018, § 539 Rn. 34；*Wieling/Finkenauer* SachenR § 11 Rn. 10.. 为了避免长期且无意义的占有与所有权的分离（无权占有 dominum sine re），此种长期占有的本权（基于这一本权，判决也否定了承租人的损害赔偿请求权与不当得利请求权）必然导致占有该物的出租人（特殊）取得所有权，参见 *Wieling*, Scritti Guarino V（1984），2519 ff.；*Wieling/Finkenauer* SachenR § 11 Rn. 10.

二、V 对 M 的请求权

（一）对损坏浴缸的损害赔偿请求权

1. 第 280 条第 1 款、第 281 条第 1 款、第 535 条

首先考虑第 280 条第 1 款、第 281 条第 1 款产生的请求权。[43] 要件是，M 过错违反合同义务，未为约定给付。根据第 535 条，承租人负有按合同约定使用租赁物的义务，需尽到注意义务和不为所有会导致租赁物损害的行为。[44] 这涉及与给付相关的从义务，对此适用第 281 条。[45] 只有在承租人未按合同约定使用租赁物时，才需对完整性损害（Substanzschäden）承担责任（参见第 538 条）。在 M 租赁期间，浴缸严重损坏；这与通常的损耗不符。根据第 280 条第 1 款第 1 句，V 必须证明损害是基于 M（客观的）义务违反而生。但在本案中，判例未采证明责任分配的一般原则，转采危险领域与负责领域（Gefahren- und Verantwortungsbereich）理论，（对出租人）做了补救，[46]M 必须说明，为什么损害不是因其违反义务而生的。此外，由于第 280 条第 1 款第 2 句中规定了关于过错的说明责任与举证责任倒置，M 还需证明违反义务并无过错（第 276 条、第 278 条）。[47] 本案中，M 未尽到证明责任。

V 因疏忽，未向 M 依第 281 条第 1 款第 1 句设置修复浴缸的补充履行期限。但在本案中，设置期限或无必要。M 在搬走之后，明确拒绝承担所负修复义务；因此，基于第 281 条第 2 款，构成认真的、终局性的拒绝给付。所以 V 可请求损害赔偿，而无需设置补充履行的期限。

---

[43] 租赁法中未规定请求赔偿此种损害的合同性请求权，但在第 548 条第 1 款规定的时效中，却是以此种请求权为前提。第 546 条第 1 款仅规范了出租人的返还请求权；将损害理解为部分的返还不能有违生活现实。

[44] Palandt/*Weidenkaff*, § 535 Rn. 81, 85.

[45] 这一问题存在争议。承租人依约定状态返还租赁物的义务，其依据也可能是第 546 条，参见 Palandt/*Weidenkaff*, § 546 Rn. 7；OLG Köln MDR 2016, 207；*Kandelhard*, NJW 2003, 3291（3292）；不同意见参见 *Langenberg*, NZM 2002, 972（适用第 280 条第 1 款）；BGH NJW 2018, 1746（因侵害承租人的照顾义务）；*Gröschler*, FS Konzen, 2006, 109（111）. 支持适用第 281 条，因为通过补充履行的期限，承租人得自行修复损害，这对于他而言，必然比出租人修复或请专业人员修复更实惠。同样参见脚注 53。此外，如果认为本案中是主给付义务违反，结论上也不会有所不同，因为这也会导致适用第 281 条。

[46] *Gruber*, WuM 2002, 252（253）.

[47] 参见 BGH NJW 1968, 2240；VersR 1976, 1085.

根据第 548 条第 1 款，V 的请求权在 6 个月后罹于时效届满。时效的起算点为 V 重新取得租赁物之时（第 548 条第 1 款第 2 句）。

2. 第 823 条第 1 款所产生的请求权

基于第 823 条所生的请求权以 M 自己为侵害行为为要件，这在本案中得依表面证据（prima facie）加以推定。[48] 此外，V 对浴缸享有所有权，所以构成权利受侵害。M 的行为须有过错。从案件事实中无法推断是否存在过错。当然，本案中采对 V 有利的表面证据原则：浴缸的损坏通常是有过错的；只有在特殊情况下，M 才得免责，而 M 须对此加以证明。

第 823 条第 1 款的请求权（与租赁合同所生的请求权——译者注）竞合，其时效并非第 195 条、第 199 条第 1 款规定的 3 年，而同样适用第 548 条第 1 款规定的，合同性请求权的 6 个月的时效。[49]

3. 第 823 条第 2 款结合《德国刑法典》第 303 条产生的请求权

第 823 条第 2 款第 1 句意义上的保护性法律主要是指刑法。过错程度以保护性法律的事实构成为准。物之损害时仅故意的行为具备可罚性（参见《德国刑法典》第 303 条、第 15 条）。因此，排除第 823 条第 2 款的责任。[50]

4. 结论

V 依据第 280 条第 1 款、第 281 条第 1 款、第 535 条；第 823 条第 1 款享有请求赔偿所损坏浴缸的请求权。问题在于，其是否得以该请求权抵销 M 基于第 280 条第 1 款、第 823 条第 1 款、第 823 条第 2 款、第 826 条所享有的请求权（第 387 条及以下）。根据第 393 条，不得抵销因故意的侵权行为而产生的债权；所以，不得抵销因第 823 条、第 826 条而产生的请求权。这同样适用于第 280 条第 1 款所产生的请求权，因为第 393 条同样适用于受到竞合的合同性损害赔偿请求权。[51]

---

[48] 案件事实并未对此做说明。与合同责任不同，无需依第 831 条，考虑 M 为其亲属或朋友承担侵权责任。

[49] BGHZ 47, 53; *BGH* NJW 2006, 2399 ff.; Staudinger/*Emmerich*, 2018, § 548 Rn. 6; 同样参见上文一之（二）5。

[50] 本案中，不构成第 823 条第 2 款第 2 句，该条仅规定了规范保护性法律中不要求过错的情况。在这种情况中，侵权责任额外规定了过错作为要件；对 BGH NJW 1962, 910 的评注参见 *Katholnigg*, NJW 1962, 1293; BGHZ 46 17（21）.

[51] Staudinger/*Gursky*, 2016, § 393 Rn. 9.

（二）因美观修缮而产生的费用补偿请求权

得考虑第 280 条第 1 款及第 3 款、第 281 条第 1 款第 1 句作为请求权基础。M 须未为到期之给付。根据第 525 条第 1 款第 2 句，维持租赁物符合与合同约定使用相符的状态［维修义务（Instandhaltungspflicht）］是出租人的主义务。通常情况下，维修义务也包括每五年必需的美观修缮。美观修缮是指排除按约定使用而对租赁物造成的瑕疵，主要指粉刷墙壁或贴墙纸。[52] 原则上，美观修缮义务得转嫁给承租人。[53] 当然，V 所使用的格式条款可能不适当地损害了 M 并因此无效（第 307 条第 1 款第 2 句、第 2 款第 1 项）。如果美观修缮的范围依使用损耗的程度确定的话，那么，将美观修缮义务移转给承租人有效。[54] 所以，根据判例，过于僵化的期限计划无效，例如，规定承租人每隔几年必须为修缮，而不考虑实际修缮的必要。此种条款的表述必须向平均水准的、理性的承租人明确表明，该条款仅具指令（Richtlinie）的特点，在个案中根据不同状况得不采该条款。例如，如果该条款中包含一定的限制条件：该期限仅为“通常情况”或“一般而言”才需遵守，那么该条款有效。[55] 因为 V 所使用的条款规定的五年期限仅仅适用于通常情况，所以该条款对于 M 而言很明显具有变通可能，因此该条款有效。因为该住房实际需要修缮，所以美观修缮义务已经到期。

V 并未向 M 设置履行美观修缮义务的补充履行期限。因为 M 终局性地拒绝履行，所以该补充履行期限并无必要［第 281 条第 2 款（上文二之

[52] 也包括粉刷门、暖气片和（内）窗户，参见 Palandt/*Weidenkaff*, § 535 Rn. 41.

[53] BGHZ 92, 363；101, 253；Staudinger/*Emmerich*, 2018, § 535 Rn. 109 ff.；*Medicus/Lorenz* SchuldR BT Rn. 433. 由此构成了从给付义务。但是，在任何情况下均得适用第 281 条第 1 款；因为补充履行期限的必要性保护了承租人，其得自行为美观修缮并按常理得明显节省费用；与本案相同的如 BGH NJW 2010, 2877；*Emmerich*, NZM 2002, 362（366）；MüKoBGB/*Ernst* § 281 Rn. 57；Palandt/*Weidenkaff*, § 535 Rn. 50.

[54] BGH NJW 1998, 3114（3115）；Palandt/*Weidenkaff*, § 535 Rn. 43；同样参见 BGHZ 92, 363；108, 1. 即使承租人必须进行美观修缮的义务有效成立，规定美观修缮义务必须请专业人士履行的条款也不当然有效；同样参见 BGH NJW 2010, 2877. 关于不同的条款参见 *Herrler*, Jura 2008, 248（250 ff.）；*Schrader*, Jura 2010, 241（245 ff.）.

[55] BGH NJW 2005, 2116；NJW 2005, 3416；NJW 2006, 2113；NJW 2006, 2115；NJW 2006, 1728.

（一）1）]。[56] 根据第 281 条第 1 款第 1 句，V 在满足第 280 条第 1 款的要件下，得主张损害赔偿。这意味着，M 对义务违反必须负有过错。然而，第 280 条第 1 款第 2 句的表述表明，M 须说明并证明其无过错。而在本案中，无证据表明，M 的拒绝可能无第 276 条规定的过错；M 负担可能的法律错误。[57]

基于第 280 条、第 281 条，V 享有请求赔偿美观修缮费用的请求权。根据第 548 条第 1 款，该权利在 6 个月后罹于时效届满。V 不得用该权利抵销 M 因不当终止而享有的请求权｛第 393 条［上文二之（一）4］｝。

---

[56] 判例倾向于认为，承租人未为美观修缮而搬家可被视为认真地、终局性地拒绝履行；参见 BGHZ 104, 6（14）. 但是正确的见解应当是，只有在承租人在单纯搬家之外，还显露出其不愿履行修缮才可，而本案正属此列（如 MüKoBGB/*Ernst* § 281 Rn. 56 f.）。

[57] 如果出租人自行修缮（与本案不同），那么 OLG Koblenz NJW-RR 2008, 82 承认基于第 684 条、第 812 条所产生的请求权［赞同观点见 *Bergerhoff*, ZMR 2001, 944（948）］：出租人替承租人处理事务，这至少可以被视作“兼为他人事务（auch fremdes Geschäft）”，符合第 684 条。出租人得请求承租人返还未为修缮而节省取得的得利。但这种观点是不正确的：在此类情况中，一般给付障碍法应当优先于无因管理，否则的话，一般给付障碍的特殊要件将会落空（如第 281 条的设置补充履行的期限）。同持此观点见 *Wichert*, ZMR 2000, 220（221）；*Langenberg*, NZM 2002, 972（973）.

案例六　负有缺陷的电子数据处理机

——软件融资租赁合同的解除

关键词

融资租赁（leasing）　排除瑕疵担保　解除　软件买卖合同　抗辩穿越

案件事实

A有限责任公司欲购买一款新型电子数据处理软件，主要用于会计与订单处理。所以，A公司与电脑专业销售商C取得联系。C表示，有能力提供符合A公司要求的标准软件，并且能提供相应必需的硬件。A公司的董事向C指明，A公司希望能从同一家销售商处一并获得软件和硬件，通过此种方式取得运行流畅的设备。考虑到费用问题，A公司决定通过融资租赁的方式租赁该设备，便求助于融资租赁企业L。L随后取得该设备及软件，并通过融资租赁合同，将设备提供给A公司。在融资租赁合同的格式条款中，L以将自己对C的瑕疵担保权移转给A为前提，全面排除了自己对物之瑕疵的责任；针对因L有过错的瑕疵给付导致的人身损害请求权，或因L有重大过失的瑕疵给付导致其他损害的请求权没有被排除。嗣后，尽管A公司一再投诉，C也相应试图修补，但是该软件在所交付的设备上（该设备无瑕疵）始终无法运行。所以，A公司解除了与C的合同，并拒绝继续向L支付租金。相反，L认为，其不应负担设备可能存在瑕疵的责任。其主张维持合同，并要求A继续支付月租。此外，A有限责任公司请求返还已经支付给L的3期租金。

法律状况如何？

解答

一、基于第 437 条第 2 项、第 434 条第 1 款第 1 项、第 323 条、第 346 条及以下、第 413 条，请求返还买卖价款的请求权

（一）A 有限责任公司对 C 享有请求返还给自己的请求权

（二）A 有限责任公司对 C 享有请求返还给 L 的请求权

二、依据第 535 条第 2 款，L 对 A 有限责任公司享有请求支付未付租金的请求权

（一）租赁法规则的可适用性

（二）合同的有效性

（三）类推第 536 条第 1 款第 1 句，减价

（四）类推第 543 条第 1 款第 1 句，终止

（五）根据第 314 条第 1 款第 1 句，终止

（六）根据第 313 条第 3 款，终止或解除（交易基础丧失）

（七）根据第 326 条，免除对待给付

（八）未履行合同的抗辩权（第 320 条）

（九）根据第 506 条第 1 款、第 359 条第 1 款第 1 句，类推适用抗辩穿越（Einwendungdurchgriff）

三、A 有限责任公司对 L 享有请求返还已经支付租金的请求权

（一）第 313 条第 3 款第 1 句、第 346 条第 1 款（交易基础丧失）

（二）第 506 条、第 358 条第 4 款、第 355 条第 3 款第 1 句

（三）第 812 条第 1 款第 1 句第 1 支项、第 813 条第 1 款第 1 句（非债清偿型不当得利）

一、基于第 437 条第 2 项、第 434 条第 1 款第 1 项、第 323 条、第 346 条及以下、第 413 条，请求返还买卖价款的请求权

（一）A 有限责任公司对 C 享有请求返还给自己的请求权

A 有限责任公司或得基于让与取得的权利，对 C 享有请求返还 L 向 C 所支付买卖价款的请求权。L 将其对 C 可能有的瑕疵担保权让与给了 A，因此，特别是基于第 437 条第 2 款、第 434 条、第 323 条产生的解除权也让与给了 A。多数观点认可此种让与（第 413 条、第 398

条）。[1] 按照通说，在解除之后，融资租赁的承租人很明显只能请求向融资租赁的出租人返还买卖价款，而这意味着将让与行为转换解释（Umbedeutung）为收款授权（Einziehungsermächtigung）的一种形式。[2] 这一观点是恰当的，与融资租赁合同的教义学归类无关，[3] 采此种观点是因为融资租赁的出租人仅将物移交融资租赁的承租人使用，而保留了所有权。所以融资租赁出租人与销售商所订立合同的返还清算关系也应发生在这两方当事人之间。[4] 换言之，A 有限责任公司自身不享有返还请求权，仅得请求支付给 L。

（二）A 有限责任公司对 C 享有请求返还给 L 的请求权

如果 A 有限责任公司有效解除了合同，则得请求向 L 返还支付价款。这以 L 享有解除权为前提。

1. 软件须负有缺陷（Fehlerhaft）。问题是，本案中须适用买卖合同还是承揽合同。C 理应交付标准软件，换言之，其无需根据 A 有限责任公司的个人需求编写软件。所以，排除承揽合同的适用。[5] 第 433 条第 1 款的物之买卖同样不适用，因为不能仅从软件是在数据载体上出售的，就认为适用第 433 条第 1 款。这里涉及的是非物质的经济利益（Wirtschaftgut），换言之，涉及的是基于第 453 条第 1 款的“其他标的物”的买卖。[6] 所以，类推适用关于物之买卖的规则。A 有限责任公司运行软件时，该软件不符合合同约定的功能，所以根据第 434 条第 1 款第 1 句，该软件负有缺陷。

2. 而问题在于，软件的瑕疵是否也使得 L 有权解除配套的硬件。如果将软件与硬件视为统一的买卖标的物，那么无需多虑即得认可 L 的解除

---

[1] MüKoBGB/*Ernst* § 323 Rn. 165. *Zahn*, DB 2002, 986；*Beckmann*, DB 2006, 320；BGH NJW 2006, 1066（1067 f.）在结论上持相同观点；对此也参见案例一之二（一）。

[2] BGHZ 81, 298（310）；Palandt/*Weidenkaff*, Einf. v. § 535 Rn. 58；MüKoBGB/*Gaier* § 346 Rn. 30；不同观点参见 *Canaris*, NJW 1982, 305（306）：融资租赁的承租人享有返还请求权。*Oechsler*, Rn. 727 采用了不同的论证方法，融资租赁的出租人和交货人之间的买卖合同，赋予了融资租赁的承租人根据第 328 条所产生的权利（请求交付的请求权和基于第 437 条的权利）。

[3] 对此参见下文二之（一）。

[4] 不同于前述案例一之二（一），在该案中，二手车所有权已经移转，所以与新的所有权人也得产生返还清算关系。

[5] Palandt/*Sprau*, Einf. v. § 631 Rn.25.

[6] Palandt/*Weidenkaff*, § 453 Rn. 8；也参见 BT-Drs. 14/6040, 208, 242.

权，但交易观念并不认可此种观点。[7] 但是，如果认为不是统一的买卖物，而是多个物的买卖，其中之一负有缺陷，那么就会存在疑问，是否得对全部的物为解除（部分瑕疵给付的问题）。旧法第 469 条第 2 句规定，仅当这些物是配套购买的，且分离会对买受人造成不利益时，才得对整体为解除（Wandelung）（也即目前的解除）；相反，在现行法下，有观点认为在此种情况下得独立适用第 323 条第 5 款第 2 句。[8] 不可适用第 323 条第 5 款第 1 句（该条以债权人利益为依据作了规定，并赋予其解除“合同整体”的权利），不可适用的原因在于该条规定的出发点是数量上的部分给付（quantitative Teilleistung），* 而不是部分的瑕疵给付。这一结论源自第 323 条第 5 款第 2 句，该条区分了“不符合合同约定”的给付与第 323 条第 5 款第 1 句规定的部分给付。[9] 但即使如第 323 条第 5 款第 1 句所示，也得为部分解除；所以，在交付多个物的情况中，买受人或许仅得对有瑕疵的物为解除。在出售多个物时，是否得为部分解除或者得对“合同整体”为解除，应取决于在个案进行综合的利益衡量，根据第 323 条第 5 款第 2 句，义务违反是否在与合同整体（也就是对全部的物）的关系上，构成重要的义务违反。[10] 这作为区分标准显得并不适宜：尽管在软件的瑕疵中表现的义务违反对软件而言是重要的，因为软件无法运行。但对硬件而言，却不能这么认为，所以，按此种标准，则本案中 L 仅得部分解除。但在本案中，这一结论不符合当事人所表达的意思。所以在解释第 323 条第 5 款第 2 句意义上的重要性标准时，应与旧法第 469 条第 2 句一样，根据这些物是否是配套购买且分离是否会对买受人造成不利益来进行。其中，第一个要求在本案中明显成立。而第二个要求同样成立，因为置备其他适合的软件具有明显的难度，特别是因为“一揽子解决方案”对买受人而言必然是有利

[7] BGHZ 102, 135（149 f.）; OLG Düsseldorf NJW-RR 2000, 1223.

[8] BT-Drs. 14/6040, 205；联邦参议院（Bundesrat）正确地批判了这一观点，Vgl. BT-Drs. 14/6857, 29. S. 其他的观点参见脚注 11。

* 数量上的部分给付被视作不履行。——译者注

[9] Vgl. BT-Drs. 14/6857, 29; Palandt/*Grüneberg*, § 323 Rn. 24.

[10] BT-Drs. 14/6857, 62. 对于重要性概念的解释，参见 MüKoBGB/*Ernst* § 323 Rn. 246 ff. 此外，在排除瑕疵的费用超过买卖价款的 5% 的情况下，德国联邦最高法院认可了瑕疵的重要性，BGH NJW 2014, 3229.

的。[11] 所以，L 享有整体解除合同的解除权。

3. 如果给付不符合合同约定（即在瑕疵给付中），基于第 323 条第 1 款，需首先设置补充履行的期限。[12] 本案中，A 有限责任公司已经基于第 437 条第 1 项、第 439 条第 1 句，替 L 行使了他的选择权，并首先请求修补。基于第 440 条第 2 句，在第二次试图修补仍无效果之后，修补视为已失败。因此，无需再设置补充履行的期限，得直接解除。

4. 因为本案是双方商事买卖（《德国商法典》第 343 条），L 本应基于《德国商法典》第 377 条及时履行投诉与检查义务（Rüge- und Untersuchungsobliegenhet）。A 有限责任公司作为履行辅助人已经尽到了此种投诉义务。[13]

5. 结论：L 享有解除权，该权利让与给 A 有限责任公司。返还关系因解除之表示（第 349 条）而产生，其效果是 C 必须向 L 返还价款，L 必须同时向 C 移转融资租赁物的所有权（第 348 条）。[14]

二、依据第 535 条第 2 款，L 对 A 有限责任公司享有请求支付未付租金的请求权

第 535 条第 2 款的请求权的要件是，融资租赁的月租与租赁合同的租金应当被同等对待，融资租赁合同有效成立，请求支付月租的请求权嗣后未消灭并且 A 有限责任公司也无给付拒绝权。

（一）租赁法规则的可适用性

将租赁法的规范适用到法律未规定的融资租赁合同的要件是，在融资租赁合同中，当事人的利益状况与在租赁合同中有可比较性。金融融资租赁是一种在美国法中发展起来的合同类型，20 世纪 70 年代初，在德国汽

[11] BGHZ 102, 135（151）; 110, 130（138）; OLG Köln NJW-RR 1993, 1140（1141）; OLG Düsseldorf NJW-RR 2000, 1223.——另一种论证途径是第 323 条第 5 款第 2 句结合第 1 句：据此，所涉部分的瑕疵必须首先是重要的（第 2 句），并且在部分解除之后，合同利益必须仍然受损，Vgl. MüKoBGB/*Ernst* § 323 Rn. 267.

[12] 对此参见案例三之二与案例二十之一（一）。

[13] Vgl. Palandt/*Weidenkaff*, Einf. v. § 535 Rn. 54; BGHZ 90, 302（309）; 110, 130（142）. 对适用《德国商法典》第 377 条的批评意见，参见 *Larenz/Canaris* SchuldR BT II § 66 IV 4; 也参见 *Knops*, JuS 1994, 106（109f.）.

[14] 该所有权的返还移转由 A 有限责任公司完成。

车交易中被广泛采用。[15] 在融资租赁合同中，很典型地产生了三角关系：融资租赁的出租人购买了商人的物（制造者），并对融资租赁的承租人负有移交租赁物供其使用的义务。而因为约定了分期付款，融资租赁的承租人对融资租赁的出租人负有分期偿还融资租赁出租人的购置费用与金融费用的义务，包括经营利润。[16] 融资租赁的出租人对融资租赁的承租人不承担瑕疵担保责任，为此，融资租赁的出租人将基于与商人的买卖合同所生的瑕疵担保权利让与承租人（所谓的让与构想）。[17]

关于金融融资租赁的法律性质与教义学归属有不同的观点。[18] 由于移交使用的义务与融资租赁的出租人保留所有权这两个特点，德国联邦最高法院 [19] 与大部分学术著作 [20] 将金融融资租赁评价为非典型的租赁合同。特别是融资租赁合同的融资功能（这一功能毫无疑问存在并在第 506 条中得到了承认）使得该合同不能被看作单纯的租赁合同（融资租赁的出租人为融资租赁的承租人“融买卖价款之资”）。[21] 此外，融资租赁出租人在所有情况下均通过合同约定的方式将出租人根据第 535 条第 1 款承担的，嗣后标的物毁损灭失的风险与因自始瑕疵而生的支付保证义务，移转给了融资租赁的承租人。[22] 由于这些约定与租赁合同的“典型范本”（Leitbild）不符，也有观点将融资租赁合同归为买卖合同，[23] 或者

---

[15] 关于融资租赁的一般性论述参见 *Martinek*, Moderne Vertragstypen I：Leasing und Factoring, 1991, 33 ff., 41；v. *Westphalen*, Der Leasingvertrag, 7. Aufl. 2015；*Emmerich*, JuS 1990, 1 ff.

[16] BGHZ 95, 39（54）；111, 237（242）；BGH NJW 1996, 2860（2861）；NJW 1998, 1637（1638 f.）；Palandt/*Weidenkaff*, Einf. v. § 535 Rn. 39；*Larenz/Canaris* SchuldR BT II § 66 I 1b.

[17] 关于此构造和随后的观点，进一步证据参见 *Finkenauer/Brand* JZ 2013, 273（274）.

[18] 对此的概述参见 *Martinek*, Moderne Vertragstypen I：Leasing und Factoring, 1991, 64 ff.；*Knebel*, WM 1993, 1026.

[19] BGHZ 68, 118（123）；71, 189（194）；97, 135（140）；111,84（94 f.）；112, 65；178,227 Rn. 31.

[20] 特别参见 *Flume*, DB 1972, 1；*Reinicke/Tiedtke*, Rn. 1684；Westphalen/*v. Westphalen*, Der Leasingvertrag, 7. Aufl. 2015, Kap. A Rn. 14 ff., 22.

[21] 金融融资租赁是一种特殊的融资手段，MüKoBGB/*Schürnbrand* § 506 Rn. 2, 18, 31. § 500 a. F. 旧法第 500 条对此作了详细说明。关于第 506 条第 2 款新规定的问题参见 Peters, WM 2011, 865 ff. 很明显不能因也适用个别借贷法的先例就判定融资租赁整体的法律性质，正确观点见 MüKoBGB/*Koch* Finanzierungsleasing Rn. 29.

[22] *Martinek*, Moderne Vertragstypen I：Leasing und Factoring, 1991, 143；*Larenz/Canaris* SchuldR BT II § 66 I 1c.

[23] *Finkentscher/Heinemann*, Rn. 1070 f.；相反，正确的观点参见 *Larenz/Canaris* SchuldR BT II § 66 II 3；MüKoBGB/*Koch* Finanzierungsleasing Rn. 29.

强调其混合的合同结构，并认为是一个租购（Mietkauf），或是管理服务行为（Geschäftsbesorgungsvertrag），或是借贷行为。[24] 此外，将融资租赁合同归为独立的合同（Vertrag sui generis）类型也不是很有说服力。[25] 融资租赁的承租人总是负担风险，并且在租赁期届满后有购买的权利，这当然体现了买卖合同的要素。相反，合同的融资功能则使融资租赁合同更接近借贷。因此，尽管根据通说，金融融资租赁因使用移转而主要被评价为租赁合同，[26] 在经济上，其也在一定程度上类似于买卖与借贷。所以，例如在审查所用格式条款或者在考虑关于第 506 条及以下规定的“其他融资手段”的条款时，不应忽视买卖与借贷的要素。当然，在结论上，这并不是说，第 535 条不得类推适用于使用的移转和与之构成双务性的分期付款义务。[27]

（二）合同的有效性

L 与 A 有限责任公司之间的合同有效成立。即使 L 的个别格式条款可能无效，也不影响合同的效力（第 306 条第 1 款）。

（三）类推第 536 条第 1 款第 1 句，减价

如果采通说租赁法的构想，那么 A 有限责任公司或得一开始就因类推第 536 条第 1 款而免于分期付款义务。租赁法的减价依法发生（ipso iure），无需再为形成之表示，并且在租赁物完全丧失使用性的情况，减价可免除全部租金支付义务。[28] 换言之，A 有限责任公司得因设备瑕疵完全免除其分期付款义务。

---

[24] *Kurstedt*, Finanzleasing beweglicher Güter, Diss. Hamburg, 1980, 93 ff.：如果当事人最后约定移转所有权，则为租购。相反，其他观点则认为，金融融资租赁与管理服务和借贷类似，见 *Canaris*, ZIP, 1993, 401（405）; *Larenz/Canaris* SchuldR BT II § 66 II; *Oetker/Maultzsch* § 16 Rn. 56 ff.（对租赁物购买费用的贷款；分期还款请求权作为基于第 675 条第 1 款、第 670 条产生的费用补偿请求权）; 反对将融资租赁归为（部分的）管理服务行为的理由在于，融资租赁的出租人经营的是自己的事务，参见 *Reinicke/Tiedtke*, Rn. 1677, 1678, 1681. 支持将其归为租赁合同与信用合同的混合合同的观点有 BeckOK BGB/*Möller* § 506 Rn. 15.

[25] MüKoBGB/*Koch* Finanzierungsleasing Rn. 32; *Martinek*, Moderne Vertragstypen I: Leasing und Factoring, 1991, 86 ff.; *Oechsler* Rn. 717.

[26] *Emmerich*, JuS 1990, 1（4）; BT-Drs. 14/6040, 203.

[27] BeckOK BGB/*Zehelein* § 535 Rn. 68, 87. 相反，强调融资租赁合同独立性或混合性的观点，会认为融资租赁承租人的付款义务源自合同（第 241 条第 1 款，第 311 条第 1 款）。

[28] Vgl. Palandt/*Weidenkaff*, § 536 Rn. 1, 33; *Otto*, JA 2000, 655（658）.

然而，L 或已经在其格式条款中有效排除了租赁合同的责任。其使用的格式合同是第 305 条第 1 款意义上的格式条款。其规定了排除 L 对物的瑕疵担保责任以及让与 L 对 C 享有的瑕疵担保权利。根据《德国民法典》的规定，在租赁（第 536d 条）与买卖（第 444 条）中，允许排除瑕疵担保责任。所以，在这种关系下，融资租赁合同更像租赁合同还是买卖合同，无关紧要，因为这两种合同类型中均有相应规定。即使认为融资租赁合同为混合合同，鉴于第 276 条第 3 款的一般原则性规定（仅排除故意责任的约定无效），也可约定排除无过错担保责任。格式条款中可排除责任的范围更窄。此种责任排除的条款不是第 305c 条第 1 款意义上的意想不到的条款（überraschende Klausel），因为在融资租赁合同中排除租赁法上的瑕疵担保责任恰恰是非常典型的。[29] 第 309 条第 8 项第 b 目 aa 规定，禁止以取决于第三人为条件排除瑕疵担保责任。可是，如果把融资租赁看作是使用移转合同，则在融资租赁中并无第 309 条第 8 项第 b 目 aa 意义上的交付或交付工作成果（Werkleistung）。[30] 本案中，同样没有违反第 309 条第 7 项第 a 目、第 b 目，因为 L 在上述情况下并未排除其责任。[31] 相反，在商事交易中同样得适用第 307 条的概括条款——根据《德国有限责任公司法》第 13 条第 3 款、《德国商法典》第 6 条第 1 款，A 有限责任公司是商人，并且该合同属于其营业范畴（参见第 310 条第 1 款第 2 句）。如果格式条款违反诚实信用，对合同相对人造成不适当的不利，则该格式条款根据第 307 条第 1 款无效。在存在疑义时，如果格式条款的规定“与法律规定的重要基本思想不符，与之发生背离”（第 307 条第 2 款第 1 项），则构成不适当的不利。如果在本案中认为存在此种情况，那么责任排除无效，L 需根据第 536 条、第 536 a 条（或第 437 条），对瑕疵承担责任。

很明显，只有在将融资租赁行为归入《德国民法典》中的合同类型时，A 有限责任公司才得主张对合同内容进行控制。因为只有在这种前提下，才会构成格式条款与“法定范本”发生背离（第 307 条第 2 款第 1 项）。而在学术文献中的讨论表明，无法通过或多或少都是单方的，并且是概念化的方式将融资租赁归入《德国民法典》中的某种典型合同类型，以解决

---

[29] MüKoBGB/*Koch* Finanzierungsleasing Rn. 101.

[30] 进一步证据参见 Arnold, DStR 2002, 1049; MüKoBGB/*Koch* Finanzierungsleasing Rn. 103.

[31] Vgl. *Arnold*, DStR 2002, 1050.

范本功能的问题。根据融资企业所采用的格式条款是否符合《德国民法典》（例如在租赁关系中）的基本思想与价值，以此评价格式条款的做法是错误的。根据德国联邦最高法院的司法判例，在租赁合同中，对物之瑕疵责任的排除，仅从其本身（per se），不得认为其无效。尽管根据判例通说，“主要根据租赁法”对金融融资租赁合同进行裁判，但是，如果融资租赁的出租人将其对交货人所拥有的买卖法上的瑕疵担保权利终局性地、无保留地、无条件地让与融资租赁的承租人，那么，融资租赁的出租人得同时在格式条款中排除基于第 536 条、第 536 a 条所生的责任。[32] 通过此种方式，买卖法的瑕疵担保替代了租赁法的瑕疵担保，因此，此种对责任的排除获得了充分的补偿。[33] 而本案中，该要件满足。因此，L 有效地排除了对物之瑕疵的责任。A 有限责任公司分期付款的义务无法类推第 536 条第 1 款第 1 句，因减价而依法免除。

（四）类推第 543 条第 1 款第 1 句，终止

A 有限责任公司对 L 表示，其不愿再每月还款，这或得被视为终止的意思表示。仅当有终止理由时，终止有效。因为第 543 条第 1 款第 1 句规定的是特殊终止（außerordentliche Kündigung），所以必须存在重要理由（wichtiger Grund）。如果无法及时保证承租人（融资租赁的承租人）能够依合同约定使用租赁物（第 543 条第 2 款第 1 句第 1 项），那么在这种情况中，尤须认为存在重要理由。出租人交付自始负有瑕疵的租赁物违反了其源自第 535 条第 1 款第 2 句的义务。所以，基于物之瑕疵，构成重要理由。[34] 然而，根据第 543 条第 2 款第 1 句第 1 项，认定存在重要理由时，特殊终止权也可能因第 536 d 条而被排除（参考第 543 条第 4 款第 1 句）。本案中，全面排除物之瑕疵的担保责任［上文二之（三）］，也排除了特殊终止权；至少在基于物之瑕疵而生的特殊终止中，融资租赁出租人通过免除瑕疵担

[32] BGHZ 68, 118（123 f.）; 81, 298（302 f.）; 94, 180（187）; BGH NJW 1987, 1072; NJW-RR 2003, 51; NJW 2006, 1066（1067 f.）; Palandt/*Weidenkaff*, Einf. v. § 535 Rn. 53. 然而，判例通过将让与解释为单纯的收款授权［上文一之（一）］，明显使得此种补偿的价值降低了。但支持采融资租赁的承租人对出租人独立的瑕疵担保权的观点，参见 *Stagel*, ZIP 2009, 846.

[33] *Martinek*, Moderne Vertragstypen I: Leasing und Factoring, 1991, 146; *Reinicke/Tiedtke*, Rn. 1694; *Ott*, JA 2000, 655（659 f.）.

[34] 同样参见 Palandt/*Weidenkaff*, § 543 Rn. 18.

保责任，同样排除了特殊终止权。[35]A 有限责任公司不享有类推第 543 条第 1 款产生的特殊终止权。

（五）根据第 314 条第 1 款第 1 句，终止

根据第 543 条的立法史，依第 543 条基于重要理由产生的特殊终止权是第 314 条第 1 款的特别法，[36] 因此，不得适用第 314 条第 1 款，换言之，同样排除了第 314 条第 1 款。[37]

（六）根据第 313 条第 3 款，终止或解除（交易基础丧失）

1. A 有限责任公司或可因交易基础丧失而终止融资租赁合同（第 313 条第 1 款）。如无法调整合同，那么遭受损害的一方享有（具有溯及效果的）解除权（第 313 条第 3 款第 1 句）。在继续性债之关系中，如融资租赁合同中，[38] 按照法定构想（gesetzliche Konzeption），产生不具溯及力的终止，而非解除（第 313 条第 3 款第 2 句）。当然，在本案中，虽有疑问，但或存在例外，在继续性债之关系中，如果当事人的利益状况支持返还已为之给付，则同样得产生解除。[39]

根据判例与通说，如果针对与交货人的买卖合同为解除之表示，且交货人接受解除，那么融资租赁的承租人得请求免除其融资租赁合同的债务，因为通过解除，融资租赁合同的基础视为溯及地丧失。[40] 基于此种假设，

---

[35] OLG München BeckRS 2007, 01077；BeckOK BGB/*Zehelein* § 535 Rn. 92；a.：Jauernig/*Teichmann*, Vor § 535 Rn. 7 明显持不同见解。

[36] 参见 *Hau*, in：Ehmann/Sutschet, 268 f. 脚注 9；同样参见 MüKoBGB/*Gaier* § 314 Rn. 9.

[37] 参见 Palandt/*Grüneberg*, § 314 Rn. 4.

[38] MüKoBGB/*Gaier* § 314 Rn. 6；Staudinger/*Stoffels*, 2018, Leasing Rn. 245.

[39] Vgl. BT-Drs. 14/6040, 177, 257, 其中，明确将融资租赁合同作为第 314 条的一种案型处理；MüKoBGB/*Gaier* § 314 Rn. 3；根据 *Loyal* NJW 2013, 417（421）判决，鉴于欠缺教义形成和立法者的错误，第 313 条第 3 款过于刚性。这一法律制度的目的在于，在履行义务不可期待的情况下，给予当事人废止合同的可能。

[40] BGHZ 68, 118（126）；81, 298（307）；109, 139；114, 57（61）；BGH BB 1997, 2023（2024）；NJW 2010, 2798（2800）；OLG Karlsruhe, ZGS 2007, 277（279）；OLG Düsseldorf ZMR 2009, 24；OLG Frankfurt MDR 2009, 497；同意的观点参见例如 MüKoBGB/*Habersack* § 359 Rn. 12；MüKoBGB/*Koch* Finanzierungsleasing Rn. 110 f. *Looschelders* SchuldR BT Rn. 516 .；*Reinicke/Tiedtke*, Rn. 1072；Palandt/*Weidenkaff*, Einf. v. § 535 Rn. 28；MünchKomm/*Gaier*, Vor § 346 Rn. 33；v. Westphalen/*v. Westphalen*, Der Leasingvertrag, 7. Aufl. 2015, Kap. I Rn. 183 ff., 196；*Reiner/Kinne*, WM 2002, 2314（2322）：如非消费者融资租赁合同。

不仅融资租赁承租人得以免除继续支付未来月租的义务，而且其享有请求返还已支付月租的返还请求权。[41]

2. 与本案中是终止权还是解除权无关，问题在于，本案中是否得适用交易基础丧失的原则。

此种情况下，适用交易基础丧失的解决方案受到了严厉而正确的批判。[42] 反对的理由不仅在于第 313 条第 3 款的体系（参见上文 1），而且主要在于，正如融资租赁出租人与承租人之间关于瑕疵担保排除的约定所示，瑕疵担保问题已构成融资租赁合同的*内容*，[43] 所以，瑕疵担保问题不应成为交易基础。融资租赁的出租人并不负有保证物无瑕疵的合同义务，所以也不能通过交易基础丧失的原则，将此种风险归于出租人。此外，适用交易基础丧失的观点也与第 506 条第 1 款、第 358 条以下的法定构想不符。尽管这些规定仅适用于消费者融资租赁。[44] 但为了避免在经营者融资租赁合同中出现评价矛盾，可以在理念上得出这些条文；因为经营者无论如何不得比消费者处于更有利的地位。

第359条第1款第1句允许消费者的所谓*抗辩穿越*（*Einwendungsdurchgriff*）。[45] 这使得消费者享有基于"关联的（verbunden）"买卖合同产生的抗辩（例如因物之瑕疵），得向经销商拒绝给付，与之相同，其也同样得拒绝向贷款人支付每月还款。这就使得消费者处于如同仅和一方合同当事人订立了金融分期付款买卖合同的状态；金融分期付款合同下两方合同当事人的分裂不应给

[41] 如果交货人接受解除买卖合同，那么融资租赁的承租人应终止付款。如果交货人不接受解除，融资租赁承租人因所为之解除权起诉交货人，那么融资租赁的承租人才得暂时中止付款，换言之，在通过法院为解除之表示后，才得中止付款；Vgl. BGH NJW 2010, 2789（2800）. 按其他观点，在解除之表示到达交货人后，即可根据第 320 条暂时中止付款，见 *v. Westphalen*, ZIP 2001, 2258（2261）；对此见下文（八）。

[42] *Lieb*, JZ 1982, 561；*Canaris*, AcP 190（1990）, 410（417）；Staudinger/*Stoffels*, 2018, Leasing, Rn. 249 ff.；*Arnold*, DStR 2002, 1049（1053）；*Grunewald*, JuS, 2010, 93（97）；*Sittmann-Harry* JZ 2014, 798（800）；MüKoBGB/*Finkenauer* § 313 Rn. 264.

[43] *Larenz/Canaris* SchuldR BT II § 66 IV 2d.

[44] 对于第 506 条第 1 款中对 359 条的准用是否同样适用于融资租赁存在争议。认为得适用这一规则的：Soergel/*Pfeiffer*, § 359 Rn. 13；Palandt/*Weidenkaff*, § 506 Rn. 3；BeckOK BGB/*Möller* § 506 Rn. 14, 17；；Jauernig/*Berger*, § 506 Rn. 7；*Bartels*, ZGS 2009, 544（545）；*Oxe*, Der Leasingsnehmer als Verbraucher, 2010, 86；Staudinger/*Herresthal*, 2016, § 358 Rn. 66, 234, 238 ff., 241 ff.；*Finkenauer/Brand* JZ 2013, 273（276）；a. A. BGH NJW 2014, 1519；MüKoBGB/*Habersack* § 359 Rn. 10 ff.（"非反射性的继受了原《消费者信贷法》第 3 条第 2 款第 1 项"）；*Omlor*, NJW 2010, 2694（2696, 2699 f.）.

[45] 对此和下述内容参见 *Finkenauer/Brand* JZ 2013, 273（276 ff.）.

消费者带来不利：如果在单纯的双方关系中（分期付款买卖中），买卖合同因解除而需返还清算，那么经销商不得再请求支付分期价款。因此，第 359 条赋予了给付拒绝权（抗辩权）。[46]

因为消费者自始即订立了一个合同（与融资租赁出租人），所以第 506 条第 1 款中所规定的，将第 359 条类推适用到消费者金融融资租赁合同上的做法遇到了困难（构成要件的类推）。然而，在融资租赁典型的让与构想中［见上文一之（一）、二之（三）］，也产生了三角关系，对此足以适用第 359 条。[47] 融资租赁的承租人得援引其对出卖人可主张的权利。当然，消费者对融资租赁出租人抗辩穿越的要件是，两个合同——融资租赁合同与买卖合同——根据第 358 条第 3 款第 1 句构成经济上的统一体，“关联”在一起。[48] 根据此种标准，特别是在促销融资租赁或与交货人有紧密关系的融资租赁和所谓的“合同加入构造（Eintrittmodell）”中，融资租赁出租人为准备、缔结融资租赁合同使用了经营者（出卖人）的协助（第 358 条第 3 款第 2 句），那么，构成“关联”，在单纯的金融融资租赁中（如本案中，L 与 A 有限公司间约定的融资租赁），则不构成。[49]

3. 如果根据通说，将交易基础丧失的原则适用于全部的融资租赁的情况，那么融资租赁合同的命运将一直与买卖合同的命运联系在一起，并且在不构成第 358 条所要求的“关联”行为时，也是如此（本案之情况）。如果不构成“关联”行为，两个合同的命运不应过多地联系在一起，不应

[46] Palandt/*Grüneberg*, § 359 Rn. 4.

[47] Vgl. *Arnold*, DStR 2002, 1049（1054 f.）; *Bartels*, ZGS 2009, 544（545）; *Finkenauer/Brand* JZ 2013, 273（276）; *Looschelders* SchuldR BT Rn. 515；至少支持合同加入的构想（下文脚注 49）的参见 BeckOK BGB/*Möller* § 506 Rn. 17；BeckOGK BGB/*Rosenkranz* § 358 Rn. 111；Staudinger/*Herresthal*, 2016, § 358 Rn. 238 f.; *Canaris* ZIP 1993, 401（407 f.）; *Harriehausen* NJW 2014, 1519（1520）；对于生产者与商人融资租赁参见 *Oetker/Maultzsch* § 16 Rn. 72；相反否定的观点参见（一般性否定或甚至否定合同加入的构想的）BGH NJW 2014, 1519（1520）; *Bülow/Artz*, Verbraucherkreditrecht, 9. Aufl. 2016, § 506 Rn. 90；MüKoBGB/*Habersack* § 359 Rn. 11 ff.; *Tiedtke/Möllmann* DB 2004, 583（585 f.）.

[48] 对此参见 *Bülow/Artz*, Verbraucherkreditrecht, 9. Aufl. 2016, § 506 Rn. 90；Palandt/*Grüneberg* § 358 Rn. 11 f..

[49] 关于这一概念参见 *Larenz/Canaris* SchuldR BT II § 66 I 3. 在促销融资租赁或与交货人有紧密关系的融资租赁中，经销商的融资租赁出租人为订立合同而使用了（主要是在汽车租赁中）协助。在合同加入的构想中，融资租赁的出租人嗣后加入交货人与融资租赁承租人的买卖合同订立中。

超过第 506 条第 1 款、第 359 条第款第 1 句的规定：如上文所述，第 359 条仅赋予抗辩权，而交易基础丧失的解决方案导致了债权消灭。如果在交付所租赁之物负有瑕疵的情况下，基于第 313 条第 3 款，赋予融资租赁的承租人得消灭债权的终止可能性，那么，基于第 359 条第 1 款第 1 句的抗辩权就失去了作用。正如第 506 条第 1 款所示，第 359 条的解决方案是特别法，较之一般规定应当优先适用。[50] 鉴于 L 与 A 有限责任公司之间的关系，不得抗辩主张第 359 条仅适用于消费者融资租赁合同，而本案不构成消费者融资租赁，否则将不符合事理。与经营者相比，消费者受到的保护更少；否则的话，消费者的合同相对人（融资租赁出租人）得因第 359 条第 1 款第 1 句保有债权，尽管该债权或因抗辩权而无法实现。相反，经营者的合同相对人（融资租赁的出租人）的债权却会消灭。从中可以得出结论，在经营者之间的融资租赁合同中，融资租赁出租人的债权也不应消灭。所以，为了协调这些结论，必须排除根据交易基础丧失的基本原则产生的终止或解除。[51]

4. 在结论上，交易基础丧失的解决方案与第 506 条第 1 款、第 359 条存在评价上的矛盾——这与是否赋予融资租赁出租人解除权或终止权无关。因此，应当否定交易基础丧失的解决方案。

（七）根据第 326 条，免除对待给付

有的观点认为，在融资租赁物负有瑕疵的情况下，不应适用交易基础丧失原则，而应直接适用一般给付障碍法（第 326 条）。[52] 根据第 326 条第 1 款，如果给付依第 275 条第 1 款陷于不能，那么对待给付依法自动免除。因为行使了解除权，L 不能再向 A 有限责任公司移转物的使用。但 A 有限

[50] 不同观点参见 Staudinger/*Stoffels*, 2018, Leasing Rn. 272；BeckOGK BGB/*Rosenkranz*（Wahl des Verbrauchers zwischen § 313 und § 359）；相反，正确观点参见 *Lieb*, WM 1991, 1533（1539）；Staudinger/*Herresthal*, 2016, § 358 Rn. 243.

[51] 同样持适用抗辩穿越理论，而非适用融资租赁交易基础丧失的见解，参见 *Medicus/Petersen* BürgerlR Rn. 776e f.；Jauernig/*Teichmann* Vor § 535 Rn. 8；Staudinger/*Herresthal*, 2016, § 358 Rn. 245；Staudinger/*Stoffels*, 2018 Leasing Rn. 265；*Larenz/Canaris* SchuldR BT II § 66 IV 3c, e；v. Westphalen/*Woitkowitsch*, Der Leasingvertrag, 7. Aufl. 2015, Kap. L Rn. 392；；*Bartels*, ZGS 2009, 544（547）. *Reiner/Kinne*, WM 2002, 2314（2322）认为对消费者融资租赁应适用第 506 条第 1 款、第 359 条，但其他融资租赁合同则采交易基础丧失的解决方案。

[52] *Emmerich*, JuS 1990, 1（7）.

责任公司作为债权人对“不能”不应具有过错（第 326 条第 2 款第 1 句）。而本案中的情况却是：A 有限责任公司为解除之表示，通过解除，其不得再使用设备。[53] 即使认为，L 需对解除负责，通过第 326 条解除的话，会使得作为特别法的第 506 条第 1 款、第 359 条第 1 款第 1 句落空，而这是不允许的［上文（六）］。最后，在根据特别的实体法规则移转风险后（本案中，适用交付使用）［上文二之（一）文末］，排除一般给付障碍法之适用。

（八）未履行合同的抗辩权（第 320 条）

问题是，A 有限责任公司是否得对 L 主张未履行合同的抗辩权（第 320 条）。交付无瑕疵状态的租赁物是出租人的主义务，所以如果出租人未履行该义务并且承租人自己仍坚持履行合同，那么承租人基于第 320 条对租金享有留置权（Zurückbehaltungsrecht）。[54] 准用到融资租赁合同上，则意味着如果融资租赁的出租人尚未将融资租赁物交付给融资租赁的承租人，那么承租人享有给付拒绝权；因为融资租赁的出租人与普通出租人一样，负有移转使用的义务。[55] 然而，融资租赁的出租人通过交付履行了他的义务；并且融资租赁的出租人免于瑕疵担保义务，并将风险移转给融资租赁承租人，这符合融资租赁中典型的风险分配［对此见上文二之（一）、（三）］。尽管根据第 433 条第 1 款第 2 句，出卖人的履行义务是为无瑕疵的履行；然而，这并不意味着融资租赁的出租人也承担此种义务。第 433 条第 1 款第 2 句仅涉及交货人与融资租赁出租人之间的关系（通过让与构想涉及交货人与融资租赁的承租人之间的关系），而不涉及融资租赁承租人与出租人之间的关系。最后，第 506 条第 1 款、第 359 条第 3 句表明，在物之瑕疵的情况下，消费者仅得在补充履行无果后，拒绝为给付。[56] 因此，排除第 320 条产生的抗辩权。

---

[53] 不同观点见 BeckOK BGB/*Ehlert* § 535 Rn. 72；v. Westphalen/*v. Westphalen*, Der Leasingvertrag, 7. Aufl. 2015, Kap. H Rn. 155.

[54] BGHZ 84, 42（46）（针对用益租赁）；Palandt/*Weidenkaff*, § 535 Rn. 48, § 536 Rn. 6.

[55] BGH NJW 1991, 2135（2136）：融资租赁出租人仅为部分履行的情况下，依第 320 条产生抗辩权；v. Westphalen/*v. Westphalen*, Der Leasingvertrag, 7. Aufl. 2015, Kap. G Rn. 25.

[56] 相同观点见 Palandt/*Weidenkaff*, Einf. v. § 535 Rn. 58；*Oetker/Maultzsch* § 16 Rn. 65；*Gebler/Müller*, ZBB 2002, 107（114）；*Reiner/Kinne*, WM 2002, 2314（2322）；*Arnold*, DStR 2002, 1049（1052）；不同观点见 *v. Westphalen*, ZIP 2002, 2258.

（九）根据第 506 条第 1 款、第 359 条第 1 款第 1 句，类推适用抗辩穿越

A 有限责任公司或可类推第 506 条第 1 款、第 359 条第 1 款第 1 句，对 L 的支付请求权行使抗辩权（抗辩穿越）。第 359 条第 1 款第 1 句意义上的“抗辩（Einwendung）”指所有广义上的，消费者享有并得向经营者（出卖人）主张的抗辩权。根据通说，这一概念也包括消费者所行使的形成权，换言之，也包括 A 有限责任公司所行使的解除权。[57] 正如在上文（六）中所做之说明，抗辩穿越是法律为（促进）消费者融资租赁合同 * 的承租人所规定的工具，使其得对融资租赁的出租人行使在与出卖人的关系中产生的抗辩。但由于法律既未规定单纯的金融融资租赁，也未规定经营者的融资租赁，在此存在漏洞。此外，如果在（单纯）经营者融资租赁合同中类推第 359 条第 1 款第 1 句，则其利益状况须与第 359 条第 1 款第 1 句的利益状况具有可比较性。在构成要件与法律效果上，抗辩穿越比第 543 条、第 313 条第 3 款规定的可转用的终止事由更为特殊，这些终止事由最终是基于交易基础理论。然而，由于交易基础丧失的原则与抗辩穿越均发展自第 242 条（在不同的方面），[58] 将适用于消费者的规则类推到经营者融资租赁合同中是符合事理的。[59]

当然，问题在于根据第 358 条第 3 款，第 506 条第 1 款、第 359 条以关联合同为要件。在促销融资租赁或与交货人有紧密关系的融资租赁中，很明显构成此种合同，但是在单纯金融融资租赁中，于买卖合同与融资租赁合同缔结之前，融资租赁的出租人与交货人并无任何联系，则不构成。尽管如此，在单纯金融融资租赁中，仍必须适用抗辩穿

---

[57] Füller, ZBB 2001, 157（162 f.）; Palandt/*Grüneberg*, § 359 Rn. 3.

* 促进消费者融资租赁合同（absatzfördernde Verbracher-Leasingverträge）常见于汽车金融行业，是指企业为了促进消费者购买，为资金不足的消费者提供融资租赁。——译者注

[58] 正确观点参见 Staudinger/*Stoffels*, 2018, Leasing, Rn. 271；关于抗辩穿越参见 *Karollus*, JuS 1993, 820（821）; *Finkenauer/Brand* JZ 2013, 273（276 ff.）；关于交易基础参见 MüKoBGB/*Finkenauer* § 313 Rn. 23 f.

[59] 同样参见 *Larenz/Canaris* SchuldR BT II § 66 IV 3e；Staudinger/*Herresthal*, 2016, § 358 Rn. 245；*Finkenauer/Brand* JZ 2013, 273（277 f.）, Staudinger/*Stoffels*, 2018, Leasing Rn. 271；a. A. MüKoBGB/*Habersack* § 359 Rn. 12.

越，[60] 因为这是让与构想的另一面：仅当让与针对交货人的瑕疵担保权在结果上对融资租赁的承租人有利时，排除租赁权中的瑕疵担保才不至于产生不适当的不利［参见上文二之（三）］。但根据通说，行使解除权仅导致融资租赁的承租人有权请求向融资租赁的出租人返还价款［上文一之（一）］，如果在买卖价款之外，融资租赁的出租人仍有权请求将来的月租，而不受抗辩权影响，那么会导致融资租赁出租人享有不正当的特权。因此，对A有限责任公司而言，对C所为之解除构成了第359条第1款第1句意义上的"抗辩"，其享有对L的给付拒绝权。所以，L不得请求继续支付租金。

三、A有限责任公司对L享有请求返还已经支付租金的请求权

（一）第313条第3款第1句、第346条第1款（交易基础丧失）

在解除融资租赁合同之后，A有限责任公司或可基于第313条第3款第1句、第346条第1款有权请求L返还已经支付的租金。根据通说所持交易基础丧失的解决方案，解除后，融资租赁合同的交易基础溯及地丧失［见上文二之（六）1］。因此，A有限责任公司可享有返还请求权，其源自第346条及以下。[61] 由此，必须对第313条第3款第2句的适用作目的性限缩。相反，如果认为第313条第3款第2句是封闭规则，则仅可为单纯的终止，其不具溯及力，因此不涉及已经支付了的租金。[62] 而在融资租赁合同中，涉及的是继续性债之关系，[63] 对于继续性债之关系，法律未规定解除的可能。鉴于交易基础丧失理论的原则性缺陷［上文二之（六）2、3］，对第313条第3款第2句作目的性限缩在方法论上并不成立（而此种限缩对于适用第346条及以下是必要的）。

---

[60] MünchKommBGB/*Finkenauer*, § 313 Rn. 264；不同观点参见 *Canaris*, ZIP 1993, 401（409）；*Larenz/Canaris*, II/2, § 66 IV 3 c MüKoBGB/*Finkenauer* § 313 Rn. 264；a. A. *Canaris* ZIP 1993, 401（409）；*Larenz/Canaris* SchuldR BT II § 66 IV 3c, 其认为抗辩穿越仅得适用于促销融资租赁，及 BeckOK BGB/*Möller*, § 506 Rn. 17，其将抗辩穿越限于合同加入的情况（脚注49）。

[61] OLG Frankfurt MDR 2009, 497；MüKoBGB/*Koch* Finanzierungsleasing Rn. 112；MüKoBGB/*Gaier* Vor § 346 Rn. 33.

[62] 相同结论参见 Staudinger/*Stoffels*, 2018, Leasing, Rn. 247, 251, 270.

[63] 参见上文脚注38。

（二）第 506 条、第 358 条第 4 款、第 355 条第 3 款第 1 句

A 有限责任公司或得基于第 506 条、第 358 条第 4 款、第 355 条第 3 款第 1 句享有返还请求权。因为在本案中，已经认为可以类推适用第 359 条的抗辩穿越，所以或得做此种假设。然而，与之相反，需做如下考虑：对于抗辩穿越而言，类推适用第 359 条是正当的，因为在直接适用的情况下，第 359 条包括所有种类的抗辩。[64] 相反，第 358 条仅与撤回相关。而在金融融资租赁中，并不涉及撤回。对于虽然存在第 359 条意义上的抗辩而仍为之支付，不得总体类推第 358 条第 4 款第 1 句而允许返还，因为通过第 812 条第 1 款第 1 句第 1 支项、第 813 条第 1 款第 1 句得以实现返还，此种做法在方法上是正当且令人信服的。[65] 因此，如果在直接适用第 359 条的情况下，都不能适用第 358 条第 4 款第 1 句。那么，在类推适用第 359 条的情况下，求助于第 358 条同样不足以令人信服。这是因为，在第 506 条中准用关联合同的规定，其目的并不在于赋予融资租赁的承租人比一个关联合同的消费者更多的权利。最后，第 358 条也规定了另一种基本情况：借贷及与其相关联的买卖合同，因撤回其中之一，二者均转变为返还清算关系。与之相反，A 有限责任公司的解除却恰未影响融资租赁合同，该合同仍然存续。此外，第 346 条并不适用于继续性债之关系，正如从第 313 条第 3 款第 2 句中明确可以推知，该条对继续性债之关系仅规定了终止，而未规定解除。

（三）第 812 条第 1 款第 1 句第 1 支项、第 813 条第 1 款第 1 句（非债清偿型不当得利）

A 有限责任公司或得基于第 812 条第 1 款第 1 句第 1 支项并类推适用第 813 条第 1 款第 1 句请求 L 返还所支付的租金。对此，L 的支付请求权必须负有永久的抗辩权［永久抗辩权（perremptorische Einrede）］，并且在 A 有限责任公司*为给付的时点*就存在抗辩权。[66] 在支付的时点，A 有限责任公司明显尚未为解除。所以，类推第 506 条第 1 款、第 359 条得向 L 主张

---

[64] Palandt/*Grüneberg*, § 359 Rn. 3.

[65] 进一步证据参见 MüKoBGB/*Habersack* § 359 Rn. 55 m. w. N.; BeckOGK BGB/*Rosenkranz* § 359 Rn. 47; *Finkenauer/Brand* JZ 2013, 273（278）.

[66] Vgl. *Reuter/Martinek* § 5 IV（173）; *Wieling* BereicherungsR § 3 III 1b.

的抗辩权尚未成立。在解除之前，即使存在基于第 320 条、第 433 条第 1 款第 2 句的抗辩权，该抗辩权也仅具推迟、延期的效果；因此，在解除之前，并无第 813 条第 1 款第 1 句要求的永久抗辩权。当然，在存在物之瑕疵的情况下，类推适用第 813 条第 1 款第 1 句是符合利益状况的。因为，物之瑕疵在风险移转时已经存在（否则的话，第 434 条第 1 款第 1 句的要件不成立），所以自溯及的角度观之，抗辩自始就已经成立；所以，本案与第 813 条第 1 款第 1 句规定的情况具有可比较性。类推适用第 813 条第 1 款第 1 句，继而在结果上，按第 812 条第 1 款第 1 句第 1 支项对租金进行不当得利返还，这似乎是适当的。[67]

然而，出于以下考量，或得反对第 813 条第 1 款第 1 句的类推适用：在金融分期买卖中，大量在第 813 条第 1 款第 1 句中实现的所谓“返还请求权穿越”（Rückforderungsdurchgriff）是不被许可的，因为第 359 条第 1 款第 1 句的目的是，避免消费者遭受因行为分为两个合同而产生的不利，并且使消费者对借贷合同的出借人处于一种如同仅和一方合同当事人（即出卖人）订立了合同的状态［参见上文二之（六）2］。但是，借贷的借用人需承担他的合同相对人陷于支付不能的风险，即出卖人支付不能的风险；如果允许对借贷合同的出借人主张返还，则该风险转嫁给了出借人，而这是不容许的。必须对第 813 条第 1 款第 1 句作目的性限缩。[68] 然而，此种考量在融资租赁的情况下并不成立。[69] 融资租赁区别于其他金融工具，消费者在融资租赁中仅订立了一个合同（即与融资租赁的出租人）。因此，如果由融资租赁的出租人返还租金，其也没有承担他人支付不能的风险。如果因出卖人在此期间陷于支付不能，[70] 而使融资租赁的出租人无法取回买

[67] Vgl. *Finkenauer/Brand* JZ 2013, 273（278 f.）; *Emmerich*, in：Hadding/Hopt, Das neue Verbraucherkreditgesetz, 1991, 67（82）; *Michalski*, Jura 1997, 169（175）; 同样参见 *BGH* MDR 1954, 286.

[68] 如 *Larenz/Canaris* SchuldR BT II § 68 I 5a; *Fuchs*, AcP 199（1999）, 305（334）; *Füller*, ZBB 2001, 157（169）; *Karollus*, JuS 1993, 820（821）; *Dauner-Lieb*, WM 1991, Beilage Nr. 6, 4（22）; *OLG Stuttgart* ZIP 2001, 692（699）; BGH ZIP 2000, 1483（1485）搁置了该问题。相反，根据 BGH NJW 2003, 2821（2823），尽管遵照了适用于金融合同关系的现行法，但在另一方面允许了返还请求权穿越。

[69] *Finkenauer/Brand* JZ 2013, 273（277 f.）; 不同观点见 *Canaris* AcP 190（1990）, 410（427）.

[70] 关于让与构想参见上文一之（一）：融资租赁的承租人为解除，并请求向融资租赁的出租人为（返还）支付。

卖价款，这是融资租赁的出租人应负担的风险；这是公正的，因为出卖人是融资租赁出租人的合同相对人。[71] 但是，如果融资租赁的出租人取回了价款，那么，如果他在这之外仍能保有租金，则是不正当的；租金必须返还给融资租赁的承租人。[72] 所以，在金融融资租赁的情形下，有部分学说主张在金融分期买卖中应对第 813 条第 1 款第 1 句作目的性限缩的观点，并不构成反对将第 813 条第 1 款第 1 句类推适用到仅根据第 359 条而产生的抗辩权的理由。[73] 在类推适用第 813 条第 1 款第 1 句的情况下，根据第 812 条第 1 款第 1 句第 1 支项，A 有限责任公司因已经支付的租金，对 L 享有返还支付请求权。

[71] 相反，*Larenz/Canaris* SchuldR BT II § 66 IV 2d 中认为，融资租赁的出租人作为资金提供者，通常与出卖人并无过多关系，在单纯的金融融资租赁中（相对于促销融资租赁），融资租赁的出租人甚至无法挑选出卖人。将支付不能的风险转嫁到融资租赁的出租人身上，破坏了必须由同一人承担风险与收益的正当性假设：因为恰恰是不靠谱的、商誉较差的供应商会提供特别优惠的条件，而融资租赁的承租人取得了收益（较低的买卖价款有利于降低融资租赁贷款的利率）；但融资租赁的出租人却必须承担因供应商支付不能而产生的风险。此种观点忽视了融资租赁的出租人是自愿加入与供应商之间的合同中，因该买卖合同才愿意与融资租赁的承租人发生交易。换言之，他自己也取得了交易的收益。

[72] 假设融资租赁的出租人在与承租人的关系中，得保有已经支付的租金，那么很明显，在买卖合同的返还清算中，其必须向出卖人返还因买卖标的物所收取的收益（第 346 条第 1 款）；对此参见 *v. Westphalen*, in: v. Westphalen/*v. Westphalen*, Der Leasingvertrag, 7. Aufl. 2015, Kap. I Rn. 192 f. 那么，出卖人得取得负有瑕疵的买卖标的物及融资租赁的租金。鉴于买卖标的物自始即无法使用，这明显同样是不公平的。

[73] 不同观点见 *Canaris*, ZIP 1993, 401（411）；*Larenz/Canaris* SchuldR BT II § 66 IV 3c, d.

案例七　未安装引擎的老爷车

——保证合同纠纷

关键词

保证　形式　悖于良俗　对保证的抗辩　承揽合同　债权人协助的不真正义务　部分报酬请求权

案件事实

A搜集老爷车并参加老爷车赛车比赛。2017年年底，他发现了一辆二手凯旋荣耀汽车（Triumph Gloria），当然车况不佳：车身部分锈穿，引起报废。所以，2017年12月28日，A将该车送往W的车间，其专门维修二手车。W须完全拆解该车，维修部件并上漆，之后再重新组装，在此过程中，安装新的引擎，这个引擎A希望自己购买。此外，必须换置方向盘，因为目前的方向盘已经没有原装配件了。W建议尚在犹豫的A赶紧购买某个小广告上的凯旋汽车方向盘，A花800欧就能买到，并可以交付给W安装。最后，W须在车尾部的备用轮胎上喷上“昆茨个人豪华游”的标语。昆茨是个体商人B所登记的企业的商号，B是A的兄弟。

A与W约定，该凯旋汽车在2018年3月1日前组装完工，A会在该时间点前将引擎交给W，紧接着W可以开始安装引擎。W的报酬根据时间表和实际费用计算；W预估总费用在20000欧到25000欧之间；由于A经济困难，A在2019年1月1日才能够付款。所以在W开始工作之前，其坚持要求担保。A因此求助于其兄弟B。A与B之前已经商定，B的企业资助A的爱好，作为对待给付，A在其老爷车上打上B企业的广告。B也表示同意，其为A对W提供担保。2018年1月4日，

B向W发送电子邮件，其中他向W提供保证，保证W对A基于2017年12月28日的合同所产生的债权，最高额25000欧。该电子邮件的发件人为“昆茨个人豪华游”。该声明附有B有效的电子签名。W打印并装订了该电子邮件。

W随即开工修车。但与其预期相反，他推荐的方向盘与该车不匹配；该方向盘仅匹配老款车型。A必须以900欧的价格购买匹配的方向盘，而之前的方向盘仅能以500欧的价格转卖。在2018年3月1日需要拿到引擎之前，W就已经完成了该老爷车的修理，并通过电子邮件请求A向其交付引擎。然而，这段期间，A陷入了巨大的经济困难，他无力购买引擎，所以他也无视了W其他两次请求。2018年4月25日，W在给A的最后一次函件中要求，最迟在2018年5月31日前，交付引擎；否则的话，自2018年5月31日起，合同对他而言，没法继续了。该期限也届满而无果。

因此，2018年7月初，W向B请求目前对该凯旋汽车所做工作而产生的报酬22000欧元，这与其工作相符。此外，W请求其没有提供工作的时间段内所分摊的边际收益总计500欧（假设其提供了劳动）。B认为，首先，由于他与A之间有密切的个人关系，因此他觉得自己被迫提供保证；他没有料想到他的兄弟竟然是如此糟糕的债务人，这对他而言，完全不可思议。此外，W应当首先尽一切手段向他兄弟请求支付，也包括强制执行。由于W对老爷车的工作没有完工，A也没有验收，因此其债权也不成立。A也不想支付两笔购买方向盘的钱。

W能够向B请求支付22500欧吗？

解答

一、基于第765条第1款的保证合同

（一）合意

1. 要约

2. 承诺

（二）悖于良俗

（三）因错误而撤销

二、主债权存续
（一）基于第 631 条第 1 款的请求权
1. 承揽合同
2. 根据第 643 条、第 642 条第 1 款终止
（二）基于第 645 条第 1 款、第 643 条、第 642 条第 1 款享有的请求权
（三）基于第 280 条第 1 款的请求权
三、B 的抗辩权
（一）保证人自身的抗辩权
（二）主债务人的抗辩权与形成权
1. 基于第 768 条第 1 款的迟延抗辩权
2. 基于第 770 条第 2 款的可抵销性
四、结论

W 对 B 享有基于第 765 条第 1 款的请求权的前提首先是他们之间存在有效的保证合同。[1]

一、基于第 765 条第 1 款的保证合同

（一）合意

1. 要约

B 对 W 发出的电子邮件构成要约。该邮件明确表明了 B 提供保证的意思。B 的表示称 W 为债权人，并且 A 为主债务人，也因此得充分确定主债。对此，如果主债按其性质与范围可确定，也就足够了。[2]“所有基于 2017 年 12 月 28 日的合同而产生的债权”的表述符合这一要求。主债在保证表示做出的时间点上仍然是将来债务，这一点根据第 765 条第 2 款，无关紧要。

（1）根据第 766 条第 1 句的要式：法律行为（B 的要约）可能因第 125 条第 1 句而无效，因为没有遵守法定形式。第 766 条第 1 句要求，保证表示（不是保证合同！）的发出采书面形式。根据第 126 条第 1 款，书面形式意味着由签发人亲笔签名的证书。电子邮件不符合此种形式。即使打印

[1] 关于保证合同的构造参见 *Looschelders* SchuldR BT Rn. 934.

[2] Jauernig/*Stadler* § 765 Rn. 18.

了电子邮件，在打印件上也没有签发人的亲笔签名。

然而，根据第 126 条第 3 款，电子形式可以替代书面形式。根据第 126a 条第 1 款，电子形式不要求签名，而是要求根据《签章法（Signaturgesetz）》具有有效的电子签章。B 的电子邮件附有此种签章。当然，只有在法律未作其他规定的情况下，电子签章才得替代书面形式（参见第 126 条第 3 款）。然而，针对保证表示，第 766 条第 2 句排除了电子形式。因此，尽管存在电子签章，但不具备第 766 条第 1 句要求的形式。

（2）根据《德国商法典》第 350 条，形式无关紧要：当然，根据《德国商法典》第 350 条，是否遵守书面形式无关紧要。根据该条，如果对于保证人而言，保证构成商行为，则不适用第 766 条第 1 句。根据《德国商法典》第 343 条第 1 款，商行为是指商人所有属于经营其商业的行为。换言之，B 必须是商人，并且保证属于其营业，那么，保证表示因此无需形式而有效。

根据《德国商法典》第 1 条第 1 款，商人者，经营商业之人也。B 的企业构成营业，因为经营旅行社是一种可辨认的、按计划长期实施的、独立的、以营业为目标的市场活动。[3] 如果企业的商号登记在商事登记簿中，则该经营企业构成营业（《德国商法典》第 2 条第 1 句）。B 是商人。

所有为了商业目的服务的行为，均属于商人经营商业。此种行为也可能是辅助行为与从行为。[4] 根据《德国商法典》第 344 条第 1 款，在存在疑问的情况下，商人所实施的法律行为属于经营商业。B 通过其所经营商号的电子邮件“昆茨个人豪华游”发出保证表示。此外，他也是 A 的赞助人，并且发出担保意思也是赞助中额外的给付。赞助是一种与企业直接相关的营销手段，并且服务于经营的利益。所以，B 的保证也必须被看作商行为。所以，根据《德国商法典》第 350 条，无需第 766 条第 1 句的形式。因此，B 的表示不因欠缺形式而根据第 125 条第 1 句不生效。

2. 承诺

B 方面的要约也为 W 所承诺。通过打印表示和装订成册，并且开始修车（不提供担保则不会开工），W 以默示的方式表达了承诺的意思。[5] 根据

---

[3] 营业的要件参见 Baumbach/*Hopt*, HGB, 37. Aufl. 2016, § 1 Rn. 12 ff.

[4] MüKoHGB/*Schmidt*, 3. Aufl. 2013, § 343 Rn. 14.

[5] *BGH* NJW 1997, 2233.

第 151 条第 1 句，在保证的情况下，根据交易惯例，承诺表示无需到达，因为对于要约受领人而言，是纯获利益的行为。[6] 因此，保证合同成立。

（二）悖于良俗

存在疑问的是，保证是否因第 138 条第 1 款而悖于良俗，继而不生效。因为保证人 B 是主债务人 A 的兄弟，其感觉受到紧密的束缚，所以可以考虑这一点。

如果近亲属提供保证（配偶、子女等），而自身对于提供保证无独立的经济利益，并且保证明显超出其财务状况（换言之，在可预见的时间内无可能提供显著的部分给付或不能一次性支付计算中利息[7]），那么该保证悖于良俗。在此种情况下，判例认为，由于和主债务人之间存在紧密的人身与情感联系，所以保证人的决定自由受到了不正当的影响或限制。所以正如在准暴利行为的情况一样，推定主观悖于良俗（可反证）。[8] 该判例发展于《德国支付不能法》第 286 条以下规定的剩余债务免责制度生效之前；有观点正确地指出，在良俗上，给保证人造成的财务负担并无不同，并因此在实体法上没有疑问。[9] 近亲属也可能处于自愿提供保证之状态。实体法上具有决定意义的是，债权人是否对保证人的意思形成和决定自由施加了不正当的影响。对此，具有决定意义的，一方面是第 123 条第 2 款第 1 句；另一方面是在消费者借贷的担保中，为了保护保证人，债权人方面须履行说明义务。债权人可以说明在保证人根据第 766 条第 1 句所签发保证证书中事项，[10] 以此履行说明义务。在此以外，第 138 条第 1 款并无太大的适用空间。

尽管兄弟姐妹之间在个案中也存在类似的情感上亲近关系（正如存在于配偶或父母子女之间）。[11] 但是，无明显证据表明，B 的决定自由受到了影响或限制，并且可以看到，他仅因亲属关系而发出保证意思。他自己是

---

[6] *BGH* NJW 1997, 2233；BGHZ 158, 286 Rn. 21；MüKoBGB/*Habersack* § 765 Rn. 9；*Looschelders* SchuldR BT Rn. 957 ff.

[7] BVerfG NJW 1994, 36, NJW 1994, 2749；BGHZ 125, 206（209 ff.）；238, 230（232）；NJW 1996, 1274；Staudinger/*Horn*, 2012, § 765 Rn. 177, 188, 194；MüKoBGB/*Habersack* § 765 Rn. 15, 18.

[8] Staudinger/*Horn*, 2012, § 765 Rn. 204.

[9] MüKoBGB/*Habersack* § 765 Rn. 20.

[10] MüKoBGB/*Habersack* § 765 Rn. 21；§ 766 Rn. 19：这涉及第 492 条第 2 款、第 507 条第 2 款第 1 句；《德国民法典施行法》第 247 条 6 以下的事项。

[11] BGHZ 137, 329（334 f.）.

商人，完全清楚保证的风险。[12] 他提供保证不如说是为了自己的经济利益，换言之，在对 A 的资助中，提供资助是作为企业广告的对待给付的。当然，更为关键的是，B 没有经济上的过重负担。从案件事实来看无证据表明，B 不能履行最高达 25000 欧的保证金额。所以保证不因第 138 条第 1 款悖于良俗而不生效。

（三）因错误而撤销

因为 B 对他兄弟 A 的支付能力存在错误认识，或许可以考虑根据第 119 条第 2 款，撤销保证合同。撤销的要件是当事人具有交易上重要的资质，这主要是指合同相对人的资质，但不限于此；如果第三人对于交易而言具有重要意义，那么也可以指第三人的资质。[13] 在交易中，债务人的支付能力与支付意愿也构成当事人的重要资质。[14] 然而，保证的重要特征即在于此，保证人向债权人为主债务人的信用提供担保。因为主债务人的经济状况属于保证人的风险范围，所以排除因性质错误而撤销（或者交易基础丧失的主张）。[15]

二、主债权存续

由于保证是具有从属性的担保，因此其生效以被担保债权存续为要件（“主债权”）。根据保证合同，所有 W 对 A 基于 2017 年 12 月 28 日的合同所生的债权，均可被认为是主债权。所以需要检验的是，W 基于该合同能否向 A 请求 22500 欧的债权。

（一）基于第 631 条第 1 款的请求权

1. 承揽合同

维修老爷车的合同是承揽合同，因为负担的给付是具体的工作成果。

---

[12] 当然，如果对于保证人而言，与债务人的情感上的亲近关系具有决定意义，那么例外的情况下，保证人的商业上的才智不影响构成悖于良俗；vgl. Staudinger/*Horn*, 2012, § 765 Rn. 200.

[13] *Medicus/Petersen* BürgerlR Rn. 137.

[14] Staudinger/*Singer*, 2017, § 119 Rn. 92.

[15] RGZ 134, 126（129）；BGH NJW 1988, 3205；MüKoBGB/*Habersack* § 765 Rn. 37；MüKoBGB/*Finkenauer* § 313 Rn. 73, 226；不同观点见 RGZ 158, 166（170）.

在承揽合同中，根据第 631 条第 1 款，定作人负有支付约定报酬的义务。

2. 根据第 643 条、第 642 条第 1 款终止

因为 W 的终止，所以请求权可能根据第 643 条已经消灭。根据第 643 条第 1 句，承揽企业可以对定作人设置合理期限，以补正未尽到的协作，并且附加表示，在期限届满无果的情况下，终止合同。根据第 643 条第 2 句，如果在期限届满前没有补正，则合同废止。当然，其要件是，第 642 条规定的情况存在，也即是定作人因不为必要的协助而陷于受领迟延。

（1）根据第 642 条第 1 款 A 受领迟延：交付引擎是 W 得以完成老爷车修理的前提。换言之，A 必须交付引擎，以协作（进一步）安装约定的工作。没有交付，则 W 无法进一步履行其合同义务。

根据第 293 条，如果债权人不接受（债务人）向其提供的给付，那么构成受领迟延。债务人必须在争议时点上能够给付，并且已经做好准备、有能力提供给付；此外，他必须如所负担的情况一样，提供给付。自 2019 年 3 月 1 日起，W 有权安装引擎并且也能够安装（如果 A 交付引擎）。根据第 295 条第 1 句，债务人以言辞方式提供履行已然足够。根据第 296 条第 1 句，由于定期，无需提供给付，尽管如此，债权人仍然提供给付。A 没有提供引擎，因此没有为必要的协助，没有受领 W 提供的给付（由于没有协助，故而无法进行）。

债权人过错不是受领迟延的要件。其例外仅限于第 299 条。当然，本案中与该规则无关，因为对于安装引擎，合同中确定了给付时间，也即 2018 年 3 月 1 日。

（2）根据第 643 条废止合同：首先，W 必须对 A 设置合理期限以实施必要的协作。提供引擎的期限，设置为一个月是合理的，因为 W 之前已经多次向 A 请求。定作人必须进一步表示，如果期限届满前仍无所作为，那么他会终止合同。W 明确表示，在此种情况下，合同对于他而言，无标的物，由此他也发出了此种终止的表示，第 133 条。根据第 643 条第 1 句，此种表示是意思表示。[16]

A 在期限内没有实施必要的行为。第 643 条第 1 句的要件成立。换言之，根据第 643 条第 2 句，合同向未来终止。基于第 631 条的合同报酬请求权不成立。

---

[16] BeckOGK BGB/*Kögl* § 643 Rn. 9.

（二）基于第 645 条第 1 款、第 643 条、第 642 条第 1 款享有的请求权

W 享有请求支付 22500 欧的请求权。根据第 645 条第 1 款第 2 句，他或许得请求支付所完成工作相应的报酬。对此，必须根据第 643 条第 2 句废止合同。而本案正是此种情况。本案中，与所完成工作相对应的是本案所主张的 22000 欧报酬。

但是，首先需要质问的是，基于第 625 条第 1 款的报酬请求权是否符合第 765 条第 1 款意义上的主债权。当然，在解释保证合同时，如果主债权不生效，则通常认为保证也涵盖如不当得利与损害赔偿请求权。[17] 此种观点唯有在请求（部分）报酬的请求权是替代原履行请求权的情况下，才是正确的；这是真正的履行请求权，所以担保毫无疑问继续存续。[18]

最后值得怀疑的是，W 是否享有其所主张的全部报酬（扣除所节省的费用和别处取得的）。此种法律效果仅见于第 648 条第 2 句（合同由定作人终止），而非本案相关的第 645 条第 1 款。W 没有主张组装引擎所需工作时间的报酬和其他可能的费用，而是仅请求支付其所失利益 500 欧。这符合第 648 条第 2 句的法律效果。有观点认为，应对第 645 条第 1 款第 2 句做修正的解释，也即是说类推适用第 648 条第 1 款，以便企业在受领迟延的情况下得根据第 648 条第 2 句在事实上取得全部报酬。[19] 因此，按此种观点，在企业根据第 643 条终止和定作人根据第 648 条第 2 句终止之间存在价值矛盾。因为前者无过错仅获得部分报酬，相反后者则获得全部报酬。部分报酬相较扣除节省费用和其他所得的全部报酬（根据第 648 条），通常来说对于企业而言更为不利。事实上，企业因定作人拒绝协作而终止和定作人终止之间仅存在细微的差别，因为在定作人拒绝协作的情况下，不是简单的什么也不做，而是从其表示中同时可以推出终止的意思。相反，根据其他更妥当的观点，应当坚持第 645 条第 1 款的文义：[20] 因为第 645 条是一种妥协，谋求将风险全部分配给企业（直到

---

[17] Vgl. MüKoBGB/*Habersack* § 765 Rn. 62, 78.

[18] Staudinger/*Peters/Jacoby*, 2014, § 649 a.F. Rn. 30.

[19] Staudinger/*Peters/Jacoby*, 2014, § 642 Rn. 18 f.; *Looschelders* SchuldR BT Rn. 651；详见 *Armbrüster/Bickert* NZBau 2006, 153（155 f., 160）.

[20] MünchKomm/*Busche* § 642 Rn. 19.

验收前，其均负担报酬风险）和完全分配给定作人之间的妥协。[21] 作为类推前提的规则漏洞也不存在；立法者在第 645 条、第 648 条、第 648a 条中精致地平衡了完全报酬与部分报酬。此外，民法典在第 645 条第 2 款中明确定作人进一步的责任取决于过错。所以，根据第 645 条第 1 款，仅考虑部分报酬。

因此，根据第 645 条第 1 款，W 仅得请求 22000 欧元的部分报酬。

（三）基于第 280 条第 1 款的请求权

根据第 645 条第 2 款，在存在过错的情况下，定作人可能承担进一步的责任。根据第 280 条第 1 款，该请求权的要件为过错违反债之关系的义务，本案中，为 A 合同上的从义务。制造工作成果中提供必要的协助义务，通常仅为债权人的负担（不真正义务，Gläubigerobliegenheit）。[22] 然而，有部分观点认为，如果不履行协助义务有损合同目的，[23] 那么，也可将其归为基础债之关系所生的义务。

然而，此种观点存在矛盾，因为"负担（Obliegenheit）"这一词仅用于其违反不会导致损害赔偿请求权的情况。仅当存在特别约定或承揽企业对完成工作成果有相应利益时，才得使用"定作人的真正义务"一词，违反真正义务导致损害赔偿。[24] 此外，或得通过一般保护义务解决这一问题，该义务禁止当事人为损害合同目的的行为。但原则上，不应支持此种不以约定报酬为限，而是包括一切损害项目的请求权，这违反了第 648 条的价值，该条在定作人任意终止的情况下，仅赋予承揽企业受限的请求权。但是，区分处理终止与拒绝协助实质上不具正当性；因为定作人可以在任何

---

[21] 《德国民法典》第一委员会明确如此，*Jakobs/Schubert*, Recht der Schuldverhältnisse, Bd. II, 1980, 902；*Harke* SchuldR BT Rn. 105.

[22] Vgl. Staudinger/*Peters/Jacoby*, 2014, § 642 Rn. 17.

[23] BGHZ 11, 80（86）："所有源自合同，得向合同债务人请求的，均为履行合同义务［……］。在广义上义务不仅包括主义务和从义务［……］，而且也包括所谓纯粹的'债权人负担'，例如，在承揽合同中，为制造工作成果债权人所必需的协助行为（第 642 条），正属于此列；此种行为是'债权人的事'，在这个范围内，没有产生真正的'义务'。每个过失导致的给付障碍，违反了这里所说的广义的'合同义务'，损害了合同相对人，导致损害赔偿义务"；相同观点见 BGHZ 50, 175.

[24] Staudinger/*Peters/Jacoby*, 2014, § 642 Rn. 20.

时间内（合法）终止，而无需拒绝协助。[25] 多数情况下，拒绝协助甚至可以被看作默示终止。尽管也可以试图将损害赔偿限于第 648 条的范围内，但仍然存在如下矛盾：终止是合法的，而拒绝协助是违反义务的（以此才得成立损害赔偿请求权）。所以，排除损害赔偿请求权。对第 645 条第 1 款第 2 句做纠正解释（berichtigende Auslegung）对于保护承揽企业已然足够［见上文二（二）］。

三、B 的抗辩权

B 须对该请求权无相反的抗辩权。对于保证人而言，可能享有两种抗辩权：其一，他自身因保证合同享有的抗辩权；其二，根据第 768 条因主债务人对主债权享有的抗辩权和第 770 条尚未行使的形成权。

（一）保证人自身的抗辩权

B 或得根据第 771 条提起先诉抗辩权。据此，如果债权人没有先尝试对主债务人强制执行且无果，那么，保证人得拒绝清偿债权人。然而，先诉抗辩权是可以被排除的。一方面，根据第 773 条，如果其所述情况发生，例如保证人承担连带保证（第 1 项），则排除先诉抗辩权。另一方面，如果保证对保证人而言构成商行为，则其也不享有先诉抗辩权（《德国商法典》第 349 条第 1 句）。本案构成后者的情况［上文一（三）2（2）］。B 不享有该抗辩权。

（二）主债务人的抗辩权与形成权

1. 基于第 768 条第 1 款的迟延抗辩权

基于第 768 条第 1 句，保证人得主张主债务人享有的一时抗辩权和永久抗辩权。A 与 W 之间约定了承揽报酬于 2019 年 1 月 1 日到期，第 271 条第 2 款。尽管 A 与 W 之间的合同废止，但是报酬请求权之到期仍然按之前约定的时间点决定。因为在 W 没有享有全部的承揽报酬请求权，而是根据第 645 条第 1 款第 2 句享有部分报酬请求权，且 W 同意在 2019 年 1 月 1 日才请求报酬的情况下，通过补充解释，该履行时间的约定也适用于替代承揽报酬的报酬请求权。

---

[25] BeckOK BGB/*Voit* § 642 Rn. 7 ff.

本案中，不适用第271a条第1款第1句，尽管支付目的在W提供对待给付60天后约定。因为根据第271a条第5款第2项，如果消费者必须履行的是金钱报酬债权（Entgeltforderung），则不适用该规定。A作为自然人，仅出于其爱好而订立承揽合同；他因此根据第13条构成消费者。

结论上，直到2019年1月1日前，B得根据第768条第1款主张债权未到期。[26]

2. 基于第770条第2款的可抵销性

只要W对A可抵销，并且因此能获得清偿，那么根据第770条第2款，B有权基于第770条第1款拒绝给付。[27] 首先，抵销的要件是主债务人A对W的相反债权到期，第770条第2款。因此，第770条第2款较第387条更为严格，第387条仅要求债务人的相反债权可履行。本案中，必须要考虑的是，由于W错误推荐购买方向盘，A基于第280条第1款享有请求权；但该推荐也可能是无拘束力的建议，根据第675条第2款处理。当然，基于承揽合同，W不仅有直接的主义务，一方面，他也有从义务和保护义务，根据第241条第2款照顾其合同相对人的（财产）利益。由于购买方向盘也是W根据合同负担的安装义务的前提，所以也可以将其归为保障给付的从义务，[28] 据此，W作为A的合同相对人，有义务不使A因其错误建议而遭受财产损害。另一方面，他也必须给出正确的购买建议，以保障自身承揽合同的结果实现。本案中，涉及的是两种重要的义务。作为专修老爷车的工坊主，W具有给出买卖建议所必要的专业知识。此外，作为一个专家，能够期待他精通业务，不应做出错误推荐，故应当认为W具有过错。建议和所受损害300欧之间也有因果关系；与之相应，A基于第280条第1款享有到期的赔偿债权。

此外，根据第387条、第390条，W必须是有抵销权限的债权人。主

---

[26] 仅参见BGH ZIP 1998, 2145；NJW 2001, 2327（2329）；MüKoBGB/*Habersack* § 768 Rn. 6.

[27] 对此参见*Looschelders* SchuldR BT Rn. 973.

[28] 给付义务（和保障给付的从义务）与保护义务之间的区分通常很困难，参见*Binder* AcP 211（2011），587（603 ff.）；*Grigoleit* FS Canaris, 2007, 275（288 ff.）；*Looschelders* SchuldR AT § 1 Rn. 19 ff., 24 f. 一项保障给付的从义务应当适用第241条第2款还是适用第241条第1款，存在争议。一种观点参见MüKoBGB/*Bachmann* § 241 Rn. 55, 另一种观点参见*Grigoleit* FS Canaris, 2007, 275（279）. 区别在于第281条、第323条规定的是否要求设置期限。但在本案中，由于是错误的建议，设置期限也无法再实现目的，所以设置期限无意义，各观点之间的区别也不存在。也参见案例五之一（一）1。

债权必须同样到期且无抗辩权。在报酬请求权的情况下［上文二（二）］，正构成此种情况。两个债权品质与种类也相同，无排除抵销的事由。

四、结论

W 对 B 享有请求支付 22500 欧的请求权；直到 2019 年 1 月 1 日前，B 得拒绝清偿 W 的全部数额，在这之后得拒绝清偿 300 欧。

案例八　掉落的天花板

——建设与工程设计合同纠纷

关键词

建设与工程设计合同　物之瑕疵责任　瑕疵结果损害　格式条款　侵权请求权　建筑师的次责任（Sekundärhaftung des Architekten）　连带债务

案件事实

X 委托建筑师 A 建造单户别墅（Einfamilienhaus）。在建造规划之外，A 同时负责工程管理（Bauleitung）与监工（Bauaufsicht）。在 A 所使用的建筑合同模板中，包含以下“格式条款”：

第九条　建筑师仅承担在建筑物上直接损害的赔偿责任。

第十三条　委托人对建筑师因履行不符合合同要求而享有的请求权和损害赔偿请求权的消灭时效为两年。该时效自工程验收时起算。

A 特别提示了该格式条款，X 对此表示同意。

X 委托 B 企业施工，二者之间以书面形式订立的合同包含所有必要的说明与指令。在工程验收时，A、B 与 X 在场。X 指出卧室天花板存在裂缝。然而，A 与 B 一致表示，这是正常的沉陷裂纹，在每个新建工程中都可能出现。两年后，天花板掉落，X 因此受伤，家具出现明显的物之损害。随即出具的情况鉴定报告表明，天花板的抗压强度仅为 50 千克 / 平方厘米，而必要抗压强度为 225 千克 / 平方厘米。该瑕疵源自 B 的疏忽，在施工中，B 心不在焉地以不正确的数据为基础。而 A 由于过失未能发现这一缺陷。

X 请求赔偿安装新的天花板、损坏的家具、医疗费和精神损害抚慰金。法律状况如何？

案例变型

在 X 的住宅验收四年后，A 在一次偶然检查中，发现了该缺陷，但他未向 X 说明该缺陷。在验收六年后，天花板掉落。在其取得的鉴定报告中，X 知道了 A 与 B 的失误。而 A 与 B 主张时效抗辩。

解答

一、X 对 B 的请求权

（一）对天花板的赔偿

1. 根据第 634 条第 2 项、第 637 条第 1 款、第 650a 条第 1 款和第 650i 条产生的费用补偿

2. 根据第 634 条第 4 项、第 280 条第 1 款及第 3 款、第 281 条第 1 款第 1 句产生的损害赔偿

3. 基于第 823 条第 1 款的损害赔偿

4. 根据第 823 条第 2 款的损害赔偿

（二）请求赔偿医疗费、家具及精神损害抚慰金的请求权

1. 根据第 634 条第 4 项、第 280 条第 1 款产生的损害赔偿

2. 基于第 823 条第 1 款的损害赔偿

3. 基于第 823 条第 2 款的损害赔偿

4. 基于第 253 条第 2 款的精神损害抚慰金

二、X 对 A 的请求权

（一）对天花板的赔偿

1. 根据第 634 条第 4 项、第 280 条第 1 款及第 3 款、第 283 条产生的损害赔偿

2. 基于第 823 条第 1 款的损害赔偿

（二）请求赔偿医疗费、家具及精神损害抚慰金的请求权

1. 根据第 634 条第 4 项、第 280 条第 1 款产生的损害赔偿

2. 基于第 823 条第 1 款的损害赔偿

3. 基于第 823 条第 2 款的损害赔偿

4. 基于第 253 条第 2 款的精神损害抚慰金

三、追偿请求权
（一）A 的请求权
1. 第 426 条第 1 款第 1 句
2. 第 426 条第 2 款第 1 句
（二）B 的请求权
四、案例变型
（一）X 对 B 的请求权
1. 对天花板的赔偿
2. 请求赔偿医疗费、家具及精神损害抚慰金的请求权
（二）X 对 A 的请求权
1. 对天花板的赔偿
2. 请求赔偿医疗费、家具及精神损害抚慰金的请求权
3. 基于第 280 条第 1 款的损害赔偿［次生责任（Sekundärhaftung）］
（三）追偿请求权
1. A 的请求权
2. B 的请求权

一、X 对 B 的请求权

（一）对天花板的赔偿

1. 根据第 634 条第 2 项、第 637 条第 1 款、第 650a 条第 1 款和第 650i 条产生的费用补偿

首先，X 与 B 之间必须缔结了建设合同。如果如本案中一样，需要完成建筑成果，那么，根据第 650a 条第 1 款成立建设合同。建设合同是特殊的承揽合同，适用第 631 条以下的规定，补充适用第 650a 条至第 650h 条。[1] 因为根据第 13 条，X 是消费者，根据第 14 条，B 是企业，[2] 并且 B 应当新建建筑，所以本案涉及的是消费者建设合同，根据第 650i 条第 3 款，补充适用第 650i 条至第 650o 条。根据第 650i 条第 2 款，X 与 B 之间的合同有效，因为以书

[1]　关于建设合同与消费者建设合同参见 *Looschelders* SchuldR BT Rn. 629.

[2]《德国民法典》中经营者概念有两种不同的含义：第 631 条及以下诸条规定的承揽经营者与第 14 条的经营者并无关系，如果一个人并不是第 14 条意义上的经营者，他也可以成为承揽经营者！仅参见 *Flume*, ZIP 2000, 1427（1428）.

面形式缔结（第 126b 条）。根据第 650j 条以下，也做了必要的说明和指令。

如果存在物之瑕疵，则定作人得自行排除瑕疵并向经营者请求补偿其费用（第 637 条第 1 款）。[3] 在安装天花板时，B 基于错误的数据，并因此导致抗压强度不足；所以应当承认客观上已经构成了第 633 条第 2 款第 2 句第 2 项的物之瑕疵。第 637 条第 1 款的要件还包括：定作人为经营者设置排除瑕疵（安装新的天花板）的补充履行期限，但未能排除瑕疵。这事实上没有进行。但是需要根据第 637 条第 2 款第 2 句检讨，期限设置是否因不可期待而无关紧要。如果客观情况破坏了定作人对按常规排除瑕疵的信赖，[4] 例如，当承揽经营者被证明不值得信赖的情况，[5] 那么，就构成了第 637 条第 2 款第 2 句的情形。鉴于遵守建筑结构设计规定（statische Vorschriften）的重要意义，在建造天花板时，心不在焉而以错误的数据作为基础的人，其行为构成重大过失；B 的疏忽严重到足以认为其不可信赖，并因此无法期待其为修补。所以，本案中并不要求设置期限。因此，X 不必为 B 设置补充履行的期限，X 可以自行实施修补（委托另一家建筑经营者安装新的天花板），并向 B 请求报销所产生的费用。

可是，基于第 640 条第 3 款，可能因无保留验收已经排除了基于第 634 条第 2 项的费用补偿请求权。验收是指（在占有移转中）在实体性层面接受工作成果，并且此种接受意味着同意将其作为本质上符合合同约定的给付。[6] 在验收中，X 发现了裂缝。然而，这不构成第 640 条第 3 款所要求的积极的明知具体瑕疵；仅当定作人已经知道瑕疵的范围时，才构成明知。[7] 由于 A 与 B 试图平息该事，告诉 X 这是正常的沉陷裂纹，所以，X 无法判断将来会发生损害的范围。很明显，X 并不是在明知瑕疵的状态下，无保留地验收了工作成果。

根据第 634 条第 2 项、第 637 条第 1 款产生的费用补偿请求权成立。

---

[3] 在验收前，定作人的请求权原则上根据一般给付障碍法确定，vgl. Palandt/*Sprau* § 634 Rn. 5 f.

[4] Palandt/*Sprau*, § 636, Rn. 16.

[5] Vgl. BGHZ 46, 242；50, 160（166）；92, 308.

[6] 此为通说的两阶段的验收概念，例如参见 Palandt/*Sprau*, § 640, Rn. 3. 认为验收仅为实体层面的接受（工作成果），例如参见 *Heck*,Grundriß des Schuldrechts, 1929,349 ff.；关于这一问题的全部观点参见 *Oetker/Maultzsch*, § 8 Rn. 62；*Looschelders* SchuldR BT Rn. 648.

[7] Palandt/*Sprau*, § 640, Rn. 13；Palandt/*Weidenkaff*, § 442, Rn. 7；Staudinger/*Peters/Jacoby*, 2014, § 640 Rn, 58.

此外，基于第 637 条第 3 款，X 得请求 B 预先支付。

2. 根据第 634 条第 4 项、第 280 条第 1 款及第 3 款、第 281 条第 1 款第 1 句产生的损害赔偿

X 或得基于第 634 条第 4 项、第 280 条第 1 款及第 3 款、第 281 条第 1 款第 1 句，请求 B 赔偿新的天花板。在天花板负有缺陷并毁损的情况下，构成瑕疵损害，即定作人 X 取得价值减少的工作成果而产生的损害。因此，X 得要求替代给付的损害赔偿（“不履行的损害”）。此种赔偿的根据是第 634 条第 4 项、第 280 条第 1 款及第 3 款、第 281 条第 1 款第 1 句。

首先，B 须未按要求为给付。根据第 633 条第 1 款，经营者负有完成无物之瑕疵与权利瑕疵的工作成果的义务。而在本案中，可以看到，B 的工作成果不符合该条要求。此外，其义务违反构成重大过失［第 280 条第 1 款第 2 句、第 276 条第 1 款第 1 句（参见上文 1）］。然而，根据第 281 条第 1 款第 1 句必须设置补充履行的期限。正如上文已作说明，本案中，不可期待 X 再委托 B 重新安装（第 636 条）。无需设置补充履行的期限，X 也得向 B 请求损害赔偿。由于主张第 634 条第 4 项、第 280 条、第 281 条的赔偿请求权，则自行实施权消灭，基于该自行实施权产生的费用补偿请求权（第 637 条第 1 款）亦消灭（上文 1）。[8] 根据第 634 a 条第 1 款第 2 项、第 2 款，该权利自验收起客观经过五年而罹于时效。

3. 基于第 823 条第 1 款的损害赔偿

赔偿请求权的要件是 B 因有过错的义务违反，侵害了 X 的法益或权利。B 因重大过失违反了建筑规则，并因此制造了有掉落风险的天花板。但是，问题在于，是否因此就侵害了 X 的所有权。B 没有侵害 X 既有的所有权，而是使 X 取得了一个自始就负有瑕疵的所有权。制造了有瑕疵的建筑物，而没有损害现存物之物理完整性，并不构成侵害所有权。[9] 因此，欠缺第 823 条第 1 款的客观要件。

---

[8] Palandt/*Sprau*, § 634, Rn. 16；*Derleder*, NJW 2003, 998（1003）.

[9] 如 BGHZ 39, 366（367）；96, 221（228 f.）；BGH DB 1979, 1078；NJW 2001, 1346（1348）；JZ 2005, 1167（1169 f.）；*Fikentscher/Heinemann*, Rn. 1564；Staudinger/*Peters/Jacoby*, 2008 § 634 Rn. 168；Palandt/*Sprau* § 634 Rn. 43. 不同观点见 *Freund/Barthelmess*, NJW 1975, 281；1977, 438；*Grunewald*, JZ 1987, 1098（1100），其认为所有权侵害的形态是物的使用性有缺陷。对判例的批评见 *Gsell*, JZ 2005, 1171. 但是，判例不具一致性，在买卖法中采纳了所谓的继续性侵蚀性损害，在继续侵蚀性损害中，很明显如同在承揽合同法中一样，构成所有权侵害不具说服力，参见案例二十之一（四）。

4. 根据第 823 条第 2 款的损害赔偿

《德国刑法典》第 303 条是第 823 条第 2 款意义上的保护性法律。然而，仅故意的物之损害具有可罚性（《德国刑法典》第 303 条、第 15 条），过失（包括重大过失）不构成犯罪。[10] 尽管《德国刑法典》第 319 条（建筑危险）同样是第 823 条第 2 款意义上的保护性法律，但是该条仅关涉对生命和健康的损害，而非对财产的损害。[11] 因此，根据第 823 条第 2 款而生的请求权不予考虑。

（二）请求赔偿医疗费、家具及精神损害抚慰金的请求权

1. 根据第 634 条第 4 项、第 280 条第 1 款产生的损害赔偿

X 或享有根据第 634 条第 4 项、第 280 条第 1 款而产生的请求权。[12] 由于 B 过失违反义务（承揽合同重大过失的瑕疵给付），X 遭受了在其他法益上的所谓瑕疵结果损害；其对身体、健康的固有利益以及已享有所有权的物（家具）的固有利益受到了侵害。关于瑕疵损害赔偿与瑕疵结果损害赔偿，第 634 条第 4 项全面准用第 280 条规定的一般损害赔偿请求权。问题是，本案应当适用第 634 条第 4 项、第 280 条第 1 款及第 3 款、第 281 条第 1 款第 1 句，还是适用第 634 条第 4 项、第 280 条第 1 款。第 280 条第 3 款、第 281 条第 1 款第 1 句规定的“替代给付的损害赔偿”使受害人处于如同依约定履行的状态。但是，这也同样包括瑕疵结果损害，此种损害基于工作成果的瑕疵：如果 B 依约定给付，那么，天花板不会掉落，X 不会受伤，家具不会受损。因为第 281 条与第 280 条的区别仅在补充履行期限设置的必要性上，在上述瑕疵结果损害中，期限设置无意义，所以，在这种情况下，独立适用第 280 条第 1 款即可；不必绕道第 280 条第 1 款、第 3 款和第 281 条第 1 款第 1 句。[13]

---

[10] 这同样适用于《德国刑法典》第 305 条（毁损或损坏建筑物），该条是《德国刑法典》第 303 条的加重构成要件。

[11] Palandt/*Sprau*, § 823, Rn. 70.

[12] 根据第 634 条第 4 项，结合第 280 条第 1 款、第 3 款、第 281 条第 1 款须赔偿瑕疵本身的损害［参见上文一之（一）1］，结合第 280 条第 1 款须赔偿其他法益上固有利益的损害（瑕疵结果损害）。两种情况下，请求权的时效根据第 634 a 条确定。只有在义务违反不涉及瑕疵，而仅在从义务或保护义务违反中，才得独立适用第 280 条第 1 款，并适用第 195 条、第 199 条规定的另一种时效。［Vgl. *Finkenauer*, in：Ehmann/Sutschet, 310 f. 脚注 130；*Arnold*, ZGS 2002, 438（440）；Staudinger/*Peters*/*Jacoby*, 2014, § 634 Rn. 119 f.；不同观点参见 *Brüggemeier*, WM 2002, 1382］

[13] *Faust*, in：Huber/Faust, § 3 Rn. 181；Staudinger/*Peters*/*Jacoby*, 2014, § 634 Rn. 120；对直接适用第 280 条的批判，*Recker*, NJW 2002, 1247（1248）.

根据第 634 条第 4 项、第 280 条第 1 款，X 享有损害赔偿请求权。

2. 基于第 823 条第 1 款的损害赔偿

与天花板的损害不同，X 的法益与权利同样受到侵害，即其健康与所有权。上文已经说明 B 的行为有过失［上文一之（一）1］。因此，B 必须承担损害赔偿责任。该请求权根据第 195 条、第 199 条确定时效，这意味着，根据第 199 条第 1 款，自损害赔偿请求权产生和 X 知道成立请求权的事实的那年的年末起算。[14] 损害赔偿请求权自损害结果第一次出现时产生，因此在本案中，最早自天花板掉落的时点产生；此外，在 X 知道负有瑕疵的建筑结构，并知道 B 违反义务之前，时效并不起算。[15]

3. 基于第 823 条第 2 款的损害赔偿

因为 X 受伤，B 同样需基于第 823 条第 2 款承担责任；本案中，考虑《德国刑法典》第 229 条及第 319 条作为保护性法律。B 因过失导致 X 的身体受侵害，所以，根据《德国刑法典》第 229 条具备可罚性。此外，根据《德国刑法典》第 319 条第 1 款、第 3 款，B 需承担责任：在建筑施工中，B 违反了公认的技术规范，并且过失危害了 X 的健康。基于第 823 条第 2 款的请求权根据第 195 条、第 199 条确定时效［上文一之（二）2］。

4. 基于第 253 条第 2 款的精神损害抚慰金

在上述所有三种请求权基础中，受害人均得根据第 253 条第 2 款请求适当的精神损害抚慰金（“公平的金钱赔偿”）。损害赔偿请求权基于合同还是基于法定债之关系（无因管理、侵权、危险责任）并无影响。因此，X 得请求适当的精神损害抚慰金。[16]

二、X 对 A 的请求权

（一）对天花板的赔偿

1. 根据第 634 条第 4 项、第 280 条第 1 款及第 3 款、第 283 条产生的损害赔偿

根据第 634 条第 4 项、第 280 条第 1 款及第 3 款、第 283 条产生的请

---

[14] 对此参见 Palandt/*Ellenberger*, § 199 Rn. 28.

[15] 关于在第 199 条第 2 款、第 3 款中规定的损害赔偿请求权时效的最长期限，Vgl. *Finkenauer*, in: Ehmann/Sutschet, 297 f.

[16] 关于时效见下文脚注 32。关于精神抚慰金请求权参见 *Looschelders* SchuldR AT § 48 Rn. 3 ff.

求权的前提是 A 与 X 之间存在承揽合同。正如从第 634 a 条第 1 款第 2 项、第 650p 条第 1 款中可以推知的，建筑设计合同（Architketenvertrag）具有承揽合同的性质。[17]A 的所有个别给付均指向为特定的工作成果，即建造无瑕疵的建筑物。对于工程设计合同补充适用第 650p 条至第 650t 条，根据第 650q 条第 1 款也适用第 631 条至第 650 条。

第 634 条以工作成果有瑕疵为要件。如果工作成果不符合约定或合同规定的品质，则存在瑕疵（第 633 条第 2 款）。合同约定了监督施工，避免建筑瑕疵；如果建筑瑕疵是因为监工义务履行有瑕疵，那么建筑师的工作成果有瑕疵。[18]

考虑到天花板，X 因瑕疵损害主张替代给付的损害赔偿；因此，需适用第 280 条第 1 款及第 3 款、第 283 条，而非独立适用第 280 条第 1 款［上文一之（一）2］。本案中，无需设置补充履行的期限，因为对 A 而言，不能排除瑕疵（第 275 条第 1 款）；因为监工疏忽无法补正。[19] 此外，如果 A 在监督 B 的过程中，尽到了必要的注意，则会发现天花板抗压强度存在瑕疵，因此，其对瑕疵的发生负有过失（第 280 条第 1 款第 2 句、第 276 条第 1 款第 1 句）。据此，基于第 634 条第 4 项、第 280 条第 1 款及第 3 款、第 283 条的请求权成立。

该权利或存在时效抗辩。A 使用的格式条款中第 13 条第 1 句将时效期间缩短为 2 年；格式条款也被有效地纳入了合同（第 305 条第 2 款）。但是，根据第 309 条第 8 项第 b 目以下，以及根据第 309 条第 7 项，缩短瑕疵担保期间不生效力。[20] 换言之，A 不得主张时效；时效适用第 634 a 条第 1 款第 2 项规定的 5 年的期间。

但是，由于施工的建筑企业 B 对该瑕疵同样承担责任，所以，A 有可能可以拒绝给付（第 650t 条）。[21] 然而，A 的监督缺陷必然引起了建筑瑕疵。此外，第 650t 条规定的抗辩权的要件还包括，定作人对建筑企业设置期限

---

[17] 即使建筑师仅负责工程管理，仍是承揽合同，而非服务合同（Dienstvertrag）（BGHZ 62, 204）。同样见 BGHZ 82, 100.

[18] Palandt/*Sprau*, § 633 Rn. 13 f.; BGHZ 42, 16; OLG Düsseldorf NZBau 2004, 454.

[19] Vgl. BGHZ（GS）43, 227（232）.

[20] Vgl. LG Düsseldorf NJW-RR 1995, 440（441）.（关于《一般交易条款法（AGBG）》第 11 条第 7 项。）

[21] 第 650t 条本身并非确定了设计师与建筑企业之间的连带责任，而是以之为要件，这一点与从其标题所推出的结论不同。vgl. BT-Drs. 18/8486 S. 70.

补充履行，且建筑企业尽到补充履行的义务。本案的情况下，无法期待其补充履行，与期限经过而无补充履行的情况相同［上文一（一）1］。[22] 所以 A 不享有基于第 650t 条的抗辩权。

2. 基于第 823 条第 1 款的损害赔偿

违反监督义务同时也违反了交往安全义务，A 对一般人负担该义务。[23] 如前述，该请求权因 X 从未取得过无瑕疵的所有权而不成立［上文一之（一）3］。

（二）请求赔偿医疗费、家具及精神损害抚慰金的请求权

1. 根据第 634 条第 4 项、第 280 条第 1 款产生的损害赔偿

X 主张瑕疵结果损害；对此，第 634 条第 4 项直接准用第 280 条第 1 款，无需根据第 281 条第 1 款第 1 项设置期限［上文一之（二）1］。在监督施工负有瑕疵的情况下，存在义务违反（参见第 633 条第 1 款），而 A 同样对此有过失。在其格式条款第 9 条中，A 排除了间接损害的责任。然而，根据第 309 条第 7 项第 a 目，如果限制的责任是因侵害身体或健康而产生的损害赔偿，则此种限制无效。格式条款的第 9 条原则上排除了间接损害的责任，因此也排除了上述损害。此外，该条也违反了第 309 条第 7 项第 b 目，排除了特殊的间接损害的责任；但是，A 或仅对财产损害（本案中的家具）规定了重大过失责任。[24] 即使 A 仅因轻过失违反义务，也违反了第 309 条第 7 项第 b 目；因为根据通说，在格式条款法中，不适用维持效力的限缩。因此，X 对 A 享有基于第 634 条第 4 项、第 280 条第 1 款的请求权。关于源自第 650t 条的抗辩权参见上文二之（一）1。

2. 基于第 823 条第 1 款的损害赔偿

A 违反了交往安全义务［上文二之（一）2］。违反此种义务导致的后果是侵害了 X 的健康与所有权，二者间具有相当因果关系。

因此，X 享有赔偿医疗费与家具费用的损害赔偿请求权；格式条款中第 9 条的责任免除（Freizeichnung）无效［上文二之（一）1］。所以，A 负

---

[22] *Deckers* ZfBR 2017, 523（544）, BeckOGK BGB/*Kober* § 650t Rn. 96：在第 637 条第 2 款和第 323 条第 2 款的情况下，无需设置期限。

[23] 对此参见 Palandt/*Sprau*, § 823 Rn. 188.

[24] Staudinger/*Peters*/*Jacoby*, 2014, Anh. II zu § 638 Rn. 60.

担全部范围的损害赔偿。关于源自第 650t 条的抗辩权参见上文二之(一)1。

3. 基于第 823 条第 2 款的损害赔偿

关于《德国刑法典》第 229 条得参照上文所述［一之（二）3］。因工程管理瑕疵，A 同样违反了《德国刑法典》第 319 条第 1 款、第 3 款［上文一之（二）3］。

4. 基于第 253 条第 2 款的精神损害抚慰金

根据第 253 条第 2 款，X 在所有三种请求权基础中，均享有请求适当的精神损害抚慰金的请求权。

三、追偿请求权

（一）A 的请求权

1. 第 426 条第 1 款第 1 句

在 B 与 A 的内部关系中，在其对 A 所负担的数额内，A 得向 B 请求免除其对 X 的债务。[25] 尽管建筑师与建筑企业并不因建造建筑物而成为连带债务人，[26] 但是，因为共同负责的建筑瑕疵，成了连带债务人。[27] 问题是，在内部关系中，谁终局性地承担损害。根据第 426 条第 1 款第 1 句，如无其他规定，连带债务人在内部关系中负担相同份额。第 254 条正是这样的其他规定。[28] 如果根据第 254 条第 1 款，权衡 A 与 B 之间的因果贡献程度，则会得出 B 单独承担损害的结论：[29] 因为瑕疵是因 B 的重大过失而引起的，A 仅违反监督义务，并且也无特殊情况支持其他的分配方式，B 的过失更起决定性作用；在内部关系中，B 须“进一步”承担损害。A 得请求免除全部数额的损害赔偿。

2. 第 426 条第 2 款第 1 句

如果 A 向 X 清偿，则 A 可以基于第 426 条第 2 款第 1 句向 B 主张移转取得的 X 的债权，而且是全部数额的损害赔偿［上文三之（一）1］。

---

[25] 在有权追偿的连带债务人为给付之前，第 426 条第 1 款第 1 句已经赋予其此种免责请求权，Vgl. Palandt/*Grüneberg*, § 426 Rn. 4 f.

[26] BGHZ 39, 261（264）.

[27] BGHZ 43（GS）, 227；51, 275；Palandt/*Grüneberg*, § 421 Rn. 11；Erman/*Böttcher*, § 421 Rn. 22；MüKoBGB/*Busche* § 634 Rn. 138. 关于第 650t 条的意义参见上文脚注 21.

[28] 如 RGZ 84, 430 f.；详见 Palandt/*Grüneberg* § 426 Rn. 14.

[29] 同样观点参见 BGHZ（GS）43, 227（231）.

(二)B 的请求权

因为在与 A 的内部关系中，B 单独承担损害，所以如果 B 向 X 清偿，那么他无法根据第 426 条对 A 享有补偿请求权。

四、案例变型

(一)X 对 B 的请求权

1. 对天花板的赔偿

正如上文所示，鉴于瑕疵损害(天花板掉落)，X 基于第 634 条第 4 项、第 280 条第 1 款及第 3 款、第 281 条第 1 款第 1 句，对 B 享有请求权。根据第 634 a 条第 1 款第 2 项，该请求权在五年后罹于时效，该时效自验收后起算(第 634 a 条第 2 款)。所以，B 得主张时效。

2. 请求赔偿医疗费、家具及精神损害抚慰金的请求权

X 基于第 634 条第 4 项、第 280 条第 1 款对 B 享有请求赔偿瑕疵结果损害的请求权在六年后罹于时效(第 634 a 条第 1 款第 2 项)。[30] 在基于第 823 条第 1 款、第 2 款产生的请求权的情况中，或许不同：第 195 条规定的三年的时效自受害人知道请求权相对人与产生请求权的情况后，才开始起算(第 199 条第 1 款)。通过鉴定报告 X 才知道建筑施工瑕疵，因此在此种情况下，请求权尚未罹于时效。然而，在此种合同的请求权与侵权的请求权竞合的情况中，认为两个请求权的时效各自独立(而判例正采此种观点)，是相当值得怀疑的。根据第 195 条、第 199 条，侵权请求权三年的主观时效可以远比在第 634 a 条第 1 款第 2 项中规定的自验收后五年的客观的合同时效长(如在本案中)。反对采请求权竞合说的原因首先在于，如果损害在两年会后出现(参见第 199 条第 1 款)，那么，五年的合同时效会丧失意义。如果合同的请求权与侵权的请求权总是，也必然源自同一生活事实(如在本案的行为所导致的案例中就是如此)，那么两个请求权必须在较短的合同的时效期间经过(如果该时效未被中断)之后，均罹于时

---

[30] 独立适用第 280 条第 1 款，其时效根据第 195 条、第 199 条确定，对此参见上文脚注 12。

效届满。[31]其次，判例同样承认，在竞合的承揽合同损害赔偿请求权与侵权损害赔偿请求权之间存在“替代效果”（Wechselwirkungen），并且否认在第 823 条第 1 款的框架中，得补偿定作人对该工作产生的费用，即使是承揽经营者在自己修补的过程中也会产生该费用：如果赋予（受害人）侵权损害赔偿请求权，那么会架空合同法的特殊规则（本案中，优先适用修补的规定）。[32]没有理由认为，在时效方面不应适用这一原则。所以，基于第 823 条第 1 款、第 2 款产生的请求权与合同请求权一并罹于时效。

（二）X 对 A 的请求权

1. 对天花板的赔偿

基于第 634 条第 4 项、第 280 条第 1 款及第 3 款、第 283 条产生的请求权在验收六年后罹于时效届满（参见第 634 a 条第 1 款第 2 项、第 2 款）。本案与第 634 a 条第 3 款第 1 句规定的更长的期间无关，因为在这种情况中，A 须在验收的时间点之前，对 X 恶意隐瞒瑕疵，[33]而本案并非此种情况。

2. 请求赔偿医疗费、家具及精神损害抚慰金的请求权

基于第 634 条第 4 项、第 280 条第 1 款产生的请求权已经罹于时效（第 634 条第 1 款第 2 项、第 2 款）。这同样适用于基于第 823 条第 1 款、第 2 款产生的请求权［参见上文四之（一）2］。精神损害抚慰金请求权（第 253 条第 2 款）同样与使其成立的损害赔偿请求权一并罹于时效。[34]

3. 基于第 280 条第 1 款的损害赔偿（次生责任）

因为产生的损害，基于第 280 条第 1 款，X 或由于（A）独立的义务

---

[31] 与之相反，判例采请求权竞合的观点，Vgl. RGZ 88, 433（435）; BGHZ 55, 392（397）; 61, 203；赞同观点参见 Palandt/*Sprau*, § 634 a Rn. 5；Staudinger/*Peters*/*Jacoby*, 2008, § 634 Rn. 172. 而这与租赁与借用的判例则正好相反（第 548 条、第 606 条，例如参见 BGHZ 47, 53）。BGHZ 66, 315（319 f.）则试图为此种区别寻找理由，但并不令人信服。采本书见解，如 *Ganten*, NJW 1971, 1804；同样参见 *Schlechtriem*, NJW 1972, 1554. 概述参见 *Siegburg*, Verjährung im Baurecht, 1993, Rn. 319 ff. 同一解决进路也参见 *Mansel* NJW 2002, 89（95 f., 99）.

[32] BGHZ 96, 221（229）；基础性判决 BGHZ 46, 313（316）已经持此种观点。

[33] 对此参见 Palandt/*Sprau*, § 634 a Rn. 15.

[34] 精神损害抚慰金请求权的时效并不独立于其债之原因：例如，如果受害人仅得基于合同的赔偿请求权请求抚慰金，则时效根据特殊的合同法规则加以确定，而非按照第 195 条、第 199 条；同采此说参见 BeckOK BGB/*Spindler* § 253 Rn. 76；不同观点参见 Palandt/*Grüneberg*, § 253 Rn. 22.

违反而对 A 享有损害赔偿请求权。无需建筑物所有人请求，建筑师须主动向建筑物的所有人说明其在建筑规划或监督施工中的他自身的错误和因此产生的法律状况［所谓的错误公开义务（Fehleroffenbarungspflicht）］。在合同结束之后，此种义务继续存续。[35] 独立说明义务的成立，不仅因为建筑师处于被信赖的地位，而且因为建筑师受通常外行的建筑所有人的委托提供咨询，并且建筑所有人通常无法对其监督。[36] 该义务的实证法基础是基于第 666 条的受托人说明义务。这被称作建筑师的次生责任，基于此种责任，建筑物的所有人享有与原承揽合同请求权内容相同的他种请求权。该请求权的时效并非根据第 634 a 条，而是根据第 195 条、第 199 条的原则性规定加以确定。当然，这必须要求受害人完全需要保护；由于 X 对 A 与 B 没有未罹于时效的请求权［上文三之（一）1、2，之（二）1、2］，所以本案符合这种情况。[37] 在验收四年之后，A 发现了他的错误，且故意未通知 X。从这个时点开始，得因未向 X 说明而认为 A 负有过失（第 280 条第 1 款第 2 句、第 276 条第 1 款第 1 句）；其不得主张存在法律错误。因为损害在验收六年后出现，X 在这个时间点方知 A 违反义务，第 195 条、第 199 条规定的三年的时效期间尚未经过，请求权尚未罹于时效。

（三）追偿请求权

1. A 的请求权

（1）第 426 条第 1 款第 1 句：在内部关系中，B 所负担的范围内，A 得向 B 请求免除其对 X 的债务。首先，二者之间须存在连带债务关系。这在本案中或存在疑问，因为 X 对 A 的请求权基于所谓的次生责任。然而，在

---

[35] Vgl. BGHZ 71, 144（148 f.）; 92, 251（258 f.）; NJW 2002, 288; NZBau 2004, 396; OLG Hamm NZBau 2006, 324； 支持观点参见 *Taupitz*, Die zivilrechtliche Pflichte zur unaufgeforderten Offenbarung eigenen Fehlverhaltens, 1989, 14 f., 82, 105；*Siegburg*, Verjährung im Baurecht, 1993, Rn. 262.. 对德国联邦最高法院判例的批评意见参见 OLG Düsseldorf, NZBau 2004, 454（456 f.）（“矫揉造作”），结合建筑师履行其监督义务，该判决根据第 634 a 条第 1 款第 2 项的封闭性特征，认为在后合同关系中仍然存续的瑕疵发现义务是主给付义务，因此，基于原则性考虑，否定了次生责任；此种趋势同样参见 Palandt/*Ellenberger*, Überbl. v. § 194 Rn. 23.

[36] 同样参见 *Taupitz*, Die zivilrechtliche Pflicht zur unaufgeforderten Offenbarung eigenen Fehlverhaltens, 1989, 77 mit Fn. 155, 81, 104。

[37] 即使同判例一样，采侵权请求权与合同请求权竞合的观点［上文四之（一）2］，请求赔偿瑕疵损害的请求权也已经消灭；在这种观点下，X 也至少有保护之必要。

损害赔偿请求权中，如果双方当事人对债权人的同一利益负责，[38]债之原因无关紧要。因为对建筑师的次生请求权与针对他的原初请求权内容相同，所以应当承认这一点。对 B 的请求权已经罹于时效，也不影响采连带债务的观点；因为尽管附有抗辩权，B 的义务仍然存续。[39]根据通说，连带债务人之一的补偿请求权根据第 426 条第 1 款第 1 句与对其他连带债务人的请求权罹于时效届满之间并不存在冲突。[40]因此，（补偿）请求权成立；问题仅是数额多少。A 在本案中故意未履行其说明义务，假设其对 X 为说明，则 X 可向 B 主张基于第 634 条第 4 项、第 280 条、第 281 条产生的尚未罹于时效届满的损害赔偿请求权。通常情况下，根据第 254 条，故意的共同引起排除追偿。过失的共同引起人同样需负担追偿义务仅为例外。[41]《德国民法典》第二委员会（die 2. BGB-Kommission）在关于故意的引起损害的规定中，删除了关于排除追偿的相应条文；所以，应当区分故意是仅关于义务违反（如本案中）还是也关于损害，这是适当的。此外，应当考虑到，共同引起人是否存在重大过失（如在本案中）。在考虑到这些因素后，不应过重评价 A 故意的义务违反，以致其在内部关系中承担全部损失。很明显，应当在 A 与 B 之间分担损失。[42]A 得请求免除一半的债务。

（2）第 426 条第 2 款第 1 句：如果 A 向 X 清偿，则 A 可以基于第 426 条第 2 款第 1 句向 B 主张移转取得的 X 的债权。但是，根据通说，让与追偿请求权受制于对其他连带债务人的请求权的时效，[43]不得适用第 426 条第 2 款第 1 句。

2. B 的请求权

正如所示，B 正确地对 X 主张时效。因为 X 不得对 B 行使请求权，所以对 A 追偿的问题并无意义。

---

[38] Palandt/*Grüneberg*, § 421 Rn. 11.

[39] 从第 425 条第 2 款、第 1 款可知，对连带债务人之一的请求权的时效，在对其他连带债务人的请求权的时效方面，并无（绝对）效力。

[40] BGHZ 58, 216（218 f.）; BGH WM 1971, 101（102）.

[41] Vgl. zum folgenden Ermann/*Ehmann*, 12. Aufl. 2008, § 426 Rn. 56.

[42] 也参见 Ermann/*Ehmann*, 12. Aufl. 2008, § 426 Rn. 56.

[43] Ermann/*Böttcher*, § 426 Rn. 53.

案例九　借钱玩牌

——赌债规则在赌博借贷中的类推

关键词

为赌博目的而借贷　因违反良俗而排除不当得利

案件事实

女店主 W 经营一家金牌鹿肉酒店，该店以每个周末都会玩牌到深夜，气氛热烈而闻名。在雇佣服务员 K 时，W 告诉 K，如果 K 偶尔用柜台的钱临时帮下玩家，她是不会反对的；这有助于提升她酒店的声誉。她完全认识那些玩家，并且他们总是会还钱的。如果只有少数客人在，K 也可以参与玩牌。

某个周五的晚上，只剩下三个玩家，客人 X、A 与 K。在 A 输光了全部现金，打算回家的时候，K 热忱邀请 A 再玩几轮，A 一开始是拒绝的。为了促使 A 继续玩牌，K 从柜台取了 W 的 50 欧，无息借给了 A；W 如往常一样并未反对。A 无法抗拒，接受了这笔钱。然而，他手气不佳。黎明时候，他离开金牌鹿肉店时，他又把这 50 欧输给了 K。

法律状况如何？

解答

一、A 基于第 812 条第 1 款第 1 句第 1 支项对 K 享有的请求权

二、W 对 A 的请求权

（一）因借贷而产生的返还支付请求权，第 488 条第 1 款第 2 句

（二）第 812 条第 1 款第 1 句第 1 支项，非债清偿（conditctio indebiti）

三、W 对 K 的请求权

（一）基于第 488 条第 1 款第 2 句的借贷请求权

（二）基于第 280 条第 1 款、第 241 条第 2 款、第 611 条的损害赔偿请求权

（三）基于第 667 条的返还请求权

（四）无因管理，第 681 条第 2 句、第 667 条

（五）侵害型不当得利，第 816 条第 1 款第 1 句

（六）基于第 823 条第 2 款的损害赔偿

一、A 基于第 812 条第 1 款第 1 句第 1 支项对 K 享有的请求权

基于不当得利，A 或对 K 享有请求返还 50 欧的请求权［第 812 条第 1 款第 1 句第 1 支项（给付型不当得利）］。A 向 K 支付 50 欧，以支付其赌债。赌博并不产生债务（第 762 条第 1 款第 1 句）。但是，基于赌博所为之给付，不得因欠缺债务而请求返还（第 762 条第 1 款第 2 句）；赌博仅产生不可诉的、但可履行的自然之债。[1] 然而需要检讨的是，赌博合同是否违反了法律禁止性规定（第 134 条），并因此无效。在这种情况下，第 762 条第 1 款第 2 句并不阻碍成立不当得利。[2] 如果玩牌构成《德国刑法典》第 284 条意义上的被禁止的公开赌博，那么因赌博而产生的义务根据第 134 条无效。然而，玩牌并不是赌博，并不属于《德国刑法典》第 284 条包括的娱乐性的赌博（Unterhaltungsspiel），[3] 并不适用第 134 条。根据第 138 条导致的不生效同样不予考虑，因为 A 对赌债的给付并不有违良俗。A 不得请求不当得利返还。

二、W 对 A 的请求权

（一）因借贷而产生的返还支付请求权，第 488 条第 1 款第 2 句

1. W 或对 A 享有请求返还 50 欧借贷的请求权（第 488 条第 1 款第 2 句）。

[1] 关于根据第 762 条规定的自然债务的性质参见 *Fuchs*, FS Medicus, 1999, 123（140）：不完全的债务；*Henssler*, Risiko als Vertragsgegenstand, 1994, 434：无债务；*Schulze*, Die Naturalobligation, 2008, 239 f.：单方不可执行的给付义务关系。

[2] BGHZ 37, 363（366 f.）；*Fikentscher/Heinemann*, Rn. 1346.

[3] 对此参见 *Fischer*, StGB, 58. Aufl.（2018），§ 284 Rn.3.

A 与 W 之间成立有效的借贷合同的前提首先是，W 通过 K 的行为享有权利、承担义务（第 164 条第 1 款）。从 K 取走 W 柜台中的钱，再加上 W 一如既往没有表示反对的事实可以推断，K 是以 W 的名义行事（第 164 条第 1 款第 2 句）。K 也有权为此种类型的、偶尔的信贷行为，所以 K 的行为在其代理权限的范围之内。因此，在 A 与 W 之间成立借贷合同。问题是，是否适用第 491 条及以下对消费者借贷合同规定的特殊生效要件。W 经营餐馆，构成了营业。然而，即使试图认为发放贷款构成了其经营活动（根据第 14 条第 1 款），但是，她无偿提供借贷；所以不构成消费者借贷（第 491 条第 2 款第 1 句）。

2. 借贷合同并不因第 134 条而无效。虽然根据《德国刑法典》第 284 条结合第 134 条，为赌博而提供的借贷无效，[4] 但玩牌不是此种被禁止的赌博（上文一）。

3. 然而，借贷合同可能基于第 138 条第 1 款而悖于良俗。如果借贷金额并非完全不重要，且由同玩人提供（如在本案中）或者是庄家提供（可能在转盘游戏中），并且提供者提供借贷是为了试图获利，那么，通说主张为赌博而提供的借贷悖于良俗。在这样的情况中，通说并未适用第 762 条的规定，尽管其原则上承认，为赌博目的而提供的借贷必须按第 762 条第 2 款处理。[5]

然而，本案中的问题是，能否采第 762 条作为适当的规范（这与通说相反），因为第 762 条必须被看作第 138 条的特别规范。如果输家为了履行赌债的目的而向赢家负担债务，根据第 762 条第 2 款、第 1 款当然仅存在自然债。所以，第 762 条第 2 款主要因两个原因而不得适用：A 负担债务时，尚无赌债；而且该债务也不是对取胜的同玩人 K 成立的，而是对 W 成立的。

但是，类推适用第 762 条第 1 款第 1 句、第 2 款或得推出借贷之债非债的结论。[6] 因为赌博的危害，这两条规定保护玩家免受损失；这当然仅限于其尚未支付的情况（第 762 条第 1 款第 2 句）。所以不应有人因借钱玩牌，承受超越他自己所拥有的甚至会毁了自己的损失。应当避免有人因

---

[4] Vgl. Staudinger/*Sack/Seibl*, 2017, § 134 Rn. 295; Palandt/*Sprau*, § 762 Rn. 8.

[5] Palandt/*Sprau*, § 762 Rn. 8; MüKoBGB/*Habersack* § 762 Rn. 36; Ermann/*Müller*, § 762 Rn. 4; *Henssler*, Risiko als Vertragsgegenstand, 1994, 503 f.; *AG Regensburg* NJW 1990, 916.

[6] 对此参见 *Honsell*, Die Rückabwicklung sittenwidriger oder verbotener Geschäfte, 1974, 146 f.; Staudinger/*Engel*, 2015, § 762 Rn. 40（直接适用）.

怀有赢钱的希望而持续赌博，并负债。就法律目的而言，很难理解，为何应当区分是赌债还是用借来的钱赌博。当然，仅当借款是从同玩人或庄家那里取得时，换言之，从能够且希望从中获利的人那里取得时，利益状况才是一样的。[7] 仅在此种必要的类似案例中才得承认类推适用第 762 条第 2 款。

如果德国联邦最高法院仅简单认为其中涉及的并非赌债，而是借贷之债，[8] 却未加论证，并且据此断然否定第 762 条的适用，那么，其内在表达了严格解释该条文的观点。然而，此种“类推禁止”需要论证，此种论证仅得源自立法目的。但是，无法举出这样的原因。[9] 通说对第 138 条提出的要件与类推第 762 条第 2 款、第 1 款第 2 句所必需的要件一致。然而，本书所建议的方案具有优点，因为第 762 条是特别规范，适用本案是适当的。立法者自身已经看到规范漏洞（Regelungslücke），这对于将第 762 条类推适用到借贷而言是必需的，并且判例有意指出了此种可能性。[10] 因此，如果为了让同玩人继续玩下去，而向其提供借贷，得类推适用第 762 条。所以，根据第 762 条第 1 款第 1 句，不产生债务。

当然，问题在于，在本案中，是否得类推第 762 条。借贷的出借人并非是同玩的 K，而是女店主 W。如果是没有参与玩牌的第三人提供借贷，那么不得考虑类推适用第 762 条第 2 款，也无法考虑根据第 138 条的悖于良俗。[11] 正是基于此种考量，《德国民法典》的起草者拒绝了将赌债与借贷之债在一般意义上同等对待。[12] 然而，本案中的问题是，女店主 W 是否得被视为未参与的第三人。W 由同玩人 K 代理，而 K 符合该要件。所以，

---

[7] Vgl. *Honsell*, Die Rückabwicklung sittenwidriger oder verbotener Geschäfte, 1974, 146.

[8] BGH LM § 762 Nr. 1；LM § 762 Nr. 3，这两个判决错误地基于 RGZ 67, 355；70,1（2）. 在帝国法院的前一个相关判决中涉及情况与之相异（Vgl. Fn. 12），后一个判决中，帝国法院搁置了第 762 条的适用问题。

[9] 所以，《德国民法典》第二委员会仅否定了将第 762 条第 1 款扩展到赌博借贷上，因为与在赌博中不同，其取决于个案情况，并且无法找到与其他借贷情况明确的区别。但是，应当强调的是，这并未禁止判例，在特定的借贷案例中适用该规定（Protokolle bei *Mugadan*, II, 1008 f.）。《奥地利民法典》第 1174 条第 2 款、《瑞士债法典》第 513 条第 2 款及《普鲁士一般邦法》I、11 第 581 条禁止赌博借贷的返还请求。

[10] 参见脚注 9。

[11] 对此参见 RGZ 67, 355 案例：一个年轻人在蒙特卡洛（Monte Carlo）输掉了巨额赌资。在酒店意外认识的一个人将钱借给了他。因为在该案中，没考虑适用第 762 条，帝国法院仅检讨了第 138 条，否定了悖于良俗（RGZ 67, 361）。

[12] 参见上文脚注 9。

是否也能将此种主观的、具体的情况归并给 W 呢？此种情况会导致借贷非债。第 166 条第 1 款被当作知情归并规范（Zurechnungsnorm）。根据这一规范，意思表示的瑕疵，明知或应知取决于代理人，而非本人。K 知道，提供借贷是为了继续玩牌，在这个范围内得直接适用第 166 条第 1 款。同时，K 获利的动机并不是意思表示瑕疵，也不是明知或不知，但是，此种动机是具有可比较性的主观要件；在这个范围内，得类推适用第 166 条第 1 款。所以，必须将 K 的明知与获利企图归并给 W，第 762 条第 1 款第 1 句阻碍返还支付请求权的产生。因为 W 希望从促进玩牌中为经营饭店带来利益，所以这一结论也是符合事理的。此外，她明确表示同意 K 参加玩牌，并因此承担了因第 762 条或第 138 条无法律基础不得请求返还借贷的风险（"赌债是君子协定"）；因为只有 W 的代理人 K 参与到玩牌中才赋予此种借贷具有赌博借贷或悖于良俗的特征。倘若 W 对 K 参与玩牌的法律效果并不清楚，则可能构成不重要的法律效果的错误，因为第 762 条的法律效果并不是代理权的内容，而是在由同玩的代理人提供赌博借贷的情况下，依法（ex lege）发生的。[13]

没有一种观点支持 W 基于第 488 条第 1 款第 2 句享有返还借贷的请求权。

（二）第 812 条第 1 款第 1 句第 1 支项，非债清偿

根据第 812 条第 1 款第 1 句第 1 支项，或得成立 W 对 A 的返还请求权。对此，W 应须履行了不存在的债务。根据本书观点，为赌博目的而缔结的借贷合同并不基于第 138 条而不生效，而是仅在第 762 条第 1 款第 1 句意义上不具拘束力。这意味着，W 并无返还请求权；因此，W 不得基于第 812 条第 1 款第 1 句第 1 支项因自始欠缺法律上之原因请求返还给付。

如果遵循通说，那么必然得出另外的结论。根据通说，借贷合同悖于良俗，成立不当得利。然而，本案中，因第 817 条第 2 句，排除不当得利。[14] 换言之，根据通说，第 817 条第 2 句不仅适用于第 817 条第 1 句的情况，也适用于第 812 条第 1 款的给付型不当得利，也即适用于仅给付人悖于良

[13] Vgl. *Flume*, AT des Bürgerlichen Rechts, Das Rechtsgeschäft, 4. Aufl.（1992）, § 23, 4 d; MüKoBGB/*Armbrüster* § 119 Rn. 84.

[14] 例如参见 RZG 70, 1（4）; BGH LM § 762 Nr. 1; Palandt/*Sprau*, § 817, Rn. 21.

俗或违法的情况；第 817 条第 2 句中的“同样”在理论上被删除了。[15] 仅当赌博借贷尚未赌输或者借款人赌赢的情况下，适用情况有所不同：在这种情况下，须返还借贷；但是，如果借款人因赌输而利益丧失，则排除不当得利。[16] 因此，根据通说，结论也是如此：W 不得请求 A 返还 50 欧的不当得利。

三、W 对 K 的请求权

（一）基于第 488 条第 1 款第 2 句的借贷请求权

W 或基于借贷对 K 享有请求返还支付 50 欧的请求权。在客人玩牌时没钱的情况下，W 同意 K 偶尔“帮助”客人。她对 K 的此种表达明确表明，她将她熟悉、常来的客人当作返还请求权的债务人，而非将 K 作为债务人。K 向客人提供借贷，并不表明 W 向 K 也提供了借贷。所以排除合同性的返还支付请求权。

（二）基于第 280 条第 1 款、第 241 条第 2 款、第 611 条的损害赔偿请求权

基于劳动合同，服务员通常无权为赌博之目的从柜台取钱。然而，本案中，W 表示同意此种行为。因此，本案中，欠缺第 280 条第 1 款第 1 句意义上客观的义务违反；排除该请求权。

（三）基于第 667 条的返还请求权

受托人有义务向委托人返还从委托事务执行中所取得的一切；本案中，同样可能包括 K 在赌博中的获利。[17] 但前提是，W 必须授予了 K 相应的委托。W 仅向 K 表示，如果 K 提供借贷，她不会反对。所以，她并没有委托 K（有

---

[15] Vgl. *Wieling* BereicherungsR § 3 III 6 pr., b.

[16] BGH NJW 1995, 1152（1153）. 此外，这一判决明显区分了借贷与高利贷（Wucherdarlehen）：根据 RGZ（GS）161, 52（56），仅当返还支付到期后，高利贷的出借人才得主张不当得利；履行日根据无效的借贷合同确定（对此参见 *Wieling* BereicherungsR § 3 III 6h）。这也表明了，适用《德国民法典》所规定的特殊规范比适用其第 138 条的一般规范更合适。而 *OLG Nürnberg* MDR 1978, 669 试图对此种区分寻找法律正当性的尝试并不能令人信服。

[17] 关于返还义务的范围，参见 Erman/*Berger*, § 667 Rn. 9：事务执行人无需返还趁执行事务之际，通过自身行为为自己之所获，单纯的因果关系并不足以产生返还义务。

计划地）发放借贷。[18] 此外，K 并未从借贷中取得 50 欧，而是从赌博中取得了 50 欧。然而，W 并未委托 K 与客人一起玩牌，而仅仅是允许他这么做；她并没有让 K 为她去玩牌。[19] 排除第 667 条作为请求权基础。

（四）无因管理，第 681 条第 2 句、第 667 条

K 或为 W 的无因管理人，并因此基于第 681 条、第 667 条负有返还获利的义务。如果认为事务是提供借贷，那么 K 的获利并非源自借贷，而是源自赌博的事实，使得请求权不成立。相反，如果认为事务是赌博本身，那么 K 必须以为他人管理事务之意思而行为；本案中，因为赌博并非是客观他人的事务，所以不能推定存在此种意思。[20]K 并非是为管理 W 的事务而玩牌，而是出于自身赌博的需求和可能的获利。因为欠缺为他人管理事务之意思，排除第 681 条、第 667 条产生的请求权。

（五）侵害型不当得利，第 816 条第 1 款第 1 句

K 向 A 交付 50 欧，A 成为所有权人；但是，根据第 185 条第 1 款，K 对此获得了授权，因此有权。基于第 816 条第 1 款第 1 句的请求权因此不成立。

（六）基于第 823 条第 2 款的损害赔偿

基于第 823 条第 2 款结合《德国刑法典》第 246 条或第 266 条的保护性法律可能产生请求权。金钱是《德国刑法典》第 246 条意义上的他人的动产。然而，W 已为同意，所以 K 的行为不违法。此种同意同样阻碍了根据《德国刑法典》第 266 条的滥用构成要件（Missbrauchstatbestand）和因背信构成要件（Treubruchtatbestand）而生的义务违反。W 不得基于第 823 条第 2 款请求损害赔偿。

K 得保有所赢得的钱。

---

[18]　采代理权的假设［上文二之（一）1］并不反对此种观点；仅参见 BeckOK BGB/*Schäfer* § 167 Rn. 2.

[19]　对此参见 Palandt/*Sprau*, § 762 Rn. 8.

[20]　对此参见案例十一之二（二）1。

案例十　曾祖父的画像

——无权处分后的返还

关键词

代偿利益（*Stellvertretendes commodum*）　损害赔偿请求权　损害问题

案件事实

A 占有两幅古老的家庭画像，这两幅画像描绘了他的曾祖父与曾祖母。曾祖父的画像有些发黑。所以 A 将其带给修复师 R，R 经营一家工作室，并做艺术生意。R 经常经济拮据，他决定出卖该画。为此，他让教授 P 出具了一份专家鉴定书，该画由著名肖像画家、拜仁宫廷画师约瑟夫·施蒂勒（1781—1858）绘制。P 估计该画价值 60000 欧元。R 为这份专家鉴定书支付了 2000 欧，并以 70000 欧的价格将该画转让给了画像收藏家 S，其长期以来寻找真正施蒂勒的画。S 因轻过失认为 R 有处分权限。

S 拒绝返还该画；也不准备出卖该画。A 得否请求 S 返还该画？得否请求 R 返还 70000 欧？R 抗辩称，该画仅价值 60000 欧；无论如何他必须获得 2000 欧，这是他为专家鉴定书支出的费用。

案例变型

S 仅支付了 60000 欧。在下列情况下，A 得否请求 R 支付 70000 欧的损害赔偿：

1. 他对描绘了他曾祖父的画像有特殊的精神利益；
2. 虽然该画单幅仅值 60000 欧，但两幅画组合在一起价值 130000 欧；

3. 他以 70000 欧的价格，向 S 回购了该画。

解答

一、基本案例

（一）A 向 S 请求返还该画的请求权

1. 类推第 695 条、第 691 条、第 546 条第 2 款、第 604 条 4 款

2. 第 985 条

3. 第 823 条第 1 款（恢复原状）

（二）A 对 R 的请求权

1. 代偿利益，第 285 条第 1 款、第 631 条

2. 根据第 280 条第 1 款及第 3 款、第 283 条、第 631 条请求损害赔偿

3. 第 687 条第 2 款、第 681 条第 2 句、第 667 条［事务干涉（angemaßte Eigengeschätsführung）］

4. 侵权损害赔偿请求权

5. 根据第 816 条第 1 款第 1 句价款返还

（三）R 请求补偿专家鉴定书花费的反对请求权

二、案例变型

（一）A 对 R 的损害赔偿请求权

（二）损害赔偿请求权的数额

一、基本案例

（一）A 向 S 请求返还该画的请求权

1. 类推第 695 条、第 691 条、第 546 条第 2 款、第 604 条第 4 款

A 或得类推第 546 条第 2 款、第 604 条第 4 款，请求 S 返还该画。A 与 R 缔结了承揽合同；基于该合同，如果承揽经营者占有该物（如在本案中），那么类推适用保管合同的规定。[1] 根据第 695 条第 1 句，保管法中存在对保管人的随时返还请求权，然而该请求权不针对次级保管人或补充保管人（Unter- oder Ersatzverwahrer），因为是保管人（有权或无权）将物交付给他们的。

[1] Palandt/*Sprau*, § 688, Rn. 6.

在这个意义上，第 695 条未规定对第三人的返还请求权，而在第 546 条第 2 款（租赁）、第 604 条第 4 款（借用）中则规定了该权利。但是，普遍认为，在对第三人的关系中，这些规定得类推适用于保管。[2] 当然，R 不仅是将画的使用权移转给了 S，与 S 约定了次级保管或补充保管，而且是将画的所有权移转给了 S。因此，不得类推适用第 546 条第 2 款、第 604 条第 4 款。[3]

2. 第 985 条

该请求权以存在返还适状为前提：A 须为所有权人，S 为无权占有人。A 曾经是所有权人，但是根据第 932 条、第 929 条，其所有权或因 S 善意取得而丧失。R 经营艺术生意，所以 S 可以认为，R 至少有处分权限（《德国商法典》第 366 条第 1 款）。S 仅具轻过失；根据第 932 条第 2 款仅重大过失不构成善意取得。该画也不是占有脱离物（第 935 条），因为 R 不是 A 的占有辅助人，而是基于承揽人质权（第 647 条）作为他主占有人占有该画。[4] 所以，S 为所有权人。A 不得请求返还该画。

3. 第 823 条第 1 款（恢复原状）

以恢复原状的方式，A 或对 S 享有请求返还画的所有权的损害赔偿请求权。根据第 823 条第 1 款，通过善意取得，S 侵害了 A 对画的所有权。根据第 276 条第 1 款第 1 句，S 具有轻过失，这足以适用第 823 条第 1 款。但是在这类案型中不得适用第 823 条第 1 款：第 932 条第 2 款赋予取得人特权，仅在重大过失时才不得取得所有权。如果使得只有轻过失的取得人依第 823 条第 1 款负有恢复原状的责任，则第 932 条第 2 款的规则会落空。因此，根据第 932 条第 2 款发生的法律效果排除了 S 侵害的违法性。[5]

（二）A 对 R 的请求权

1. 代偿利益，第 285 条第 1 款、第 631 条

请求返还所取得的价款，得考虑第 285 条结合第 631 条作为请求权基

---

[2] Erman/*Zetzsche* § 691 Rn. 6；Staudinger/*Reuter*, 2006, § 691 Rn. 6, 11.

[3] Vgl. Staudinger/*Reuter*, 2006, § 691 Rn. 11. 如果对 S 移转所有权的行为无效，或得承认该返还请求权，参见下文 2。

[4] 关于因占有辅助人而导致脱离，参见 *Wieling/Finkenauer* SachenR § 10 Rn. 33：仅当物仍在所有权人的支配范围之内，并由占有辅助人导致占有丧失，才构成脱离，如果在所有权人支配范围之外，占有辅助人支配该物的情况下，不构成脱离（有争议）。

[5] BGH JZ 1956, 490；Palandt/*Herrler* § 932 Rn. 16；*Wieling/Finkenauer* SachenR § 10 Rn. 38.

础。[6] 对此，以承揽合同成立和给付不能为要件。[7]A 与 R 之间缔结了承揽合同。承揽经营者负有向定作人返还物的义务。[8] 对于 R 而言，这一义务因转卖而陷于不能；此外，S 并不准备重新出卖该画。本案涉及的是嗣后不能（nachträgliches Unvermögen）（第 275 条第 1 款）。

债务人必须"由于某种客观情况，基于此种情况其无需再为给付"而取得补偿。给付因该画的转卖而陷于不能。相反，R 基于买卖合同取得了价款；其中已经足以构成两个合同之间经济上的关联。[9] 通过法律行为取得的收益（Erlös）同样也是第 285 条第 1 款意义上的补偿利益，并且进一步来说，无需考虑其数额［出让所得（commodum ex negotiation）］。[10] 因此，R需返还数额为70000欧的代偿利益，并且不得主张该画仅价值60000欧。[11] 这也不取决于 A 是否自己也能够卖出该价款。[12] 问题是，是否得从取得价款中扣除 R 为专家鉴定意见支出的费用。学说在一定程度上支持此种观点，但是从第 285 条中并无法推出这一点，应当否认此种观点。[13]A 得请求 R 返还 70000 欧。

---

[6] 根据第 285 条第 1 款，由于 A 与 R 之间并无返还适状，R 是有权占有人，故因丧失原物返还请求权而生代偿利益的补偿请求权不成立。当然，少数观点希望从有权他主占有人以无权的自主占有人"自居"时起，认为存在所有权人—占有人关系［如 BGHZ 31, 129（133）在一个不具一般意义的特别案件中认为的］。通说并不赞同"不完全有权占有人（nicht-so- Berechtigten）"的构想：以自主占有自居的占有人也有占有权，Vgl. *Baur/Stürner*, § 11 Rn. 27; *Wieling/Finkenauer* SachenR § 12 Rn. 19. 在其余情况下，根据正确的观点，第 285 条第 1 款不适用于所有权原物返还请求权，因为第 989 条、第 990 条包含了关于返还不能时的债权性后果的特殊规则；Vgl. RGZ 115, 31（32）；157, 40（44）；*Wieling/Finkenauer* SachenR § 1 Rn. 4,；Westermann/*Gursky* § 30 Rn. 15 f., § 31 Rn. 4；Erman/*Westermann*, § 285 Rn. 2, 和案例十三之二（一）；不同观点的进一步证据参见 *Harder*, JuS 1972, 395（397）.

[7] 在第 285 条第 1 款中的表述（"无需再为给付"）主要是指第 275 条第 1 款给付不能的情况。

[8] 这是承揽经营者的从义务，而非主义务；该义务不具双务性，参见第 631 条第 1 款。

[9] RGZ 105, 84（89）；138, 45（48）［祭坛画（Altargemälde）］；BeckOK BGB/*Unberath* § 285 Rn. 10.

[10] Palandt/*Grüneberg*, § 285 Rn. 7.

[11] 进一步证据参见 *Harder*, JuS 1972, 395（397）；Palandt/*Grüneberg*, § 285 Rn. 9. 不同观点参见 Staudinger/*Caspers*, 2014, § 285 Rn. 41, 48；*Stoll*, FS Schlechtriem, 2003, 677（694）.

[12] RGZ 138, 45（47）.

[13] BGH VIZ 1997, 297；支持扣除费用，参见 Erman/*Westermann*, § 285 Rn. 10；相反，正确的观点参见 *Harder*, JuS 1972, 395（397）. 关于第 687 条第 2 款、第 684 条第 1 句、第 812 条及以下产生的反对请求权，见下文一之（三）。

2. 根据第 280 条第 1 款及第 3 款、第 283 条、第 631 条请求损害赔偿

R 基于承揽合同负有返还标的物的义务。根据第 275 条第 1 款，对于 R 而言，该给付陷于不能［参见上文一之（二）1］，因此，他无需给付。与第 285 条相反，第 283 条以过错为要件（参见第 283 条第 1 句、第 280 条第 1 款第 2 句）。R 行为构成故意。所以 A 可以请求赔偿其履行利益，也即画的客观价值（60000 欧）。尽管根据第 253 条第 1 句，损害赔偿的范围也涵盖可得利益；但是，这仅仅指的是 A 所有的可能获得的利益。本案中，因为 A 不曾打算转让该画，他无法从与 S 的交易中获得利益。

3、第 687 条第 2 款、第 681 条第 2 句、第 667 条（事务干涉）

可考虑第 687 条第 2 款第 1 句作为另外的请求权基础。转让的是所有权人的物。R 将客观他人之事务当作自己的事务加以管理，尽管他明知自己无权管理。所以，A 得根据第 681 条第 2 句、第 667 条请求返还所得（70000 欧）。[14]

4. 侵权损害赔偿请求权

（1）基于第 823 条第 1 款，A 对 R 享有请求权。因为 S 取得所有权，A 的所有权受到侵害。转让行为是侵害行为。

根据差额说（Differenzhypothese），第 823 条第 1 款赋予 A 请求赔偿损失的请求权。因为该画价值 60000 欧，他也仅得请求这一数额的赔偿。问题是，根据损益相抵原则（die Grundsätzen der Vorteilausgleichung），R 得否主张专家鉴定书的费用。这要求专家鉴定书对受害人（A）具有利益，此种利益是因产生赔偿的情势所引起的。然而，本案中无法认可这一点：尽管该鉴定书是有利转让，或者甚至是在取得鉴定书后才可能转让，但是该费用并非是因转让而引起的。据此，R 负担 60000 欧。

（2）此外，A 根据第 823 条第 2 款结合《德国刑法典》第 246 条享有请求权：R 的行为符合《德国刑法典》第 246 条侵占的要件。该规定是第 823 条第 2 款意义上的保护性规范。该请求权也限于 60000 欧。

（3）第 826 条要求故意施加损害。相反，不要求意识到悖于良俗。单纯不履行合同义务不足以构成第 826 条的要件；而是需要附加特殊情势，

---

[14] 此外，基于第 687 条第 2 款、第 677 条、第 678 条成立数额为 60000 欧的损害赔偿请求权。

以赋予加害人行为悖于良俗的特征。侵占的情况正属此列；与侵占相关联的信赖破坏表明悖于良俗。成立数额为 60000 欧的请求权。

5. 根据第 816 条第 1 款第 1 句价款返还

如果 R 为无权处分人，并且该处分对 A 有效，根据第 816 条第 1 款第 1 句，R 需返还所得。R 并非该画的所有权人，并且无处分授权（第 185 条第 1 款）。然而，S 根据第 932 条、第 929 条善意取得所有权［上文一之（一）2］；因此，该处分对 A 有效。争议在于，根据第 816 条第 1 款第 1 句，超过物客观价值的盈利是否必须返还。根据正确的观点，需全额返还所得，而并非仅物的客观价值：第 816 条第 1 款第 1 句的表述为“所得”，而非“物的价值”，这就包括了从交易中取得的盈利。[15] 相反观点不足为信；因为不当得利法有取除发生的得利的功能，而且是全部取除。[16] 无处分权人不得进行交易而致所有权人损害；所有权人只取得权利，得主张对其物有利的交易。[17] 无论如何，不应奖励无权处分人的交易才能（Geschäftstüchtigkeit），10000 欧的盈利必须返还。

当然，就其费用的部分，对 R 而言，利益或已经不存在（第 818 条第 3 款）。可是，因为 R 的恶意，得适用第 819 条，根据第 818 条第 4 款，排除第 818 条第 3 款的适用。根据第 816 条第 1 款第 1 句，成立请求返还 70000 欧的请求权。

（三）R 请求补偿专家鉴定书花费的反对请求权

得考虑第 687 条第 2 款第 2 句结合第 684 条第 1 句、第 812 条及以下

---

[15] 此为通说，vgl. BGHZ 29, 157；BGH WM 1975, 1179；Palandt/*Sprau* § 816 Rn. 10；*Wieling* BereicherungsR § 4 III 1d aa；*Looschelders* SchuldR BT Rn. 1084；differenzierend Staudinger/*Lorenz*, 2007, § 816 Rn. 23 ff. *Brox/Walker* SchuldR BT § 42 Rn. 22；*Koppensteiner/Kramer* 121 ff.；*Esser/Weyers* SchuldR BT II § 50 II 2c；*Wandt* Gesetzl. Schuldverhältnisse § 11 Rn. 27；更多文献参见 *Gursky* BereicherungsR, Problem 12 III.

[16] 相反观点则认为，如果不当得利的债务人也必须返还他基于自身能力取得的盈利，那么这违反了不当得利法所贯彻的平衡财产的基本原则，如 *Medicus/Petersen* BürgerlR Rn. 720–726；*Harke* SchuldR BT Rn. 506；*Fikentscher/Heinemann* Rn. 1510；更多文献参见 *Gursky* BereicherungsR, Problem；不同观点参见 *Larenz/Canaris* SchuldR BT II § 72 I 2b. 关于盈利返还的问题同样参见 *Jacobs*, lucrum ex negotiatione, 1993, 101–135（反对拉伦茨的见解）和案例十三之二（二）1。

[17] 例如，所有权人可能在稍晚的时点如无权处分人一样，以同样的交易才能与对方协商达成一个远高于客观价值的买卖价款。

作为请求权基础。如果在不法管理中，无因管理的本人请求返还所得，那么其对事务管理人按照第684条第1句负有义务（第687条第2款第2句）。第684条第1句规定，本人须根据不当得利的规定向事务管理人请求返还从管理事务中所取得的一切。如果严格遵循第684条第1款的文义，那么第687条第2款第2句的准用会丧失意义，因为本人通过第687条第2款第1句所能向事务管理人请求返还的，正是他因为第687条第2款第2句及其准用所必需重新返还给事务管理人的。因此，如果采文义解释，那么第684条第1句会架空第687条第2款的目的。[18] 所以，第687条第2款第2句、第684条第1句之间应当作纠正性解释（berichtigend auslegen），事务管理人的反对请求权所得请求返还的费用，仅限于根据不当得利法的基本原则得请求返还的费用。[19] 因此，应当检讨，A是否因R的花费得利。A的得利涵盖其所应得的70000欧的收益。从中可以认为，如无该专家鉴定书则无法达成该买卖价款。因此，R享有请求支付2000欧的请求权。

然而，问题在于，R得否以该请求权与A基于第285条第1款、第631条；第280条、第283条、第631条；第687条第1款第1句、第681条第2句、第667条；第823条第1款、第2款、第826条；第816条第1款第1句所生的诸请求权为抵销。基于第393条或反对此种抵销，该条排除了对基于故意的不法行为而生的债权的抵销。A因第823条第1款及第2款、第826条而享有的请求权以不法行为作为基础，所以，R不得用他的请求权抵销侵权请求权。尽管返还代偿利益的请求权并非基于故意的不法行为。但是，抵销禁止同样涵盖其他请求权，只要同时构成故意不法行为的要件；因为清偿该请求权的同时也清偿了损害赔偿请求权。[20] 因此，R不得以他的对待债权抵销基于第285条第1款所生的请求权。这必须也适用于基于第687条第2款、第816条第1款第1句所生的请求权。[21] 本案中，可能存在这样的疑问，R得否抵销超过损害赔偿请求权范围的请求权，并且至多在差额的数额内，也即10000欧的额度内抵销。支持这一观点的论据是，第393条仅在存在侵权损害赔偿请求权的范围内禁止抵销。但是，这是存

---

[18] *Schulz*, AcP 105（1909），1（469 f.）已经指出了这一点。

[19] *Looschelders* SchuldR BT Rn. 884；*Kunkel*, JW 1933, 42（44）.

[20] Vgl. *BGH* NJW 1967, 2012（2013）；NJW 1975, 1119（1120）；NJW 1999, 714；Palandt/*Grüneberg*, § 393 Rn. 3；Staudinger/*Gursky*, 2016, § 393 Rn. 9, 10.

[21] Vgl. Staudinger/*Gursky*, 2016, § 393 Rn. 10；*Finkenauer*, JuS 1998, 986（989）.

在疑问的：R侵害了归属于A的权利，并且根据第816条第1款第1句的侵害型不当得利与损害赔偿请求权竞合，仅请求权的范围有所不同。所以，要求R提起独立的诉讼，禁止其抵销是合逻辑的。

R也不因专家鉴定书的花费而对A享有留置权（第273条第2款）；[22] 因为第273条第2款对于留置权包含与第393条对抵销相同的规定。

二、案例变型

（一）A对R的损害赔偿请求权

基于承揽合同，R负有返还该物的义务。根据第275条第1款，对于R而言，该义务陷于不能［参见上文一之（二）1］，换言之，R不需再为给付。此外，R行为属于故意（第276条第1款第1句、第280条第1款第2句）。因此，A基于第280条第1款、第3款、第283条第1句，享有损害赔偿请求权［损失的数额参见二之（二）］。正如已做说明，本案涉及不法地为自己管理事务。[23] 所以A得根据第678条第2款第1句、第677条、第678条请求损害赔偿。[24] 此外，正如上文所示，根据第823条第1款、第2款，第826条，R同样对A负有损害赔偿责任。

（二）损害赔偿请求权的数额

1. 该画价值60000欧。根据第253条第1款，A特殊的精神利益不予考虑。感情价值（Affektionswert）属于非物质利益（也即对物的特殊偏好或特殊关系），在非物质利益中排除金钱赔偿。在物的侵夺或毁损的情况

[22] 第273条适用于同类型的请求权这一点存在争议——A对R的请求权与R对A的请求权均为金钱请求权。正确的观点认为，如在本案的情况中，也得主张留置权，其不必解释为抵销（但是 *Medicus/Lorenz* SchuldR AT Rn. 228, 295 作此种解释）。因为并无明显理由禁止债权所有人主张留置权；这是其正当权利，将其限于留置权，并通过其他经济方式（例如债权让与）实现其债权（此种正确的观点如 Staudinger/*Bittner*, 2014, § 273 Rn. 106）。

[23] 参见上文一之（二）3。

[24] 通说将无因管理分为适法的无因管理（第683条）与不适法管理（第684条），并且认为第677条仅适用于适法的无因管理，第678条仅适用于不适法管理。而法律并未做此种区分，第678条应当仅为第677条的责任加重，对此应当采与通说不同的观点。当然，结论并无不同［参见案例十一之三（一）1、（二）］。

中，排除对感情价值的赔偿。[25] 即使普遍承认感情利益，那么，涉及家产，特别是对于先祖的画像时，同样应该排除对感情利益的金钱赔偿。对于价值的确定，仅考虑在一般流通中该财产的价款。因此，很明显也应考虑受害人自身支付的、更高的价款。然而，本案并非此种情况。[26]

2. 根据第 249 条第 1 款的差额说，并不取决于被侵夺的标的物，而是取决于侵害对 A 的财产的影响。所以，应当考虑基于画的相互关联性而产生的更高的价值。如果两幅画，每幅仅价值 60000 欧，但组合在一起价值 130000 欧，那么侵夺该画，对 A 的财产造成了 70000 欧的损失。[27]

3. 通常而言，替代给付的损害赔偿指向的是金钱赔偿（第 251 条第 1 款），而非恢复原状。[28] 然而，尽管 A 享有金钱损害赔偿请求权，不受第 249 条第 2 款影响，在替代给付的损害赔偿中，通过具体的损失计算的途径，A 得请求赔偿重置费用［填补买卖（Deckungskauf）］，即使该费用超过该画的价值。根据第 275 条第 2 款，判断加害人的牺牲界限（Opfergrenze）。[29] S 所要求的价款为 70000 欧，超过 60000 欧的价值大概 17%。毫无疑问，须推定 R 承担增加的费用。

据此，R 负担 70000 欧的债务。

---

[25] Palandt/*Grüneberg*, § 251 Rn. 10；*Esser/Schmidt* SchuldR AT II § 30 II 3a；*Lange/Schiemann*, § 2 I 2 a.

[26] 关于以更高的价格买回，参见下文二之（二）3。

[27] 在双件财产中，存在此种情况，另外，也存在于相互关联性的标的物中，例如，在珠宝买卖或在收藏品买卖的情况中；例如，帝国法院判决集其中的某一卷遗失与不属于其中的某一卷遗失就大为不同。在具有相互关联性的标的物中，罗马人就看到应该如何评价的问题：Paulus D. 9, 2, 22, 1：“在评价损害中，同样要考虑与奴隶或动物相互关联的情况。如果有人杀害了戏剧团或歌剧团的一男或女成员，或杀害了双胞胎中之一，或杀害了四驾马车或马骡组合（Maultierpaar）中的一个动物，那么不仅需要评估被杀害奴隶或动物的价值，也必须考虑到，剩余幸存者减少的价值。”［德语翻译参见 *Behrends/Knütel/Kupisch/Seiler*, Corpus Iuris Civilis, II（1995）.］

[28] 例如，参见 RGZ 107, 15（17 f.）；Staudinger/*Schwarze*, 2014, § 283 Rn. 51；*Esser/Schmidt* SchuldR AT II § 28 II 3；MüKoBGB/*Emmerich* Vor § 281 Rn. 2, 7；*Canaris*, JZ 2001, 499（512）.

[29] 不得考虑直接适用第 251 条第 2 款，因为该条仅涉及恢复原状。同样观点参见 *Medicus*, JuS 1969, 449.

案例十一　邻居意想不到的帮忙

——无因管理纠纷

关键词

他人事务　适法管理　强迫得利　事务管理人的责任　适法管理的法律效果

案件事实

A与B是邻居，他们各有一块带花园和住宅的不动产。A去世时，其儿子S正在远游途中，普遍认为S是唯一的继承人。如不立即修缮，在A的住宅上（一栋老破小建筑，价值约100000欧）有发生重大损失之虞。S经常向B表明，他在其父亲死后会修缮该房并居住。为了避免发生重大损失，B委托经营者U，以10000欧的价格修缮该房（该合同符合规定）。在S旅行归来后，一份令所有人都十分惊讶的遗嘱被公之于世，该遗嘱剥夺了S的继承权，并立F(A的友人)为唯一继承人。F经常表示，他要开辟一个大花园；在他取得的下一块不动产上，会用于开辟花园。F非常富有，并且已经有了其他住宅，要求拆除A的住宅，并在该不动产上开辟一个公园。

1. U因施工享有哪些请求权？

2. B享有哪些请求权？

案例变型

在A的不动产上有一堵高约2米的墙，年代久远，是一座古老仓库的残垣，该仓库的其余部分已经倒塌。U来修复住宅时，B同样委托

U拆除该墙，并除去瓦砾，因为他知道，对于S而言，该墙挡路了。此外，B将A花园出产的苹果转让给X，因为他有理由担心，在S回来之前，果实就会腐烂。与此同时，他告诉了X，促使他转让果实的情况。F认为，该墙是罗马遗迹，和他的花园非常匹配；他请求U与B赔偿损失。而关于苹果，F认为，尽管转让果实是理智的，因为众所周知，他不吃水果。但是他很愤怒B的自作主张。所以他请求X返还水果，并返还他已经吃掉水果的价值。

3. 因被拆除的墙，F享有哪些请求权？

4. 因被转让的水果，F享有哪些请求权？

解答

一、U因施工享有的请求权

（一）U对B的请求权

（二）U对S的请求权

1. 第683条、第670条，无因管理的费用补偿

2. 第812条，因不当得利

（三）U对F的请求权

1. 第683条、第670条，无因管理的费用补偿

2. U对F基于第812条的请求权

二、B的请求权

（一）对S的请求权

1. 第683条、第670条，无因管理的费用补偿

2. 基于第812条的请求权

（二）B对F的请求权

1. 第683条、第670条

2. B对F基于第812条、第684条第1句享有的请求权

三、因被拆除的墙，F请求损害赔偿的请求权

（一）向B请求赔偿的请求权

1. 基于第677条（结合第280条）的请求权

2. 基于第677条、第678条或仅基于第678条的请求权

3. 基于第823条第1款的请求权

（二）对U的请求权

1. 基于第677条（结合第280条第1款）的请求权

2. 基于第677条、第678条或仅基于第678条的请求权

3. 基于第687条第2款结合第677条或基于第678条的请求权

4. 基于第823条第1款的请求权

四、因被转让的水果，F享有的请求权

（一）基于第985条，对取得人X的请求权

（二）基于第681条、第667条对B的请求权

一、U因施工享有的请求权

（一）U对B的请求权

因为U与B之间合同的标的是修缮建筑物，并且工作成果主要是维持房屋，所以，根据第650a条第2款，U与B以（消费者）建设合同的形式缔结了一份承揽合同。根据第650i条第2款，缔结该合同须符合规定，包含必要的说明（第650j条以下），该合同符合规定［对此也参见案例八之一（一）1］。根据第631条第1款，U对B享有请求支付工作报酬的请求权。

（二）U对S的请求权

1. 第683条、第670条，无因管理的费用补偿

尽管U相信，其为S工作，修复其房屋；但是，因为该屋实际属于F，因此，U至多是执行了F的事务，不考虑根据第686条基于无因管理而对S享有的请求权。

2. 第812条，因不当得利

因为所修缮房屋不属于S，所以排除S得利。

（三）U对F的请求权

1. 第683条、第670条，无因管理的费用补偿

U修缮了F的房屋，他或因此管理了他人事务，即F的事务。根据第686条，这不因U认为S是所有权人而不成立。问题是U是否真的管理了他人事务，事务管理是否“无因”。

构成要件的“无因”是指事务管理人（U）对无因管理的本人（F）而言，无授权也无义务管理其事务（参见第 677 条）。本案属于此种情况，因为 B 对 U 的委托并不对 F 创设法律关系。U 对 F 管理其事务未受委托。但是，U 是否管理了他人事务呢？修复他人房屋就本身而言是客观的他人事务。[1] 但是，从中也可得出不同的结论，U 对 B 负有管理事务的义务。通过修缮，U 履行了对 B 的义务，并因此照料了自己的事务。在这类情况下，是否也可认为系管理他人事务［“兼为他人事务”（auch-fremdes Geschäft）］，存在争议。本案中，“他人事务”的文义也未给予更多解答，因为修缮既可以是 U 自己的事务，也可以是 U 之外他人的事务。本案中，U 的意思指向也无太大帮助——U 想要管理的是自己的事务还是他人的事务：因为 U 有何种意思，无法确切查明。[2] 最后的解决办法是，将“他人事务”的概念理解为规范的构成要件（normatives Tatbestandsmerkmal）。只有一项事务导致的结果，与整体法秩序的价值相符，那么才得认为，也应当认为其为“他人之事务”。[3]

若在第三人委托的情况下，认可构成他人事务，那么在其他构成要件的成立与否上（本人意思与利益），会得出与不当得利法的价值相矛盾的

[1] 区分客观他人之事务与主观他人之事务。如果一个事务客观上落在他人的权限中——换言之，与事务管理人的意思无关，那么该事务是客观他人之事务：属于此类的有出卖或转让他人之物，实施他人的专利等，支付他人的债务，接受对第三人（如邻居）的赠与。中立事务，其本身不是（客观）他人事务，仅得通过事务管理人外在的、可辨认的意思指向成为（主观）他人之事务。例如，K 以自己的名义购买了一枚稀有的邮票，并表明其意图，该邮票是给 S 收藏的。因此，如果 K 明确表露进行买卖是为了管理 S 事务的意思，那么，S 得根据第 681 条、第 667 条请求 K 返还；vgl. BGH NJW-RR 2004, 81（82 f.）; *Wandt* Gesetzl. Schuldverhältnisse § 4 Rn. 6; *Berg* JuS 1975, 681.

[2] 很明确可以推断，U 并非想要管理 F 的事务，而是想要履行其对 B 的合同义务。

[3] 关于管理他人事务的进一步阐释，参见 *Loyal*, Die „entgeltliche“ Geschäftsführung ohne Auftrag, 2011, 19 ff.; *Wollschläger*, Die Geschäftsführung ohne Auftrag, 1976, 55，并且尤其是 *BGH* JZ 2000, 521ff. 判决［“寻找继承案（Erbensucherfall）”附 *G. Schulze* 的评论］，在该判决中，法院正确地拒绝了将第 677 条及以下适用于费用，该费用因徒然预期订立合同而产生。如果预期订立的合同未能订立，此种费用无法获得补偿，也无法通过无因管理的方式予以补偿。关于寻找继承案也参见 Erman/*Ehmann*, 12. Aufl. 2008, § 683 Rn. 7; *Loyal*, Die „entgeltliche“ Geschäftsführung ohne Auftrag, 2011, 278 ff.

结论：[4] 会得出直索（Durchgriff）的结论，而这恰恰是应当避免的。[5] 为了避免此种矛盾，在履行针对第三人的义务时，必须原则上否认构成他人之事务。[6]

在债务人以可证明的管理他人事务之意思行事，换言之，并非为了履行其合同义务，以至于义务并未被履行完毕的情况下，乃得非常例外地认为构成管理他人事务，尽管存在对第三人的义务。如果债务人给付不是为了履行，而是为了在无因管理中对他人负担义务，供他人使用［无因管理之债的发生原因（obligandi causa），参见下文案例十六之一（一）］，则可适

---

[4] 例如：E 委托经营者 U，在他（E）的不动产上建造一栋建筑物。U 以自己的名义委托 X 建造毛坯房。在 X 完工之后，U 陷入支付不能。X 根据第 683 条、第 670 条，请求 E 返还价值——建造毛坯房符合 E 的利益和意思。如果认为 X 管理了他人事务，也即 E 的事务，那么 E 必须向 X 付款。这就意味着存在直索（Durchgriff，即 X 得跨越三角关系直接向 E 请求不当得利返还——译者注），而根据不当得利法，因补充性规定排除此种直索，参见下文案例十七脚注 4。因为 X 向 U 为给付，U 向 E 为给付。X 仅得限于向 U 请求返还，并且必须为 U 承担 U 负担的支付不能的风险。他或得采保障措施。

[5] 对此参见下文案例十六脚注 12 与案例十七脚注 4。如果与第三人的合同不生效，法律适用状况自然也必须相同，换言之，仅行为人认为对第三人负有管理事务的义务。在这种情况下，适用不当得利法的禁止直索——在两人关系中（当事人间或存在生效的合同或不存在）也不能适用无因管理的规则。vgl. Jauernig/*Mansel* § 677 Rn. 6；*Fikentscher/Heinemann* Rn. 1265；*Medicus/Petersen* BürgerlR Rn. 412；*Looschelders* SchuldR BT Rn. 852；Erman/*Dornis* § 677 Rn. 46 ff., 51；*Canaris* NJW 1985, 2404；*Schubert* AcP 178（1978）, 425（451）；*Gursky* AcP 185（1985）, 31；*Wollschläger,* Die Geschäftsführung ohne Auftrag, 1976, 207 ff.；*Helm,* Geschäftsführung ohne Auftrag, in：Gutachten und Vorschläge zur Überarbeitung des Schuldrechts III, 1983, 335（393）；*Pesch* Jura 1995, 361（364）；*Einsele* JuS 1998, 401 ff.；*Weishaupt* NJW 2000, 1002 f.；*Martinek/Theobald* JuS 1997, 992 f. – A. A. BGHZ 37, 262；39, 90；101, 299；BGH NJW-RR 1989, 970；NJW 1993, 3196；WM 2000, 973；OLG Frankfurt MDR 1987, 233 f.；OLG Hamm NJW-RR 1991, 1303；*Wittmann,* Begriff und Funktionen der Geschäftsführung ohne Auftrag, 1981, 119；*Berg* JuS 1972, 193（195）；*Loyal,* Die „entgeltliche" Geschäftsführung ohne Auftrag, 2011, 287 ff.

[6] 采此种正确观点的参见 OLG Koblenz NJW 1992, 2367；OLG Hamm NJW 1974, 951；LG Landau NJW 2000, 1046；*Falk,* JuS 2003, 833 ff.；*Stamm,* Jura 2002, 730；*Gursky,* AcP 185（1985）, 36 ff.；*Helm,* Geschäftsführung ohne Auftrag, in：Gutachten und Vorschläge zur Überarbeitung des Schuldrechts III, 1983, 335（394）；*Schwerdtner* Jura 1982, 597 ff.；*Enneccerus/Lehmann* § 165 III 3；*Esser/Weyers* SchuldR BT II § 46 II 2d（2）；*Harke* SchuldR BT Rn. 444 f.；BeckOK BGB/*Gehrlein,* § 677 Rn. 16；*Medicus* Gesetzl. Schuldverhältnisse, 175；*Schubert* AcP 178（1978）, 437（443）；*Beuthien* JuS 1987, 847 f.；强烈限制的观点也参见 *Thole* NJW 2010, 1243（1247 f.）.——不同观点参见 BGHZ 61, 363；BGH LM § 677 Nr. 2；NJW-RR 1989, 970；*Larenz* SchuldR BT § 57 I a；*Fikentscher/Heinemann* Rn. 1265；Palandt/*Sprau* § 677 Rn. 7；Jauernig/*Mansel* § 677 Rn. 7；Staudinger/*Bergmann,* 2015, Vorb. § 677 Rn. 320 ff. 然而，此种观点会导致矛盾。

用第 677 条及以下。[7] 但是，此种他人事务之管理很少能被证明，因为必须认为，债务人第一位地是想履行其债务。然而，无论如何，通过同一给付，债务人不能既履行了对债权人的义务，又对本人负担了事务管理人的义务。应当否认“兼为他人事务”的理论。

这也同样适用于政府机关以所谓“无因管理”之名履行单纯公法上的义务，如排除由私人引发的危险。[8] 在此种情况下，适用第 677 条及以下的问题也在于，不应得出与其他法秩序的规则相矛盾的结论。如果政府机关的行为在其职责范围之内，那么费用补偿问题由公法规范，不应通过适用无因管理规避这些规则。[9] 因此，在这些情况下，同样不能认可无因管理，因为行为人没有管理他人事务。在存有公法上义务的情况中，排除政府机关进行了无因管理，因为无法认为政府机关通过其行为不想履行其义务。

在我们的案例中，U 修缮了 A 的屋顶，为了履行其对 B 的义务，所以通过修缮，其管理了自己的事务，而非 F 的事务。U 对 F 并无基于第 683 条、第 679 条而生的请求权。

2. U 对 F 基于第 812 条的请求权

F 或因修缮而得利，并致 U 受损（第 812 条或第 951 条、第 812 条）。通过修缮，U 希望履行对 B 的义务，因此，是对 B 的给付，不是对 F 的给付。因此，仅得考虑非给付型不当得利。相反，B 对 F 为给付，[10] 无因管理

---

[7] Vgl. *M. Wolf*, FS O. Mühl, 1981, 703 ff.

[8] 通行观点通过假设事务管理人管理了“兼为他人之事务”，认为在这种情况下也构成无因管理，Vgl. Palandt/*Sprau*, § 677 Rn. 6; Jauernig/*Mansel*, § 677 Rn.3; MüKoBGB/*Schäfer* § 677 Rn. 38; BGHZ 40, 28（消防队扑灭了火灾，基于无因管理向引起火灾的人追偿）; BGHZ 63, 167（在一起交通事故中，消防队提供了救助，基于无因管理向引起事故的人请求补偿费用）; BGHZ 65, 354（道路建设机关排除了一起危险的道路污染，基于无因管理向引起污染的人请求补偿费用）; LG München NJW 1967, 898（公安拖走了违规停放的汽车，基于无因管理请求补偿费用）。

[9] 采此种正确的观点如 *BSG* NJW-RR 2001, 1282; *Larenz* SchuldR BT § 57 I a; *Medicus* Gesetzl. Schuldverhältnisse, 175 ff.; *Esser/Weyers* SchuldR BT II § 46 II 2d（1）; MüKoBGB/*Schäfer* Rn. 100 vor § 677; *Fikentscher/Heinemann* Rn. 1264; *Looschelders* SchuldR BT Rn. 850; *Helm*, Geschäftsführung ohne Auftrag, in: Gutachten und Vorschläge zur Überarbeitung des Schuldrechts III, 1983, 335（395）; *Schubert* NJW 1978, 688; *Schwerdtner* Jura 1982, 596; *Schoch* Jura 1994, 241（245）; *Pesch* Jura 1995, 361（364 ff.）; *Giesen* Jura 1996, 225（234 f.）; *Martinek/Theobald* JuS 1997, 992（997 f.）; *Lorenz* NJW 1996, 883. BGHZ 109, 354 ff 与迄今为止的判例不同。

[10] 尽管 B 希望向 S 为给付，然而，根据第 686 条，是对 F 的给付。

之债的发生原因，[11] 为了嗣后从 F 处获得其费用的补偿。换言之，F 因 B 的给付获得了修缮，所以根据补充性原则，他对 U 并不因非给付型不当得利而承担责任。[12] 排除 U 对 F 的直索。

二、B 的请求权

（一）对 S 的请求权

1. 第 683 条、第 670 条，无因管理的费用补偿

通过修缮，B 希望管理 S 的事务，然而，根据第 686 条，其管理了 F 的事务，因为 F 是本人。该请求权不成立。

2. 基于第 812 条的请求权

因为通过 B 的行为，S 并未获利，该请求权不成立。

（二）B 对 F 的请求权

1. 第 683 条、第 670 条

B 让 U 修缮 F 的房屋，通过此种方式，B 管理了客观的他人之事务（F 的事务）。B 也有管理他人的意思，他并不想管理自己的事务。[13] 事务之管理首先必须符合本人的客观利益。[14] 无因管理的本人是 F，即使 B 误认为 S 为本人（第 686 条）。此种利益可以从整体可辨认的情势中加以确定。正如从其表示中可知，F 的利益在于建设花园。对此，如果 F 取得的是没有建造房屋的不动产，当然是更为有利的。（但事实上，他取得的不动产上有房屋。）而拆除房屋——从纯经济角度看来——是不利的。因此，或许可以认为，修缮房屋完全符合 F 的客观利益。

---

[11] 参见案例十六之一（一）。

[12] 参见案例十七之三（三）。

[13] 在客观他人事务的情况中，根据通说，如果没有特殊迹象表明，无因管理人想要将他人事务作为自己事务加以管理（参见第 687 条），那么得推定存在为他人管理事务之意思。相反，在中立事务中，必须证明为他人管理事务之意思；Vgl. *Larenz* SchuldR BT § 57 I a；Palandt/*Sprau*, § 677 Rn. 5；BGH NJW-RR 2004, 81 ff.；而在采“兼为他人事务”的理论的学者中，则对是否得推定为他人管理事务之意思存在争议，例如 BGHZ 98, 23 ff.；Palandt/*Sprau*, § 677 Rn. 6；*Fikentscher/Heinemann*, Rn. 1265. 正确地反对做任何推定，并且认为在个案中均应具体证明为他人管理之意思，*Pesch*, Jura 1995, 361；*Loyal*, Die „entgeltliche“ Geschäftsführung ohne Auftrag, 2011, 48；*Thole* NJW 2010, 1243（1247）.

[14] 关于客观利益，vgl. *Janssen*, NJW 1995, 624.

但是，这一判断可能过于侵害 F 的处分自由（Dispositionsfreiheit）。不应允许第三人基于本人的客观利益悖于本人的处分。[15] 因此，根据通说，除真实意思与推定的意思外，第 683 条中的“利益”构成要件并无其他意义。[16] 但这毕竟不符合法律的文义，因为在意思之外，利益被规定为独立的构成要件。如果基于法律的文义，那么本人利益的范围必然会过宽，甚至兴趣与爱好也包括在符合利益的范围内；所以，本人的利益进一步与他的意思相一致。仅在（本人的）计划完全非理性、经济上会造成高额损失时，才得认可违反其利益。例如，如果收藏家因收藏热情挥霍其财产，以过高的价格支付价款。[17] 而在本案中，拆除建筑并不违反 F 的利益。所以，修缮反而不符合其利益。此外，修缮房屋也违反了 F 的真实意思。F 想要在最近取得的不动产上开辟花园，而不愿维护房屋。B 既未能认识也不能认识到此种意思，这并不造成影响。具有决定性意义的是，此种意思可被辨认，即使对于 B 而言无法认识。这源自第 678 条，该条明显区分了客观可辨认的意思与对于事务管理人而言的可辨认性。因为 F 的真实意思存在——不予修缮，不再考虑推定的意思。因此，第 683 条的要件不成立，B 对 F 不享有基于第 683 条、第 670 条而生的请求权。

2. B 对 F 基于第 812 条、第 684 条第 1 句享有的请求权

基于第 812 条、第 684 条产生的请求权，是在第 812 条第 1 款第 2 句第 2 支项中规定的目的不达型不当得利（condictio ob rem）的适用情形，该不当得利涉及的情况是，提供未负担的给付是为了实现某一目的，而该目的未发生。第 684 条表明，即使没有该条款，也适用如下规定：第 812 条第 1 款第 2 句第 2 支项的目的不达型不当得利同样包括，有人作为无因管理的事务管理人向本人为给付，并预期其得根据第 683 条取得补偿费用请求权，但此种预期并未实现，因为事务管理不符合本人的利益或意思。[18]

---

[15] 例如，有朋友出卖收藏家的邮票，因为他认为集邮没有意义——从客观与经济的角度看来；vgl. *Medicus* Gesetzl. Schuldverhältnisse, 170 f.

[16] Vgl. *Brox/Walker* SchuldR BT § 36 Rn. 22–28；*Medicus/Petersen* BürgerlR Rn. 422；*Fikentscher/Heinemann* Rn. 1267；*Harke* SchuldR BT Rn. 448；BeckOK BGB/*Thole* § 683 Rn. 25；*Esser/Weyers* SchuldR BT II § 46 II 3a：人无法违反对方意思而使其开心。

[17] 如 *Larenz*, II/1, § SchuldR BT § 57 I a；在这种情况下，为收藏人以过高的价格取得收藏标的物的第三人，不得基于第 683 条、第 670 条请求补偿其费用，即使买卖符合收藏人的意思。

[18] 参见 *Wieling* BereicherungsR § 3 I 2a 的 2 a，以及案例十六之一（一）。

如果认为在第684条中规定的完全是准用，那么其为构成要件的准用，[19]得适用第812条第1款第2句第2支项，而且例如第815条、第817条也得适用。

F获得了对其房屋的修缮，并且是通过B的给付。B意图基于第683条、第670条请求本人补偿其费用，因此，基于无因管理之债的发生原因（obligandi causa，对无因管理的本人负担义务）也即事务管理的原因（negotii gerendi causa），向F为给付。[20]B设置的此种给付目的没有实现，因为B并未基于第683条、第670条对F取得费用补偿请求权（参见上文1）。因此，B无法律上之原因而向F为给付。第812条第1款第2句第2支项的要件成立（作为目的不达型不当得利的给付型不当得利）。

因为修缮的给付无法返还，得根据第818条第2款进行价值偿还。然而，该请求权或因第814条而被排除，因为B在给付的时候明知，其对本人并未负担给付义务。然而，这并不正确，因为根据其明确的文义，第814条仅适用于给付原因是清偿的情形（提供给付是为了清偿债务），换言之，仅得适用于第812条第1款第1句第1支项的非债清偿型不当得利。意识到并未负担债务而履行债务的人，不得请求不当得利返还，请求返还是自相矛盾的行为（venire contra factum proprium）。[21]相反，在以事务管理的原因而为的给付中，给付人总是知道其并未负担债务，请求返还费用也不是自相矛盾的行为。[22]

问题在于，应当如何评估房屋修缮的价值，换言之，F最终对B负担什么，或得从修缮的客观价值出发，例如F通过出卖所能实现的不动产升值（Wertsteigerung）。然而，F并不打算出卖不动产，他拆除了修缮的

---

[19] 正确的见解如 *Fikentscher/Heinemann*, Rn. 1487; BeckOK BGB/*Thole* § 684 Rn. 6; *Harke* SchuldR BT Rn. 449; *Gursky* AcP 185（1985），31（40）; *Henssler* JuS 1991, 924（927 f.）; *Loyal* JZ 2012, 1102. 尽管目的不达型不当得利请求权的构成要件也从第684条结合第683条得出，但是，如果采法律效果的准用的观点，会导致排除第815条、第817条的适用，这是不恰当的，并且是立法者所不愿看到的。但是采法律效果的准用，参见 BGH WM 1976, 1060, OLG Hamm NJW-RR 1991, 1303; Jauernig/*Mansel* § 684 Rn. 1; Palandt/*Sprau* § 684 Rn. 1; MüKoBGB/*Schäfer* § 684 Rn. 6 追随此种见解。

[20] 而非如第685条意义上的赠与之原因（donandi causa）。关于这些目的参见 *Wieling* BereicherungsR § 3 I 2.

[21] 基于第814条排除不当得利的理由并非在于第242条，而在于给付人通过有意识的非债给付，设置了一个法律行为的保有原因，vgl. *Wieling* BereicherungsR § 3 III 1c aa Fn. 15.

[22] 采此种正确的观点如 BGH JZ 1976, 23; *Medicus/Petersen* BürgerlR Rn. 952; *Koppensteiner/Kramer* 166 ff.

房屋，所以通过修缮，他并未获得利益。本案中，涉及强迫得利的问题（aufgedrängte Bereicherung），得利人既不希望得利，在经济上也不愿利用该得利。本案中，以修缮的客观价值为基础，或有违公正，因为该价值对 F 并无益处。尽管 F 或可通过出卖等方式实现其价值，但是无人得强迫 F 处分其不想处分的财产。唯有不计算给付的客观价值，而是根据得利人的财产关系主观确定其价值，才能得出令人满意的结论。换言之，需要问的是，根据第 818 条第 3 款，该给付对得利人而言价值为多少，才符合其财产状况与财产处分计划。[23]F 想要在不动产上开辟花园，拆除旧住房。因此，根据其财产处分计划，修缮对其毫无价值。因为 F 并未从 B 的给付中得利，所以其对 B 不负担义务。

三、因被拆除的墙，F 请求损害赔偿的请求权

（一）向 B 请求赔偿的请求权

1. 基于第 677 条（结合第 280 条）的请求权[24]

需要符合哪些要件，才得适用第 677 条，对于这一问题存在争议。通说区分适法无因管理与不适法无因管理。当第 683 条的构成要件成立，换言之，事务之管理符合本人利益，且符合本人真实或可推知的意思时，应构成适法无因管理；只有在这种情况下，才在当事人间产生“无因管理”的法律关系。如果第 683 条的要件不成立（“不适法无因管理”），则不应产生“无因管理”的法定债之关系。[25] 据此，第 677 条仅适用于适法无因

[23]　采此种正确的观点如 *Esser/Weyers* SchuldR BT II § 51 I 4e；*Fikentscher/Heinemann* Rn. 1521；*Koppensteiner/Kramer* 166 ff. Jedoch sind im Rahmen des § 242 auch die Interessen des Verwendenden zu berücksichtigen, vgl. *Wieling* SachenR I § 12 V 4b aa, bb, 而在本案中，并不会导致不同的结论。

[24]　除第 677 条外，也可以把第 280 条第 1 款作为请求权基础，然而，这是多余的。《德国民法典》第二委员会（Protokolle 3028, *Mugdan*, II, 1193）认为第 677 条不包括基于积极侵害债权所生的损害赔偿请求权（正如其在第一草案第 749 条所规定的那样），而仅规定事务管理人义务的内容，这是有利的。关于这一问题，委员会基于正确的与当时公认的构成要件，认为有过错的违反义务总是会导致损害赔偿。第 280 条第 1 款第 2 句的证明规则同样适用于基于第 677 条产生的请求权：债务人负有证明其对损害结果的发生不负有过错的证明责任。

[25]　例如 *Enneccerus/Lehmann*, § 165 II；*Fikentscher/Heinemann*, Rn. 1260；Jauernig/*Mansel*, Rn. 5 vor § 677；*Medicus/Petersen* BürgerlR Rn. 422；*Larenz* SchuldR BT § 57 pr. mit Lit. in Fn. 3；*Wandt* Gesetzl. Schuldverhältnisse § 2 Rn. 10 f.

管理，[26] 而不适用于不适法无因管理。这就导致了适法无因管理人负担第677条所规定的责任，而相反，不适法无因管理人却无需负担的奇特结论。有其他观点意图在不适法无因管理中同样适用第677条，其理由是不适法无因管理人不应优于适法无因管理人。[27]

必须否定对适法无因管理与不适法无因管理的区分，这有违法律，并且对简明的法律规范做了完全多余的复杂解读。立法者在条文的最后（在第683条中）才规定了成立债之关系的要件，此种设想已经足以避免前述观点的产生。立法者的意思在立法资料中非常明确：第677条规定了“无因管理”债之关系的产生（无委托而为他人管理事务）作为事务管理人的请求权与本人请求权的前提。[28] 但事务管理人的请求权仍以第683条规定的其他要件为基础：在这种情况下，事务管理（negotium gestum）必须是有效管理（negotium utiliter gestum），[29] 以防本人因不可预期的干涉而利益受损。[30]

（1）如果基于法律规则，那么可以认为，须适用第677条，因为B希望通过对U的委托（拆除墙壁）管理他人事务。这既不符合本人F的利益也不符合F的意思。但是，B对此并不知且不应知，对其不应课以第276条意义上的过错。因此，B不承担第677条的责任。

（2）如果基于通说，那么须区分适法的无因管理与不适法的无因管理。在不适法的无因管理中，同样得适用第677条的观点，会导致与（1）中相同的结论。而对于认为第677条仅适用于适法无因管理的观点，则仍需检验其是否成立。

通过对U委托拆除墙壁，B意图管理他人事务。B的行为必须符合F的利益和F真实或可推知的意思，方得认为基于第683条构成适法无因管理。F想要在不动产上开辟一个公园。在这种情况下，拆除墙壁不符合F

[26] Vgl. *Fikentscher/Heinemann*, Rn. 1281; Jauernig/*Mansel*, Rn. 5 vor § 677; *Larenz* SchuldR BT § 57 II a; *Medicus/Petersen* BürgerlR Rn. 432.

[27] Palandt/*Sprau*, Rn. 5 vor § 677; *Looschelders* SchuldR BT Rn. 877.

[28] Motive II 855 f. 正确的观点参见 *Helm*, Geschäftsführung ohne Auftrag, in: Gutachten und Vorschläge zur Überarbeitung des Schuldrechts III, 1983, 335（365 f.）; *Wollschläger*, Die Geschäftsführung ohne Auftrag, 1976, 45 ff., 274; MüKoBGB/*Seiler*, 6. Aufl. 2012, Rn. 2, 8 und 12 vor § 677; BeckOK BGB/*Thole* § 677 Rn. 77, 148; *Pesch* Jura 1995, 361（363）; *Loyal* AcP 212（2012）, 364.

[29] 是有利的事务管理，即给本人带来利益的事务管理。

[30] Motive II, 860 f.; Protokolle 3055 ff.（*Mugdan*, II, 480 f., 1195）.

的利益。同样无法查明，F 具有让 B 拆除墙壁的真实意思，也无证据表明 F 有此种可推知的意思。因此，须否认 B 构成适法无因管理。因此，根据此种观点，也排除 F 基于第 677 条对 B 享有的请求权。

2. 基于第 677 条、第 678 条或仅基于第 678 条的请求权

根据立法者的意思及对这些条款无偏见的解读，第 678 条并非请求权基础，而是第 677 条所生义务的责任加重条款。通说区分适法与不适法的无因管理，认为第 678 条是不适法无因管理人的责任条款，而第 677 条仅适用于适法无因管理。在这两种情况下，结论是相同的。根据第 677 条、第 678 条或仅根据第 678 条，事务管理人对本人负有损害赔偿义务，如果其应知所为事务违反本人的真实意思或可推知的意思。根据第 122 条第 2 款中对“应知”的法律定义，事务管理人应对每种过失负责。

B 认为 S 为本人，他也应如此认为。B 不知且不应知，F 为继承人，且因此是本人。因此，B 不知且不应知本人 F 的意思与拆除墙壁相悖。在这个意义上，无法对 B 课以过错，因此，B 不因第 678 条负有责任。

3. 基于第 823 条第 1 款的请求权

通过委托拆除墙壁，B 因 U（作为工具）侵害了 F 的所有权。可能需要考虑无因管理作为侵害权利的正当事由：如果在 B 管理事务中，构成第 683 条规定的有效管理（换言之，如果 B 作为通说意义上的适法管理人而行为），那么拆除行为不是不法侵害所有权。[31] 然而，该要件不成立［参见上文 1 之（2）］。因此，侵害权利构成不法。问题是 B 的过失。B 应认为 S 为本人，且也应认为拆除墙壁是为 S 而为。其不应知 F 及其计划。因此，B 行为无过失，不对 F 负有责任。

（二）对 U 的请求权

1. 基于第 677 条（结合第 280 条第 1 款）的请求权

其前提为须存在 U 为 F 管理事务，而在其管理中，U 有过失地对 F 造成了损害。然而，在上文一之（三）1 中，已经明确，如果事务管理人受第三人（B）委托，那么不构成无因管理。因此，第 677 条所生的责任不成立。

2. 基于第 677 条、第 678 条或仅基于第 678 条的请求权

第 678 条以在管理事务中存在过失为前提。但是，U 与 B 相同，不应

---

[31] 仅参见 *Larenz* SchuldR BT § 57 I b bei Fn. 44; Palandt/*Sprau*, Rn. 11 vor § 677.

知 S 不是本人，F 才是本人，并且 F 不同意拆除遗迹。因此，U 因第 678 条所生的责任不成立。

3. 基于第 687 条第 2 款结合第 677 条或基于第 678 条的请求权

只有 U 有意将他人事务当作自己的事务管理，请求权才成立。U 是否完全管理了他人事务，存在疑问。[32] 虽然他一方面拆除了 F 的墙，因此，管理了客观上属于 F 负责的事务；另一方面，通过拆除行为，其意图履行对 B 的义务，并因此管理了自己的事务。本案中，也应当从规范角度理解他人事务的概念：第 687 条第 2 款意图保护权利人的法域（Rechtskreis）免受有意的侵害。如果侵害人受第三人委托，此种保护当然同样是必需的；所以，为了保护权利人，也必须承认管理了他人事务。因此，U 管理了第 687 条第 2 款意义上的他人之事务。[33] 但是，第 687 条第 2 款所生之请求权的前提是，U 有意将他人事务当作自己事务加以管理。并非每个侵害他人事务的人均将他人事务当作自己事务加以管理。他必须为了自己的利益而管理他人事务，只有这样才构成第 687 条第 2 款。[34] 但是，本案中，U 通过拆除墙壁，仅履行了其与 B 的合同，并无除此以外的利益；因此 U 没有将事务当作自己事务加以管理。

4. 基于第 823 条第 1 款的请求权

通过拆除墙壁的行为，U 侵害了 F 的所有权。第 683 条的要件成立（有效管理），换言之，如果 U 作为通说意义上的适法事务管理人而行为，那么侵害权利具有合法性。因为此种无因管理构成正当性事由。但是，拆除墙壁对于 U 而言不构成有效管理［参见上文（一）1（2）］。因此，侵害权利具有违法性。问题在于 U 的过错。如果 U 既不知也不应知，该墙壁不属于委托人 B，则不存在过失。但是，即使 U 知晓 B 意图管理他人事务，也不应认为绝对构成过失。对于 U 过失的构成，必要的是 U 应知 B 管理事务不适法；因为过失同样包括违法性。但是，由于 B 自身也应认为 S 是

[32] 参见上文一之（三）1。

[33] 在这种情况下，对“他人事务”概念的解释会导致不同于上文一之（三）1 的结论。上文中涉及的问题是，在第三人委托中，受托人是否管理他人事务：如果受 B 委托的 U 管理了 F 的事务。为了避免对 F 的直索，应当否认对于 U 而言构成了他人事务。此处的问题虽然相同：对 U 而言，在 B 的委托下拆除墙壁是否构成了他人事务。但所涉及的实质问题则不同：并非会否构成无因管理的问题，而是根据第 687 条第 2 款产生损害赔偿的问题。为了保护权利人 F，第 687 条第 2 款同样必须适用于第三人委托的情况，因此，必须承认他人之事务。

[34] Vgl. *Larenz* SchuldR BT § 57 II b; *Brox/Walker* SchuldR BT § 38 Rn. 4 ff.

继承人，且拆除墙壁实现了 S 的利益，所以 U 不知拆除墙壁行为的违法性。U 对 F 不负有责任。

四、因被转让的水果，F 享有的请求权

（一）基于第 985 条，对取得人 X 的请求权

X 是水果的占有人。根据第 953 条，F 因分离而成为所有权人。由于 B 向 X 转让水果，F 或已经丧失所有权。B 作为无处分权人为处分；因为通过 B 的告知，X 知道 B 不是所有权人，所以排除 X 根据第 932 条善意取得所有权。只有 B 的转让行为根据第 683 条构成对 F 实施的有效的事务管理，且此种无因管理赋予事务管理人第 185 条第 1 款意义上的处分权限时，B 的处分才得有效。

对于 B 而言，转让水果是他人事务；这也符合 F 的利益，正如 F 自己承认的。在转让的时点，转让行为也符合 F 可推知的意思；这点 F 也承认，并且这一点也不因 F 嗣后由于对 B 自作主张的愤怒改变了其意思而造成改变。具有决定性意义的是，在事务管理的时间点上的意思。因此，符合第 683 条的构成要件。

问题是，此种适法管理是否赋予事务管理人代理权限或处分权限。通说不认可这一点。[35] 根据通说观点，不应赋予事务管理人向本人请求追认其行为的请求权。[36] 据此，F 得请求 X 返还原物，X 对 B 享有损害赔偿请求权，B 得请求 F 使其免于 X 的请求权。[37] 换言之，F 取得了水果，相应地，最后必须向 X 支付水果的价值。整个过程在经济上无意义，因为 F 也得以相同的价格从市场上取得商品。

根据鲍尔（Baur）所持的观点，[38] 第 683 条要件下的事务管理不仅补正了违法性，也赋予事务管理人在第 677 条意义上事务管理的通常范围内所必需的代理权限或处分权限。鲍尔基于显而易见的思想认为，任何负有义

[35] 例如参见 *BGH* NJW 1951, 398；BGHZ 17, 188；LM § 683 Nr.2；*Larenz* SchuldR BT § 57 I b；*Esser/Weyers* SchuldR BT II § 46 II 4a；*Wandt* Gesetzl. Schuldverhältnisse § 8 Rn. 7；BeckOK BGB/*Thole* § 677 Rn. 53.

[36] BGH NJW 1951, 398；追随这一判例的观点见 Jauernig/*Mansel*, Rn. 4 vor § 677.

[37] 如 BGH NJW 1951, 398。

[38] *Baur* JZ 1952, 328 ff.

务的人，也同样享有法律权限，以履行其义务。鲍尔通过一系列法律规范证明了这一点。[39] 基于第 677 条以下可以认为，事务管理人应当管理本人的事务，但他也必须按法律规定进行管理，避免对其负有损害赔偿义务。本案中，如果 B 照料 F 的水果，并因此根据第 677 条负有转让的义务，那么，他也必须有此处分权限。法律规范不应使其负有为违法行为的义务。如果 B 负有转让义务，而无相应的权限，那么 B 不可避免地会侵害买受人的权利，行为有意违法，并会对其自身产生损害赔偿义务。

因此，通说采违法行为的义务，该说违反了法秩序。鲍尔的观点避免了这一点，并且因为该观点导致的结论比通说更令人满意且更简明，所以应当优先采此种观点。换言之，因为 X 根据第 929 条、第 185 条第 1 款取得了所有权，所以对 F 不负担义务。

（二）基于第 681 条、第 667 条对 B 的请求权

根据第 681 条、第 667 条，F 得向 B 请求返还从 X 处获得的买卖价款。

[39] 例如，第 986 条，发现人作为事务管理人，担心货物腐败，且转让行为是必需的，那么发现人有通过公开拍卖的方式移转所有权的权限。进一步的，例如，参见《德国商法典》第 379 条第 2 款、第 388 条第 2 款、第 391 条。

案例十二　后果严重的汽车驾驶

——紧急无因管理

关键词

紧急无因管理　道路交通中的自甘风险　费用概念与事务概念

案件事实

A与B喝了很多酒，庆祝通过了学徒满师考试。当他们打算起身回家时，A已经完全喝醉了（血液酒精含量2.24‰）。尽管如此，A仍然开车。B没那么醉（1.5‰），起初劝说A别开车，但完全没有效果；A发动了汽车。B将A赶到副驾驶的位置，自己开车，A非常不情愿。在开车路上，B由于醉酒，受到一只横穿马路的小鹿的惊吓，以至于突然转向左车道，左车道迎面开来L的卡车。如果相撞，对于轿车的乘客而言是致命的，对于L而言则没什么危险，为了避免相撞，L必须右转穿过路的边缘；卡车翻下一个小斜坡，并且完全毁损；L受伤。尽管如此，B仍无法控制汽车；他也翻下了斜坡，A死亡。B受伤，汽车报废。不久之后，出诊的医生D路过事故现场。他包扎了失去意识的L。因为D的包扎材料用尽，他向路过的汽车司机X要了“急救包”，并用X的包扎用品包扎了同样失去意识的B。

1. E是A的继承人，请求B赔偿受损的轿车。

2. L请求B与E赔偿卡车，以及他因受伤所产生的费用。

3. B请求E赔偿其损失。

4. D请求医生的报酬。

5. X请求赔偿包扎用品。

解答

一、E 向 B 请求赔偿受损轿车的请求权

（一）基于第 677 条、第 1922 条产生的请求权（结合第 280 条第 1 款）

（二）基于第 677 条、第 678 条或仅基于第 678 条产生的请求权

（三）基于第 823 条第 1 款的请求权

二、L 的请求权

（一）L 向 B 请求赔偿受损卡车的请求权

1. 基于第 823 条第 1 款的请求权

2. 基于《德国道路交通法》第 7 条第 3 款的请求权

3. 基于《德国道路交通法》第 18 条第 1 款的请求权

4. 基于第 683 条、第 670 条的请求权

（二）L 因受伤对 B 享有的请求权

1. 请求赔偿受伤费用的请求权

2. 请求精神损害抚慰金的请求权

（三）L 对 E 请求赔偿卡车的请求权

1. 基于第 823 条第 1 款和第 1922 条的请求权

2. 基于《德国道路交通法》第 7 条第 1 款和第 1922 条的请求权

3. 基于第 683 条、第 670 条和第 1922 条的请求权

（四）L 因受伤对 E 享有的请求权

三、B 向 E 请求赔偿其损害的请求权

（一）基于身体受侵害的损害

1. 基于第 683 条、第 670 条和第 1922 条的请求权

2. 基于第 823 条第 1 款和第 1922 条的请求权

（二）B 向 E 请求免于对 L 的责任的请求权

1. 基于第 823 条第 1 款和第 1922 条的请求权

2. 基于《德国道路交通法》第 7 条第 1 款和第 1922 条的请求权

3. 基于第 426 条第 1 款的请求权

四、D 请求医生报酬的请求权

（一）针对 L 的请求权，第 683 条、第 670 条

（二）针对 B 的请求权，第 683 条、第 670 条

（三）因对 L 实施医疗行为而对 E 和 B 产生的请求权，第 683 条、第

670 条

五、X 请求赔偿包扎用品的请求权

（一）对 D 的请求权

1. 基于买卖合同的请求权

2. 基于第 812 条的请求权

（二）基于第 683 条、第 670 条对 B 的请求权

一、E 向 B 请求赔偿受损轿车的请求权

（一）基于第 677 条、第 1922 条产生的请求权（结合第 280 条第 1 款）

1. 根据法律规定，该请求权仅以 B 意图为 A 管理其事务为要件。[1]B 意图开 A 的车送 A 回家，这意味着，B 管理了客观上属于 A 负责的事务。B 开车翻下了坡，并使得车辆毁损，B 因此违反了其所负担的管理事务的义务。此种义务违反或有过错；尽管 B 知道自己无驾驶能力，但仍然开车。根据案件事实，如果 B 未醉酒，那么不会引发事故。B 行为有过失。

但是，本案中可能涉及第 680 条规定的责任限制。在“紧急无因管理（Notgeschäftsführung）”中（这意味着，事务管理人行为是为了避免威胁本人的紧急危险），法律规定事务管理人仅对重大过失负责。通过这一规定，来避免他人不敢为帮助行为。完全醉酒的 A 开车，会对自己与其他交通参与人造成危险，本案中存在此种风险。[2] 此种风险同样是紧急的，因为稍一迟延就可能导致损害。B 为了避免此种风险而行为。因此，在履行其所负担的义务中，B 仅对重大过失负责。

以非同寻常的严重方式违反在交往中应尽的注意的人，其行为负有

[1] 本书观点与通说不同，通说认为以适法无因管理为要件，参见上文案例十一之三（一）1 开头的分析。关于好意施惠搭车中的责任问题，参见 *Hirte/Heber*, JuS 2002, 241 ff.

[2] 当然，第 680 条不要求真实的风险。事务管理人推测存在风险（无重大过失），并为避免该风险而管理事务，即足以构成，Vgl. OLG Hamm Schaden-Praxis 2000, 367 f.；Palandt/*Sprau*, § 680 Rn.2；Jaunerig/*Mansel*, § 680 Rn.2；*Wandt* Gesetzl. Schuldverhältnisse § 5 Rn. 69；BeckOK BGB/*Thole* § 680 Rn. 10 f.；*Looschelders* SchuldR BT Rn. 875；；不同观点参见 MüKoBGB/*Schäfer* § 680 Rn. 7；Staudinger/*Bergmann*, 2015, § 680 Rn. 13. 第 680 条的文义进一步表明，在实际存在风险时，并不要求帮助行为必须排除风险。在帮助行为无效时，同样得适用第 680 条，以有利帮助人，vgl. BGHZ 43, 192.

重大过失。如果司机血液酒精含量达 1.5‰，仍然开车，那么原则上必须承认构成重大过失。因此，B 行为可能构成重大过失。然而，必要注意的标准也取决于个案：在非同寻常的情况中，可能无法期待与要求如通常情况下相同的注意。[3] 本案的情况对 B 而言是特殊的、不同寻常的情况：一方面，他必须保护 A 免受损害，尽管这有违 A 的意思；另一方面，必须即刻提供帮助，无任何考虑时间，因为 A 已经启动车辆。尽管 B 也可以通过其他方式处理这种风险，例如拔掉车钥匙，[4] 但是，因为 B 必须立即行动，所以 B 采用了不那么适当的方式，自己开车，不能对其课以重大过失。[5] 因此，B 的行为不构成第 677 条、第 680 条意义上的重大过失，而仅具轻过失。

但是，问题是，根据其所处的危险境地，对 B 作双重优待的考量，B 是否因这一决定而受到不恰当的优待：第一次是根据第 680 条将其责任限于重大过失；继而第二次又否认构成重大过失。B 因急迫的风险而必须立即行为的事实，给 B 带来了双重优待。德国联邦最高法院认为，此种双重优待有违第 680 条的意义与目的，并且是不被允许的。[6] 应当反对此种观点。[7] 在其看来，此种双重优待正是法律目的：第 680 条理应激励人们在危险中提供帮助。但是，如果在判断过失时，不再考虑危险境地，那么总是会认为构成重大过失，并认为帮助者需承担责任。在判断过失中，需考虑各方面情况，这也是公认的。这些论证具有说服力；不能反对对危险境地作双重考虑。[8] 如果采德国联邦最高法院的观点，那么，必须在无任何理由的情况下，认为存在某一案件事实，在判断过失的时候需要考虑这一案件事实，唯有通过此种方式，才得避免不公正的结论；但是此种事实超越了法律在第 680 条中所规定的案件事实。

2. 如果基于通说，区分适法与不适法无因管理，并且第 677 条仅在适法无因管理中方得适用［参见上文案例十一之三（一）1］，则必须检讨，

[3] Vgl. *Larenz* SchuldR AT § 20 III; BeckOK BGB/*Thole* § 680 Rn. 14.

[4] 也无法呼叫警察，正如 BGH 所认为的（JZ 1972, 164）。

[5] Vgl. BGH JZ 1972, 164；赞同的观点参见 *Gursky* JuS 1972, 637（639）; *Berg* JuS 1975, 681（687）.

[6] BGH JZ 1972, 164; Palandt/*Sprau*, § 680 Rn.3 同样采此种观点。

[7] Vgl. *Gursky* JuS 1972, 539（640）; *Dietrich* JZ 1974, 535（536 f.）.

[8] 参见上文脚注 3。

B 的事务管理是否根据第 683 条符合 A 的利益与意思。

B 意图开 A 的车，将 A 送回家，这意味着，处理客观上由 A 负责的事务。B 须以 A 的利益及其意思承担了客观他人之事务。B 违反 A 的意思将其从驾驶座赶走，因此，他的行为或违反了 A 的真实意思。可是，A 由于醉酒，不能形成理性、具有法律重要性的意思。但是，B 行为违反了 A 的利益与可推知的意思。由一个血液酒精含量达 1.5‰的司机开车，必然不符合 A 的利益；A 可推知的意思也与之相反。因此，B 的行为不构成适法无因管理，不涉及第 677 条、第 683 条的适用问题。

（二）基于第 677 条、第 678 条或仅基于第 678 条产生的请求权

根据法律规定，第 678 条仅是第 677 条所生请求权的责任加重。通说认为，第 678 条为不适法的无因管理提供了请求权基础。[9]

B 须明知承担事务（Geschäftsübernahme）有违 A 可推知的意思，或因过失而误认了 A 可推知的意思。B 明知他自己也严重醉酒。他应当知道，由他在这种状态下开车，不符合 A 可推知的意思。所以，第 678 条的要件成立。

但是，本案又涉及第 680 条的责任优待，所以 B 仅在因重大过失而不知其事务管理有违 A 可推知的意思时，方承担责任。[10] 基于上述（一）1 中的理由，B 误认 A 可推知的意思，不构成重大过失，根据第 680 条，B 不因第 678 条承担责任。

（三）基于第 823 条第 1 款的请求权

B 侵害了 A 对轿车的所有权。如果构成第 683 条意义上的有效管理（也即通说意义上的适法无因管理），那么此种权利侵害具有正当性。[11] 然而，本案非属此种情况，参见上文（一）2。所以，B 行为不法。

尽管 B 完全不具驾驶能力（血液酒精 1.5‰），但是其仍驾驶轿车。由

---

[9] 参见上文案例十一之三（一）2。

[10] 第 680 条不仅适用于第 677 条规定的施行过失（Durchführungsverschuld），也同样适用于第 687 条规定的承担过失（Übernahmeverschulden），Vgl. BGHZ 43, 193；OLG Hamburg, VersR 1984, 753；*Larenz* SchuldR BT § 57 II a；*Wandt* Gesetzl. Schuldverhältnisse § 5 Rn. 71；Palandt/*Sprau*, § 680 Rn. 1.

[11] 参见上文案例十一之三（一）3。

于其过失行为，导致车辆毁损：因为小鹿的突然出现，B 驾驶失控，根据案件事实，如果 B 未醉酒，那么此种情况不会发生。因此，第 823 条第 1 款的要件成立。

但是，此种情况下，同样可能涉及第 680 条的责任限制。第 680 条也得适用于侵权法。[12]B 通过其行为意图处理急迫的危险，这一事实在所有针对他的请求权中都应予以考虑。因此，在第 823 条第 1 款的框架下，B 也仅对重大过失负责。

尽管完全无驾驶能力，但因认为其具有驾驶能力，仍驾驶轿车者，其行为通常具有重大过失。但是，B 驾驶时系为处理一个急迫的危险，此种特殊情况同样应当予以考虑。B 没有时间平静思考并作出决定。如果 B 认为其仍然具有驾驶能力，并且认为驾驶轿车，能够克服因 A 产生的急迫危险，那么，虽然仍得认为构成过失；但是，鉴于他所处的困境，无法对 B 课以重大过失。所以，B 对 E 不承担轿车毁损的责任。

二、L 的请求权

（一）L 向 B 请求赔偿受损卡车的请求权

1. 基于第 823 条第 1 款的请求权

因其行为——变道左车道——B 造成了卡车的毁损：没有其驾驶行为，则结果不会发生（卡车毁损）；这是条件因果关系（condicio sine qua non，无前行为则无后行为）。该因果关系也具备相当性，为了避免相撞，对面来车偏离车道，这也是完全可以预期的反应。本案中，无正当性理由（Rechtfertigungsgrund）。B 行为也具过失，因为其血液酒精含量 1.5‰，仍驾驶车辆［参见上文一之（三）］。

问题在于，B 是否也得对 L 主张其基于第 680 条的责任减轻。第 680 条仅适用于紧急管理人与本人之间的关系。但是，如果将其适用范围限于此种关系，换言之，对第三人不适用，那么，该规范的目的或无法实现——不因恐惧而不敢提供帮助。然而，德国联邦最高法院误认了这一点，主张该规范不得适用于参与交通的第三人（L）。[13] 但是，必须澄清 B 管理了谁

[12] 例如，参见 BGH JZ 1972, 163；*OLG Hamburg*, VersR 1984, 759；*Medicus* Gesetzl. Schuldverhältnisse, 8；*Wandt* Gesetzl. Schuldverhältnisse § 5 Rn. 71；Palandt/*Sprau* § 680 Rn. 1.

[13] BGH JZ 1972, 164；Palandt/*Sprau* § 680 Rn. 1；Staudinger/*Bergmann*, 2015, § 680 Rn. 24.

的事务。首先，为了使 A 免受损害，B 管理了 A 的事务。但是，B 同样为了其他交通参与人免受损害而为其行为，[14] 因此，他也管理了这些人的事务。所以，L 同样是本人。B 驾驶汽车，为了保护所有其他受到威胁的交通参与人（换言之，也包括 L）免受急迫的危险。此种危险无法通过 B 的行为加以排除，反而恰恰因 B 的行为对 L 造成了具体损失，但这不是反对适用第 680 条的理由。[15] 因此,B 仅对重大过失负责。正如上文已经指出的，他的行为——血液酒精含量 1.5‰仍参与到交通中——不能被评价为重大过失。[16]B 不因第 823 条第 1 款而对 L 负有责任。

2. 基于《德国道路交通法》第 7 条第 3 款的请求权

因为 A 是轿车的保有人（Halter），而非 B，所以不得适用《德国道路交通法》第 7 条第 1 款。B 驾驶车辆，而 A 并不知情且非基于 A 的意思［黑司机（违反车辆所有人意思的司机——译者注）］，这对于《德国道路交通法》第 7 条第 3 款的适用来说，是必要的。而在本案中，这一点并不成立，因为 A 明知并且因此也接受了 B 驾驶其车辆。因此，A 将车辆交付给了 B，《德国道路交通法》第 7 条第 3 款第 2 句；基于《德国道路交通法》第 7 条所生的 B 的责任不成立。

3. 基于《德国道路交通法》第 18 条第 1 款的请求权

根据《德国道路交通法》第 18 条第 1 款，如果 B 有过失地导致损害，那么其作为轿车的驾驶人（Führer）承担责任。此种过失是推定的。B 因轻过失导致卡车毁损（参见上文 1）。但是，因为他根据第 680 条对 L 仅承担重大过失责任，因此，他不承担基于《德国道路交通法》第 18 条第 1 款的责任。

4. 基于第 683 条、第 670 条的请求权

L 出于轿车乘客的利益，为了避免相撞，而偏离了车道。因此，他意图管理客观他人事务。[17] 这一行为的发生同样符合 B 的利益，并且符合 B 真实或可推知的意思，这点毋庸置疑，因为否则的话，B 至少有相当大的可能会受重伤。第 683 条意义上的有效管理的要件成立。当然，如果 L 负

---

[14] Vgl. BGHZ 43, 188 ff.

[15] 参见上文脚注 2。

[16] 参见一（三）。

[17] Vgl. BGHZ 38, 275; *Medicus* Gesetzl. Schuldverhältnisse, 177 f.; *Deutsch* AcP 165（1965）, 193（211）; *Berg* JuS 1975, 681（685）.

有不作为或回避的责任，则 L 不因回避行为所产生的损害享有赔偿请求权。那样的话，L 对 B 负有回避义务；其也不能请求 B 赔偿损失。

如果 L 对 B 负有回避义务；如果他没有翻下斜坡，是否须承担责任呢？根据第 823 条第 1 款可能产生对 B 的责任。本案的问题是 L 的过失。L 正确地驾驶，无法对其课以过失；刹车也不可能。如果 L 单纯地继续行驶，那么对 B 所承受的损害并无过失。L 对 B 不基于第 823 条第 1 款而承担责任。换言之，L 并无回避义务。

但是，L 的责任也可基于《德国道路交通法》第 7 条第 1 款产生，也就是说，如果在碰撞中，L 根据该条文须对 B 承担责任。在这种情况下，不要求 L 的过失。L 是卡车的保有人。如果事故发生，则 L 对 B 根据《德国道路交通法》第 7 条第 1 款承担责任，除非涉及《德国道路交通法》第 7 条第 2 款：如果事故因不可抗力（höhere Gewalt）而引起。

换言之，需要的是一种“外在”施加的、不同寻常且不可能避免的后果。[18] 其他道路交通参与人的错误行为通常不会被看作是与驾驶无关的、外在的结果。[19] 当然，《德国道路交通法》第 7 条第 2 款在 2002 年得到了修改，之前仅“不可避免的结果”即可排除责任，例如，事故因受害人的行为或者不是驾驶机动车的第三人或者动物造成，机动车的保有人与驾驶人都根据个案情况尽到了谨慎义务，那么根据《德国道路交通法》旧法第 7 条第 2 款排除责任。此次法律修改的目的在于，使该规定与《德国民法典》第 828 条第 2 款相符，根据第 828 条第 2 款，7 至 10 岁的儿童不对其引起的交通事故承担责任。通过《德国道路交通法》新法第 7 条第 2 款赋予其第 7 条第 1 款中的请求权。与第 828 条的区别是，对于机动车保有人而言，其对全部人均负有加重责任。

该事故对于 L 而言，是否构成不可抗力呢？此种责任加重只有在承认构成不可抗力的情况下才得免除，其目的应是保护 7 至 10 岁的儿童免受交通事故导致的财务（不利）后果。对此尤其是这样一种情况，儿童从一

---

[18] *Burmann* in：Burmann u. a., Straßenverkehrsrecht, 25. Aufl. 2018, § 7 Rn. 19. Vgl. zur Gesetzesänderung BT-Drs. 14/7752, 30；*Däubler* JuS 2002, 628；*Wagner* NJW 2002, 2061；*Staudinger/Schmidt-Bendun* Jura 2003, 443；*Huber,* Das neue Schadensersatzrecht, 2003, § 4 Rn. 9 ff.；*Coester-Waltjen* Jura 2004, 173（175）.

[19] OLG Oldenburg MDR 2005, 631；*Burmann* in：Burmann u. a., Straßenverkehrsrecht, 25. Aufl. 2018, § 7 Rn. 19.

个隐蔽的位置突然跑到马路上，这对于驾驶人而言完全不可预见。但在本案中，并无儿童参与，因此，就存在如何定义不可抗力这一个概念的问题。与之前相同，为了避免引发道路交通中的自我牺牲，在无未成年人参与的情况下，必须将第 7 条第 2 款的不可抗力定义为排除责任的、不可避免的结果，此种结果在任何角度都不可归责于债务人。如果比较 B 与 L 对事故发生的共同作用，那么必然会得出这样的结论，L 无需对此负责。如无 L 的回避，该事故也会发生，那就无法归因于卡车的运行风险或卡车的瑕疵。该事故也同样不可归因于 L 的行为。L 尽到了必要的注意并且完全正确地驾驶。刹车或在道路上回避已经不再可能。该事故毋宁说是由于 B 自己的过失行为造成的。所以，对于 L 而言，该事故是由《德国道路交通法》第 7 条第 2 款意义上的不可抗力造成的。他对 B 不承担责任，换言之，他也不负担回避或自担风险的义务。[20]

但是，问题在于，在 B 与 L 的关系中，不可抗力的概念是否重要。因为如果该事故中是两辆轿车，如本案，在机动车保有人参与的内部关系中则涉及的是《德国道路交通法》第 17 条：该规定在第 1 款中规定了损失分配的根据是损失在何种程度上主要由哪方交通参与人引起，并在第 3 款中完全排除了一方参与人的责任（如果事故是由不可回避的结果引起的）。[21] 本案中，对于 L 而言，构成此种不可回避的结果，因为他的机动车并无瑕疵，他自己也没有违反必要的注意义务。当然，B 不是机动车的保有人，其根据《德国道路交通法》第 18 条承担驾驶人责任，然而，在这种情况下，同样得适用《德国道路交通法》第 17 条。《德国道路交通法》第 18 条第 3 款，[22] 倘若事故发生了，而 L 无需承担责任，他没有回避义务。因此，他管理了对 B 有利之事务，在这种情况下，得适用第 683 条、第 670 条。[23]

---

[20] 2002 年以后的法律状况也是如此：BeckOGK BGB/*Thole* § 677 Rn. 132；*Huber,* Das neue Schadensersatzrecht, 2003, § 3 Rn. 85 f.；不同观点参见 *Friedrich* NZV 2004, 227（229）.

[21] Vgl. LG Itzehoe NJW-RR 2003, 1465 ff.

[22] Vgl. *Hentschel,* Kommentar zum Straßenverkehrsrecht, 44. Aufl. 2017, § 18 Rn. 6.

[23] 通说如此；2002 年以前：BGHZ 38, 275；*Larenz* SchuldR BT § 57 I b；*Esser/Weyers* SchuldR BT II § 46 II 2d（4）；*Fikentscher/Heinemann* Rn. 1278；*Martinek/Theobald* JuS 1997, 805（807 f.）；*Giesen* Jura 1996, 225（232 f.）（但 *Frank* JZ 1982, 737 观点不同）；2002 年以后的法律状况也是如此：*Medicus* Gesetzl. Schuldverhältnisse, 178；Palandt/*Sprau* § 677 Rn. 6；*Rebler* MDR 2013, 254（257），并参见脚注 20。

第 670 条意义上的费用包括回避与因此造成的卡车毁损。根据通说，费用是自愿的财产牺牲。当 L 将卡车转向斜坡时，很明确其目的和意愿不是毁坏卡车。但是，他知道他的行为可能会带来此种结果，他有意承担了此种后果，所以可以认为是自愿的财产牺牲。因此，得认为卡车的毁损是第 670 条意义上的费用。[24]

因此，第 683 条、第 670 条的要件成立。L 得请求 B 对卡车进行价值补偿；本案中，这一请求权承担了损害赔偿请求权的功能。仍需检讨的是，L 是否得全额请求价值偿还。基于其对卡车的运行风险，或得将部分损害归责于 L。[25] 然而，正如上文所示，碰撞对于 L 而言，是不可抗力的情况，根据《德国道路交通法》第 7 条第 2 款，此种情况不可归责于 L。[26] 如果仅允许 L 请求部分补偿，那么是对 L 舍己救人行为的惩罚。因此，B 必须完全补偿。[27]B 最终仍然遭受损害的事实，也不会改变这一点。一方面，第 670 条不以费用产生了实际效果为要件，[28] 另一方面，L 的帮助行为有实际效果，因为避免了碰撞。B 嗣后发生的事故不再与 L 有关。

（二）L 因受伤对 B 享有的请求权

1. 请求赔偿受伤费用的请求权

关于第 823 条和《德国道路交通法》第 7 条、第 18 条，适用上文所述[上文（一）]：L 无请求权。对于基于第 683 条、第 670 条所生的请求权也得适用上文（一）中所做说明，此种情况下，问题同样在于费用：L 所承

---

[24] 根据通说，费用也包括基于根据事务管理的种类，与该事务管理典型相连的风险所生的损害（典型风险损害），例如在灭火中，帮助人遭受的因火而产生的物之损害或身体损害；Vgl. *Medicus* Gesetzl. Schuldverhältnisse, 178 f.；*Brox/Walker* SchuldR BT § 36 Rn. 56；*Fikentscher/Heinemann* Rn. 1273；*Looschelders* SchuldR BT Rn. 812；这也符合《德国商法典》第 110 条第 1 款的法律规定。本案中，对于 L 而言，也构成此种损害。

[25] 认为第 254 条类推适用于第 670 条的观点，如 BGHZ 38, 278；*Larenz* SchuldR BT § 57 I b；Palandt/*Sprau*, § 677 Rn. 9.

[26] 正确地反对 BGHZ 38, 278 中的观点的有：BGHZ 20, 261；*Belemann* MDR 1963, 185（186 f.）；*Canaris* JZ 1963, 655（662）；*Frank* JZ 1982, 737（741 f.）；也参见 *Otto* JuS 1984, 684（687 f.）.

[27] 应当注意的是，L 享有事故保险，因为在紧急事故中，他通过其回避行为，对 B 提供了帮助，《德国社会法典》第 7 卷第 2 条第 1 款第 3 项。jurisPK-SGB VII/*Bieresborn*, 2. Aufl. 2014, § 2 SGB VII Rn. 159 ff, 263. 本案的争议点并不因此而改变。

[28] Vgl. *Esser/Weyers* SchuldR BT II § 46 II 4c；Palandt/*Sprau* § 683 Rn. 3；*Deutsch* AcP 165（1965），193（200）.

担的侵害是否是自愿的财产牺牲？L 请求补偿因侵害所生的财产损失，所以这种情况下，也可以认为是 L 的财产牺牲。[29]L 得根据第 683 条、第 670 条请求补偿此种损失。[30]

2. 请求精神损害抚慰金的请求权

第 253 条第 2 款的要件是侵害身体，本案构成此种情况。但是，问题是，L 能否请求精神损害抚慰金。尽管基于第 683 条、第 670 条所生的请求权不是损害赔偿请求权，而是费用补偿请求权。但是，适法管理人对其在事务管理中所承受的损失得主张第 670 条，这点是公认的。此外，第 253 条第 2 款表明了立法者的意思，精神损害抚慰金请求权在所有因身体受侵害而生的责任中均存在。因此，L 因其受到的侵害，也对 B 享有精神损害抚慰金请求权。

（三）L 对 E 请求赔偿卡车的请求权

1. 基于第 823 条第 1 款和第 1922 条的请求权

A 意图在完全无驾驶能力的状态下开车回家。此种行为促使 B 提供帮助，而此种帮助造成了 L 的损害。A 的行为是 L 损害的必要条件（condicio sine qua non）。由不是那么醉酒但同样丧失驾驶能力的 B 开车，并造成事故，也并非没有可能。因此，成立相当性。因此，A 的行为造成了违法损害 L 的所有权，具有相当性。

A 意识到，他和 B 都没有驾驶能力，尽管如此，他通过其行为促使 B 开车。由此，他严重违反了他必须对其他交通参与人尽到的注意义务。[31]因为此种注意义务的违反造成了 L 的损害，所以 A 存在过失。第 823 条第 1 款的要件成立。因此，E 根据第 823 条第 1 款、第 1922 条对 L 负有损害赔偿义务。第 254 条的责任减免不予考虑，卡车的运行风险不可归责于 L，因为该紧急事故对于 L 而言，是《德国道路交通法》第 7 条第 2 款意义上

[29] 但是，也可以想象，事务管理人在自甘风险的情况中请求赔偿非财产损害，例如根据第 249 条第 2 款第 1 句请求补偿整容手术的费用。这表明，费用并不限于财产牺牲，vgl. *Deutsch*, AcP 165（1965），193（214）. 财产牺牲仅是典型的费用种类，而非全部。

[30] 对此参见上文脚注 27。

[31] 如果 A 已经丧失第 827 条第 1 句意义上的侵权能力（Deliktsfähig），那么其根据第 827 条第 2 句承担责任，因为他对陷于无侵权行为能力的状态负有过错。

的不可抗力的情形。[32]

2. 基于《德国道路交通法》第 7 条第 1 款和第 1922 条的请求权

A 是轿车的保有人，他承担运行风险。轿车的运行对 L 造成了损害，而 A 并未亲自驾驶车辆对此并没有任何影响。对于 A 而言，该紧急事故也非不可抗力的情形，《德国道路交通法》第 7 条第 2 款，因为 A 自己与驾驶人 B 均未尽到必要的注意。所以根据《德国道路交通法》第 7 条、《德国民法典》第 1922 条，E 对 L 承担责任。根据《德国道路交通法》第 17 条，因卡车的运行风险而产生的责任减免不予考虑，因为对 L 而言，该事故构成《德国道路交通法》第 7 条第 2 款意义上的不可抗力的情形。

3. 基于第 683 条、第 670 条和第 1922 条的请求权

问题是，如果卡车的毁损已经被定性为 A 的侵权行为，那么能否再认为毁损是 L 的费用。对这一问题可以做肯定的回答，自甘风险产生的费用完全可以被认为是与侵权行为具有相当性的结果。关于第 683 条、第 670 条的构成要件可以参照上文［二之（一）4］所做说明。根据第 683 条、第 670 条、第 1922 条，E 也对 L 负有责任。

（四）L 因受伤对 E 享有的请求权

L 的治疗费用得参照上文（三）之 1 至 3 中所做说明。E 也对 L 的此种损害负责。此外，L 也享有请求精神损害抚慰金的请求权（第 823 条第 1 款、第 253 条第 2 款；第 683 条、第 670 条、第 253 条第 2 款；《德国道路交通法》第 7 条第 1 款结合第 253 条第 2 款）。

三、B 向 E 请求赔偿其损害的请求权

（一）基于身体受侵害的损害

1. 基于第 683 条、第 670 条和第 1922 条的请求权

通过驾驶轿车，B 管理了 A 的事务，为了保护 A 免受损害［参见上文一之（一）］。B 认为，他的帮助符合 A 的利益并且管理事务也符合 A 可推知的意思。他误认为做了与避免危险相称的行为，但是，此种假设是建立

[32]　参见上文脚注 26。

在 B 构成轻过失的基础上的［参见上文一之（一）1］，B 对 A 仅承担重大过失责任（第 680 条）。问题是，第 680 条在第 683 条的框架下是否也得适用。通说承认这点。[33]第 680 条不仅意图保护紧急事务管理人免于损害赔偿，而且保护其在提供帮助时自身不受损害。在紧急情况下，因轻过失而误认本人的利益和意思的人，仍应根据第 683 条、第 670 条享有费用补偿请求权。

根据第 680 条的体系位置，其仅涉及本人对事务管理人的请求权，[34]而不涉及事务管理人基于第 683 条而对本人享有反诉。[35]这并非意外，而是立法者有意为之。事务管理人的反诉应当具备特别严格的条件，以保护本人免受第三人任意的干涉：一方面，根据第 677 条，事务管理人不对无过错的损害负责，另一方面，对本人的请求权不仅仅以事务管理人无过失为要件。其要件为，事务管理符合本人的利益与意思。根据此种观点，即使是事务管理人的错误完全无过失，也会导致对本人请求权的排除。[36]这也适用于第 680 条意义上的紧急管理的情况。[37]

在第 683 条的适用中，此种从法律中推导得出的立法者的意思符合今日的通说。仅当无因管理之发生符合本人的客观利益与意思的时候，才成立赋予事务管理人基于第 683 条所生请求权的适法无因管理。事务管理人无过失的错误排除第 683 条的适用。[38]但是，如果这完全不取决于事务管理人的过失，那么第 680 条在第 683 条的框架下失去了作用：如果过失无关紧要，那么事务管理人对重大过失负责还是对所有的过失负责就没有任

---

[33] 如 BGH DB 1972, 721；*Medicus/Petersen* BürgerlR Rn. 427；*Larenz* SchuldR BT § 57 I b；BeckOGK BGB/*Thole* § 680 Rn. 24；Staudinger/*Bergmann*, 2015, § 680 Rn. 19，也参见 22；结论上同样采此种观点，如 *Dietrich* JZ 1974, 535（538 f.），尽管该文在不符合第 683 条的要件的事务管理中，否认存在适法无因管理，但是仍意图赋予本人基于第 683 条请求补偿费用的请求权。不同观点参见 *Esser/Weyers* SchuldR BT II § 46 II 3.

[34] 罗马法与日耳曼法的无因管理直接诉（Die actio negotiorum gestorum directa）。

[35] 无因管理相对诉（Die actio negotiorum gestorum contraria）。

[36] Vgl. Motive II, 861.

[37] “如果试图将事务管理人未受本人促成的行为强加于本人，这与一般原则并不相符。对于此种与一般原则的偏离欠缺必要性或合目的性的理由。哪怕是因为欠缺对事务管理人的保护规定，而阻止了很多可预期的事务管理，而社会必须承受此种损失，此种忧虑也无法为作出不同的规定提供正当性。明白这一点的人，在管理他人事务时会计划好，并考虑所有可能的事情。立法者根据经验，没有动机鼓励干涉他人事务。但这不适用于干涉他人事务是为了避免不利或本人遭受急迫的危险，必须认为这是极端例外的情况。”Vgl. Motive II, 862.

[38] Vgl. Palandt/*Sprau*, § 683, Rn. 3.

何区别。

因此，第 680 条不适用于第 683 条，在第 680 条中明确可以发现，立法者的意思同样如此。立法者明确反对通说认为应当适用第 680 条的观点。通说的理由是应当保护紧急事务管理人，并且不应通过排除第 683 条的请求权以惩罚即时、帮助性的干涉行为。[39] 因为 B 的干涉不符合 A 的客观利益，其发生也不符合 B 可推知的意思，所以第 683 条、第 670 条的要件不成立，就此而言，B 的请求权不成立。

2. 基于第 823 条第 1 款和第 1922 条的请求权

因其行为，A 导致了事故，具有相当性［参见上文二之（三）1］。B 因此身体受伤。A 也有过失［参见上文二之（三）1］。因此，第 823 条第 1 款的要件成立。E 须对 B 赔偿因受伤而产生的损害。无需根据第 254 条考虑 B 的与有过失，因为 B 行为仅具轻过失，并且根据第 680 条无需为此对 E 承担责任［上文一之（一）］。B 在因果关系中的贡献度（Verursachungsbetrag）与 A 的重大过失相比，没有意义。在物质损害之外，B 也得根据第 253 条第 2 款，向 E 请求精神损害抚慰金。

（二）B 向 E 请求免于对 L 的责任的请求权

1. 基于第 823 条第 1 款和第 1922 条的请求权

B 导致了 L 的事故，具有相当性［参见上文二之（一）1］。根据第 683 条、第 670 条，其对 L 所产生的损害承担责任［上文二之（一）4、二之（二）］。没有 A 的行为，那么 B 不会引起事故，A 有过错的行为是 L 事故的相当性原因［上文二之（三）1、二之（四）］。因此，A 引起了因 B 须对 L 承担责任而遭受的损害。但是，此种损害是 B 的一般性经济损失，其非由 A 侵害了第 823 条第 1 款中的保护性法益而产生。排除第 823 条第 1 款。

2. 基于《德国道路交通法》第 7 条第 1 款和第 1922 条的请求权

同样需排除《德国道路交通法》第 7 条第 1 款，因为这不是因 B 受伤或 B 的物受侵害所造成的损害。

3. 基于第 426 条第 1 款的请求权

B 与 E 均对 L 承担其产生损害的责任（上文二）。根据第 421 条，他们是连带债务人。根据第 421 条第 1 款，对于每个连带债务人对债权人

---

[39] 参见上文脚注 35。

（L）负担的，超过其在连带债务人的内部关系中应当负担责任的部分，每个连带债务人对彼此均享有免责请求权（Freistellungsanspruch）。[40] 换言之，这取决于，B 在与 E 的内部关系中须负担多少以实现对债权人 L 的清偿。

原则上，连带债务人根据第 426 条第 1 款平摊责任；然而，这仅适用于从 E 与 B 的内部关系中无法得出其他结论的情况。A 因重大过失引起了事故［上文二之（三）1］；相反，B 行为仅具轻过失，根据第 680 条，他对 E 无需负责［上文二之（一）1］。在这种情况下，在内部关系中，完全由 E 承担责任是适当的。因此，基于第 426 条第 1 款，B 对 E 享有免责请求权。

四、D 请求医生报酬的请求权

（一）针对 L 的请求权，第 683 条、第 670 条

由于 L 失去意识，合同无法成立，因此不考虑基于合同的请求权。第 683 条、第 670 条可能是请求权基础。通过对 L 的医疗护理行为，D 管理了 L 的事务。此种事务管理也符合 L 的利益与可推知的意思，所以第 683 条的要件成立。

根据第 670 条，D 得请求补偿属于他而用于 L 的材料。问题是，他是否也得请求补偿其服务行为。根据通说，事务管理人不得请求补偿其劳动报酬；仅当该活动属于事务管理人的职业或经营时，应当得类推适用第 1835 条第 3 款请求通常的补偿。[41] 因为在本案中，对 L 的医疗护理属于 D 的职业活动，D 得向 L 请求通常的报酬。[42]

但是，基于第 683 条、第 670 条所生的请求权或因第 241 a 条第 1 款而不成立，因为 D 向 L 提供未预定的医疗给付。这以 D 是经营者而

[40] Vgl. Palandt/*Grüneberg*, § 426, Rn. 5.

[41] 例如参见 BGHZ 65, 390；BGH WM 1989, 801；Palandt/*Sprau*, § 683, Rn. 8；*Medicus* Gesetzl. Schuldverhältnisse, 179 f.；*Brox/Walker* SchuldR BT § 36 Rn. 54 f.；*Giesen* Jura 1994, 352（357 f.）；进一步参见 *Fikentscher/Heinemann*, Rn. 1273；Erman/*Dornis*, § 683 Rn. 13 ff.；*Köhler*, JZ 1985, 359 ff.（所有通常必须付费的活动中的报酬）；详见 *Loyal*, die „entgeltliche" Geschäftsführung ohne Auftrag, 2011 中好几处。根据 *Esser/Weyers* SchuldR BT II § 46 II 4c, 必须支付通常的报酬；*Seiler*, FS H. Hübner, 1985, 239 ff. 的观点相反，这不是立法者的意图。参见 *Loyal*, 68 ff.

[42] L 得向 E 或 B 追偿该费用［参见上文二之（二）、二之（四）］。

L 是消费者为要件。根据第 13 条，L 是消费者（“任何自然人”），因为他既不从事营利活动，也不从事独立职业活动；L 已经完全无法从事任何活动。根据第 14 条，D 是经营者，因为他在护理 L 的时候，作为自然人从事了他独立的职业活动。尽管 D 与 L 并未缔结法律行为，但是，将第 13 条、第 14 条的适用限于法律行为的缔结，则其适用范围过于狭隘，这一点是得到公认的；根据通说，如果当事人缔结的行为构成经营者行为或消费者行为，那么，必须适用这两条规定。[43] 因此，第 241 a 条第 1 款的要件成立，所以如果根据条文文义，应排除 D 对 B 的请求权。然而，这一决定明显不公平，并且这也不是立法者所希望看到的；立法者只是无法以适当的语言表达其意思。所以，根据《远程销售指令》（Fernabsatz-RL）应对第 241 a 条作限制解释，并且仅适用于经营者以订立合同为目的而从事的活动。[44] 因为这不符合本案中 D 的情况，所以其基于第 683 条、第 670 条所享有的请求权并不因第 241 a 条第 1 款而被排除。

（二）针对 B 的请求权，第 683 条、第 670 条

因为 D 也为 B 做了医疗护理，所以他也得根据第 683 条、第 670 条向 B 请求其行为的报酬，但是不得请求补偿包扎用品，因为这属于 X。

（三）因对 L 实施医疗行为而对 E 和 B 产生的请求权，第 683 条、第 670 条

如果 B 与 E 负有为受伤的 L 提供帮助的义务，那么，D 也通过其护理行为管理了 B 与 E 的事务。A 与 B 违法侵害了 L。对此，A 同样负有过失，所以因为 L 受到的身体伤害，基于第 823 条第 1 款、《德国道路交通法》第 7 条，A 对 L 负有损害赔偿义务［参见上文二之（三）1、2 结合二之（四）］。对于 B 而言，尽管 L 受到的违法侵害既无法基于过失责任归责于 B，也无法基于危险责任归责于 B，但是 B 根据第 683 条、第 670 条，对 L 仍须承担责任［参见上文二之（二）］。首先，在 L 的事故后，对 L 进行照料同样属于损害赔偿的一部分，因此，这也是 A 与 B 的事务。换言之，在 D 照

[43] 仅参见 Palandt/*Ellenberger*, § 13 Rn. 6 与 § 14 Rn. 4, 并且 Lit. bei *Hau*, NJW 2001, 2863 f.

[44] Vgl. *Hau*, NJW 2001, 2863, 2865; MüKoBGB/*Finkenauer* § 241a Rn. 30.

料 L 的时候，D 也管理了 E 与 B 的事务。[45] 这也符合 E 与 B 的利益与可推知的意思。D 因此在对 L 的请求权之外，也因对 L 的照料，而对 E 与 B 享有请求通常性报酬的请求权（第 683 条、第 670 条）。

根据第 421 条，L、E 与 B 是 D 的连带债务人。在内部关系中，L 得基于第 683 条、第 670 条，请求 E 与 B 免除其责任，因为二者对其受伤承担损害赔偿责任［参见上文二之（二）、二之（四）］。在 E 与 B 的内部关系中，仅 E 承担责任。［参见上文三之（二）3］。

五、X 请求赔偿包扎用品的请求权

（一）对 D 的请求权

1. 基于买卖合同的请求权

X 或对 D 基于第 433 条第 2 款享有请求权，X 与 D 之间或缔结了买卖包扎用品的买卖合同。但是，在 D 对 B 提供帮助时，很明显可知 D 不愿负担任何义务。排除与 D 的买卖合同或其他合同。

2. 基于第 812 条的请求权

进一步考虑 X 得对 D 的不当得利请求权。X 并不希望 D 使用该包扎用品，而是供受伤的 B 使用。因此，不成立给付型不当得利。因为 D 也并非不法侵害了 X 的法益——X 以默示方式表示同意——侵害型不当得利同样不予考虑。X 对 D 无请求权。

（二）基于第 683 条、第 670 条对 B 的请求权

X 通过向失去意识的 B 提供包扎用品，管理了 B 的事务。这也符合 B 的利益与可推知的意思。因此，第 683 条、第 670 条的要件成立。X 得向 B 请求补偿其费用：对供其使用的包扎用品的价值补偿。

问题仅在于，事务管理概念与为他人管理事务的概念是否同样涵盖纯粹提供物质材料。个别观点否认这点，[46] 认为应当赋予提供者不当得利请求权。立法者有意没有详细限定事务管理的概念，而当下则普

---

[45] Vgl. Palandt/*Sprau*, § 677, Rn. 6.

[46] Vgl. *Giesen*, Jura 1994, 355 f.［纯粹的提供（Geben）、容忍与交付使用不是事务管理］。反对观点是正确的，参见 Jauernig/*Mansel*, § 677 Rn. 2.

遍强调，这一概念应当从宽理解。[47]无法理解，为何事务管理的概念不应涵盖将标的物交付使用，特别是在这种情况下，适用第 670 条及以下比适用不当得利法更适当。[48]因此，基于第 693 条、第 670 条，X 对 B 享有请求权。

[47] Vgl. nur Palandt/*Sprau*, § 677, Rn. 2.

[48] 如果适用第 812 条，本人或得主张利益不存在（第 818 条第 3 款）；很明显，由提供物使用的人负担此种风险，这是不公正的。

案例十三　失望的小偷

——占有人与所有权人关系　自己管理与不当得利

关键词

必要费用　有意将他人事务当作自己事务管理　不当得利法与所有权人—占有人关系的区分　事务管理与所有权人—占有人关系

案件事实

D偷窃了E的轿车，价值4500欧；但是，他随即发现，他干了一票糟糕的买卖：发动机与刹车故障，油漆不在最佳状态，轮胎完全磨损。D首先安装了4个新轮胎（价值400欧），之后他开车去修车店，花500欧修理了发动机与刹车；该车现在价值5400欧。最后，D用自有的材料制作了后窗雨刮器，并且安装得十分牢固，所以非经损毁无法拆卸；这使该车升值100欧。D以500欧的价格，将该车重新喷漆成自己最喜欢的颜色橘黄色（升值200欧）。在从修车店返回的途中，D短暂停车以买包香烟。回来后，他发现，其他车辆碰撞了该车的挡泥板，并造成价值200欧的擦伤（Blechschaden）。D确信，该车花费的钱和精力，大于他利用该车所能获得的。所以，他以6000欧的价格将该车转让给一个在环球旅行的日本游客（价值5500欧），之后再无法查明该游客是谁。之后，警方破获该盗窃案，E想要知道，他能向D请求什么，D可能有哪些反对权（Gegenrecht）。

解答

一、E请求损害赔偿的请求权

（一）基于第990条、第989条的请求权

（二）基于第 992 条、第 823 条第 1 款，请求损害赔偿的请求权

（三）基于第 687 条第 2 款、第 677 条、第 678 条，请求损害赔偿的请求权

二、E 请求返还盈利（Gewinn）的请求权

（一）基于第 985 条、第 285 条的请求权

（二）请求返还所得的请求权，第 816 条第 1 款第 1 句

（三）请求返还盈利的请求权，第 687 条第 2 款第 1 句、第 681 条、第 667 条

一、E 请求损害赔偿的请求权

（一）基于第 990 条、第 989 条的请求权

1. 第 990 条首先以在 D 占有该车期间，E 与 D 之间存在所有权返还适状（Vindikationslage）为前提。D 为无权占有人，E 是轿车的所有权人，因此，第 985 条的要件成立。仍需检验的是，E 的所有权是否及于 D 安装的轮胎与雨刮器。E 或得基于第 947 条第 2 款因附合（Verbindung）而取得轮胎与雨刮器的所有权。根据第 947 条第 1 款，这以轮胎与雨刮器成为轿车的重要成分为要件。根据第 93 条，如果轮胎与雨刮器非经毁损，或该车其余部分非经损毁或者影响实用性（"实质改变"），而无法分离，那么车胎与雨刮器构成重要成分。雨刮器是 D 为该车特制的，并且牢固安装在该车上。如果分离，则无法使用。因此，雨刮器是该车的重要成分，E 取得其所有权。因此，E 的损害赔偿请求权同样及于雨刮器。相反，轿车的轮胎不是重要成分，[1] 其能被取下，而不影响其价值或轿车其余部分的价值。E 没有成为轮胎的所有权人，他的请求权不及于轮胎。

对 D 而言，返还轿车已经陷于不能。在取得占有时，D 明知其无占有权，因此构成第 990 条第 1 款、第 932 条第 2 款意义上的恶意。D 也明知，他必须向 E 返还该轿车，并且他因转让而陷于不能。因此，D 过错导致了不能。第 990 条、第 989 条的要件成立，D 必须承担损害赔偿。在受损前，轿车的价值（除去轮胎）为 4500 欧 +500 欧 +100 欧 +200 欧 =5300 欧，而在受损后，为 5100 欧。对于因擦伤而导致的 200 欧的价值减少，D 不

[1] Vgl. nur *Wieling/Finkenauer* SachenR § 2 Rn. 27; *Wolf/Neuner* BGB AT § 25 Rn. 25.

基于第 990 条承担责任，因为他对此并无过失。换言之，他必须向 E 支付 5100 欧。

2. D 或基于第 255 条享有反对权。对 E 而言，D 对轿车负有损害赔偿义务。然而，根据第 255 条，他得在 E 同时（Zug zum Zug）将基于所有权所生的请求权让与给他前，拒绝给付。然而，基于所有权所生的请求权仅可能是 E 对现占有人的所有权返还请求权。E 必须向 D 让与这一请求权。根据第 931 条，通过此种让与，所有权移转给 D。因此，D 作为无权处分人所为的，根据第 929 条、第 932 条、第 935 条未生效的处分，因第 185 条第 2 款第 1 句生效。买受人成为所有权人。

3. D 或因其必要费用，享有反对权（第 994 条及以下）。首先应当检讨，D 根据第 999 条至第 1001 条是否因费用而享有反对权。自始排除第 1000 条的留置权，因为 D 不再占有该车；而且，根据第 1000 条第 2 句，他也不享有留置权，因为他取得轿车是通过故意的不法行为取得的。因此，仅需考虑请求补偿费用的请求权。根据第 1001 条，该请求权以所有权人追认该费用或重新取得该物为要件。这两种情况均不构成。第 994 条及以下的规则基于的思想是，所有权人不应加重占有人的负担，从费用中得利。第 1001 条认为，只有在所有权人重新取得该物时，费用才对所有权人带来益处，所以，只有在这个时点之后，他才负补偿费用的责任。与第 1001 条的此种意义相对应，如果所有权人没有重新取得该物，但是取得了该物的完整价值（Substanzwert），那么，类推适用第 1001 条，必须同样赋予（占有人）必要费用补偿请求权。[2] 通过 D 赔偿损害，E 取得了物的完整价值；据此，D 得主张（可能的）必要费用补偿请求权。D 不因他根据第 994 条及以下可能享有的请求权而对 E 有给付拒绝权，正如第 1000 条第 2 句的法律思想所指出的：D 必须首先向 E 支付，与之相对，得主张同时履行的是，让与基于第 985 条所生请求权（参见上文之 2）。之后，D 才得主张因必要费用产生的请求权。

---

[2] Vgl. *Wieling* SachenR I § 12 V 8d aa bei Fn. 195；*Finkenauer* Jura 2001, 606, 610. Staudinger/*Gursky*, 2012, § 1001 Rn. 5 则认为，如果所有权人根据第 816 条第 1 款第 1 句请求返还转让收益，占有人得将其费用计入利益丧失部分。但是，因为在本案中涉及的并非不当得利请求权，而对于因第 990 条、第 989 条所生的请求权不得主张利益丧失，所以本案中利益丧失并无帮助。因为 D 构成恶意，所以他也不能主张利益丧失。与 Gursky 相同的观点也参见 MüKoBGB/*Raff* § 1001 Rn. 5. 与其相反的观点则根据第 999 条第 2 款认为占有人向新的所有权人返还。

第 999 条第 1 款或是反对这一结论（D 原则上有权主张必要费用补偿请求权）的理由。根据这一规定，必要费用补偿请求权移转给了新的占有人。这一规范的理由在于，如果取得人没有取得所有权，那至少应赋予他第 994 条及以下的权利。根据这一观点，那么只有现占有人有权主张这一请求权。这一规则是失败的，并且根据其意义（保护取得人）必须限制其适用：如果所有权人从转让人那里（D）取得了对物的赔偿，那么他必须根据第 255 条移转所有权，据此，取得人成为所有权人（第 185 条第 2 款第 1 句）。在这种情况下，取得人并无保护的必要，因为前所有权人对其并无任何请求权。相反，转让人（D）有保护之必要，因为他自行承担了费用。虽然，他通过取得人支付的价款获得了补偿，但是，如果所有权人向其请求，则此种补偿又再次丧失。因此，对第 999 条第 1 款须作此种理解，如果所有权人对取得人行使请求权，那么，取得人才得对所有权人主张前占有人的请求权。如果所有权人仅向出让人请求，那么出让人应有权主张因必要费用而产生的请求权。[3] 因此可以明确，基于第 994 条及以下，D 可以对 E 主张可能享有的请求权。

第 994 条第 2 款或为请求权基础：D 在取得占有时，已经明知他无占有的本权，因此，他构成第 990 条第 1 款意义上的恶意。所以，根据第 994 条第 2 款，他得主张必要费用的补偿。相反，根据第 996 条（“仅在……的限度内”），对于有益费用，D 没有费用补偿请求权。费用是对物产生的花费（Aufwendung），换言之，是自愿的、对物有利的财产牺牲。将某一部分添加到物上，如果被添加部分未成为重要成分，那么是否构成必要费用存在争议。因为在法律上两个分离的物所有权仍然分离，所以产生费用的人对其物仍享有所有权，此种观点广为流传，[4] 但不得以此为由否认构成费用。因为可以想象，作为费用的物对于占有人而言没有任何用处，因为没有主物，该物无法实现其价值。[5] 经常举的例子是，为动物买的药，而嗣后动物逃逸。[6] 对此，须根据个案情况加以判断。但是，因为在本案中，四个轮胎的价值对 E 的财产并无益处，所以他也无需为此承担费用补偿责

[3] Vgl. *Wieling* SachenR I § 12 V 7 a.

[4] 例如，参见 Palandt/*Herrler*, § 994 Rn. 2 f.

[5] Vgl. *Wieling* SachenR I § 12 V 3b 和该文中所提及文献。

[6] Vgl. Staudinger/*Gursky*, 2012, § 994 Rn. 17; *Schmidt* JuS 1988, 292.

任。因此，安装四个轮胎并不是第 994 条意义上的费用。

对发动机与刹车的修缮、喷漆和安装雨刮器构成费用。因为如果该费用对于保持该物或按规定管理是不可或缺的，那么此种费用是必要费用。所以，对发动机与刹车的修缮是必要费用；而相反，喷漆与安装雨刮器不是必要费用；在这两者中，涉及的是有益费用。根据第 994 条第 2 款、第 996 条，对于此种费用，D 对 E 并无请求权。

因为对发动机与刹车的修缮，D 得根据第 994 条第 2 款，按照无因管理的规则（第 677 条以下）请求补偿。根据第 683 条，D 得将其费用作为无因管理中产生的费用（Aufwendung）向 E 请求补偿，如果该费用符合 E 的利益和意思。很明显修缮该车符合 E 的利益；修缮也符合 E 可推知的意思；因此，第 994 条第 2 款、第 683 条、第 670 条的要件成立。但是，适用第 683 条可能会导致与第 687 条第 2 款在法律上发生评价矛盾：第 687 条第 2 款表明，按照法律的意思，有意为自己利益而管理他人事务之人，对其费用仅享有不当得利请求权（第 687 条第 2 款、第 684 条、第 812 条），而不享有第 683 条的费用补偿请求权。[7] 因此，每个无权占有他人之物并使用的人，均在第 687 条意义上将他人客观的事务当作自己事务加以管理。如果其构成第 990 条第 1 款意义上的善意，则涉及第 687 条第 1 款：适用第 812 条、第 823 条、第 987 条以下的一般规定；占有人得根据第 994 条第 1 款、第 996 条请求补偿费用。如果占有人在取得占有时构成重大过失，则仍适用第 687 条第 1 款，但是其请求费用补偿的权利受到第 994 条第 2 款的限制。如果占有人明知无占有的本权，同样适用第 994 条第 2 款，此外，仍适用第 687 条第 2 款；基于第 994 条第 2 款的费用补偿请求权同样限于不当得利请求权（第 994 条第 2 款、第 687 条第 2 款第 2 句、第 684 条、第 812 条）。

因此，根据第 994 条第 2 款、第 687 条第 2 款第 2 句、第 684 条、第 812 条，只要 E 因此得利，D 得请求补偿对发动机与刹车的修缮。通过花费 500 欧修缮，该车的价值增加了 500 欧。这对 E 有利，因为他享有了相应更广的损害赔偿请求权。因此，只要 D 自己向 E 付清了轿车的价值（5100

[7] 这两种请求权的区别在于（在本案中并无影响），根据第 683 条，没有效果的费用同样得主张补偿，例如，尽管对墙做了支撑，但墙仍然倒塌了；在这类情况下，不成立不当得利请求权，因为本人并未获利。

欧），那么 D 得向 E 请求 500 欧。

4. 根据第 994 条第 1 款、第 996 条，D 作为恶意占有人，不得请求纯粹的有益费用（喷漆、安装雨刮器）。但是，有可能通过第 812 条或根据第 951 条、第 812 条实现补偿，因为此种费用提升了轿车的价值，在计算损失赔偿的时候，这对 E 有利；换言之，E 或得利而致 D 损害（auf Kosten des D）。在第 994 条及以下诸条之外，是否得适用不当得利，存在争议。通行观点承认得适用，[8] 其理由是所有权人不应基于占有人损害而获利。如果在第 994 条以下的请求权之外，不赋予占有人基于不当得利而生的请求权，那么占有人的地位劣于非占有人，此种不公平对待是不合理的。然而，此种论证并不令人信服。

产生费用的恶意占有人与非占有人之间不具可比较性。根据法律规定，非占有人绝不会普遍优于占有人：反而是善意占有人的地位优于非占有人。非占有人对其费用仅享有不当得利请求权，而基于第 994 条第 1 款，善意占有人因必要费用享有更为有利的请求权。相反，法律事实上将恶意占有人置于比非占有人更劣的地位。但是，占有人的恶意对于其不利地位而言，是非常充分的实质标准，却被上述观点不正确地否定。而且所有权人不得以致恶意占有人损害的方式得利的论证也不成立。这一论证明确为立法者所抛弃。[9]（立法者认为）明知是他人之物，而对其产生费用的人，自始不会预期能获得补偿；他会将失去费用的风险考虑在内。所以，不必赋予恶意占有人请求费用补偿的请求权。出于公正的理由，仅应在必要费用的情况下，根据第 994 条第 2 款获得补偿。换言之，立法者看到了不当得利的论证，但拒绝认为构成不当得利。在第 994 条第 2 款、第 996 条中可以明确立法者的意思。通过不当得利，赋予恶意占有人请求补偿有益费用的请求权，有违法律。[10]

---

[8] 例如，参见 *Brox/Walker* SchuldR BT § 42 Rn. 14；*Medicus* Gesetzl. Schuldverhältnisse, 138；*Looschelders* SchuldR BT Rn. 1097；*Reeb* 87 ff.；*Esser/Weyers* SchuldR BT II § 52 I 4c；*Jakobs* AcP 167（1967）, 370 ff；, 在 *Gursky,* Das Eigentümer-Besitzer-Verhältnis（20 Probleme aus dem BGB）, 9. Aufl. 2015, 问题 17 之 IV 下所指的问题。

[9] *Mugdan,* III, 681（Protokolle der 2. Kommission 3989 f.）.

[10] 通说采此种正确的观点，例如，参见 BGHZ 39, 189；41, 158；*BGH* DB 1986, 1565；NJW 1996, 52；*Fikentscher/Heinemann* Rn. 1493；*Baur/Stürner* § 11 Rn. 55；*Prütting* SachenR Rn. 567；*Reuter/Martinek* II § 11 II 3c（528 ff.）；Jauernig/*Berger* Rn. 7 vor § 994；*Wieling* SachenR I § 12 V 6 及在其脚注 121 中所提及文献。

5. 虽然 D 不因安装雨刮器而享有费用补偿请求权，但是根据第 997 条第 1 款，其享有取走权与先占权（Aneignungsrecht）。但是，根据第 258 条，他必须将轿车置于之前的状态。

结论：D 必须向 E 支付 5100 欧，同时得受让取得该车的所有权。在付款之后，D 对 E 享有 500 欧的请求权。D 因雨刮器享有取走权。

（二）基于第 992 条、第 823 条第 1 款，请求损害赔偿的请求权

1. D 通过犯罪行为（盗窃）取得了轿车的占有；同时，这也是对 E 的禁止之私力（verbotene Eigenmacht）（第 858 条第 1 款）。因此，第 992 条的要件成立，得适用第 823 条及以下诸条。通过盗窃与转让该车的行为，D 故意侵害了 E 的所有权，所以他必须根据第 823 条第 1 款承担损害赔偿责任。在转让时，该车价值 5100 欧，D 必须首先赔偿这一数额。D 对该车价值 200 欧的损害不负责任。但是因为他通过不法行为占有该轿车，根据第 848 条，D 同样必须对意外损害承担责任。换言之，D 也必须赔偿 200 欧的价值损失，他必须一共支付 5300 欧。

2. 根据第 255 条，在所有权同时移转给他之前，D 得拒绝给付［参见上文（一）之 2］。

3. 根据侵权法，D 也得按第 994 条及以下的规则，主张基于第 850 条规定的费用补偿请求权。对此，得参照上文［（一）之 3、4］所述：D 得请求 500 欧的费用补偿。

结论：E 得请求 5300 欧，并同时移转轿车的所有权。D 得请求 500 欧的费用补偿。

（三）基于第 687 条第 2 款、第 677 条、第 678 条，请求损害赔偿的请求权

1. D 占有并转让轿车，通过此种行为，D 管理了 E 的事务，但不是为了他人利益，而是为自己利益，因为他意图使自己保有利益；这欠缺为他人管理之意思。在这种情况下，不构成第 677 条意义上的事务管理，不得适用无因管理的规则。但是，因为 D 明知他人事务而为自己利益加以管理，这涉及第 687 条第 2 款：E 得主张第 677 条、第 678 条、第 681 条、第 682 条的权利，如同 D 为其管理事务。

根据第 677 条，D 对 E 承担一切因过失引起的损害。D 明知他必须向

E 返还轿车，通过转让行为，他有意使该义务陷于不能，并使 E 受损。所以 D 基于第 677 条负有对轿车价值偿还的责任：5100 欧。对于 200 欧的损害，D 对此没有过错，根据第 677 条，其不承担责任。

然而，D 明知他“管理事务”（即占有与转让轿车），违反了 E 的真实意思。所以，根据第 678 条，D 也须赔偿意外损害。他必须赔偿价值 200 欧的擦伤，并因此需向 E 支付 5300 欧。[11]

2. 针对这一请求权，D 享有基于第 255 条的给付拒绝权，E 必须同时将所有权移转给 D［参见上文（一）之 2］。

3. D 或享有基于第 687 条第 2 款第 2 句、第 684 条、第 812 条而生的反对请求权。在转让时，该车价值 5100 欧。其中包括下列价值升值部分（基于 D 的损失）：修缮 500 欧、喷漆 200 欧、安装雨刮器 100 欧，合计 800 欧。这些金额归属于 E，因为在计算损害赔偿请求权时，考虑了这些金额。因此，E 得利 800 欧而致 D 损害。因此，针对 E 的请求权，D 享有基于第 687 条第 2 款、第 684 条、第 812 条而生的 800 欧的反对请求权。与基于第 994 条而生的费用补偿请求权相反，这一反对请求权无需其他要件（参见第 1001 条）。尽管根据第 393 条，D 无法用这一请求权为抵销，但是他得立即主张该请求权。那么，在结果上，E 得主张 4500 欧，行使基于第 687 条第 2 款、第 677 条、第 678 条的请求权时，他的地位劣于行使其他请求权时的地位。仍需研究的是，该反对请求权与 E 基于第 990 条、第 989 条的请求权和基于第 992 条、第 823 条的请求权之间的关系，以及 E 基于第 990 条、第 989 条的请求权，基于第 992 条、第 823 条的请求权和基于第 687 条、第 677 条、第 678 条的请求权之间的关系。如果同一案件事实可以涵摄多个产生请求权的规范，那么，根据通说，产生多个彼此独立的请求权（请求权竞合）。[12] 根据此种学说，E 基于第 990 条、第 989 条；第 992 条、第 823 条和第 687 条第 2 款、第 677 条、第 678 条分别对 D 享有独立的损害赔偿请求权。但是，在请求权分别让与的问题上，在履行、抵销、延期（Stundung）和免除等问题上，该说会导致明显的问题。特别是，

---

[11] 因为基于第 992 条、第 823 条第 1 款、第 848 条获得的结论与基于第 687 条第 2 款、第 677 条、第 678 条得到的结论相同，所以没有必要在此讨论第 687 条与所有权人—占有人关系之间的联系。

[12] Vgl. bei *Wolf/Neuner* BGB AT § 21 Rn. 8.

该学说与诉讼标的理论和诉讼请求权矛盾。

根据正确的、今日的通行观点，如果一个案件事实满足多个不同的请求权规范，而这些请求权规范的目的相同（请求权规范竞合），那么，仅存在一个统一的请求权。[13] 本案中，三个规范均产生一个损害赔偿请求权，换言之，其目的相同。因此，根据这一学说，E 仅有一个统一的损害赔偿请求权，该请求权可从三方面构成。因此，在每一种情况下，D 均享有基于第 687 条第 2 款、第 684 条、第 812 条产生的，请求 800 欧的反对请求权。

但是，如果规范的功能、体系安排或者意义与目的表明存在例外，那么，在案件事实相同与规范目的相同的情况下，得例外成立请求权竞合，这点是得到公认的。[14] 根据第 687 条第 2 款或得产生此种特殊性：如果主张第 687 条第 2 款第 1 句的请求权，那么债务人取得第 687 条第 2 款第 1 句的反对请求权，这一结果极为特殊（"如果本人主张这些请求权，那么……"）。换言之，法律仅将此种后果与主张第 687 条第 2 款第 1 句的请求权结合在一起，在主张其他损害赔偿请求权时不产生此种后果。因此，E 得自由选择主张其他的请求权规范（第 990 条、第 989 条与第 992 条、第 823 条），而放弃主张第 687 条第 2 款。第 687 条第 2 款的特殊安排与功能表明，此种情况下，存在请求权竞合：E 享有基于第 990 条、第 989 条与第 992 条、第 823 条产生的请求权与基于第 687 条第 2 款、第 677 条、第 678 条产生的请求权，换言之，两个独立的请求权。他得主张基于第 687 条第 2 款、第 677 条、第 678 条产生的请求权，但地位不利。但是，E 也得仅主张基于第 990 条、第 989 条和第 992 条、第 823 条产生的请求权，放弃基于第 687 条第 2 款、第 677 条、第 678 条产生的请求权。[15] 在这种情况下，D 基于第 687 条第 2 款第 2 句享有的反对请求权也不成立，因此，结论同上文中［（二）3］确定的结论。

---

[13] 例如 *Wolf/Neuner* BGB AT § 21 Rn. 8；*Nikisch* AcP 154（1955），269（282 ff.）；*Georgiades,* Die Anspruchskonkurrenz im Zivilrecht und im Zivilprozeßrecht, 1968, 164.

[14] Vgl. *Wolf/Neuner* BGB AT § 21 Rn. 9 f.；*Georgiades,* Die Anspruchskonkurrenz im Zivilrecht und im Zivilprozeßrecht, 1968, 165.

[15] Vgl. BGHZ 39, 188；Palandt/*Sprau*, § 687 Rn. 4.

二、E 请求返还盈利的请求权

（一）基于第 985 条、第 285 条的请求权

在 D 无法按第 985 条返还该轿车之后，他或基于第 285 条需承担返还代偿物（Surrogate），也即 6000 欧的责任。争议在于，第 285 条是否得适用于第 985 条产生的请求权。第 285 条属于债法总论中给付障碍的规则。然而，对于第 985 条，法律在第 987 条以下中，针对给付障碍的情况设置了特殊规则，该特殊规则排除了债法总论中的相应规则。所以，第 285 条不适用于第 985 条。[16] 其理由在于，所有权人对原占有人丧失了第 985 条所生请求权，取得了对新的占有人的新的请求权，所以，应如此适用。

（二）请求返还所得的请求权，第 816 条第 1 款第 1 句

1. 首先应当明确，在所有人—占有人关系中是否得适用第 816 条。在转让轿车之前，E 与 D 之间存在所有人—占有人关系［参见上文一之（一）1］。此种法律关系包含特殊规则，在其所涉范围之内，排除不当得利与侵权法一般规则的适用。在第 987 条及以下作了如下特殊规定：物的用益问题、毁损与不能的一般问题，最后也规定了费用的问题。而对于占有人为自己使用该物的完整价值导致的不能，例如使用或转让，对于此种不能的特殊情况，未作规定。因为占有人通过此种行为将物的价值归入了自己的财产中，所以不考虑适用第 989 条及以下，因为这些规则基于的是物的丧失。换言之，因为所有人—占有人关系对此种情况，特别是对转让的情况，未作特殊规定，所以得适用第 816 条。

通过转让行为，D 作为无权处分人处分了 E 的所有权。对于 E 而言，该轿车是占有脱离物，根据第 935 条排除买受人的善意取得（第 929 条、第 932 条）：因此，D 的处分对 E 不生效，第 816 条第 1 款第 1 句的要件不成立。但是，E 得根据第 185 条第 2 款第 1 句嗣后追认 D 的处分；继而，处分有效，第 816 条第 1 款第 1 句成立。

如果 E 追认 D 的处分，那么他得根据第 816 条第 1 款第 1 句请求 D 返还所得。D 有 6000 欧的所得。但是，问题是，D 是否必须返还全部获

---

[16] Vgl. *Wieling/Finkenauer* SachenR § 1 Rn. 4；*Medicus/Petersen* BürgerlR Rn. 599；Palandt/*Grüneberg* § 285 Rn. 4；不同观点见 *Weiss* JuS 2012, 965（967 f.）.

利，抑或其返还义务限于轿车的客观价值（5100 欧）。根据通行观点，[17] 出让人基于第 816 条第 1 款第 1 句，仅负担返还在其得利范围内的出让之物的客观价值。第 818 条第 2 款也表明了这一点，根据第 818 条第 2 款仅需补偿客观价值。然而，第 818 条第 2 款涉及的情况是，得利人不能返还所得，在这种情况下，他负担价值返还的责任。问题是，在此种情况下，是否得以客观价值为基础，存在争议。而在本案中，所得是价款，也即全部获利，所以补偿请求权也指向全部获利。[18] 不当得利法的原则在于取除得利，取除无权利人获得的归属于他人的法益。很明显，仅所有权人 E 有权转让和利用该车。所以，D 根据不当得利法负有返还利用该车所收取的全部利益的责任，这一结论是正确的：D 必须向 E 交付全部获利。[19] 这也符合第 816 条第 1 款第 1 句的文义，从中无理由得出其他结论。

通过处分轿车（价值 5500 欧），D 取得了 6000 欧。当然，其中价值 400 欧的轮胎本身属于 D，仅轿车的其余部分价值 5100 欧属于 E。D 得保有与该轮胎 400 欧价值比例相符的获利部分，也即 7.27% × 6000 欧 =436 欧。D 必须向 E 返还剩余盈利 5564 欧。

2. 现在需检讨，D 可以如何主张其费用。D 或对 E 享有基于不当得利的反对请求权，因为其费用增加了轿车的价值，而在计算得利时，这对 E 有利。但是，在 E 与 D 之间成立所有人—占有人关系，在第 994 条及以下，对费用的问题做了封闭性规定，不得适用不当得利法［参见上文一之（一）2］。

D 或许得根据第 818 条第 3 款，主张费用利益丧失。[20] 但是，在本案中由于 D 的恶意，得排除此种情况（参见第 819 条第 1 款、第 818 条第 4 款）。后一规范同样表明了解决这一问题的正确途径：按照第 819 条第 1 款、第 818 条第 4 款，按照诉讼系属下请求权的一般规则，规定 D 与 E 之间的法律关系，换言之，根据所有人—占有人关系，在诉讼系属的情况下，根据第 292 条处理。根据第 292 条第 2 款，D 仅得如被起诉的占有人一样主张其费用，换言之，根据第 994 条第 2 款、第 996 条，仅得主张必要费用。[21]

---

[17] 更多线索参见案例十之一（二）5。

[18] Vgl. BGHZ 29, 160.

[19] 这是通说的结论，线索参见案例十之一（二）5。

[20] 采此种结论如 *Gursky*, JR 1971, 362 f.

[21] Vgl. *Esser/Weyers* SchuldR BT II § 51 III 2.

根据第1001条，产生该请求权。因此，对此得参见上文所述［一之（一）3］。

结论：如果E追认D的处分，那么他得请求返还5564欧。在支付之后，D基于第819条第1款、第818条第4款、第292条第2款、第994条第2款、第687条第2款第2句、第684条、第812条，享有价值为500欧的费用补偿请求权。因此，该请求权对于E而言，较损害赔偿请求权有利。

（三）请求返还盈利的请求权，第687条第2款第1句、第681条、第667条

1. 首先需要明确，在所有人—占有人关系中，是否同样得成立基于第687条第2款第1句、第681条、第667条的请求权。正如上文所述［上文一之（一）3结尾］，如果有人无权占有某物并使用，那么总是同时构成第687条的情形；因为无权占有人将他人事务当作自己事务加以管理。另一方面，并非所有第687条的情形都构成第987条以下规定的情况。因此，或有观点认为，第987条及以下是特别法，排除第687条。但是，与之相反，须做此种考虑，第687条第1款并未对不明知管理了他人事务的事务管理人做特殊规定，这一规则仅具明确化的作用（Klarstellungsfunktion）。第687条第2款仅对明知他人事务而将其作为自己事务加以管理的事务管理人作了特别规定。因此，第687条第2款仅包含了第987条及以下条文的部分情况，仅是恶意占有人情形中的部分情形。因此，也可以认为第687条第2款是第987条及以下的特别法，因此排除第987条及以下。然而，起决定意义的是，法律通过第687条第2款想要实现的目的为何。

《德国民法典第一草案》仅规定了以不法目的将他人事务当作自己事务管理的人，根据侵权法承担责任。[22]《德国民法典第二草案》增加了现第687条第2款，特别是为了使恶意的事务管理人负担返还所获利益的责任（第687条第2款、第681条、第667条）。因此，该规范的目的是，给予比明知违法的自己管理（Eigengeschäftsführung）更为严格的责任。所以，在所有人—占有人关系中，同样得适用第687条第2款，这一结论是正确的，[23]但是，在适用中应当注意，第687条第2款的目的不在于使有意违

[22]《德国民法典第一草案》第761条。

[23] 同样采此种结论Soergel/*Stadler* Rn. 21 vor § 987；*Prütting* SachenR Rn. 569；Palandt/*Herrler*, Rn. 18 vor § 987.

法的自己管理人的地位优于其在第 987 条及以下中的地位，而是意图加重其责任。因此，在第 987 条及以下的规则之外，可以适用基于第 687 条第 2 款、第 681 条、第 667 条产生的、请求返还盈利的请求权。

第 687 条第 2 款的要件成立［参见上文一之（三）1］。因此，E 得基于第 681 条、第 667 条向 D 请求返还盈利。[24] 所获盈利价值 5564 欧［参见上文二之（二）1 结尾］。

2. 针对此种请求权，D 或享有反对权。根据第 687 条第 2 款第 2 句、第 684 条、第 812 条，D 得向 E 请求返还不当得利。E 因 D 产生的费用而得利 800 欧［参见上文一之（三）3］。因为第 687 条第 2 款第 2 句并未在该请求权上附加其他要件（如第 1001 条则附加了其他要件），D 得立即主张该请求权，结果上 E 仅余 4764 欧。据此，E 的地位劣于其仅主张损害赔偿请求权时的地位。

为了避免这一点，E 得仅基于第 816 条主张请求返还盈利的请求权［参见上文二之（二）］。因此，D 不得主张基于第 687 条第 2 款第 2 句的反对权。但是，即使 E 主张基于第 687 条第 2 款第 1 句的请求权，根据上文 1 中所做阐释，必须注意，与第 987 条及以下相比，第 687 条第 2 款有加重事务管理人责任的功能，而非使其地位更优越。换言之，这意味着，第 687 条第 2 款第 2 句仅在第 994 条及以下的框架下方得适用：根据第 994 条第 2 款、第 687 条第 2 款第 2 句，D 仅得因必要费用，对 E 主张不当得利请求权。[25] 同样需注意第 1001 条的要件［参见上文一之（一）3］。所以，D 必须向 E 支付 5564 欧。之后，其基于第 994 条第 2 款、第 687 条第 2 款、第 812 条享有 500 欧的请求权。

3. 和主张损害赔偿请求权与基于第 816 条第 1 款第 1 句产生的请求权不同，E 无需放弃他对轿车的所有权，即得主张基于第 687 条第 2 款、第 681 条、第 667 条所生的请求权。因为返还盈利的请求权不是第 255 条意义上的损害赔偿请求权，同样无需追认 D 的处分。因此，E 或得继续请求返还轿车，如果该车再次出现。但是，很明显，结论上 E 不得同时拥有该

---

[24] 对于认为第 816 条第 1 款第 1 句仅为价值补偿（上文脚注 17）的观点而言，基于第 687 条第 2 款第 1 句、第 681 条、第 667 条中可产生唯一的请求返还获利的请求权，在其看来，这一请求权的意义正在于此种功能。

[25] 同样采此种结论 *Wolf* AcP 166（1966），188（218–221）.

车与从中获得的盈利。

或得认为，在请求返还获利中包含了默示的对 D 处分的追认。但是，此种假设可能将不符合 E 的利益，如果轿车出现，其可能更情愿取回轿车。在追认之后，他对此不再享有请求权。同样得考虑的是，类推适用第 255 条，因为在须返还的盈利中，同时包括物的价值，所以所有权人的损害也由此得到了补偿。然而，此种情况下，通过让与请求权［上文一之（一）2］，E 也丧失了他的所有权，所以他终局性地失去了轿车。如果 E 得保留其所有权，则可避免这一不利。因此，如果 E 重新取得该物，那么，须根据第 687 条第 2 款第 2 句、第 684 条补偿事务管理人。[26] 买受人基于第 433 条、第 435 条、第 437 条第 2 项结合第 326 条第 5 款、第 323 条、第 346 条向 D 请求返还 6000 欧的价款。在转让时，为了取得盈利，D 承担了此种义务，因此，在 D 的层面存在费用。D 得根据第 687 条第 2 款第 2 句、第 684 条、第 812 条，在 E 的得利额度内请求返还费用，换言之，在 E 拥有的 5564 欧的盈利份额内。[27] 此外，D 也得请求 E 返还轮胎。[28]

结论：基于返还盈利的请求权（第 816 条第 1 款第 1 句和第 687 条第 2 款第 1 句、第 681 条、第 677 条），E 得向 D 请求 5564 欧。如果他取得该款项，则其负担向 D 补偿 500 欧费用的责任。

---

[26] Vgl. *Fikentscher/Heinemann*, Rn. 1285.

[27] 根据第 437 条第 3 项，买受人或也得根据第 311 a 条请求 D 赔偿损失，而无需解除，然而，他不因买卖合同未履行而遭受损失，因为他以 6000 欧的过高价格购买了价值 5500 欧的汽车。

[28] 在将车转让给买受人时，根据第 139 条，D 没有丧失对轮胎的所有权：因为第 935 条，轿车所有权无法根据第 929 条、第 932 条移转给买受人；D 作为四个轮胎的所有权人，或得基于第 929 条将轮胎的所有权移转给买受人，但是，买受人仅仅取得四个轮胎的所有权而不取得轿车，并无利益，在这种情况下，他宁愿不取得轮胎的所有权。

案例十四　不当的火车旅行

——未成年人不当取得他人服务作为得利

关键词

取得他人服务作为得利　费用节省　未成年人的恶意

案件事实

来自埃森市的高中生M（17岁）想要坐火车前往慕尼黑，去看一场足球比赛。他的父母不知道这一计划。由于他只有一些零花钱，所以他没买票就登上了一节人数不多的二等车厢。在检票时，他声称自己从汉堡上车，并且已经检票。检票员相信了，没有检票。快到达慕尼黑前，在车厢检查中发现，M坐车没买车票。德国铁路股份公司（Deutsche Bahn AG）请求M支付从埃森到慕尼黑的车票。

解答

一、契约请求权

二、基于侵权行为的请求权

三、因不当得利而产生的请求权，第812条第1款第1句、第818条第2款

（一）受有“利益”的问题（Problem des erlangten „etwas“）*

---

* 直译的话，是取得“什么”的问题，但是我国不当得利术语用的是受有利益一词，来表达德国法上“取得什么”一词，故翻译时采纳我国通行术语。——译者注

（二）在取得他人服务中利益丧失的问题，第 818 条第 3 款

（三）未成年人 M 的恶意，第 819 条第 1 款、第 818 条第 4 款

一、契约请求权

因为 M 未成年（第 2 条、第 106 条），运输合同（Beföderungsvertrag）对于 M 而言，不是纯获法律利益（第 107 条），并且 M 的父母对此并未同意（第 107 条、第 108 条），所以无法通过法律行为成立有效的合同。仅得考虑在大众交通中，通过"典型社会行为"成立的合同。无法律行为，而仅通过"社会典型行为"是否得成立合同，通说否认了此种可能性。[1] 即使承认得通过"社会典型行为"成立合同，在本案中，M 仅具限制行为能力亦是反对成立合同的理由。债之关系不论是通过意思表示成立还是通过"社会典型行为"成立，对无行为能力人的保护均必须优先。[2]

二、基于侵权行为的请求权

德国铁路股份公司向 M 请求损害赔偿的请求权不成立，因为它未因 M 的行为而遭受损害。[3] 如果德国铁路股份公司因客满而必须拒绝其他旅客，那么可构成此种情况。

三、因不当得利而产生的请求权，第 812 条第 1 款第 1 句、第 818 条第 2 款

（一）受有"利益"的问题

第 812 条第 1 款第 1 句不是包含一种，而是包含了两种不同的构成要

---

[1]　例如，参见 BGHZ 132, 198（200）；*Esser/Schmidt* SchuldR AT I § 10 I 2；*Brox/Walker* BGB AT, Rn. 193 f.；Jauernig/*Mansel* Rn. 19 f. vor § 145；Palandt/*Ellenberger* Rn. 25 vor § 145；*Wolf/Neuner* BGB AT § 37 Rn. 44 ff.；*Kellmann* NJW 1971, 862（863）；不同观点参见早期判例，vgl. BGHZ 21, 353；23, 177；BGH NJW-RR 1987, 937（938）；BGH NJW-RR 1991, 176 f. 搁置了这一问题。

[2]　*Wolf/Neuner* BGB AT § 37 Rn. 47；*Brox/Walker* BGB AT, Rn. 194；*Medicus*, NJW 1967, 354 f.；*Teichmann*, JuS 1972, 248；BGH JZ 1971, 557（飞机旅行案）中则搁置了这一问题。此种对基于何种行为成立的债之关系均做同等对待，也适用于 *Fielenbachs*, NZV 2000, 358 ff. 中提出的建议，该文意图通过第 162 条为未成年缔结有效的合同。

[3]　在某种程度上相似的"飞机旅行案"也是如此，参见 *Canaris*, JZ 1971, 560；*Kellmann* NJW 1971, 862（863）；*Medicus* FamRZ 1971, 250（252）；AG Kerpen ZGS 2006, 437 Rn. 25.

件与请求权基础：给付型不当得利与非给付型不当得利。[4] 给付型不当得利（“谁通过给付……”）的目的在于返还无法律原因的给付。非给付型不当得利（“……或者通过其他方式”）进一步分为侵害型不当得利与费用型不当得利；[5] 当物之价值或使用价值归属于特定人，属于他人财产时，非给付型不当得利服务于保护法益。在上述案例中，德国铁路股份公司是否向 M 为给付，或者 M 是否通过侵害行为取得了德国铁路股份公司的服务，存在疑问。[6] 在这两种情况下，结论相同，即 M 不当得“服务之利”。因此，要回答这一问题无法通过回到价值判断的方法，而仅通过适用那些本不应被赋予过多意义的概念与定义加以回答。[7] 从现实角度来看，应当说德国铁路股份公司预期到了那些逃票的人，也预期到了那些在检票中未被发现的逃票人。所以，不能说，德国铁路股份公司想要对所有在车厢中的人提供作为给付的运送；M 通过侵害而得利的假设符合现实。

现在应当研究 M 取得了什么。本案中，受有“利益”或在于节省的费用，因为通常情况下，M 乘车必须花费票价，而他通过“逃票”节省了这一费用。事实上，早期判决与学说在相似案例中，认为得利是节省的费用。相反，按照今日通说，受有的“利益”在于消费或利用他人之物或服务，[8] 此种观点有其优点。该观点正确地批判了原来的观点，原来的观点错误地将受有利益的问题与得利范围的问题混淆在一起：节省费用是取得服务的经济后果，只有在得利数额的问题中，才具意义。当然，因为原有观

---

[4] 奠基之作 *Wilburg*, Die Lehre von der ungerechtfertigten Bereicherung, 1934；同样参见 *v. Caemmerer*, FS Rabel I, 1954, 333 ff.；*Reeb*, 1-5；*Koppensteiner/Kramer*, 3 ff.；*Reuter/Martinek* § 2 II（26 ff.）；*Wieling* BereicherungsR § 1 II b aa.

[5] 如果某人以自己的材料在他人的不动产上为建造行为，并认为该不动产属于自己，则构成费用型不当得利。相反，有时不构成所谓的“追索之不当得利（Rückgriffskondiktion）”（vgl. *Brox/Walker* SchuldR BT § 42 Rn. 8 ff.；*Fikentscher/Heinemann*, Rn. 1483 ff.；*Larenz/Canaris* SchuldR BT II § 69 III 2；*Koppensteiner/Kramer*, 102 f.）这种情况，大部分是第 684 条规定的情况，是给付型不当得利的一种，参见案件十六之四和 *Wieling* BereicherungsR § 4e；同样见 *Reeb*, 16, 83-86.

[6] 参见“飞机旅行案”中的相关问题，*Kellmann* NJW 1971, 862（863）；*Reeb* 14；*Reuter/Martinek* II § 6 I 1（222）；Staudinger/*Lorenz*, 2007, § 812 Rn. 3.

[7] Vgl. *Koppensteiner/Kramer*, 193.

[8] 例如，参见 BGHZ 55, 130；BGH NJW 1987, 2872；AG Kerpen ZGS 2006, 437 Rn. 30；*Larenz/Canaris* SchuldR BT II § 71 I 2；*Reeb* 9 ff.；*Koppensteiner/Kramer* 117 ff.；*Reuter/Martinek* II § 6 I（221 ff.）；*Wieling* BereicherungsR § 2 III；MüKoBGB/*Schwab* § 812 Rn. 18；Staudinger/*Lorenz*, 2007, § 812 Rn. 72；*Looschelders* SchuldR BT Rn. 1020；*Wandt* Gesetzl. Schuldverhältnisse § 10 Rn. 6；*Gursky* BereicherungsR, Problem 17 III mit Lit.

点会导致令人不满意的结果，所以特别需要否定此种观点。根据此种观点，如果取得他人服务的人证明，他对此本未花费对价（Gegenwert）或不能花费对价，那么，他（即使恶意）得免责：在这种情况下，他没有节省费用，因此，并无所得，换言之，没有得利。

新学说的主要优势在于避免了此种不适当的结论。既不愿也无能力支付旅行费用的M，尽管并未节省费用，但是仍受有利益：德国铁路股份公司的服务。M必须根据第818条第2款补偿该服务，除非他不再得利，得主张第818条第3款。

（二）在取得他人服务中利益丧失的问题，第818条第3款

根据通行观点，利用他人之物或取得他人服务的得利人不得主张利益丧失。[9] 根据此种观点，利益丧失在概念上就已经被排除了，因为使用或消费一旦发生，就无法还原。德国联邦最高法院正确地反对此种观点。[10] 尽管对他人之物的利用或消费，对他人服务的使用不能回到不发生的状态，但是这一问题并不取决于此。具有决定意义的是，通过利用取得的利益，该利益是否会再度丧失。[11] 此种观点的目的在于，在明知他人之物或服务而加以利用或消费的情况下，得利人须承担责任。但是，在所希望的目的之外，此种观点又过于极端，因为他也禁止善意得利人主张利益丧失。

因此，在利用他人之物或服务而得利的情况中，也不排除主张利益丧失。因为M不会自己花钱前往慕尼黑，所以他并未节省费用，也因此没有得利。对此，旅行的客观价值是根据价目表确定的票价，但这对此并无意义。因为根据第818条第3款，对于衡量得利具有决定意义的并不是所受利益的客观价值，而是主观价值：这一得利人的财产增加了多少。[12] 因为在M的旅途中，涉及的是纯粹的“奢侈企业（Luxusunternehmen）”，M没钱花费在这种企业上，所以他没有得利。

---

[9] 例如，参见“飞机旅行案”中的纽伦堡州高等法院，BGHZ 55, 130; *Koppensteiner,* NJW 1971, 1774; 进一步参见 *Canaris* JZ 1971, 560（561 Fn. 8）脚注8中所提及文献。

[10] 在“飞机旅行案”中，BGHZ 55, 130 f.

[11] Vgl. *Gursky* JR 1972, 279（282）; *Lieb* NJW 1971, 1289（1292）; *Canaris* JZ 1971, 560; *Kellmann* NJW 1971, 862（864）; *Reeb* 120 ff.

[12] 唯有如此，才能符合利益状况地解决“强迫得利”问题；同样观点参见 *Koppensteiner/Kramer* 169 ff.; *Esser/Weyers* SchuldR BT II § 51 I 4c; Erman/*Buck-Heeb* § 818 Rn. 17; *Beuthien/Weber* 59; *Wieling* BereicherungsR § 5 I 4b; *Canaris* JZ 1971, 560（561）.

因此，尽管M取得了德国铁路股份公司的服务，但是，基于第818条第3款，他不再得利。然而，问题在于他是否得主张利益丧失。他明知他利用服务并无法律上之原因，因此构成第819条第1款意义上的恶意。根据第819条第1款、第818条第4款，恶意得利人根据一般规则承担责任，因此不得主张第818条第3款的利益丧失。如果所得利益是取得了有体物，那么根据第292条，按照所有人—占有人关系确定责任。如果得利人不能返还该物，那么根据所有人—占有人关系，仅当他对不能不可归责的情况下，才得免责。本案中，M根据第818条第2款承担价值补偿责任，其为金钱之债。第818条第4款意义上的“一般规则”系指债法总则中的规定。[13]因为D负担的是一定数额的金钱，他不得主张第275条并免责，因为人必须一直保证其自身的支付能力；就这点而言，第276条第1款加重了他的责任；他负担置备风险（Beschaffungsrisiko）。

（三）未成年人M的恶意，第819条第1款、第818条第4款

但是，问题是因其仅具限制行为能力，是否得将恶意归责于M。有观点认为，[14]在不完全行为能力人的情况下，根据第827条、第828条中的侵权能力加以确定。其考量是，第819条第1款、第818条第4款、第292条准用第989条，因此，是侵权责任的特别形式。根据此种观点，M构成第819条第1款意义上的恶意。但是，必须否定此种观点，根据准用第989条就得出此种结论，并不令人信服。因为准用也无法隐瞒这一事实，在第812条、第819条第1款所生的责任中，涉及的不是损害赔偿，而是对得利的平衡。这不取决于请求权人是否受损，而取决于请求权相对人是否得利。所以，很明显，不得普遍适用第827条、第828条，因为此种适用会违反第106条以下的保护目的。尽管合同无效，但是如果未成年人无论如何都必须根据第812条、第818条第2款、第819条第1款补偿所受领给付的价值，那么会导致与合同有效相近的法律状况。[15]这一规则违反了第106条以下。

---

[13] 同样观点参见 *Fikentscher/Heinemann*, Rn. 1528; Jauernig/*Stadler*, § 818 Rn. 46 f.; *Canaris* JZ 1971, 560（562）；不同观点参见 *Medicus* JuS 1993, 705（710）.

[14] 例如，参见 *Koppensteiner/Kramer*, 144 ff.; *Kellmann* NJW 1971, 862（865），以及 *Gursky* BereicherungsR, Problem 20 II 中所提及文献。

[15] Vgl. *Medicus* FamRZ 1971, 250（251）.

而拉伦茨创立的观点则通过区分不当得利的类型，以避免违反第 106 条以下的保护目的：在由法律行为产生的给付型不当得利中，应当根据第 106 条以下，根据法定代理人的知情情况确定恶意；在由非法律行为、侵权行为产生侵害型不当得利中，应当根据第 827 条、第 828 条确定。[16] 但是，给付型不当得利与侵害型不当得利的区分并不精确，因为导致给付型不当得利的法律行为也得成立侵权行为（例如，欺诈）。所以，德国联邦最高法院做了下列区分：如果侵权行为成立，那么根据第 827 条、第 828 条确定恶意；如果不构成侵权行为，仅成立单纯的法律行为，那么在 819 条第 1 款适用时，根据法定代理人的知情情况加以确定。[17] 依照此种观点，根据《德国刑法典》第 265 a 条、第 823 条第 2 款、第 828 条第 3 款、第 819 条第 1 款，M 也构成恶意。

但是，德国联邦最高法院的此种区分观点同样无法令人完全信服：必须否定第 827 条、第 828 条在不当得利法中的适用。如果未成年人事实上有侵权行为并导致损害，那么必须在第 828 条第 3 款的框架内赔偿受害人的损失。但是，在本案中，恰恰是未成年人没有导致损害的情况，换言之，与损害中相比，较少涉及相对人的利益。在这种情况下，不应适用第 828 条第 3 款，在损害受害人利益时，该条相较于第 106 条以下，扩大了未成年人的行为能力（Handlungsfähigkeit）。另一方面，将 M 的行为与法律行为等同视之也是不无疑虑的，因为即使没有造成损害，他所为的毕竟是侵权行为。立法者并没有预见到这种情况下产生的问题，但是，无论如何，在第 687 条第 2 款、第 682 条中规定了可以与此种情况等同视之的情况。[18] 不当利用他人的服务或他人之物，类似于明知他人事务而将其作为自己事务加以管理（第 687 条第 2 款）。如果未成年人为此种行为，那么根据法条，因此仅产生侵权行为与不当得利责任，本身并不涉及第 687 条第 2 款的加重责任。《德国民法典立法理由书》强调，在上述情况下须适用关于行为能力的规则，也即第 106 条以下；仅当事实上存在侵权损害时，适用关于

[16] *Larenz* SchuldR BT, 12. Aufl. 1981, § 70 IV；*Gursky* NJW 1969, 2184；Palandt/*Sprau* § 819 Rn. 4；*Medicus/Petersen* BürgerlR Rn. 176. 以及 *Gursky* BereicherungsR, Problem 20 III 中所提文献。

[17] BGHZ 55, 135；同样观点参见 *Teichmann*, JuS 1972, 250；*Kellmann* NJW 1971, 862（865）；Soergel/*Hadding* § 819 Rn. 4.

[18] 此种基于第 682 条的论证令人信服，对此参见 *Canaris* JZ 1971, 560（562 f.）；也参见 *Reeb*, 126 f.

责任能力的更严格规则才具正当性。[19]立法者的意思明确表达在法条中（第687条第2款、第682条），这导致了公正的结果，因为恰如其分地保护了不完全行为能力人。所以在结论上，在所有情况下，根据第819条第1款判断恶意时，均取决于法定代理人的知情情况，这一观点是合理的。[20]

因此，可以得出结论，M并不承担第819条第1款、第818条第4款、第292条的加重责任，他反而可以主张第818条第3款：因为取得的德国铁路股份公司的服务不再使其财产受有利益，所以他也不承担第812条的责任。

---

[19] Motive II, 860.

[20] 在上文脚注18所提及文献外，可参见例如 *Brox/Walker* SchuldR BT § 43 Rn. 19；*Esser/Weyers* SchuldR BT II § 51 III 1a；*Larenz/Canaris* SchuldR BT II § 73 II 2a；*Medicus/Petersen* BürgerlR Rn. 176；*Looschelders* SchuldR BT Rn. 1120；Staudinger/*Lorenz*, 2007, § 819 Rn. 10；*Beuthien/Weber* 61 ff.；OLG Hamm MDR 1990, 152；AG Kerpen ZGS 2006, 437 Rn. 33 f.

案例十五　存在问题的汽车租赁

——限制行为能力人取得用益可能性

关键词

用益可能性作为给付的客体与得利的客体　第 818 条第 3 款限缩解释　在汽车租赁中限制行为能力人的责任

案件事实

因一起发生在 8 月 25 日的事故，商事代理人 B 无轿车可用。新订的轿车 10 月 1 日才能送货，于是 B 决定在这期间每周租车。因为 E 向 B 提供了 9 月份整租的价格优惠（400 欧），所以 B 决定与 E 订立租赁合同。B 不知道，E 因为生病，挥霍成瘾，已经处于附有准许之保留的照管（Betreuung mit Einwilligungsvorbehalt）之中。[1]B 向 E 转账 400 欧，9 月 1 日，B 获得了 E 的轿车，并用于公务出差。9 月 16 日，B 生病，所以直到月底，他都得待在家里卧床受人照顾，无法开车。9 月 30 日，B 得知，E 处于附有准许之保留的照管之中，他返还轿车并请求 E 返还所支付的 400 欧，当然至少得返还 200 欧，因为他仅用了一半租赁时间。E 想要保有 400 欧。E 的照管人拒绝追认租赁合同。

案例变型

如果不是 E，而是 B 处于附有准许之保留的照管之中，情况又如何？

[1]　换言之，E 为限制行为能力人（参见第 1896 条、第 1903 条）；他的行为待定的不生效（第 108 条第 1 款）。相反，根据第 105 a 条，无行为能力的成年人的行为直接有效，如果该行为“以价额不高的资金来履行”。因此，无行为能力人不得请求返还金钱，例如他刚买的烤香肠掉垃圾里了；但是未成年人可以！ *Kohler*, JZ 2004, 348 f 对此也有讽刺性的评论。

解答

一、基本案例

（一）B 对 E 基于第 812 条第 1 款第 1 句第 1 支项所生的请求权

（二）E 对 B 的反对请求权

1. 第 987 条、第 988 条，请求返还收取的用益

2. 第 812 条、第 818 条第 1 款，补偿收取的用益

3. 第812条、第818条第2款，补偿所给付的用益可能性（Nutzungsmöglichkeit）

二、案例变型

一、基本案例

（一）B 对 E 基于第 812 条第 1 款第 1 句第 1 支项所生的请求权

通过 B 的给付，E 取得了 400 欧，并且无法律上之原因；因为欠缺给付目的——清偿租金之债，其处于附有准许之保留的照管中，根据第 1903 条、第 108 条，欠缺 E 之照管人的同意，没有成立有效的租赁合同。因此，基于第 812 条、第 818 条，B 享有请求返还已支付的 400 欧的请求权。但是，E 或享有可抵销的反对请求权。

（二）E 对 B 的反对请求权

1. 第 987 条、第 988 条，请求返还收取的用益

第 987 条和第 988 条以返还适状为要件，换言之，E 对 B 享有基于第 985 条所生的请求权。在向 E 返还轿车前，E 是所有权人，B 是无权占有人。然而，原物返还请求权或因 E 与 B 之间特殊的法律关系而已经被排除。很明显，此种特殊的法律关系不可能是租赁合同，因为该合同无效。但是，由无效产生了基于第 812 条、第 818 条的返还清算关系（给付型不当得利）。相比于所有人—占有人关系，[2] 返还清算关系是特别规范，并排除所有人—

[2] 因为一方面，第 987 条以下适用于所有无权占有人，另一方面，给付型不当得利仅涉及无法律原因的给付的返还，例如双务性的特殊规则（“差额说”）。

占有人关系。[3] 因此，不得适用第 987 条、第 988 条。因此，也无需讨论无法律原因的占有人是否得与第 988 条中的无偿占有人等同视之的问题。

2. 第 812 条、第 818 条第 1 款，补偿收取的用益

第 818 条第 1 款规定了因收取的用益而产生的从请求权。但本案不涉及此种情况。首先，E 想向 B 请求的，不仅仅是 B 因收取的用益而产生的 200 欧，他也想向 B 请求，在 B 本能使用该车，但因个人原因而无法使用该车的时间段内的补偿：他想要保有全部 400 欧。此外，在 E 请求价值补偿的请求权中，不涉及从给付，而涉及主给付。E 向 B 给付了车辆的用益可能性（Nutzungsmöglichkeit），对此，他希望根据第 812 条、第 818 条第 2 款获得价值补偿。

3. 第 812 条、第 818 条第 2 款，补偿所给付的用益可能性

用益可能性得否作为得利的客体，这一问题存在争议。反对的观点主张，用益的可能性非属用益，所以也不导致得利。有可能违法利用他人之物的人，没有利用，也就没有得利。[4] 对于侵害型不当得利须赞同该观点；利普（Lieb）试图在侵害型不当得利中也承认用益可能性作为得利的客体，这并不合理。[5] 单纯的侵害可能性尚不导致得利。此外，利普所称取得的用益可能性也包括某些得利人不是取得用益可能性，而是已经取得服务或用益的情况，例如飞机旅行案。[6] 在飞机旅行案中，原告向被告提供的，不是在一定时间里使用飞机之类，而是运送被告。被告无法律上之原因取

---

[3] 在给付关系中，第 812 条排除第 987 条及以下的观点，受到广泛的认可，参见 *Reuter/Martinek* II § 11 I 2c cc（505 ff.）；*Wieling/Finkenauer* SachenR § 12 Rn. 15；*Prütting* SachenR Rn. 568 mit Lit.；*Waltjen* AcP 175（1975），109（110 ff.）；*Honsell* JZ 1975, 439（441）；*Haas* AcP 176（1976），1（17）；*v. Caemmerer* FS G. Boehmer, 1954, 145（154 Fn. 42）；*Ebenroth/Zeppernick* JuS 1999, 209；不同意见例如 Westermann/*Gursky* § 30 Rn. 12；Staudinger/*Gursky*, 2012, Rn. 21 f. vor § 987. 判例见解对此并不统一，举例：E 因遗赠而向 V 移转某物的所有权，双方均不知遗赠不生效。V 将该物当作垃圾扔掉，因为他无法使用该物。根据第 818 条第 3 款，V 得从因非债清偿所生的不当得利中免责，因为即使他因重大过失而不知遗赠不生效，根据第 819 条第 1 款也构成善意。相反意见则认为，在重大过失中，根据第 990 条、第 989 条承担责任。此种观点违反了第 818 条第 3 款作出的法律决定。而在第 990 条、第 989 条之外，仍意图适用第 823 条以下的观点，同样于法不符；在轻过失中，此种观点也会导致 V 的责任。

[4] Vgl. *Koppensteiner/Kramer*, 118 ff.；*Batsch*, NJW 1972, 611；*Gursky* JR 1972, 279（281 Fn. 17）；*Haines*, Bereicherungsansprüche bei Warenzeichenverletzungen und unlauterem Wettbewerb, 1970, 40 ff.

[5] *Lieb*, NJW 1971, 1289；也参见 *Reeb*, JuS 1972, 92.

[6] BGHZ 55, 128 ff.

得原告的服务，而不是用益可能性。飞机旅行案与用益可能性问题无涉。

因此，在侵害型不当得利中，用益可能性不得为得利的客体。相反，在给付型不当得利中，用益可能性可以是得利的客体。[7] 用益可能性可以成为给付的客体，这点毋庸置疑，因为所有基于租赁合同交付某物的行为就意味着给付用益可能性。出租人没有向承租人给付用益，[8] 因为承租人是否使用该物，取决于他自身；出租人对此并无任何影响。出租人给付了用益可能性。出租人也并非简单向承租人给付租赁物，他交付给承租人租赁物之目的是使得承租人在一定的时间内享有用益可能性。[9] 如果用益可能性能够成为给付的客体，那么在给付型不当得利中，也能成为得利的客体。[10]

卡纳里斯（Canaris）[11]、克朋施坦内与克拉默（Koppensteiner/Kramer）[12] 认为，在给付型不当得利中，用益可能性也不得成为得利的客体。他们的理由援用了第 818 条第 1 款，根据第 818 条第 1 款，仅事实上收取的用益可以得到补偿。但是，此种论证是错误的。第 818 条第 1 款规定的情形是，有人从不当得利的客体中已经收取了用益：那么，他不仅必须返还不当得利的客体，也必须补偿用益。但是，因为本案不涉及补偿用益的从请求权，而是涉及请求补偿所给付用益可能性的主请求权，从第 818 条第 1 款中得不出任何对我们所欲解决问题有用的答案。

---

[7] 参见在 *Ostendorf*, JuS 1974, 447 中做出的正确的区分；类似区分也可参见 *Reuter/Martinek* II § 6 I 2c（225 f.）.

[8] Vgl. *Wieling*, AcP 169（1969），166 f.

[9] 这点不同于为了保管而交付某物，为了出质交付某物。如果给付了用益可能性，那么，基于第 812 条的请求返还标的物的请求权不是主请求权，请求补偿用益的请求权是伴随主请求权而生的从请求权；主请求权毋宁是基于第 812 条、第 818 条第 2 款产生的请求补偿用益可能性的请求权。本案与租赁合同有效的情况应该相同处理，在租赁合同有效的情况下，承租人的主义务同样不在于返还租赁物，而是支付租金，以此作为交付使用的用益可能性的对待给付。

[10] Vgl. *Lieb*, NJW 1971, 1289 ff.; *Reeb*, 12; *Ostendorf*, JuS 1974, 447; *Wieling* BereicherungsR § 2 III c 和在 *Gursky* BereicherungsR, Problem 17 IV 中所述。*Gursky* JR 1972, 279（281 Fn. 17）中的观点是错误的，其论证存在偷换概念的情况。基于有人可以享有请求交付用益可能性的权利这一事实，可以得出用益可能性可以是不当得利内容本身。这就混淆了请求交付用益可能性的请求权和用益可能性本身。事实上，本案与请求交付用益可能性的请求权无涉，而是仅涉及交付本身：如果用益可能性能够被给付，那么他也必然能够被不当得利返还，这点毫无疑问。

[11] *Canaris* JZ 1971, 560（561）; *Larenz/Canaris* SchuldR BT II § 71 I 2a a. E.

[12] *Koppensteiner/Kramer* 118.

因此，B 从 E 给付的用益可能性中得利了，他必须向 E 补偿价值（第 818 条第 2 款），也即必须向 E 支付 400 欧。但是，基于第 818 条第 3 款或认为对于 B 而言，利益丧失。因为在最初的两周中，B 实际使用了轿车，所以对 B 而言，利益存在。如果他想要开车，那么他必须租车，并且支付租金。但是，问题是，后半个月应当怎样适用，因为后半个月中，B 不能使用轿车。

在这个范围内，用益可能性没有给 B 带来任何好处，他的财产没有增加，在使用期限届满后，对于 B 而言，用益可能性的价值重新丧失。所以，B 能否主张利益丧失呢？根据第 818 条第 3 款的文义，或有可能。但是，目前普遍公认的是，第 818 条第 3 款的文义过宽，需要进行限缩解释。第 818 条第 3 款应当保护的是，认为取得具有存续性和终局性的善意。[13] 因此，只有得利人能够认为，他可以终局性保有得利客体时，他才能够主张利益丧失。[14] 因为第 819 条第 1 款表明，知其返还义务者，不得主张利益丧失。

恶意，并且根据第 818 条第 3 款不受保护的，不限于知道其负有返还不当得利客体义务的人，也包括认为能够保有不当得利的客体，但对此须提供对待给付的人。因为尽管他或许认为能够保持得利的客体，但是，他知道无论如何如果没有自己的财产支出，他无法保有（受领的给付）。如果所受领的给付在该人处灭失，那么，他知道，这是他应当承担的风险，因为对他而言，所提供的对待给付也必然丧失了。例如，如果互易合同无效，则此种“合财产的判断（Vermögensmäßige Entscheidung）”[15] 仍必然有效；因为受领人无论如何不能信赖，能够不付出补偿就保有受领的给付；他也无论如何不能信赖，主张利益丧失能使得他免于提供对待给付的义务。所以他不具有第 818 条第 3 款意义上的善意。[16]

---

[13]　例如有人基于不生效的借贷合同取得了金钱，他不得主张利益不存在，即使他丧失该金钱且无补偿。Vgl. BGH WM 1969, 858.

[14]　例如，参见 *Lieb* NJW 1971, 1289（1293）; *Flume* NJW 1970, 1161（1163）; *Batsch* NJW 1972, 611（614）; *Reeb* 115 f.; *Larenz/Canaris* SchuldR BT II § 73 I 5g; *Esser/Weyers* SchuldR BT II § 51 II 2b; Palandt/*Sprau* § 818 Rn. 35, 29; Erman/*Buck-Heeb* § 818 Rn. 31; Soergel/*Hadding* § 818 Rn. 40; *Koppensteiner/Kramer* 128; *Giesen* Jura 1995, 281（283）.

[15]　Vgl. *Flume*, FS Niedermeyer, 1953, 103（106）.

[16]　Vgl. *Wieling* BereicherungsR § 5 I 4c aa; *Reuter/Martinek* II § 6 I 2d（230）, § 8 II 2a（360 f.）; Jauernig/*Stadler* § 818 Rn. 40 ff.; *Dieselhorst*, Die Natur der Sache als außergesetzliche Rechtsquelle, 1968, 106 f.; BGHZ 83, 295; *BGH* NJW 1985, 1829.

本案中，B 知晓他不能无偿取得 E 交付的用益。他决定，要支付 400 欧元的对价。无论如何，他不能认为没有使用而届满的用益可能性由 E 负担，他能够从对 E 的义务中解脱出来。B 因此不构成第 818 条第 3 款意义上的善意，他不能主张利益丧失。毋宁说是他对 E 负有支付 400 欧元的义务。

反对此种结论则会主张，这就和合同有效情况的结果相同了。[17] 但是，这样的论证和对问题作出的公正的决断背道而驰，不能被采纳。如果该决断正确衡量了当事人的利益，那么应当毫不犹豫地做出如同合同有效一样的决断。因为合同无效不要求，作出的决断必须和合同有效不同。在我们的案例中，租赁合同无效说明，每个当事人可以立即要求终止事实上的租赁关系。但是，在租赁关系终止之后，无效并不要求，一方当事人落空，而另一方当事人能保有他的给付。

结论：E 对 B 基于第 812 条享有要求支付 400 欧元的请求权。他可以用该请求权抵销 B 的请求权。

二、案例变型

1. 基于第 812 条第 1 款第 1 句第 1 支项、第 818 条第 2 款，B 对 E 享有请求返还 400 欧元的请求权，正如在基本案例中一样。

2. 在一之（二）1、2 中，E 享有的反对请求权并无不同。在一之（二）3 中，B 无法律上之原因取得用益可能性这点也没有改变。问题在于，如果赋予 E 对 B 的请求价值补偿用益可能性的请求权，是否违反了第 1903 条、第 108 条以下的目的。

在前两周中，B 使用了轿车，他得利了，因为他节省了其他的费用。用益的价值（至少）200 欧。当然，如果认为 E 基于第 812 条对 B 享有请求权，这就得出了与合同有效相同的结论。所以有一种通行的观点否定了针对限制行为能力人的用益与用益可能性的价值补偿之请求权，因为否则的话，就规避了第 107 条以下规则。[18] 然而，这一观点并不适当，其论证

---

[17] 例如，参见 *Koppensteiner/Kramer*, 140 f.；类似的参见 *Rengier* AcP 177（1977），418（426）；*Pinger*, Funktion und dogmatische Entwicklung des Eigentümer-Besitzer-Verhältnisses, 1973, 50.

[18] 例如，参见 KG FamRZ 1964, 518；OLG Hamm NJW 1966, 2357；*Pawlowski* JuS 1967, 302（306）；auch *Medicus/Petersen* BürgerlR Rn. 601 f.

有误。在限制行为能力人实际上得利的范围内，他必须返还得利。[19] 限制行为能力人也不因无法律上之原因而得利。第 107 条以下规则仅意图限制合同的责任，绝不是为了保障未成年人能够不当得利。

后两周的情况则有所不同；正如在基本案例中，B 在本案中取得了这段时间的用益可能性，而没有使其财产得利。但是，B 不得主张利益丧失，因为依其合财产的判断，他知道，他无论如何必须提供对待给付。本案中，此种判断因其限制行为能力，无法归责。[20] 因此，在此范围内，他可以主张利益丧失。

结论：E 享有总价 200 欧的相反请求权，针对 B 享有的 400 欧的债权，E 可以以此抵销。

---

[19] 正确的观点如 *Batsch*, NJW 1969, 1147; *Metzler*, NJW 1971, 690.

[20] Vgl. *Flume* NJW 1970, 1161 (1164); *Reeb* 122; *Lieb* NJW 1971, 1289 (1293) .

案例十六　不够小心的朋友

——给付的概念与给付型不当得利

关键词

给付概念与给付类型　第267条的问题域（Problematik）　差额说（Saldotheorie）　在无因管理中的给付

案件事实

一直相当有钱的E在2017年因为疾病导致的挥霍成瘾而被处以附有准许之保留的照管，B被指定为照管人。2018年6月5日，E以15000欧元的价格将自己的轿车卖给K（价值20000欧元），K不知E受照管。次日，K前往E处提车，他请求E，价款在几周后付清。E拒绝了，并且希望能一手交现金，一手交车。K表示明天带钱来，尽管他也不是很清楚该怎么筹钱。K的一个朋友F，听闻了这件事情，为K感到丢人。在2018年2月的时候，F曾以年利5%向K借了15000欧元，并且约定，F可以随时，也可以提前还款。F向E转账15000欧元，并附言，应以此款清偿K因轿车买卖而产生的债务。E于6月15日收到钱款，并于同日交付该车。K很高兴E在付款之前交付该车，他并不知道F支付了价款。当天傍晚，他开车兜风，期间由于车技拙劣，撞了树，车辆全损。2018年7月，K进入支付不能程序（Insolvenzverfahren），I被任命为破产管理人（Insolvenzverwalter）。此外，E被指定照管之事为人所知，F请求E返还150000欧，因为买卖合同无效。B以E的名义，请求返还轿车或者总价为20000欧元的价值补偿。I认为，K因事故不再得利。他进一步请求F返还在这期间到期的借贷。F认为，该债务因向E支付而清偿，他仅向I支付利息。

法律状况如何？

解答

一、F 对 E 的请求权

（一）第 812 条第 1 款第 1 句第 1 支项，非债清偿

（二）第 812 条第 1 款第 1 句第 2 支项，F 对 E 的非给付型不当得利

二、E 对 K 基于第 812 条第 1 款第 1 句第 1 支项、第 818 条第 2 款享有的请求权（给付型不当得利）

三、K 对 E 基于第 812 条第 1 款第 1 句第 1 支项享有的请求权（给付型不当得利）

四、基于借贷，K 向 F 请求支付 15000 欧的请求权，第 488 条第 1 款第 2 句

一、F 对 E 的请求权

（一）第 812 条第 1 款第 1 句第 1 支项，非债清偿

基于第 812 条第 1 款第 1 句第 1 支项，F 或对 E 享有请求返还 15000 欧元的请求权（给付型不当得利）。E 从 F 处取得了 15000 欧元。他是否是通过 F 的给付取得的呢?

给付是有意识的、有目的指向性地增加他人财产。[1]通过向 E 支付价款，F 有意识增加 E 的财产。[2] 问题是，这一给予（Zuwendung）[3] 是否也是目的指向性的。对此，必须首先确定要件“给付目的”的含义。在给付的定义中，吸纳了此种目的，这出于两点理由。第一，通过给付目的，确定了给付是否具有法律上之原因：如果给付目的实现，那么，给付型不当得利意义中的法律之原因也成立；反之，则欠缺法律上之原因。第二，给付目的用以确定给付关系的当事人（例如在三角关系中）和可能涉及的不当得利：

[1] Vgl. *Looschelders* SchuldR BT Rn. 1022; *Koppensteiner/Kramer* 10 ff.; Palandt/*Sprau* § 812 Rn. 3; *Wieling* BereicherungsR § 3 I 1.

[2] 例如著名的“楼管案（Hausmeisterfall）”中，无意识增加他人财产存在：楼管 H 在他雇主 A 出租的房屋的暖气中，因为过失用了属于自己（H）的煤。尽管 H 增加了 A 的财产（节省），但是不是有意识的，因此，不成立给付。所以 H 对 A 没有给付型不当得利请求权，而是有“以其他方式”请求不当得利返还的权利。

[3] “给予”是有意识的，但不是目的指向性地增加财产，vgl. *Reeb*, 22; *Koppensteiner/Kramer*, 24 f.; *Wieling* BereicherungsR § 3 I 1b bb.

给付人（和不当得利的债权人）是确立给付目的的人；给付受领人（和不当得利的债务人），是目的针对的人。[4]

给付目的通过目的确定（Zweckbestimmung）确立，这是给付人对受领人所为的单方的、需受领的意思表示。[5] 通过目的确定，给付人确定了他对何人、遵循何种目的。[6] 但是，并不是给付人每个随意的动机都可被当作给付目的，而是只有那些如果欠缺会导致第 812 条的给付型不当得利，如果实现则可以排除给付型不当得利的动机，才能被当作给付目的。[7] 所以仅需考虑如下目的。[8]

1. *清偿之目的*（datio solvendi causa），给付为了清偿既存债务。这里也包括债务在产生时立即履行的情况，例如即时买卖（Handkauf）。如果欠缺给付目的，例如因为债之关系不存在，则根据第 812 条第 1 款第 1 句第 1 支项产生*非债清偿*的不当得利。如果尽管债务最初存在，但随后丧失，例如因为合同被解除或终止（Vertragsaufhebung），则由此发生目的嗣后消灭的不当得利（condictio ob causam finitam），第 812 条第 1 款第 2 句第 1 支项，非债清偿的子类型。

2. *慷慨之目的*（datio donadi causa），在根据第 518 条第 2 款的即时赠与中。这种情况涉及清偿之目的的子类型，但有其特殊性，这种情况下，应

[4] Vgl. *Reeb*, 15 ff. 举例：A 卖某物给 B，B 转卖给 C。B 请求 A 将该物直接交付给 C，如此交易。这种情况下，A 对 C 没有给付目的，而是 A 通过对 C 的给予，想要对 B 为给付；给付目的是清偿 A 基于第 433 条第 1 款而生的对 B 的债务。同时，A 对 C 的给与，是因为 B 的指示，其中也存在 B 对 C 的给付：B 想要清偿对 C 因第 433 条第 1 款而生的债务。假设两个买卖合同均无效，例如因为 B 无行为能力，那么，A 仅得请求 B 不当得利返还，而不得请求 C，因为他仅向 B 为给付，而没有向 C。

[5] 有学说错误地认为，目的确立（Zwecksetzung）并不因给付人与给付受领人的约定而发生。从第 366 条第 1 款明确知道，履行人（给付人）单方确定给付应服务于的目的。对此参见 *Wieling* BereicherungsR § 3 I 3a；*dens.* JZ 1977, 291；*dens.* JuS 1978, 801（801 Fn. 5）；*Reuter/Martinek* § 4 II 3b；*Looschelders* SchuldR BT Rn. 1024.

[6] 目的确定通常是默示的，在这种情况下也清楚给付应服务于何种目的。

[7] 其他任何动机在给付中没有意义，例如，在我们的例子中（脚注 4），A 意图向 C 交付。此种动机是否实现与第 812 条意义上的目的无关。

[8] Vgl. *Wieling* BereicherungsR § 3 I 2. 必须注意的是，在此不涉及经济目的，而是涉及法律目的。换言之，清偿之目的（datio solvendi causa）可以存在于不同的经济目的中，例如，为了履行买卖合同、借贷合同，或者第 823 条第 1 款所生的义务而为给付。在提供担保中，也是一样的，尽管或有观点主张不同。担保提供人或在之前负有提供担保的义务，或者在提供担保的同时负有义务——可能是推定的。

当被清偿的债务通过给付本身才产生。如果目的欠缺，换言之，没有成立有效的赠与合同，例如一方当事人欠缺行为能力，那么，给付人享有*非债清偿*的不当得利请求权。

3. *给予为了特定目的*（datio ob rem），在第 812 条第 1 款第 2 句第 2 支项中。这种情况涉及因预期未来事实而提供某项不是债务的给付；如果该预期事实没有发生，那么能够请求不当得利返还所为之给付。所预期之事实通常在于受领人任意为之的对待给付。

4. *信用之目的*（datio obligandi causa），具有特定目的的给予的子类型。给付人为给付，为了获得对给付受领人的债权。这涉及无因管理的情形，在无因管理中，事务管理人对本人为给付，为了取得基于第 683 条的补偿请求权。所以也被称为事务管理的原因，给付是为了作为适法管理人管理他人事务。如果这一目的不能实现，则涉及第 684 条、第 812 条第 1 款第 2 句第 2 支项的*目的不达*型不当得利。

换言之，大致上仅存在两种重要的给付目的，清偿之目的和特定目的，其他目的在第 812 条中不予考虑，不能产生给付型不当得利。

在我们的案例中，F 向 E 付款，为的是清偿 K 的债务，也即清偿原因。从中能否认为存在 F 对 E 的给付，争议极大。通说承认这点，[9] 其理由是，将 F 清偿 K 的债务的目的认为是 F 与 E 之间的给付目的。然而，这是说不通的，F 对 E 本身没有给付目的。尽管 F 遵循的目的，是清偿债务，但是，不是他自己的债务，F 想要清偿的是 K 的债务。因此，F 想要为 K 向 E 给付，根据第 267 条，给付存在于 K 与 E 之间，而非 F 对 E。排除 F 对 E 的给付型不当得利。

因此，根据现代的给付概念（在如本案这样的三角关系中，给付概念决定了不当得利的当事人），不成立 F 对 E 的给付。这些规则的创设是为了解决三角关系的标准案型，在标准案型中，给予人（F）受债务人（K）的指示，向债权人（E）支付价款。通说主张，这些规则不能适用于本案（根

---

[9] 仅参见 BGHZ 50, 227；113, 69；*Brox/Walker* SchuldR BT § 40 Rn. 17；*Esser/Weyers* SchuldR BT II § 48 III 4b；*Koppensteiner/Kramer* 41 ff.；*Reuter/Martinek* II § 3 III 3（125 f.）；MüKoBGB/*Krüger* § 267 Rn. 22；*Harke* SchuldR BT Rn. 500；*Larenz/Canaris* SchuldR BT II § 70 V 3b；*Wilhelm* JuS 1973, 1（6 f.）；*Canaris* FS Larenz, 1973, 799（847）；*Pinger* AcP 179（1979），301（326 f.）；*Bulla* JuS 1983, 755（758）；*Giesen* Jura 1995, 169（177）和在 *Gursky* BereicherungsR, Problem 4 I 和 *Wieling* JuS 1978, 801（803 Fn. 26）中所述。*Jakobs*, NJW 1992, 2524 甚至说到，相反观点已经“死亡”；他太悲观了。

据第 267 条），因为给付没有债务人的指示，所以，本案是一个特殊案型，[10] 对此不能适用现代给付概念。因为没法排除此种可能性，所以必须检验，现代给付概念适用到第 267 条的三角案型中是否能得出所需的结论，或者必须如通说所主张的采其他路径。

创设目的确定的给付概念，为的是在三角关系中确保三个原则的适用，[11] 对于这三个原则的正确性和必要性并无争议：

（1）应当确保在三角关系中正确分配支付不能的风险。

（2）每个给付关系的当事人对其相对人的抗辩权应当存续。

（3）应当保护每个给付关系的当事人免于承受源自他没有参与的给付关系的抗辩。[12]

这些原则导致了三角关系中，不当得利原则上仅发生于给付关系中，[13] 并且排除直索（Durchgriff）。为了维持这些原则，创设了现代给付概念。这一概念得适用于所有的三角给付关系，不论其具体是如何形成的。我们的任务在于检讨现代给付概念在第 267 条的情况中能否保障上述原则。

如果 F 在 K 破产的情况下，能够对 E 主张，并能请求返还，那么，E 仅有对 K 的破产债权。换言之，尽管 E 足够谨慎小心，要求和价款同时履行，但是，E 仍然同时失去了轿车和买卖价款。因此，F 对 E 的不当得利请求权明显违反了第一原则和第二原则，会导致不公平的结论，此种结论是现代给付概念所欲避免的。也就是说，大体承认上述原则的通说，意图

---

[10] 尤其参见 *Canaris* FS Larenz, 1973, 799（847 f.），其论述了针对价值（Wertung）进行绝对化构建的观点。*Wilhelm* JuS 1973, 1（6），他认为，现代给付概念适用于第 267 条中是完全错误的道路，是“纯粹教条的适用通说的给付概念”。这是否正确，需根据结果判断。

[11] 对此参见 *Medicus/Petersen* BürgerlR Rn. 667；*Canaris* FS Larenz, 1973, 799（802 f.）.

[12] 在我们上面提到例子（脚注 4）中，简单检验下这些原则：如果 B 支付不能。本案中，A 或希望能对 C 主张，以避免不利。我们假设，如果 A 没有取得 B 的买卖价款，换言之，先对 B 为给付，同时，C 只在收货后才向 B 付款，以此保障自身。如果 A 可以对 C 主张，那么尽管 C 保障了自己的安全，但是，C 仍丧失了安全（Sicherheit），仅取得对 B 的破产债权。粗心的 A 反而能得到完全清偿。但是，A 不应将他选择相对人（B）和提前给付导致的风险转嫁给 C。所以，A 仅得向 B 主张，他有破产债权。只有如此，才能保障第一个原则。相反，如果赋予 A 对 C 的不当得利请求权，即使 B 没有破产，也会对 C 苛以不正当的负担。C 会丧失他对 B 的反对债权的安全。这就违反了第二个原则——如果 C 支付不能。这不应当对 A 造成损害，即使他向 B 提前为给付，因为他的对方当事人仍有支付能力，是 A 自己挑选的（B）。因此，B 对 A 基于第 812 条、第 818 条第 2 款负义务，A 不能向 C 请求。

[13] 原则上！如果可以查明，通过直索不会影响任何当事人的利益，那么总是可以考虑类推适用第 822 条进行直索的。Vgl. *Wieling* BereicherungsR § 6 V 1.

在第 267 条的情况中违反上述原则，而无理性的理由。[14] 因此，在本案中，也必须适用三角给付关系的一般规则，根据目的指向的给付概念确定给付当事人，[15] 所有其他观点均导致不可接受的结论。如果 F 在 K 的支付不能程序中受有损害，那也不是不公平的。因为 F 无 K 的委托而向 E 支付价款，如果他因此无法从对 K 的债务中解脱，也是他自己的风险。

结论：因为 F 没有对 E 为给付，F 没有对 E 的给付型不当得利请求权。

（二）第 812 条第 1 款第 1 句第 2 支项，F 对 E 的非给付型不当得利

F 或以其他方式对 E 享有不当得利请求权，但是根据补充原则（Subsidiaritätprinzip），只有在 E 没有通过给付取得 15000 欧时，F 才享有此请求权。[16]E 没有通过 F 的给付取得金钱，但是，他可能通过 K 的给付取得了金钱。K 既没有自己向 E 付款，也没有指示 F 付款。通说由此认为，K 对 E 的给付不存在。然而，这就误解了第 267 条的含义。根据第 267 条，任何第三人均可以向债权人付款，并对债务人发生效力。对于第三人而言，这里也就有了他的权限，这权限是指他可以确定对债务人发生效力的给付目的。[17] 本案中，F 基于第 267 条也有权确定目的并对 K 发生效力。F 确定其付款是对 K 债务的给付，他也已经这么做了，所以根据第 267 条，F 对 E 的付款是 K 对 E 的给付。因此，E 是通过给付取得 15000 欧，根据补充

---

[14] 也参见 *Wieling* BereicherungsR § 7 I. 因此，认为仅通说能导致公平的结论，相反，适用现代给付概念会导致违反利益状况的决断，此种主张（参见上文脚注 10）很明显是错误的。*Medicus/Petersen* BürgerlR Rn. 685 的论证"怎么来的怎么去（Wie gewonnen, so zerronnen）"同样没有赋予未获得补偿就丧失轿车的 E 一点补偿。经常听到这样的观点，K 没有诱使支付价款，因此他不需要承担责任，这样的论述也没有给 E 任何补偿。这些观点没有阻碍立法者让事务管理的本人基于第 683 条以下承担责任，而本人并没有诱使任何事发生。如果在有疑问的情况中，回归到基础性原则（参见上述脚注 11），并且保障那些构想仅限于原则的框架内，那么不当得利法能够明显变得简明，并且从多余的束缚中解脱出来。

[15] *Esser* SchuldR AT, 4. Aufl. 1970, § 102 I 2a; *Reeb* 27 ff.; *Schmidt* JZ 1971, 601（606 f.）; *Köndgen* FS Esser, 1975, 55（67）; Palandt/*Sprau* § 812 Rn. 63 ff 的观点在这个意义上，尽管不是通说，却是正确的观点。同样参见 *Gursky* BereicherungsR, Problem 4 II 所述。但是，不能理解的是，为何 Esser 和 Reeb 主张在第 268 条的给付中应当适用不同的规则。其利益状况与第 267 条中无异。同采此说 *Kupisch*, Die Voraussetzungen für Bereicherungsansprüche in Dreiecksverhältnissen, 1968, 65.

[16] 对此参见下述案例十七之一（三）1。

[17] 例如，如果 S 对 G 基于买卖负有 1000 欧元的债务，又基于借贷负有 1000 欧元的债务，那么，根据第 267 条，第三人能够替 S 向 G 付款，并决定应清偿哪个债务。

原则，不考虑 F“以其他方式”对 E 的不当得利请求权。[18]

结论：F 对 E 无请求权。

二、E 对 K 基于第 812 条第 1 款第 1 句第 1 支项、第 818 条第 2 款享有的请求权（给付型不当得利）[19]

K 从 E 处取得了轿车，尽管只是取得占有，因为所有权移转根据第 1903 条、第 108 条第 1 款、第 109 条第 1 款不生效。E 向 K 移转了轿车的占有，为的是清偿他基于买卖合同产生的债务。这可能构成对 K 的给付。然而，E 能否有效确定第 812 条意义上的目的，这显然是存在疑问的。被照管人原则上仍然有行为能力，但如果是如本案中，根据第 1903 条，被照管人被指定了同意保留，那么构成例外。在此种情况下，被照管人与限制行为能力人地位相同，没有照管人的追认，则他不能发出对自己法律上不利的意思表示（第 108 条）。目的确定是单方需受领的意思表示，然而，不会给表意人带来任何不利益。在欠缺目的的情况下，此种意思表示会导致给付型不当得利，相反，如果没有有效的目的确定，那么仅考虑发生非给付型不当得利。[20] 因为第 1903 条应保护的是被照管人，但是，目的确定没有给被照管人带来法律上的不利益，所以 E 实施的目的确定有效。[21] 因此，E 在第 812 条意义上向 K 给付了轿车的占有。

因为 K 不再能够返还轿车，他必须根据第 818 条第 2 款进行价值偿还。但是，根据第 818 条第 3 款，他或可主张利益丧失。因为在 E 与 K 之间涉及一个（不生效的）双务合同，应当适用差额说。[22] 差额说源自正确的思想，此种思想是指在不生效的双务合同中也必须保持给付的牵连性（do ut

---

[18] 仅在第 822 条的案型中，和与第 822 条的案型、利益状况类似的、能够类推第 822 条的情况中，才考虑 F 对 E 的直索不当得利，参见上文脚注 13。

[19] 基于第 990 条产生的请求权不予考虑，因为给付型不当得利作为特别法关系排除第 985 条以下规则的适用，参见案例十五脚注 3。

[20] Vgl. *Wieling* BereicherungsR § 3 I 3a cc, 也参见 *Reeb*, 17. 如果目的确定或许例外地导致了法律上的不利益，那么，必须要求行为能力，vgl. *Wieling* BereicherungsR § 3 III 1c aa, § 3 III 3f.

[21] 根据别的观点，目的确定不是意思表示，因此，无行为能力人也可以有效实施，例如 *Koppensteiner/Kramer*, 14. 这一观点在本案中可以得出相同的结论，但是在目的之确定给给付人带来法律上的不利益时，该说陷于困境。还有观点要求完全行为能力，vgl. *Fikentscher/Heinemann*, Rn. 1430, 1502；BGH NJW 1990, 3194；NJW-RR 2010, 858 f. 据此，则本案中无给付。

[22] Vgl. *Wieling* BereicherungsR § 5 I 4c.

des)。一方当事人不得请求返还其给付，并向对方当事人的请求权主张第 818 条第 3 款。帝国法院创设了差额说，试图通过给付与对待给付之间差额实现这一目标：不当得利的债务人可以基于第 818 条第 3 款主张，在自身提供给付的限额内丧失利益。

此种早期构想被命名为差额说，目前已经变得陈旧，并且有明显的缺陷。一方面，在不完全行为能力人取得给付，后又灭失的情况下，[23] 这一构想会导致不适当的结果。这种情况下，不适用差额说，所以试图构建另外的理论——双重不当得利说，据此则有两个互不关联的不当得利对立存在。[24] 另一方面，如果一方当事人提前给付，[25] 或者一方当事人基于第 985 条享有返还请求权，[26] 那么，差额说均无济于事。所以差额说的早期构想在这些情况下无法实现所预设的目标。[27]

寻找正确的法律构想的努力需要从这一问题出发，给付受领人（他所受领的物已经灭失）是否能够主张利益丧失。第 818 条第 3 款规定的太过

[23] 也如 BGH NJW 1994, 2012 f.; *Looschelders* SchuldR BT Rn. 1134; *Wandt* Gesetzl. Schuldverhältnisse § 12 Rn. 37 举例：17 岁的 M 从 V 处买了一辆轿车，并且付了款。M 开车，把车撞成了废铁，基于无效的买卖合同，他可以请求返还价款。如果适用差额说，会导致 V 可以保有价款，如同合同有效一样，而这违反了第 107 条的目的。

[24] 在本案中，双重不当得利并无作用，尽管 E 和限制行为能力人地位相同。因为双重不当得利说规定的是，无行为能力人受领的给付灭失的情况。根据该说，无行为能力人仍可以对自己提供的给付主张不当得利返还。但是，在本案中，不是 E 受领的给付灭失，而是 K 取得的轿车灭失。

[25] Vgl. *Reeb* 124; *Looschelders* SchuldR BT Rn. 1133; *Wandt* Gesetzl. Schuldverhältnisse § 12 Rn. 36. 例子：V 卖给 K 一辆轿车，并交付车辆。价款应在 3 个月后付清。K 开车，把车撞成了废铁，合同不生效。此种情况下，差额说无助于事，因为没有可以进行差额化的给付。V 丧失保护。

[26] V 卖给 K 一辆车，并交付之，他取得了价款，V 在前往银行的路上，把价款丢了。买卖和所有权移转无效。V 对 K 基于第 985 条享有请求权，与之相对，他没有可以被差额化的请求权。K 失去保护。

[27] Vgl. *Koppensteiner/Kramer*, 136 ff.; *Reuter/Martinek* II § 8 II 3c（382 ff.）; MüKoBGB/*Schwab* § 818 Rn. 257; *H. Honsell* MDR 1970, 717（718 f.）; *Th. Honsell* JZ 1980, 802; *Finkenauer* JuS 1998, 986（987 f.）; 进一步证据参见 *Wieling*, AcP 169（1969）, 152. 相反，判例仍在适用差额说过时的内容，例如，参见 BGH NJW 2001, 1863, 以及在提前给付的问题中，如 *BGH* ZIP 1994, 954. 联邦最高法院（NJW 1995, 454 ff.）明显根据差额说，表示采纳“总体扣除（Gesamtabrechnung）”，抵扣的不仅仅是给付和对待给付，也包括其他会计科目（Rechnungsposten），由此会导致令人惊异的结果；对此正确的批判参见 *Finkentscher*, JuS 1998, 986. 在我们的案例中，采纳早期差额说可能会导致这样一个结果：尽管根据差额，E 有 5000 欧的请求权，但是，因为 K 处的车辆灭失，E 的请求权根据第 818 条第 3 款而丧失。E 不得向 K 请求返还。

宽泛，必须根据其目的进行限缩，这一正确的观点日益受到认可：只有可以信赖能够终局性保有该物或其价值的人，才能主张所受利益丧失。[28] 只有在此种情况下，不当得利人才能够信赖，物的灭失不会给他自身财产造成额外的损失。相反，知道必须返还物或价值的人——例如，在无效的借贷合同中的借款人的情况，不能主张利益丧失。而对于物（不当得利的客体）已经提供了对待给付或应提供对待给付的人，与知道需返还的人地位相同。[29] 在这种情况下，不当得利人知道他无论如何必须提供对待给付，或者让相对人受领的给付和自己所受领之物所发生的状态相同。他提供对待给付，为的是取得他人的给付，他受此种决定的拘束。如果合同无效需返还，那么无人可以主张利益丧失，双方当事人均事先知道，他们受领给付是通过财产牺牲交换来的，也即对待给付。他们不会认为，在物意外灭失的情况下，仅物自身受到损害：他们清楚，他们也丧失了自己提供的对待给付。[30]

在我们的案例中，尽管 K 从 E 处仅仅取得了轿车的占有，没取得所有权，但是他仍然作出了这样的决定，支付 15000 欧为的是取得持续使用该车的可能性。K 也知晓，他所购买的轿车已经进入他自己的风险范围内，在轿车毁损的情况下，他也终局性地丧失了 15000 欧。[31] 在查明合同无效之后，K 不能主张利益丧失。因此，基于第 812 条、第 818 条第 2 款，E

[28]　参见上述案例十五脚注 14 所述。

[29]　Vgl. *Enneccerus/Lehmann* § 227 III 7; *Flume* FS Niedermeyer, 1953, 103（165 ff.）; *dens.* AcP 194（1994）, 427（443 f.）; *Canaris* FS Larenz, 1973, 799（816 f.）; *Reeb* JuS 1974, 517 f.

[30]　由此得出的结论适用于提前给付的情况（上述脚注 25），K 根据第 812 条、第 818 条第 2 款，必须对 V 返还车辆的价值，并且以约定价款为限。K 不得主张第 818 条第 3 款。对于一方当事人享有第 985 条的请求权的情况（脚注 26），则适用如下规则：基于第 273 条，（在本案中）K 得以自己的不当得利请求权反对 V 基于第 985 条的请求权。V 不得主张利益丧失。当然，更好的方案是完全否定第 985 条的请求权，因为特别的给付型不当得利排除原物返还，参见上述案例十五脚注 3。相反，如果是无行为能力人所受领给付灭失（例如，上述脚注 23），那么不考虑他所作出的决定：他提供对待给付是为了获得给付。换言之，M 得主张利益丧失，与此同时，V 根据第 812 条负有义务。由此可以实现与双重不当得利说相同的结论，但是，对于此种情况没必要创设独立的规则（双重不当得利说），而是也适用和其他情况相同的统一的第 818 条第 3 款的解释规则。

[31]　关于占有的价值在差额说中一般性论述与特殊之处，vgl. *Wieling* BereicherungsR § 5 I 3b 和 4c aa.

对 K 享有总额为 20000 欧的车辆价值补偿请求权。[32]

三、K 对 E 基于第 812 条第 1 款第 1 句第 1 支项享有的请求权（给付型不当得利）

尽管通过 K 的给付，E 从 K 处获得了 15000 欧元：K 希望履行买卖合同产生的义务。尽管 F 向 E 支付了价款，但是，基于第 267 条，该行为必须被归为是 K 的给付［参见上文一之（二）］。因为 K 给付的法律上之原因欠缺——目的（清偿买卖合同的债务）没有实现，K 得向 E 请求返还 15000 欧元。因此，E 对 K 有请求返还 20000 欧元的请求权，K 对 E 有返还 15000 欧元的反对请求权。在 K 进入支付不能程序后，E 或 K 也因此可以抵销。据此，E 的破产债权剩余共计 5000 欧。

四、基于借贷，K 向 F 请求支付 15000 欧的请求权，第 488 条第 1 款第 2 句

该请求权曾经存在，但可能因为 F 对 E 的付款而消灭。然而，F 既非向债权人，也非向第 362 条规定的与债权人地位相同的人付款，因为 K 没有基于第 185 条第 1 款授权 F 向 E 付款。这一请求权仍然存在。

K 对 F 的债权可能与 F 可抵销的反对请求权对立存在。F 通过向 E 付款，意图向 K 提供给付：他意图通过无因管理，对 K 取得第 683 条所生的请求权［信用之目的，参见上文一之（一）］。但是，此种请求权以 F 与 K 之间成立无因管理为前提。而本案中，第 683 条的要件不成立，因为 F 向 E 付款，不符合 K 的客观利益：K 没有对 E 负担任何债务。因此，无需考虑第 683 条、第 670 条所生的请求权。[33]

因为 F 没有实现他给付的目的，基于第 684 条、第 812 条，F 对 K 享有给付型不当得利请求权。K 通过 F 的给付取得了什么呢？根据第 267 条，

---

[32] 如果 E 是完全行为能力人，那么他必须受其决定的拘束，以 15000 欧元的价格放弃该车。他仅得请求 15000 欧的不当得利返还。作为被照管人，其与限制行为能力人地位相同，他反而不受他所做出决定的拘束，能够请求轿车的全部价值。

[33] 通说承认了 F 对 E 的请求权（上文脚注 9），这违反利益状况，不愿给予 F 对 K 的请求权，其理由是 K 没有指示 F 向 E 付款，因此，不应当由此对 K 产生任何对 F 的责任。鉴于第 683 条、第 684 条的规则，这显然是错误的。根据这些规则，即使什么都不做也会负有责任。

F 为 K 向 E 提供了给付，并且该给付在 E 与 K 的关系中欠缺法律上之原因，K 通过 F 的给付取得了对 E 的不当得利请求权（参见上文之三）。但是，将该对 E 的请求权移转给 F，对 F 而言毫无益处，因为 E 可以用对 K 的反对债权对 F 主张抵销（第 406 条），所以通过债权让与，F 在结果上什么都没有取得。K 通过 F 的给付取得的、对 E 的债权的价值在于，K 可以以此抵销，从 E 的请求权（限额 15000 欧）中解脱。因此，该债权对于 K 而言，价值 15000 欧，基于第 818 条第 2 款，K 必须对 F 补偿该价值。

因此，K 对 F 有总额 15000 欧的借贷请求权，F 对 K 有总额 15000 欧的不当得利请求权。两个请求权对立可抵销，即使在对 K 的财产开始支付不能程序后，也可以抵销。因为，在支付不能程序启动之前，已经抵销适状。

结论：F 不得对 E 主张。E 对 K 有总额 20000 欧元的债权，K 对 E 有总额 15000 欧元的债权。E 或 I 可以抵销，抵销之后，E 有 5000 欧的破产债权。K 对 F 有 15000 欧元的借贷债权，F 对 K 有 15000 欧元的不当得利请求权。F 或 I 可以抵销。

案例十七　房屋建造中的误会

——转化物之诉与侵害型不当得利

关键词

侵害型不当得利的补充性　转化物之诉（die actio de in rem verso）补充性规则的例外

案件事实

E想要在他的土地上建造房屋。他在建材商H处预定了5000欧元的砖头。这批砖头应于5月2日送交并付款。4月30日，E打电话给H说，建造进度不够快，他这个时候还用不到这批砖，也没地方仓储。H坚持立即付款。E与H最后达成合意，E立即付款，H负责无偿储藏这批砖，E成为这批砖的所有权人。H将这批早已为E准备好的砖在自己的场地上分离（gesondert）并储存起来。

A也在造房子，并且也在H处预定了5000欧元的砖头并立即付清价款。这批砖应在6月15日送交。H陷入了经济困难，既没有砖头在仓库，也没办法弄到砖头，就在6月1日的时候，把为E指定的砖头送交给了A，然后潜逃出国了。砌墙工的工头向A报告了砖头交货，A以为这批砖是X交货的,A在6月1日在X处也预定了相同数量的砖头。然而，A应该能从一起交付的清单上知道，这是H交货的，但是他因轻过失忽略了这一点。A立即打电话给X，感谢其迅速交货并询问账单。X的雇员接到了电话，以为X实际交货了，便说账单次日到。这批砖就砌进了A的房子里。

1. 当E获悉H和砖头都消失了，他想要知道他对A有何种请求权。

2. 如果A应当知道，属于E的砖头交付给了他，但是，他因重大过失没有注意到，这是否会导致不同。

解答

一、基本案例

（一）E 对 A 请求返还砖头的请求权，第 985 条

（二）请求价值补偿的请求权，第 990 条、第 989 条

（三）请求价值补偿的请求权，第 951 条第 1 款、第 812 条第 1 款第 1 句第 2 支项

二、案例变型

（一）E 对 A 请求返还砖头的请求权，第 985 条

（二）请求价值补偿的请求权，第 990 条、第 989 条

（三）请求价值补偿的请求权，第 951 条第 1 款、第 812 条第 1 款第 1 句

一、基本案例

（一）E 对 A 请求返还砖头的请求权，第 985 条

E 曾是砖头的所有权人。他与砖头的原所有权人 H 根据第 929 条达成了合意，E 应取得砖头的所有权。根据第 930 条，当事人通过约定占有媒介关系，替代了交付（第 868 条）：H 应当为 E 保管砖头（第 688 条）。E 或因 H 向 A 移转了所有权而丧失了所有权（第 929 条、第 932 条）。H 想要向 A 移转砖的所有权，A 应当能够认识到这一点。换言之，客观上存在 H 移转所有权的要约。然而，A 想要承诺的是 X 的要约。正如在与 X 办公室的电话交流中所示，他的行为客观上也是对 X 的承诺。因此，H 与 A 没有基于第 929 条达成合意，A 没有从 H 处取得所有权，E 仍是所有权人。

然而，A 通过建造取得了所有权（第 946 条）；砖头成了房子的重要成分（第 94 条第 2 款）。因此，E 不再是砖的所有权人，不享有第 985 条的请求权。

（二）请求价值补偿的请求权，第 990 条、第 989 条

在砖砌入之前，因为 E 曾是所有权人，A 无权占有，所以存在返还适状（第 985 条）。然而，A 是善意的，因为他相信自己有占有的本权：他认为自己是所有权人且无重大过失。该请求权消灭。

（三）请求价值补偿的请求权，第 951 条第 1 款、第 812 条第 1 款第 1 句第 2 支项

基于第 946 条，E 因为建造丧失砖的所有权，换言之，权利消灭。因此，他可以根据不当得利法请求补偿（第 951 条第 1 款）。根据目前公认的观点，这一规定不仅是法律效果的准用，而且是构成要件的准用。[1] 这就意味着，第 812 条第 1 款第 1 句第 2 支项的要件必须完全具备。第 951 条第 1 款明确了，本案根据第 946 条的建造中所涉及不当得利的类型（“以其他方式”），并且尽管第 946 条规定了所有权的取得，但是 A 取得所有权没有第 812 条第 1 款第 1 句第 2 支项意义上的法律上之原因。换言之，必须检讨第 812 条第 1 款第 1 句第 2 支项的构成要件：A 取得了砖的所有权，尽管是以其他方式，而非 E 的给付——通过建造（第 946 条）；A 取得是基于 E 的损害，因为 E 丧失了所有权；取得无法律上之原因，正如第 951 条第 1 款所明确的。因此，第 812 条第 1 款第 1 句第 2 支项的要件满足。

1. 但是，如果不当得利人通过给付取得不当得利的客体，则根据通说 [2] 排除非给付型不当得利。对此考虑 H 对 A 的给付。作为简单规则

---

[1] 例如，参见 *Wieling* SachenR I § 11 II 5a；Palandt/*Herrler* § 951 Rn. 2；Jauernig/*Berger* § 951 Rn. 1；*Baur/Stürner* § 53 Rn. 24；*Prütting* SachenR Rn. 467；*Reeb*, 45. 该说的理由如下：法学为侵害型不当得利创设了明确的适用规则，特别是侵害型不当得利构成对给付的补充性规则［案例十五之一（二）］。因为第 951 条第 1 款也是对侵害型不当得利的规定，侵害型不当得利的规则同样适用。如果对第 812 条的侵害型不当得利和第 951 条第 1 款的侵害型不当得利做不同处理，这是不适当的。因此，第 951 条第 1 款的适用，要求与第 812 条第 1 款第 1 句侵害型不当得利相同的要件。为了实现这一点，人们决定在适用第 951 条第 1 款的情况中，也必须具备第 812 条中所要求的要件。基于这一理由，将第 951 条第 1 款当作构成要件的准用。

[2] 例如，参见 BGHZ 40, 278；56, 240；*Larenz* SchuldR BT, 12. Aufl. 1981, § 68 III pr. mit Lit.；*Reeb* 46；*Fikentscher/Heinemann* Rn. 1468, 1478；*Reuter/Martinek* II § 1 II 1b（25）；Palandt/*Sprau* § 812 Rn. 7；Erman/*Buck-Heeb* § 812 Rn. 83 f.；*Brox/Walker* SchuldR BT § 42 Rn. 1 f.；*Wieling* BereicherungsR § 6 IV 2a. 通行观点在实质上承认补充规则，但是不希望将其作为原则（Grundsatz oder Prinzip）适用，不是作为规则，而是作为必要的例外，通过此种方式，希望根据“案件的状况”决定适用，例如，参见 *Kroppensteiner/Kramer*, 104 ff.；*Medicus* Gesetzl. Schuldverhältnisse, 161 f.；*Esser/Weyers* SchuldR BT II § 50 IV. 这不仅在方法论上有误，而且阻断了对补充性规则背后价值判断的观察。有观点认为，适用第 932 条以下思想就已经足够了，可以替代补充性规则［如 *Esser/Weyers* SchuldR BT II § 50 IV；*Thielmann*, AcP 187（1987），23 ff.］，此种观点也不正确，参见下文脚注 4 的例子。而 *Larenz/Canaris* SchuldR BT II § 70 III 2d 中的观点则走得太远，每个无缺陷的（？）所有权移转内含了其法律上之原因，以此假设排除三角关系中的非给付型不当得利。据此，则三角关系中不可能有直索。

(Faustregel),可以这样适用:通过给付有所取得之人,不能以“其他方式”得利(补充性规则)。这一规则并不是基于逻辑上不可能之类的理由,完全可以同时通过给付和“以其他方式”得利。[3] 排除此种可能性,并没有逻辑上的理由。理由毋宁在于,第三人不应被卷入给付关系中,以此种方式保护给付关系的当事人。一方当事人与第三人关系中的任何瑕疵在给付关系中均是不重要的。给付关系中没有哪方当事人必须承担超过他在给付关系中所涉之外的风险。[4]

在我们的案例中,A 对 H 提前给付,但是此种风险没有具现为损害,因为 H 随后也向 A 提供了给付。相反,E 通过向 H 交付砖头而卷入的风险,则具现为损害:H 侵占并出售了这批砖。E 承担损害,看上去是公平的。问题仅仅是,A 是否通过 H 的给付取得了砖的所有权。H 仅向 A 移转了占有,而非所有权。A 随后通过建造(第 946 条)取得了所有权。因此,H 是否向 A 给付了砖的所有权?

如果给付人基于第 929 条向受领人移转所有权,则给付了所有权,不仅如此,如果给付人仅移转占有,受领人基于取得占有成为所有权人,或直接通过善意取得(第 932 条)、通过先占(第 937 条)或间接通过进一步取得行为(第 946 条—第 950 条),这些情况下,也给付了所有权。这一原则显然并非源自对所有权取得法律构想的分析;在基于第 946 条的间接取得的情况下,或有如下正确的质疑,真的是给付了所有权吗?我们的原则毋宁说是源自在不同的所有权取得类型中做出的价值衡量:取得人或根据第 929 条,或根据第 932 条,或根据第 946 条以下取得所有权,在这些情

---

[3] 犯了此种意义上的错误的,如 *Huber* JuS 1970, 342(343).

[4] 在补充性原则中,涉及与促成现代目的指向性的给付概念相同的问题,参见上述案例十六脚注 11:应当排除直索。并且在给付型不当得利中通过现代给付概念排除直索,而在侵害型不当得利中通过补充性规则排除直索。例子:E 交付给 V 某物,以便 V 为 E 出卖该物,但是以 V 自己的名义。V 将其出卖于 K,并且取得了价款,在 V 向 E 交付价款前,V 支付不能。K 取得物的所有权而致 E 受损,E 与 K 之间无取得的法律上之原因。特别是,K 与 V 之间的合同当然无法作为对 E 的法律上之原因(如之前偶有主张的)。但是,K 通过 V 的给付取得了该物,所以根据补充性规则,他对 E 不负有侵害型不当得利的义务。目的指向性的给付概念排除了 E 对 K 的给付型不当得利。其他解决方式会和 K 的正当利益相冲突。K 仅选择向 V 同时履行,则他没有卷入和他的合同相对人 V 相关的风险。相反,E 自行承担了无担保地向 V 提前给付的风险。他必然考虑到,V 可能支付不能,并且他可能丧失收益。E 卷入了此种风险中,也必须承担此种风险。如果他想把风险转嫁给 K,这是不公平的。所以基于补充性规则,排除了 E 对 K 的侵害型不当得利。

况下，排除第三人对取得人的侵害型不当得利是妥当的。所以，为了在所有这些情况下，均能够适用补充性规则，必须作出这样的判断，上述所有情况下，均是通过给付取得所有权。[5]

在我们的案例中，A 并非基于第 929 条、第 932 条从 H 处取得所有权，而是基于第 946 条；但是，这可以认为是 H 的给付，基于第 946 条取得和基于第 932 条取得的地位相同。[6] 无论通过交付移转所有权还是通过嗣后建造取得所有权，多半取决于意外，所以区分二者也毫无意义。因此，根据我们的补充性规则，E 不基于第 951 条第 1 款对 A 享有侵害型不当得利请求权，这是适当的。

但问题是，如果法律规定的第 951 条第 1 款、第 812 条所生侵害型不当得利请求权的要件成立，我们是否有权如此排除。表面上看，在此种情况下，无法从法律中得出排除侵害型不当得利的结论。事实上，法律在这些情况下，没有通过积极的规定排除侵害型不当得利。但是，立法时没有吸收共同法的转化物之诉（Versionsklage），而是有意识废除之，[7] 通过此种方式，排除此种情况下的侵害型不当得利。该诉的要件在当时是不确定的，适用过宽且不可控的风险过大。[8] 相反，每个人均应该仅与自己的合同相

[5] *Wieling* BereicherungsR § 6 IV 2c.

[6] 这是通说，例如参见 *v. Caemmerer* FS Rabel I, 1954, 333（351）；*Huber* JuS 1970, 342（346）；*Canaris* FS Larenz, 1973, 855 f.；*Berg* AcP 160（1961），505（520）；*Koppensteiner/Kramer* 107；*Medicus* Gesetzl. Schuldverhältnisse, 163；*Reeb* 56；*Reuter/Martinek* § 4 II 1b.

[7] Vgl. Motive bei *Mugdan*, II, 487 f.；auch *Wieling*, Die Unsterblichkeit der Versionsklage und die heutige Rechtsanwendung, Festgabe Zivilrechtslehrer 1934-1935, 1999, 683 ff. 如果有人从他人财产中得利（不论基于何种方式），那么成立转化物之诉，例如，参见 RGZ 1（1880），159 的判决：被告的丈夫从原告处购买肥料，并施肥在被告的田地里。丈夫死去后，遗产支付不能。帝国法院基于转化物之诉（actio de in rem verso），判决被告偿还价值。根据目前的法学观点，该诉会因被告通过其丈夫的给付取得肥料而败诉。而在当时，妻子必须付款，尽管原告通过提前给付，承担了丈夫对待给付的风险。当然，如果丈夫无偿将肥料交付给妻子，那么，按今天的观点，妻子也要负有返还义务（第 822 条）。这一规则是转化物之诉最后的残留。

[8] 对此的例子是 1717 年黑尔姆斯特法科大学（Helmstedt Juristenfakultät）的判决（参见 *Leyser*, Meditationes ad pandectas, Leipzig 1723, vol. 2, 636）：原告借贷给房屋所有权人，房屋所有权人用这个钱涤除了他不动产上的一项物权性负担。之后，被告买了这个房子。因为借款人没有偿还贷款，原告以转化物之诉起诉买受人。该起诉胜诉了！债务清偿对买受人有利；所以被告受有利益而致原告损害！

对人保持关系，不能干涉他人的给付关系。在我们的案例中，E 对 A 的侵害型不当得利无异于被废除的转化物之诉。根据我们侵害型不当得利补充性的简单规则，排除 E 的侵害型不当得利请求权。[9]

2. 但是，通过适用补充性规则仍无法解决我们的案例。这一规则并非绝对适用。该规则是利益衡量的结果，所以如果情况特殊，利益衡量明显有异，必须停用该规则。补充性规则的目的是，排除第三人干涉给付关系。但是，如果法律赋予第三人绝对受保护的法律地位，以至于他基于绝对保护可以对任何人主张权利时，也可能成立侵害型不当得利。在这些情况下，不应适用补充性规则。享有此种绝对受保护的法律地位的，如所有权人。所有权人对任何人都享有绝对的保护（第 903 条）。不论何种法律关系（例如，占有人对第三人）均与所有权人无涉；占有人如何以及从何人处取得该物，并无区别：所有权人得根据第 985 条请求原物返还。对于该请求权，占有人不得抗辩道，他基于给付取得该物，并且所有权人作为第三人不应干涉给付关系。

在我们的案例中，E 是这批砖的所有权人，因此受到绝对保护。但以此还没解决我们的问题。具有决定性的是，法律是否想要给予 E 此种绝对性的保护，或者是否可能想要剥夺 E 享有的此种保护，并将其移转给 A。只有在前一情况中，才不应当适用补充件规则。

E 是否仍有绝对的所有权的保护，或者已经移转给 A，这一问题可根据第 932 条至第 935 条的规定解决。其是这样规定的：在一定的要件下，所有权人丧失其地位，该地位移转给他人。换言之，如果对于该批砖，A 符合善意取得的要件，那么根据法律的目的，E 丧失对他的绝对保护：补

[9] 有观点指出，补充性规则的内容有时候有误。侵害型不当得利对于给付型不当得利而言处于补充地位。例如，参见 *Fikentscher/Heinemann*, Rn. 1468, 1478；*Wandt* Gesetzl. Schuldverhältnisse § 9 Rn. 18；*Looschelders* SchuldR BT Rn. 1060. 但是，补充性规则不取决于第三人对受领人是否有给付型不当得利，而是取决于他是否对其为给付。在本案中，H 对 A 也没有给付型不当得利请求权，因为双方之间的买卖合同是有效的。但是，因为 H 对 A 为给付，所以基于补充性规则排除了侵害型不当得利。

充性规则发挥作用。[10] 在此种情况下，A 基于第 932 条的善意取得而取得所有权，还是如——我们的案例中——根据第 946 条取得所有权，并不重要。具有决定性影响的不是所有权取得的类型，而是善意取得的要件是否具备，或者取得以其他方式发生。因为取得的类型往往取决于意外，这些情况下价值衡量是相同的。[11]

对于 E 而言，这批砖不是占有脱离物，所以在这种情况下，善意取得的要件具备。A 是否善意？A 相信，该砖是 X 移转给他的。但是，善意取得不取决于 X，因为客观存在的是 H 的移转所有权的要约。具有决定性的是，A 对 H 是否善意。因为 A 认为 X 是移转所有权的人，所以不能说 A 主观上有善意。但是，在受领人的主观内心意思和客观表示价值不一致的情况下，不能总体上否定善意取得。在 A 认为 H 是移转所有权的人的情况下，更应当取决于 A 是否能够认为 H 是所有权人，且无重大过失。如果 A 认为，H 是这批砖的交货人，那么，他不可能认为这批砖属于 E。因此，A 是善意的。这就是说，法律表明，在我们的案例中，A 比 E 更值得保护。A 基于第 946 条取得所有权以后，E 不再能够对其主张侵害型不当得利。补充性规则生效。

因此，我们能够修正侵害型不当得利补充性的简单规则：通过给付有所取得的人，不再负有侵害型不当得利返还的义务。但是，在所涉及当事人受绝对保护的情况下，以及第 932 条至第 935 条所示，尽管权利人因他人原始取得所有权（第 946 条以下）而丧失权利，但在此种保护仍应存续的情况中，他仍要承担侵害型不当得利的返还义务。根据法律的目的，在得利人构成第 932 条第 2 款意义上的恶意的情况中，或者物是占有脱离物

[10] 这一结论符合通说，例如 BGHZ 55, 176（“小牛案”）; *Larenz/Canaris* SchuldR BT II § 70 III 2b; *Koppensteiner/Kramer* 106 ff.; *Medicus/Petersen* BürgerlR Rn. 730; *Esser/Weyers* SchuldR BT II § 50 IV; *Hager* JuS 1987, 877（878 f.）mit Lit.; *Westermann* JuS 1968, 17（19）. 相反，即使砖头是遗失物，在根据第 932 条善意取得的要件不具备的情况下，*Reuter/Martinek* II § 1 II 2b（30 ff.）仍希望补充性规则没有例外。其论证源自第 816 条第 1 款第 1 句，根据第 816 条第 1 款第 1 句，原所有权人仅能对处分人主张，而不得对给付受领人主张，这一论证并不令人信服，因为仅当善意取得的要件具备，才排除原物返还请求权；只有这样，处分才有效，否则的话，所有权人得向取得人行使权利。具有决定性影响的仍然是第 932 条以下的价值；结论上也采此种观点，如 *Lorenz*, JZ 1984, 615; *Hager* JuS 1987, 877（879 Fn. 15）.

[11] 参见上述脚注 6。

[第 935 条第 1 款(例外:第 935 条第 2 款)],[12] 此种保护仍然持续。基于第 821 条、第 951 条产生的权利继续效果的请求权(Rechtsfortwirkungsanspruch)替代了物权性保护的地位。

二、案例变型

(一)E 对 A 请求返还砖头的请求权,第 985 条

这与基本案例中情况无异,E 基于第 946 条丧失所有权,A 取得所有权。A 的恶意在第 946 条中并不造成影响。

(二)请求价值补偿的请求权,第 990 条、第 989 条

A 在取得占有时,应当知道 H 不是这批砖的所有权人,所以他不能取得占有的本权。A 没有认识到这点,具有重大过失。A 构成第 990 条、第 932 条第 2 款意义上的恶意。如果他因过失不能返还这批砖,那么,他负有价值偿还的义务。A 必然应当知道,基于第 985 条,他对 E 负有返还义务。当 A 把这批砖砌进墙里时,A 过失致 E 的此种请求权消灭。所以,A 对 E 负有价值补偿的义务。

---

[12] 最后需要指出的是,修正的补充性规则也常被表述如下,而此种表述是有问题的:在涉及的当事人(本案中为 E)自愿通过给付转让该物的情况下,排除侵害型不当得利。否则的话,侵害型不当得利生效。例如参见 *Jakobs* JuS 1973, 152(155); *Huber* JuS 1970, 342(343); *Beuthien/Weber*, 74 f.; *Reeb*, 52. 但是,这不取决于所涉当事人是否有给付,而是取决于得利人是否通过给付受领某物。因为补充性规则的意义正是在于保护给付的受领人免于第三人影响。对此,所涉当事人是否提供给付并不重要。所涉当事人是否提供给付这一问题,在该当事人是否仍应有绝对受保护的地位问题上才具重要性。如果该当事人自愿交付该物(给付),则可能构成善意取得;相反,如果该物是占有脱离物,则通常不构成善意取得。但是,上述该观点极其不准确地重复了第 932 条—第 935 条的规则,以致无用。该说仅注意到第 935 条第 1 款,忽视了善意和第 935 条第 2 款的作用。下面的例子说明了这一点:E 把某物交给 V 保管,V 将其转卖给恶意的 K,K 根据第 950 条(加工)取得所有权。根据上述规则,必须排除 E 对 K 的请求权,因为 E 是自愿将物交与 V。采此说例如 *Ehmann*, NJW 1971, 612. 与该说相反,必须根据第 951 条第 1 款、第 812 条第 1 款第 1 句赋予 E 请求权(也采此观点如 *Reeb*, JuS 1973, 230,尽管他首先采纳了上述观点,但是之后正确地根据第 932 条以下的法定价值进行判断)。E 曾作为所有权人,受到绝对保护,因为受让人的恶意,E 仍享有此种绝对保护。在丧失所有权之后,E 基于第 950 条继续受到第 951 条、第 821 条所生请求权的保护。如果否定 E 对 K 的请求权,则会违反法定价值。前一种论述在第 935 条第 2 款的情形中,也会导致错误的结论。所以,该论述是多余且错误的,必须否定该说。判断所涉当事人享有的绝对保护是否结束,不能根据该说,而是应当从第 932 条及以下条文的规定作出判断。

（三）请求价值补偿的请求权，第 951 条第 1 款、第 812 条第 1 款第 1 句

根据第 951 条第 1 款、第 812 条第 1 款第 1 句，侵害型不当得利的要件具备（参见基本案例）。因为 H 的给付也存在，所以就涉及补充性规则。仍然需要检验的是，是否因为 E 受到绝对保护，不能适用补充性规则。A 是恶意的，法律在第 932 条中表示，在此种情况下，对权利人的保护应当继续存在。但是，E 仍然丧失了他的权利，因为第 946 条与善意无关。但是，因为相对 A 而言，E 更值得保护，所以本案不得适用补充性规则：根据第 951 条第 1 款、第 812 条第 1 款第 1 句，E 对 A 享有侵害型不当得利请求权（权利继续效果的请求权）。A 也不得对 E 主张，因为他向 H 支付了价款，所以他根据第 818 条第 3 款丧失利益。如果法律表明，对于丧失所有权，E 得向侵害人请求价值补偿，那么不能允许侵害人向第三人的对待给付，继而根据第 818 条第 3 款主张利益丧失，否则的话，通过此种方式，可以规避法律的规定。这一规则不仅适用于第 816 条，也在同一范围内适用于第 951 条第 1 款。

案例十八　邮票之争

——给付型不当得利与指令取得

关键词

意思表示与给付中受领人视角　指令取得（Geheißerwerb）与善意

案件事实

M是集邮家。M自己没时间，他的朋友F也集邮，经常向M介绍换票、买票和卖票的好机会。某天，F在杂志上看到一则广告，G在找一枚特定的、极具价值的邮票，愿出8000欧。因为F经济困难，他想到了如下计划，以获得资金：他给G写信，他愿意以8000欧的价格，把邮票卖给G，但是，F必须首先亲自从他一个要好的集邮家那里取得该邮票，由这个集邮家直接把邮票送交G。G表示同意。F则告诉M，他知道M有两枚这种邮票，并且想出售该邮票，他收到一个集邮家想以8000欧买这个邮票的要约。他对这个集邮家说，M有这么一枚邮票想卖。集邮家则对他说道，如果M把邮票寄给他，他立即转账8000欧给M。据此，M将邮票寄给了G，并附言道，他因与F的会谈，故寄邮票。之后，G转账给F 8000欧。F携款潜逃，行踪无人可知。M向G请求8000欧或返还邮票。

如果M是未成年人，是否有所不同？

解答

一、基本案例：M是成年人

（一）M对G基于第433条第2款的请求权

（二）M 对 G 基于第 985 条的请求权
（三）M 对 G 基于第 812 条第 1 款第 1 句的请求权
二、案例变型：M 是未成年人
（一）M 对 G 基于第 985 条的请求权
（二）M 对 G 基于第 812 条第 1 款第 1 句第 1 支项的请求权

一、基本案例：M 是成年人

考虑第 433 条第 2 款、第 985 条和第 812 条第 1 款第 1 句作为请求权基础。

（一）M 对 G 基于第 433 条第 2 款的请求权

M 或对 G 享有请求支付总价 8000 欧元买卖价款的请求权（第 433 条第 2 款）。M 寄给 G 邮票，是为了想要发出订立买卖合同要约和移转所有权的要约，但是，必须对他的表示作客观解释，也就是说，G 应当如何理解该表示。对于 G 而言，M 寄送的邮票看上去不是买卖合同的要约。他已经和 F 订立了买卖合同。他只会假设，F 从 M 处购得邮票，M 将邮票送给他是基于 F 的指示。G 必然会基于这一权利外观，而这一权利外观也能够归责于 M：该权利外观基于 F 的行为，F 的行为更应该归责于 M 而非 G。因为 M 与 F 私交甚笃，长期与 F 合作，最后 M 也信赖 F 的话，亲手交出了邮票。相反，G 为了确保自身利益，在他已经收到对待给付时，才向 F 付款。

因此，客观上不存在 M 对 G 的买卖合同的要约；此外，G 也没有对 M 发出买卖的表示。M 对 G 不享有基于买卖合同的请求权。

（二）M 对 G 基于第 985 条的请求权

M 或基于第 985 条对 G 享有请求返还原物（邮票）的请求权。G 是邮票的占有人，问题是，M 是否是所有权人。尽管 M 曾是所有权人，但是或因 M 与 G 之间的所有权移转，丧失所有权（第 929 条第 1 句）。M 对 G 的交付是成立的，问题是移转所有权的合意。从 G 的角度来看，成立三角关系：F 向 M 发出指令，将邮票交给 G，通过此种方式，出卖人 F 向 G 提供了给付。在此种指示案型中，通常不会认为被指令人 M 向受领人 G

直接移转所有权。[1] 被指示人难以知道，受领人（G）在与指令人（F）的关系中应有何种权利：G 也许成了所有权人，但可能双方约定了所有权保留？或者受领人仅仅是指令人的保管人，或者还是其他？所有这些情况，在三角给付关系中的交货人是不可能知道的；所以通常情况下，他不会有让受领人成为所有权人的意思。[2] 只有在交货人受指令人明示的指令，将所有权移转给受领人的情况下，才能认为存在所有权移转。

因此，在通常情况下，被指令人（M）并没有向受领人移转所有权。但在我们的案例中，仅从 G 的视角来看，存在三角关系。事实上，M 完全希望向 G 移转所有权，他认为自己是邮票的出卖人，并向 G 为给付。所以，M 移转所有权的要约成立。[3] 必须检讨的是，G 是否对该要约为承诺。从 G 的角度来看，G 不会很确定地认为，M 想要将所有权移转给他。由此，通说认为，[4] 取得人（G）通常不会意欲取得受指令人的所有权。因此，根据通说，G 没有从 M 处取得所有权，不存在所有权移转的物权合意。然而，通说没有注意到，从取得人（G）的角度，不能知道指令人和交货人约定了什么。有可能指令人仅指示运输交货，那交货人就不会意图移转所有权。但也有可能指令人指示交货人移转所有权，那交货人就会意图移转所有权。因此，取得人无法明确知道，谁想向他移转所有权。在这种情况下，必须认为取得人（G）想要从每个移转所有权人那里取得所有权。也即是说，G 想要从 F 或 M 处取得所有权。谁向他移转所有权，对他来说都一样。如果否定 G 此种取得意思，那么对 G 而言就存在这样的风险，他意外设想了错误的人作为移转所有权人，而无法取得所有权。

因此，G 想要从 M 处取得所有权，第 929 条第 1 句的要件具备，G 成

---

[1] 通说在这一点上是正确的，例如参见 BGH JZ 1975, 28；NJW 1986, 1166；Westermann/*Westermann* § 38 Rn. 11；*Baur/Stürner* § 51 Rn. 17；Palandt/*Herrler* § 929 Rn. 19 f.；Jauernig/*Berger* § 929 Rn. 16；Soergel/*Henssler* § 929 Rn. 63–65；*Wieling/Finkenauer* SachenR § 9 Rn. 44.

[2] *Lopau* JuS 1975, 773（774）对此有不正确的怀疑，他认为，被指示人通常知道受领人与指示人之间的法律关系，所以如果在指示人的意义上，存在移转所有权的意思，那么，被指示人也有此种意思。此种观点的前提是，指示人通常会向被指示人披露他与受领人之间的法律关系。但这一点是无法被认可的。

[3] Vgl. *Wieling* JZ 1977, 291（295）. 客观上也存在 M 移转所有权的要约，因为 G 须考虑到，例外情况下，M 会想要将所有权移转给他，参见下文。

[4] 例如参见 BGHZ JZ 1975, 28.

为邮票的所有权人。M 对 G 不享有基于第 985 条产生请求权。[5]

（三）M 对 G 基于第 812 条第 1 款第 1 句的请求权

1. M 或因不当得利对 G 享有请求支付 8000 欧元的请求权［第 812 条第 1 款第 1 句第 1 支项（给付型不当得利）］。G 取得了对邮票的占有和所有权。必须检讨的是，取得是否源自 M 的给付。"给付"被定义为有意识地、目的指向性地增加他人财产。M 想要通过邮票之给予增加 G 的财产；问题是，此种给予是否是目的指向性的。M 通过给付，目的在于对据称是 G 所为的买卖合同要约为承诺，并且同时也履行该合同。因此，M 所欲提供的是清偿之目的的给付，为了清偿据称是源自第 433 条第 1 款的债务。设定目的以单方、需受领的意思表示为之（目的确定）（参见第 366 条第 1 款）。[6] 其遵守第 104 条以下的规则，[7] 其解释也遵循意思表示解释的一般规则。据此，具有决定性的不是 M 内心所想，而是对于 G 而言，M 的行为需作何解：具有决定性的是受领人视角的理解。[8]G 相信，F 从 M 处购得邮票，并向 M 指示，寄送给他（G）。因此，G 相信，M 通过对他的给予，想要向 F 为给付，并且进一步而言，应当构成 F 对他（G）的给付。后者目的之确定可以是 F 自己做出的，也可以是由 M 根据第 267 条为 F 做出。因此，G 认为，F 对他提供了给付。此种假设客观上也具有

---

[5] 不考虑 M 根据第 123 条撤销物权合意的意思表示，因为欺诈人 F 是第 123 条第 2 款第 1 句意义上的第三人。

[6] 参见上述案例十六脚注 4。根据第 812 条的目的确定和根据第 362 条的目的确定同一含义，尽管不是每个根据第 812 条的目的确定和根据第 362 条的目的确定都是完全相同的。因为不是每个给付发生都是为了清偿之目的。

[7] Vgl. *Fikentscher/Heinemann* Rn. 1431；例如撤销，参见 *Beuthien/Weber*, 24 f.; Staudinger/*Lorenz*, 2007, § 812 Rn. 61; *Wieling* BereicherungsR § 3 I 3b; *Canaris*, FS Larenz, 1974, 827; *Weitnauer* NJW 1974, 1729（1731）; *Stolte*, JZ 1990, 220.

[8] 通说，例如参见 BGHZ 40, 272; *BGH* JZ 1975, 27; NJW 1986, 251; VersR 1989, 75; *Brox/Walker* SchuldR BT § 40 Rn. 21 f.; *Fikentscher/Heinemann* Rn. 1431; Soergel/*Schmidt-Kessel/Hadding* § 812 Rn. 149; *Larenz/Canaris* SchuldR BT II § 70 III 3c; *Koppensteiner/Kramer* 36 f. mit Lit.; Palandt/*Sprau* § 812 Rn. 14; *Beuthien/Weber* 23 f.; Erman/*Buck-Heeb* § 812 Rn. 14 f.; MüKoBGB/*Schwab* § 812 Rn. 213; *Huber* JuS 1970, 515（516）; *Giesen* Jura 1995, 169（175）和 *Gursky* BereicherungsR, Problem 1 II 中所述。根据受领人视角解释时，必须避免以下错误的观念：此种解释与客观解释有所不同，是对受领人的优待，他的特殊知识在解释中会产生影响。采此种观念的例如 *Schnauder*, JuS 1994, 537（539）. 根据受领人视角解释与客观解释是同一的，这取决于受领人（或客观观察者）应当如何理解表示，而不是受领人是怎么理解的。

正当性：当 M 交付邮票时，G 必然认为，M 遵照 F 的指示，并且想要向 F 为给付。

在意思表示的解释中——换言之，在本案中——涉及以下问题，谁应承担因误解而生的损害。本案中，误解存在于 G 与 M 之间：M 想要对 G 提供给付，G 则必然会认为这是 F 的给付。由此产生的损害在于，G 向 F 支付了 8000 欧，且无法要回这笔钱。因此，谁应当承担损害，M 或者 G？如果想要将其课加给 G，则必须假设 M 对 G 有给付。继而 M 享有给付型不当得利请求权，G 必须返还邮票，并且承担不利。然而，本案中，相比起来，将损害课加给 M 更为公正［参见上述一之（一）］。G 更值得保护，他可以认为这是 F 的给付。因此，M 对 G 的给付并不成立，排除给付型不当得利。

在评价目的之确定时（在其他所有意思表示中也一样），相反观点[9]不希望取决于受领人的视角，而是取决于内在的，无法识别的表意人的意思。必须否定此种观点。如此评价意思表示，毫不保护受领人，受领人永远不会知道表示的含义；按照此种观点，即使真意保留也是有效的，这就违反了第 116 条第 1 句。没有理由以此方式解释意思表示。当然，在本案中，相反观点也会达成与通说相同的结果：尽管 M 对 G 的给付成立，M 享有给付型不当得利请求权；但是因为 G 向 F 支付了 8000 欧，故而按此种观点，可以主张利益丧失（第 818 条第 3 款）。换言之，首先，在解释中，不保护受领人，然后通过第 818 条第 3 款的适用，弥补此种疏漏。但是，第 818 条第 3 款不应适用于此类情形。

这是因为，根据正确的观点，如果在取得某物的情况下，向非权利人支付了对价，此时，不得适用第 818 条第 3 款。在第 816 条第 1 款第 1 句的情况下，目前这点毫无争议。[10] 例如，有人因重大过失购买了侵占之物又转卖给善意第三人，该人需对所有权人返还所得；不能扣除他自己支付的价款。这一情况也适用于第 951 条的情形，也必然适用于我们的案件。其理由在于，通过不当得利的适用，法秩序决定，权利人保有他的财产而

---

[9] 例如，参见 *Flume*, JZ 1962, 281 f.; *Medicus/Petersen* BürgerlR Rn. 688; *Schnauder* JuS 1994, 537（539 f.）和 *Gursky* BereicherungsR, Problem 1 I 中所述。

[10] 仅参见 Palandt/*Sprau*, § 816 Rn. 11; *Reeb*, 119; *Giesen* Jura 1995, 281（283）; 关于这一问题的全貌也参见 *Wieling* JZ 1977, 291（292 f.）.

无减少。对第三人所支付价款来抵扣，会实际上排除权利人的补偿请求权，并且规避了法律的目的。[11] 因此，如果赋予M给付型不当得利请求权，那么不能通过第818条第3款修正此种判断。不论怎样，此种犹豫不定的赋予权利又剥夺权利的做法不是理性的解决方案。第818条第3款不是解决我们案例正确的着眼点。这不涉及利益丧失的问题，而是涉及谁应承担因误解而产生的损害的问题。而这显然应当通过对目的之确定的解释加以确定。

相反观点通过其恣意的法律构想也导致了错误的结论。考虑到对于受领人仅通过第818条第3款加以保护，这一错误是显而易见的。如果受领人遭受不当得利以外的损害，该怎么处理呢？[12] 或者如果受领人完全没有不当得利，又该如何处理呢？因为在目的之确定中，同样也可能发生误解，而给付存在法律上之原因。在这些案例中，相反观点是错误的，因为其必然使得受领人完全无保护。[13] 所以，不应采该说。

根据正确的观点和通说，必须从受领人视角出发：尽管M想要向G为给付，但是，该交货显示是F对G的给付。因为M在目的之确定中，产

---

[11] 也有部分持相关观点的学者承认这点［例如，参见 *Berg* JuS 1964, 137（141）; *v. Caemmerer* FS Dölle I, 1963, 135（162）］，但是，这就在结果上使得受领人不受任何保护，这点也证明了其观点不可被采纳。*Esser* SchuldR BT, 4. Aufl. 1971, § 102 II 2 认为，在利益获得与利益丧失之间必须要求更紧密的联系，通过这样的考虑，掩饰他（明显存在）的顾虑。但是以同一标准适用于第816条，在这种情况下，排除抵扣。

[12] *Thomä* JZ 1962, 623（626）已经提出了质疑，也参见 *Baur/Wolf* JuS 1966, 393（396）.

[13] 例如：2008年，玻璃工人（G）为安东·施密特（Anton Schmidt）（A）工作，还有500欧元的账单没有结清。伯特·施密特（Bert Schmidt）（B）是A的兄弟，G的朋友，在2011年中旬，向G借了500欧，借款期为1年，并说道，他可能会提前还款。G在2011年中旬多次向A催告，但都无果，他决定，在2011年12月中旬向A送达催告通知（Mahnbescheid），以延缓时效完成（参见第195条、第199条、第204条第1款第3项、第209条以下）。2011年12月初，B向G转账500欧，但是他误写了转账人，写为了A。因此，G没有对A采取其他措施，2012年夏天，G想起了B对他还有欠款，由此就知道了真相——根据相反观点，B对G为给付，其债务消灭，G对A的债务存在，但罹于时效届满。G因B的错误而受到了损害，相反观点对G爱莫能助：第818条第3款明显不适用。根据正确的观点，则根据付款客观的表示价值，构成A的给付。A的债务消灭，B的债务继续存在。即是B根据第119条第1款撤销他的目的确定，将付款确定为自己的给付，G也受到保护。这样的话，则虽然B的债务消灭，A的债务罹于时效届满，但G得根据第122条请求B赔偿损失。

生了错误，他得根据第 119 条第 1 款撤销。[14] 撤销以后，目的之确定不再存在，M 得重新确定其给付的目的：[15] 作为自己对 G 的给付。那么，M 得对 G 享有请求返还邮票的给付型不当得利请求权。但是，根据第 122 条，G 对 M 享有赔偿信赖利益的请求权；该请求权与 M 不当得利的请求权相对（第 273 条）。本案中，G 的损害在于，他向 F 支付了 8000 欧，无法请求返还。因此，G 得根据第 122 条向 M 请求赔偿 8000 欧。[16]

2. M 对 G 的侵害型不当得利请求权因补充性原则而不成立，因为 G 通过 F 的给付取得邮票。

二、案例变型：M 是未成年人

（一）M 对 G 基于第 985 条的请求权

G 是邮票的占有人，M 是所有权人吗？ M 曾经是所有权人，而在案例变形中，基于第 107 条，M 不会因为其对 G 移转所有权而丧失所有权。但是，有可能构成 F 对 G 的所有权移转。F 将邮票卖给 G，他也想将邮票所有权移转给 G；不论如何，他的行为客观上只有此种意思。G 也想要从 F 处获得所有权［参见上文一之（二）］。因此，物权合意成立。但是，F 没有对 G 交付邮票，他不是占有人。然而，M 因 F 的指令向 G 移转邮票的占有［指令取得（Geheißerwerb）］：[17] 根据通说，在第 929 条第 1 句中，占有获取力（Besitzverschaffungsmacht）与占有地位相同。但是，F 不是邮票的所有权人，根据第 932 条，G 或在大多数情况下可以从无权利人处善

---

[14]　对 G 撤销；因为 M 客观的表示价值与内心真意不一致，所以构成内容错误。司法实践没有充分关注此种撤销可能性，例如参见 *BGH* JZ 1975, 28，该案中，没有进一步检验就主张不得撤销；相反，正确的观点参见上文脚注 7 所述。*Reuter/Martinek* II § 3 I 3b（111 f.）. 反对撤销，其论证不充分。

[15]　嗣后目的之确定参见 *Enneccerus/Nipperdey* Allgemeiner Teil des Bürgerlichen Rechts, 15. Aufl. 1959/1960, § 145 II B 1a；进一步证据参见 *Ehmann*, NJW 1969, 1834。*Thomä* JZ. 1962, 623（627）；*Wieling* BereicherungsR § 3 I 3a cc.

[16]　必须注意的是，只有因误解产生的损害才能获得赔偿。例如，假设在我们的案例中，G 向 F 借款 8000 欧，而该债权尚未付清，那么，对于 G 而言，用买卖价款债权与 F 的借贷债权抵销，那么，G 因 M 的错误没有遭受损害。相反，如果向支付不能的人偿还借贷，可能产生损害。在 M 撤销之后，G 因买卖合同，对 F 享有价值 8000 欧的请求权。

[17]　例如参见 Westermann/*Westermann* § 38 Rn. 10；*Baur/Stürner* § 51 Rn. 17；*Medicus/Petersen* BürgerlR Rn. 563；*Wieling/Finkenauer* SachenR § 9 Rn. 45；*Musielak* JuS 1992, 713（716）；*Maßloff* JA 2000, 503.

意取得所有权。尽管公认在指令取得中也可以善意取得，例如，指示人向占有人发出指示，将物交付给受领人，而该物属于第四人。当然，本案中情况更为复杂，因为F实际上并没有占有取得力：F无法指示M向G交货；M并不会想要遵照F的指示交货。所以，M仅因F欺骗了他，而向G交货。在此种欠缺占有获得力的情况下，是否能善意取得，存在疑问。

这取决于G的信赖是否值得保护。因此，首先必须明确，善意取得应该信赖什么。作为信赖保护的基础，大部分情况会认为是出卖人的占有。但这并不正确：因为所有权在外部是不可识别的，对于信赖保护而言，必须有外部可识别的（表征）处于可被信赖的地位。用外部不可识别的（表征）替代外部不可识别的所有权，此种做法毫无意义。而占有是法学上的定义，所以外部不可识别。信赖保护的基础毋宁是事实上拥有该物，[18]《德国民法典第一草案》意义上的“持有”（Inhabung）。[19] 因此，持有该物的人有没有占有意思，是不是占有辅助人之类，均无关紧要。[20] 如果出卖人持有该物，就有可能适用善意取得。

但是，也存在所有权移转的形式，在该形式中持有不是信赖保护的基础，因为出卖人完全不持有该物。例如，第934条第2项的情况和指令取得的情况。在这些情况下，持有人是第三人。对此，信赖保护的基础在于第三人以承认出卖人——据称的——所有权的方式，将物移转给取得人。[21] 因此，出卖人有占有获得力，而非占有。但是，本案中，外部不可识别的占有获得力同样无法作为信赖保护的基础；对此，同样需是外部可识别的事件（Vorgang）。此种外部可识别的事件存在于出卖人诱使持有人将物交给了取得人。因此，信赖保护不取决于出卖人是否有——不可识别的——占有获得力，或者他是否通过欺诈诱使持有人交付。具有决定性影响的是，取得人是否必然将持有人的行为理解为是持有人认可了出卖人的占有获

[18] 采此种正确的观点 *Westermann* SachenR, 5. Aufl. 1966, § 49 I 6.

[19] 参见《德国民法典第一草案》第797条；也参见 *Wieling* JZ 1977, 291（295 f.）.

[20] 所以如果占有辅助人本身不可识别，但是从占有辅助人处善意取得也是可能的。正因为如此，占有脱离物不得善意取得。Vgl. *Westermann* SachenR, 5. Aufl. 1966, § 49 I 6; *Wieling* SachenR I § 10 V 3c; *Wiegand* JuS 1974, 201（206）; *Rebe* AcP 173（1973）, 186（201）. 相反，如果认为占有脱离物不得善意取得的理由是对占有的信赖不值得保护（例如参见 *Baur/Stürner*, § 52 Rn. 39），那么通说对善意保护的基础不是占有而是持有这一点产生了误解。

[21] 参见因第934条所做的速记录，in *Mugdan*, III, 633.

得力。[22]

在我们的案例中，G 必然会认为 M 遵照了 F 的指示。G 也构成善意，他得认为 F 是所有权人。[23] 因为对于 M 而言，邮票不是占有脱离物，所以，善意取得的全部要件具备，G 根据第 929 条、第 932 条成为所有权人。M 对 G 不享有基于第 985 条的请求权。

（二）M 对 G 基于第 812 条第 1 款第 1 句第 1 支项的请求权

M 或基于第 812 条第 1 款第 1 句第 1 支项对 G 享有请求返还邮票所有权和占有的请求权（给付型不当得利）。

尽管客观上 F 对 G 的给付成立，但是，由于 M 是未成年人，以 M 行为作为基础的目的之确定不发生效力。[24] 所以，M（他的法定代理人）可以将交货确定为 M 自己对 G 的给付。[25] 因为欠缺法律上之原因，M 对 G 享有给付型不当得利请求权。G 对 M 无反对请求权，他仅得对 F 主张。

G 善意取得所有权的事实不排除给付型不当得利；第 932 条不构成给付型不当得利的法律上之原因。尽管依据善意取得排除了原所有权人对取得人的侵害型不当得利，但是，在所有某人通过给付有所取得而无法律上之原因的情况下，均受给付型不当得利调整，即使也成立善意取得。

---

[22] 对于在这些情况下，指令取得的善意取得，参见 BGHZ 36, 56；BGH JZ 1975, 29；Westermann/*Gursky* § 47 I 1a；*Pinger* AcP 179（1979），301（333 Fn. 180）；*Mormann* WM 1966, 2；*Wieling* JZ 1977, 291（295）；与之不同，通说参见 *v. Caemmerer* JZ 1963, 586（587 f.）；*Medicus/Petersen* BürgerlR Rn. 564；*Lopau* JuS 1975, 773（775）；*Picker* NJW 1974, 1790（1795）；*Martinek* AcP 188（1988），573（629 ff.）. 通说的论证是，法律不保护对占有获得力的善意信赖，但这就表明，通说采纳了不适当的信赖保护的基础。

[23] 从权利人处指令取得的情况中，持有人（M）的所有权首先移转给指示人 F——G 认为本案是这种情况。Vgl. *Wieling/Finkenauer* SachenR § 9 Rn. 44. 当然，对于此种法律构想意见并不统一，vgl. Westermann/*Westermann*, § 38 III 3，与之相反的观点见 *Baur/Stürner*, § 51 Rn. 17.

[24] 尽管在大多数情况下，目的之确定以限制行为能力为要件即可，参见上述案例十六之二，因为目的之确定多数情况下，是纯获法律上之利益的：目的之确定导致给付型不当得利。但在本案中，目的之确定可能会导致 M 向 F 提供了给付，所以对 G 的给付型不当得利不成立，这对于 M 而言造成了不利。所以本案中，目的之确定的生效要件必须要求完全行为能力。

[25] 参见上文脚注 15。

案例十九　停业的企业

——一般侵权中的权利概念与假设因果关系

关键词

所有权受侵害与侵害经营　假设因果关系　与有过失

案件事实

E在一块地上经营工厂，其上并有他的私人住房。在相邻土地上，建筑经营者U派他的挖掘工B给一个住宅挖地下室。U没有很准确地阅读建设计划，就指示了B，B越过了界限，进入了E的土地。在6月1日的清晨，B挖断了E的电缆，该电缆给E的住房和工厂供电。直到6月3日晚上，一直断电，用电的机器全部停工，E也因此停业。

E为他的工厂储备的柴油可以用到6月1日晚上，他在供货商H处及时预定了新的油，6月1日送货。6月1日中午，H派他的司机F开着油罐车到E处。因为F和小轿车司机X相同程度的重大过失，发生了事故。油罐车翻倒，油流光了。H在6月3日的晚上才能向E交付油。由于缺油（某些动力设备无法运行），E在6月2日和6月3日又停业了。

维修电缆，E想要请求5000欧的损害赔偿，停业三天，E想要请求30000欧的损害赔偿。G是E的妻子，因为冷藏的食品变质，想要请求4000欧的损害赔偿。这些食品一半是她自己的，一半是她婆婆S的，她婆婆常常把东西储藏在G这里。U、H、F和X想知道，他们彼此间是否可能有追偿请求权。

法律状况如何？

解答

一、G 因食品变质享有的请求权

（一）对 B 的请求权，第 823 条第 1 款

（二）对 U 的请求权

1. 基于第 831 条第 1 款的请求权

2. 基于第 823 条第 1 款的请求权

二、E 因电缆被毁享有的请求权

（一）基于第 823 条第 1 款对 B 的请求权

（二）对 U 的请求权

1. 基于第 831 条第 1 款的请求权

2. 基于第 823 条第 1 款的请求权

三、E 因停业享有的请求权

（一）对 B 的请求权

（二）对 U 的请求权

1. 基于第 823 条第 1 款的请求权

2. 基于第 831 条第 1 款的请求权

（三）E 对 F 的请求权

1. 基于第 823 条第 1 款的请求权

2. 基于《德国道路交通法》（StVG）第 18 条的请求权

（四）E 对 X 的请求权

1. 基于第 823 条第 1 款的请求权

2. 基于《德国道路交通法》第 7 条第 1 款的请求权

（五）E 对 H 的请求权

1. 因 F 的侵权行为基于第 831 条的请求权

2. 基于《德国道路交通法》第 7 条第 1 款的请求权

3. 基于第 280 条第 1 款及第 2 款、第 286 条第 1 款的请求权

四、H 假设损害因果关系（hyothetische Schadensverursachung）对 U 的责任的影响

五、追偿请求权

（一）U 对 H 基于第 426 条第 1 款第 1 句的请求权

（二）H 享有的请求权

1. H 对 U 基于第 426 条第 1 款的请求权

2. H 对 F 基于违反劳动合同而享有的请求权，第 280 条、第 611 条

3. H 对 X 基于第 823 条第 1 款和《德国道路交通法》第 7 条第 1 款的请求权

4. F 与 X 基于第 426 条第 1 款对彼此的追偿请求权

一、G 因食品变质享有的请求权

（一）对 B 的请求权，第 823 条第 1 款

B 挖断了电缆，并因此侵害了 E 的所有权，而非 G 的所有权。而由于电缆损坏，食品变质。因此，G 与 S 因 B 的行为间接受损。损害赔偿法中适用如下规则：仅仅是间接受害人的话，不得请求损害赔偿。[1] 但“直接”并不意味着，在侵害行为与损害之间不得有中间原因（Zwischenursache）存在。如在此意义上理解，因为在 B 的侵害行为——损坏了电缆——和食品变质之间尚存在中间原因（断电、温度升高），G 仅仅间接受害。但“直接”意味着，请求损害赔偿之人，本身必须有某项第 823 条第 1 款意义上的权利受到侵害。[2]G 自己的所有权受侵害，因此，她因 B 直接受损。该损害也是电缆受损的相当性结果（具有相当性）。在停电的情况下，依赖电力制冷或制热保存的东西有损坏并不罕见。谁中断了供电，必须考虑到这些损害。[3] 此种侵害也具有违法性。当然，B 受到了 U 错误的指示，他不应知地界和电缆的走向；他得信赖 U 的说明。因此，B 对此无过失，不承担侵权责任。

（二）对 U 的请求权

1. 基于第 831 条第 1 款的请求权

U 雇佣了 B 作为挖掘工，B 必须按照 U 的指示工作；B 因此是 U 的事务辅助人。[4]B 侵害了 G 的所有权，且具有违法性，第 831 条不要求事务辅

[1] Vgl. *Brox/Walker* SchuldR AT § 29 Rn. 13; *Lange/Schiemann* § 6 IX 5 pr.

[2] Vgl. BGHZ 41, 125 f.（孵化器案）; *Deutsch/Ahrens*, Rn. 622.

[3] Vgl. BHGZ 41, 127 f.

[4] Vgl. Palandt/*Sprau*, § 831 Rn. 5.

助人的过错。在B执行U交代的事务时，导致侵害。因此，第831条第1款的要件具备，U负有损害赔偿义务。对U而言，无需考虑第831条第1款第2句规定的免责事由。尽管U或许谨慎选任了B并监督他，但是，在本案所必需的指挥作业时，U没有尽到必要的注意，因为他对B错误地描述了要挖地下室的地基。

G的损害共计2000欧。另一半食品属于S。必须检验的是，G能否对U主张她婆婆的损害。需要考虑第三人利益损害清算（Schadenliquidation im Drittinteresse）。目前，在例外情形下，成立此种第三人损害清算，此种例外情形指法益（Rechtgut）受侵害的人（这里是S）因为对第三人的法律关系，将损害移转给了第三人，因此自己没有损害。[5] 但是，本案中，S所有权受侵害，也有损害。她必须亲自向U主张，[6] 不得通过G清算损害。U对G基于第831条第1款负有赔偿2000欧的义务。

2. 基于第823条第1款的请求权

在第831条的请求权之外，也得基于第823条第1款成立对事务本人的请求权，[7] 二者基于不同的事实构成：第823条第1款构建的责任是因为事务本人自己有过失的损害行为。相反，第831条构建的责任是因为辅助人的损害行为；本人的过失不在于损害行为，而在于选任、监督和指挥辅助人。事务本人的行为符合两种构成是有可能的。

U或侵害了G的所有权。U向B指示，在E埋电缆的位置挖坑。没有这样的指示，B不会在该位置挖洞，也就不会毁坏电缆，G的损害不会发生。因此，U的行为是损害的必要条件（condicio sine qua non）。

该损害也是U行为的相当性结果，挖掘作业不够小心的话，此种损害绝不罕见。G也因U的行为直接受损，因为他的所有权受侵害。U侵害G的所有权也具有违法性；该行为也有过失，因为U没有谨慎阅读计划，并且过失对B为错误指示。因此，U也基于第823条第1款对G负有2000欧的赔偿责任。

---

[5] 通说，参见 *Larenz* SchuldR AT § 27 IV b；*Looschelders* SchuldR AT § 46 Rn. 8 ff.；*Harke* SchuldR AT Rn. 439 ff.；*Medicus* Gesetzl. Schuldverhältnisse, 108 ff.；*Deutsch/Ahrens*, Rn. 624；*Kupisch/Krüger*, 98；*Lange/Schiemann*, § 8 III 1；Palandt/*Grüneberg*, Rn. 105 vor § 249. 例子：继承人E取得遗产，但该遗产上有为V的利益而设定的负担。X毁坏了遗产标的物：X侵害了E第823条第1款意义上的所有权，但是E没有损害，因为E必须将该标的物移转给V，现在可以根据第275条免责。V有损害，但是没有第823条第1款意义上的权利受侵害。这就需要考虑第三人损害清算。

[6] 请求权基础是第831条。可能须考虑的是，S是否将其损害赔偿请求权转让给了G。

[7] Vgl. BGHZ 17, 214；*Deutsch/Ahrens*, Rn. 459；*Fuchs*, 193.

二、E 因电缆被毁享有的请求权

（一）基于第 823 条第 1 款对 B 的请求权

B 违法侵害 E 对电缆的所有权。但是，他没有过错，因为他不知也不应知电缆的位置和边界。因此，B 不承担责任。

（二）对 U 的请求权

1. 基于第 831 条第 1 款的请求权

B 是 U 的事务辅助人，在执行 U 交代的工作时，侵害了 E 对电缆的所有权。因此，第 831 条第 1 款的要件成立，不要求事务辅助人 B 的过错。不考虑对 U 适用第 831 条第 1 款第 2 句的免责事由，因为他有过失地错误指挥了 B［参见上文一之（二）1］。因此，U 对 E 负有 5000 欧的侵权责任。

2. 基于第 823 条第 1 款的请求权

U 或侵害了 E 对电缆的所有权。如果没有对 B 的错误指示，则没有 E 的损害。因此，B 的行为与 E 的损害之间有因果关系。也构成相当性，如果不小心挖了他人的土地，损害电缆也不罕见。因此，U 侵害了 E 的所有权。此种侵害具有违法性，且是因为 U 阅读不仔细而过失所致。所以，U 对 E 也基于第 823 条第 1 款负有 5000 欧的侵权责任。

三、E 因停业享有的请求权

（一）对 B 的请求权

因为 B 没有过失，所以不考虑基于第 823 条第 1 款对 B 的请求权。

（二）对 U 的请求权

1. 基于第 823 条第 1 款的请求权

停业作为逸失利益（entgangener Gewinn）是损害的特殊情况。根据第 252 条第 1 句，这是可赔偿的。然而，停业是一般性的财产损害，不得根据第 823 条第 1 款获得赔偿。[8] 但是，此种损害或许源自第 823 条第 1 款

---

[8] Vgl. Palandt/*Sprau* § 823 Rn. 135；*Kupisch/Krüger* 9；*Brüggemeier,* Deliktsrecht, 1986, Rn. 330. 因为断电而丢失的电脑数据也不得根据第 823 条第 1 款请求赔偿，因为不构成第 823 条第 1 款意义上的所有权受侵害，vgl. LG Konstanz NJW 1996, 2662.

所保护的法益受到侵害，故而根据该条可获得赔偿。

（1）U 侵害了 E 电缆的所有权。基于所有权受侵害导致了 E 进一步的损害（逸失利益）。谁为第 823 条第 1 款意义上的侵权行为，不仅需要赔偿受侵害法益的损失，而且也要赔偿所有具有相当性因果关系的结果损害（adäquatkaussale Folgeschäden）。[9] 工厂停工是 U 毁坏电缆的相当性结果；此种结果绝不罕见。U 侵害 E 对电缆的所有权具有违法性和过失［参见上述二之（二）2］。过失不必然涵盖结果损害。[10] 因此，第 823 条第 1 款的要件具备，因 E 停业，U 必须向 E 承担损害赔偿义务。

（2）或因侵害所设立和实施的营业，基于第 823 条第 1 款，U 也对 E 负有责任。但是，侵害营业的请求权是补充性的，[11] 也就是说，只有在侵害行为没有侵害其他第 823 条第 1 款所保护的法益时，才考虑侵害营业权的请求权。本案中，U 侵害了 E 对电缆的所有权，因此，不考虑侵害营业的请求权。[12]

2. 基于第 831 条第 1 款的请求权

B 是 U 的事务辅助人，在执行 U 交代的工作中，侵害了 E 对电缆的所有权。U 根据第 831 条第 1 款负有责任，免责事由不予考虑［参见上文二之（二）1］。他不仅对被毁坏的电缆，而且也对结果损害承担责任：因为停工而导致的停业。因此，U 也需对 E 承担因停工产生的损害（30000 欧）。由于假设因果关系而减轻 U 责任的问题参见下文之四（供油迟延）。

---

[9] Vgl. *Larenz* SchuldR AT § 27 II b 3; *Kupisch/Krüger*, 60; *Deutsch/Ahrens*, Rn. 622; Palandt/*Grüneberg*, Rn. 26 f. vor § 249.

[10] Vgl. *Lange/Schiemann*, § 2 V 1; *Brox/Walker* SchuldR BT § 45 Rn. 58.

[11] Vgl. BGHZ 36, 257; 38, 204; *BGH* NJW 1992, 41 f.; *Brox/Walker* SchuldR BT § 45 Rn. 18; *Fuchs* 73; *Brüggemeier*, Deliktsrecht, 1986, Rn. 334 ff. 此外，本案也欠缺对“营业关联性（Betriebsbezogenheit）”的侵害，参见下文之（三）1（2）。

[12] “设立和实施的营业”是不是第 823 条第 1 款所保护的法律地位（Rechtsposition）？在侵害人侵害了经营者的所有权或者对其他第 823 条第 1 款的特别法益（健康、有权占有等）造成侵害的情况下，往往不必讨论这一著名问题。受害人在这些情况下得请求损害赔偿并无疑问，因法益受侵害而造成的停业的情形同样如此。例如参见 BGHZ 41, 125（孵化器案）；BGH NJW 1961, 1925（储藏的木材阻挡了商店通行：对商店所有权与占有的侵害）；BGHZ 55, 153（以扣押船舶的方式侵害所有权；德国联邦最高法院在本案中，否定了侵害营业）；BGHZ 59, 30 ff.（游行队伍以禁止通行的方式，阻碍了报纸供货；以阻碍使用的方式侵害报纸的所有权）；OLG München BB 1964, 661（以毁损的方式损害对电缆的占有权）。

（三）E 对 F 的请求权

1. 基于第 823 条第 1 款的请求权

（1）F 或侵害了 E 的所有权。F 所运输的油，尚未属于 E，而仍属于 H。对 E 所有权的侵害可能在于，因缺油导致 E 的机器停工——限于以柴油为动力的机器。[13] 本案中，是否存在所有权受侵害是存疑的。根据第 903 条，所有权人可以任意处置其物。因为柴油耗尽，E 不得不停用机器。所以，或可以假设，造成缺油是侵害所有权。但另一方面，也可以认为 E 的财产仅仅总体上受损（请求交付油的请求权），但是，他的所有权仍未受侵害。

在侵害物之完整性（Sachsubstanz）的情况（损坏、毁损），在剥夺占有的情况和剥夺权利的情况下，存在所有权受侵害并无争议。存在疑问的是，在本案给出的阻碍使用的情况。有种观点认为，任何一种阻碍使用均构成侵害所有权，[14] 根据其他观点，则仅在特定情形中，阻碍使用才构成所有权受侵害，[15] 但其区分标准不明确。阻碍使用是否构成侵害所有权，还是仅是无需受处罚的财产受损，在对这一问题的研究中，必须以第 823 条第 1 款的规定和其所欲实现的立法目的为基点。立法者在第 823 条第 1 款中并没有对每一种损害财产的行为均课以损害赔偿的惩罚，而是仅对侵害特定绝对受保护的法益和法律地位课以了损害赔偿义务，这么做是为了限制损害赔偿义务，避免过泛。[16] 所以，在阻碍使用的情况下，也必须注意，此种阻碍是否因对物本身施加的影响而发生的，[17] 还是因为侵害了第

---

[13] F 是否真的因此引发了 E 的损害（停工），或者这一损害是否不可完全归因于前述断电，在这个地方还不需要检讨。

[14] 例如参见 *Fikentscher/Heinemann*, Rn. 1564；关于该问题域之全部参见 *Möschel*, JuS 1977, 1.

[15] Vgl. *Brox/Walker* SchuldR BT § 45 Rn. 7，以及特别是德国联邦最高法院的判决：根据 BGHZ 29, 65，中断供电导致对机器使用的阻碍，不构成所有权受侵害；相反，根据 BGHZ 55, 153，通过扣押船舶阻碍使用构成所有权受侵害。和该案例相反，根据 BGH NJW 1977, 264 通过禁止通行阻碍对土地的使用又不构成侵害所有权。对此参见 *Medicus* Gesetzl. Schuldverhältnisse, 28；*Larenz/Canaris* SchuldR BT II § 76 II 3c；*Fuchs* 31 ff.；*Deutsch/Ahrens* Rn. 245；*Eckert* JuS 1994, 625.

[16] Vgl. *Larenz/Canaris* SchuldR BT II § 76 I 1.

[17] 同采正确的观点 *Esser/Weyers* SchuldR BT II § 55 I 2；MüKoBGB/*Wagner* § 823 Rn. 243 ff. 对物本身的影响，例如以烟雾或煤气侵入的方式，阻碍对土地的使用，可以认为存在所有权受侵害，此种观点毫无争议；同样的，扣押船舶是对物本身的影响，所以构成第 823 条第 1 款意义上的侵害所有权，vgl. BGHZ 55, 153；这同样适用于禁止通往某块土地的情形，和 BGH NJW 1977, 2264 的观点相反。

823 条第 1 款不保护的法律地位。据此，如果阻碍所有权人使用，而所有权人本来不需要其他事实上或法律上的辅助工具（发动机的油、追认等）可以使用，那么仅在此种情况下，构成以阻碍使用的方式侵害所有权。如果所有权人无法使用是因为没有提供给他这些辅助工具，* 那么，不构成所有权受侵害。

特别是第 823 条第 1 款不保护的债权，该债权得因第三人而受损，例如第三人侵害了债务人或给付标的物。债权受侵害是一般性的财产受损，不导致损害赔偿义务，即使该损害的后果是阻碍了当事人按他的想法使用该物。[18] 如果不想适用此种限制，那么会导致立法者想要限制损害赔偿义务的目的落空。因为几乎每种对债权的侵害也都会间接阻碍对物的使用，而在物之上当事人有所有权或占有的本权。[19] 根据立法者的意思，在这些情况下，不发生损害赔偿义务。

E 对 H 有在 6 月 1 日请求交付柴油的债权。F 以引起事故的方式，侵害了 E 的此种请求权；由此也排除了依约履行。因此，尽管 F 损害了 E 的财产，但是没有侵害他的所有权。E 因为财产受侵害而不能如预期般使用机器，也没有改变这一点。根据上文所述，不能认为构成所有权受侵害。在这个意义上，第 823 条第 1 款的请求权不成立。

（2）但是，F 或侵害了 E 设立和实施的营业。第 823 条第 1 款没有认识到营业权，但是，可以看到，德国帝国法院推动了承认此种权利，[20] 因为第 824 条、第 826 条提供的保护不足。德国联邦最高法院也认为“无阻碍开展营业活动”的权利是第 823 条第 1 款意义上的受保护的法律地位。很明显，此种“法律地位”是一般性条款，应当予以具体化。不是任何损害他人营业的行为均能产生损害赔偿义务，而是必须区分不合法侵害行为和中立行为。例如，一个合法的竞争行为可能损害甚至彻底毁掉他

---

* 换言之，有辅助工具才能使用但没有提供的情况。——译者注

[18] Vgl. BGHZ 29, 65（上述脚注 15）; Palandt/*Sprau*, § 823 Rn. 11；结论上有所不同 *Mertens/Reeb* JuS 1971, 469（471）; *Möschel* JuS 1977, 1（4）; *Hammen* AcP 199（1999）, 591（599 f.）; *Picker* FS Canaris, Bd. I, 2007, 1001.

[19] X 侵害了宫廷歌手，歌唱晚会必须取消。主办方为演唱会预订的大厅无法依计划使用。

[20] RGZ 59, 29. *Esser/Weyers* SchuldR BT II § 55 I 2c. 不仅想要保护营业，而且也保护自由职业和受雇者的营业，也参见 Palandt/*Sprau*, § 823 Rn. 133f.; *Schmidt*, JuS 1993, 985.

人的营业，但是，这不构成需承担损害赔偿义务的违法侵害营业权。[21] 因此，与其他第 823 条所保护的法益不同，侵害营业权不能征引（indizieren）违法性，[22] 而是每次都需要检讨，侵害行为是否不被允许，是否具有违法性。

必须进一步注意的是，仅当损害行为针对的是经营本身时，才构成因损害设立和实施的营业而导致的损害赔偿；因此，如果侵害针对的是其他不受第 823 条第 1 款保护的法益，则不足以构成损害赔偿。德国帝国法院表示，侵害必须*直接*针对营业，[23] 根据德国联邦最高法院的观点，侵害必须与营业*关联*，因此，针对的不应是可与营业轻易分离的法益。[24] 例如下述情形被认为是侵害营业权：对某一企业进行抗议或违法罢工 [25]，以没有必要的严苛形式做出贬低价值的评价 [26]，以没有必要的严苛形式散播关于产品、服务、经营关系的真实事实 [27]，触及保护性权利（Schutzrechtsberühmungen）[28]，通过阻断通往商店的道路的方式，物理性地损害营业 [29]。

侵害是否具有营业关联性的疑问仅发生在最后一种例举的案型中——物理性损害，而在其他的案型中，则明显存在营业关联性。[30] 所以，如果侵害针对的是个别的法益（其不受第 823 条第 1 款保护），而不是针对营业本身，例如，侵害雇员的情况 [31]（侵害了对劳务的请求权），侵害对第三

---

[21] Vgl. RGZ 126, 93：设立竞争企业不是违法侵害营业权的行为；这也同样适用于实质性批评。也参见 OLG München NJW 1994, 1964.

[22] 例如参见 *Larenz/Canaris* SchuldR BT II § 81 I 3；*Fikentscher/Heinemann* Rn. 1581；*Looschelders* SchuldR BT Rn. 1250；*Esser/Weyers* SchuldR BT II § 55 I 2c；*Medicus* Gesetzl. Schuldverhältnisse, 47 f. i. V. m. 45；*Fuchs* 77 ff.

[23] RGZ 163, 32.

[24] BGHZ 29, 74；85, 152；BGH NJW 1976, 1741；JuS 1978, 273；NJW 1985, 1620；NJW-RR 1994, 1054；对此参见 *Medicus* Gesetzl. Schuldverhältnisse, 45 f.；*Larenz/Canaris* SchuldR BT II § 81 I 2；Palandt/*Sprau* § 823 Rn. 135. 如果准确地采纳营业关联性这一概念，则仅故意侵害构成侵害营业权。

[25] BGHZ 24, 200；*Fikentscher/Heinemann*, Rn. 1574.

[26] BGHZ 3, 279；45, 296；OLG *München* NJW 1994, 1964.

[27] BGHZ 8, 145；24, 200.

[28] 例如：有人不正当要求停止生产某一产品，并声称他有排他性权利，如专利。Vgl. RGZ 58, 24；94, 248；141, 336；BGHZ 2, 387；38, 205.

[29] BGH NJW 1961, 1925；本案中，更正确的观点是认为商店的所有权或占有权受到侵害。参见上文脚注 12。也参见 *Grüneberg*, NJW 1992, 945.

[30] 也参见 *Fikentscher/Heinemann*, Rn. 1578 ff.

[31] Vgl. BGHZ 7, 30；29, 74.

人的请求权的情况[32]，损害营业所属之物的情况，则必须否定构成与营业相关联的侵害。在所有这些情况中，均不构成侵害营业，所以，在前两种情况中，不成立基于第 823 条第 1 款的请求权，在最后一种情况中，营业者因所有权或占有权受侵害而享有基于第 823 条第 1 款产生的请求权。[33]按照此种观点，会有很强的疑问，到底能不能以物理性损害的方式，侵害营业。[34]

F 通过他的行为损害了 E 对 H 请求交付柴油的请求权，根据上文所述，不能认为构成具有与营业相关联的侵害。[35] 所以因侵害 E 的营业，而基于第 823 条第 1 款 E 对 F 享有的请求权不成立。

2. 基于《德国道路交通法》第 18 条的请求权

基于《德国道路交通法》第 18 条，E 对 F 享有的请求权不成立，因为在事故中，F 没对 E 的物造成损害。

（四）E 对 X 的请求权

1. 基于第 823 条第 1 款的请求权

该请求权不成立，因为 X 没侵害 E 的所有权，也没有侵害其营业权［对此详见上文（三）之 1］。

2. 基于《德国道路交通法》第 7 条第 1 款的请求权

基于《德国道路交通法》第 7 条第 1 款的请求权不成立，因为 X 在事故中，没有损害 E 的物。

（五）E 对 H 的请求权

1. 因 F 的侵权行为基于第 831 条的请求权

排除该请求权，因为 F 对 E 没有侵权行为［参见上文（三）之 1］。

---

[32] BGHZ 7, 35 ff.; 29, 73 f.

[33] 例如 BGHZ 29, 74（损害营业用车）。

[34] 在所有判例承认的情况中，事实上，均成立所有权或占有权的侵害，参见上述脚注 12 中的案例。

[35] 有观点认为，区分因侵害所有权所致的产品受损（例如孵化器案 BGHZ 41, 125）和没有所有权受侵害的产品受损（例如挖断电缆案 BGHZ 29, 65）是随机且不公正的［如 *Glückert* AcP 166（1966）, 311（317 ff.）; *Neumann-Duesberg* NJW 1968, 1990（1992）］，这一观点不正确。《德国民法典》也不认可财产受侵害的损害赔偿，仅认可在第 823 条第 1 款所称权利受侵害时的损害赔偿；采此种正确观点如 BGH NJW 1976, 1741.

2. 基于《德国道路交通法》第 7 条第 1 款的请求权

该请求权不成立，因为在事故中，没有对 E 的物造成损害。

3. 基于第 280 条第 1 款及第 2 款、第 286 条第 1 款的请求权

E 与 H 约定，H 应当在 6 月 1 日将柴油送到 E 处（赴偿之债）。但是，H 在 6 月 3 日才将油送来，他给付过迟。因为 H 给付的时间根据日历确定，H 未经催告即会陷于迟延（第 286 条第 2 款第 1 项）；但是，根据第 286 条第 4 款，H 陷于迟延的要件是 H 对迟延提供给付存在过错。H 自身并没有过错，然而，根据第 278 条，他需为履行辅助人的过错负责。H 使用 F，为的是履行 H 对 E 的交货义务；F 是 H 的履行辅助人。F 因不注意引起了事故，并且对迟延给付负有过错；H 对此负责。因此，H 陷于迟延。

根据第 280 条第 1 款、第 2 款、第 286 条第 1 款、第 2 款第 1 项，H 必须赔偿 E 因迟延给付造成的全部损害。但是，因为断电，E 的营业从 6 月 1 日早晨起已经停业了，所以，存在疑问的是，H 的迟延到底有没有给 E 带来损害。对于停业而言，H 的迟延不是现实的，而是假设的因果关系：即使不是 6 月 1 日，U 已经通过断电，使得 E 停业，那么，H 的迟延也会导致 6 月 2 日与 6 月 3 日停业。在仅有假设因果关系的情况下[36]，应当如何裁判，存在争议。根据绝对通说，仅现实地引起损害者承担责任（本案中为 U），而非假设地引起损害者承担（本案中为 H），因为其仅假设地造成了损害，而非现实地造成了损害。[37] 可是，在评价这一问题时，也必须注意通说所强调的关键点，这种情况下不是因果关系的问题，而是损害归并的问题（Schadenszurechnung）：U 独立承担全部损失，更为公正，还是在最终结果上，U 可与 H 分担损失，更为适当？不管是 U 还是 H 都以须承担损害赔偿义务的方式侵害了 E 的权利；所以，二者均向 E 承担责任，是公平的。U 在 H 之前，所以 H 的侵害行为仅假设有效，但这不过是偶然造成的。不论如何，时间上的优先性不是加害人免责，而让另一方加害人

---

[36]　也称为修补因果关系（überholende Kausalität）：引起损害的原因（H 的迟延）在时间上被另一原因（U 引起的断电）所修补；对于这一问题之全部，*Medicus* Gesetzl. Schuldverhältnisse, 85 ff.; *Lange/Schiemann*, § 4.

[37]　如 *Larenz* SchuldR AT § 30 I; *Brox/Walker* SchuldR AT § 30 Rn. 17 ff.; Palandt/*Grüneberg* Rn. 60 f. vor § 249. 当然，这仅适用于直接受侵害标的物的损害。相反，在结果损害中，必须注意假设因果关系，此种区分并不明显。

独立承担损害的充分理由。[38] 据此，U 与 H 作为连带债务人对 E 承担损害赔偿责任。

因此，H 必须向 E 赔偿因为他迟延而假设引起的损害。假设不是断电引起停业，那么因 6 月 2 日和 6 月 3 日的缺油，也会导致停业。H 必须赔偿这两天的逸失利益，也即 20000 欧。

四、H 假设损害因果关系对 U 的责任的影响

正如上文所查明的［参见三之（二）］，U 对 E 因停业造成的收入损失承担赔偿责任。这里需要指出的是，假设 U 没有造成断电，6 月 2 日和 6 月 3 日的停业也会发生。加害人是否可因假设因果关系而免责始终存在疑问。但是，没有争议的是，如果假设因果关系基于的是侵害某一导致损害赔偿义务的规范，那么，不发生免责。[39] 如果实际和假设因果关系人均违反了导致损害赔偿义务的规范，那么双方均不得免责；双方均负有义务。

假设因果关系——迟延交油——符合第 286 条第 1 款的损害赔偿规范，H 对 E 负有损害赔偿责任。因此，U 不得因假设因果关系而对 E 免责，他必须负担全部损害赔偿责任。[40]

五、追偿请求权

（一）U 对 H 基于第 426 条第 1 款第 1 句的请求权

对 U 而言，基于第 426 条第 1 款，仅可能对 H 享有请求权：U 对 E 因逸失利益负有 30000 欧的责任［上文三之（二）］，但是，他和 H 作为共同债务人承担责任［上述三之（五）3］。内部关系中，H 对 U 承担责任，在这个范围内，U 能向 H 请求清偿他对 E 的债务。因为没有其他规定或约定，根据第 426 条第 1 款第 1 句，U 与 H 各承担一半责任。但是，因为 H 对

---

[38] 相同观点 *Heck*, Grundriß des Schuldrechts, 1929, § 14；*Bydlinski*, Probleme der Schadenverursachung, 1964, 64 ff.；*Schulin*, Der natürlich-vorrechtliche Kausalitätsbegriff im zivilen Schadensersatzrecht, 1976, 180 ff.；同样赞同该说 *Gebauer*, Hypothetische Kausalität und Haftungsgrund, 2007, 400 f.；反对观点 *Lange/Schiemann*, § 4 X 4 mit Lit.

[39] 例如参见 *Larenz* SchuldR AT § 30 I，但是其认为，仅实际引起损害之人承担损害赔偿义务，假设因果关系之人不承担。

[40] 当然，在结果上，U 得免责，因为由于假设因果关系，他与 H 作为连带债务人共同承担责任，并可主张追偿（参见下文五）。

E 仅需承担 20000 欧的赔偿责任［参见上文三之（五）3 结论］，H 必须在与 U 的内部关系中承担 10000 欧。基于第 426 条第 1 款，U 对 H 享有总计 10000 欧的免责请求权（Befreiungsanspruch）。

（二）H 享有的请求权

1. H 对 U 基于第 426 条第 1 款的请求权

因逸失利益，H 和 U 一起作为连带债务人对 E 负有 20000 欧的责任［上文三之（五）3］。因为 H 在与 U 的内部关系中负有 10000 欧的责任［上文五之（一）］，他得基于第 426 条第 1 款第 1 句请求 U 清偿他对 E 的债务，总计 10000 欧。

2. H 对 F 基于违反劳动合同而享有的请求权，第 280 条、第 611 条

F 在履行其劳动义务时因重大过失引发事故，由此他违反了劳动合同，并对雇主 H 因第 280 条第 1 款而负有损害赔偿责任。根据第 823 条第 1 款，也成立相同的请求权，因为 F 过失侵害了 H 油罐车和运载货物的所有权。因此，F 必须赔偿 H 因交通事故产生的损失。需要考虑的是，根据劳动法规则，是否存在对 F 有利的责任限制，当然，在本案中，因为 F 具有重大过失，不成立此种责任限制。[41]

由于事故不仅侵害了 H 油罐车和装载货物的所有权，而且因该事故 H 对 E 也负有侵权责任。F 必须赔偿 H 这部分损失。H 对 E 的责任总计 20000 欧。其中的 10000 欧，H 得请求 U 承担。换言之，H 对 E 须承担的责任，对 E 造成的损害是共计 10000 欧的债务。根据第 280 条第 1 款、第 611 条和第 823 条第 1 款，H 得请求 F 承担。

3. H 对 X 基于第 823 条第 1 款和《德国道路交通法》第 7 条第 1 款的请求权

X 对事故负有过错，基于第 823 条第 1 款和《德国道路交通法》第 7 条第 1 款，他因油罐车或货车和装载货物的毁损和所有进一步产生的损害而对 H 负有赔偿责任。由于该事故，H 负有总计 20000 欧的赔偿之债，其中 10000 欧得请求 U 承担。因此，H 仍对 E 有总计 10000 欧的剩余债务，这是 H 的损害。尽管 H 得请求 F 承担该债务，但是，X 不得免责，因为

---

[41] 仅参见 Palandt/*Grüneberg*, § 276, Rn. 44; Palandt/*Weidenkaff*, § 611 Rn. 156 ff.; *Walker* JuS 2002, 736（737 f.）.

根据第 840 条第 1 款，F 与 X 作为连带债务人对 H 承担责任。

因此，H 的损害是 10000 欧的债务。但是，因为 H 可能与有过失，所以 X 对 H 只需部分赔偿即可。H 自己对该事故没有与有过失，而是他的辅助人 F。问题是，H 是否必须对 F 的过失负责。根据第 254 条第 2 款第 2 句，在与有过失问题中，须类推适用第 278 条。普遍公认的是，第 278 条不仅适用于第 254 条第 2 款，也适用于与本案相关的第 254 条第 1 款。[42] 但存在争议的是，"类推适用"第 278 条指什么？

第 278 条规定，为履行辅助人的过失负责以债之关系（也即债务）为前提，本人使用履行辅助人是为了履行该债务。在根据第 254 条第 2 款第 2 句类推适用第 278 条的情况中，在损害发生的时间上，加害人与受害人之间是否也必须存在债之关系存在疑问。通行观点，尤其是判例，承认这点。[43] 根据这一观点，在欠缺债之关系的情况中，受害人的履行辅助人有过失，也仅得根据第 831 条减轻责任。除了判例的观点以外，主流观点认为，加害人与受害人之间没有债之关系存在，也可以在第 254 条第 2 款的框架内适用第 278 条。[44] 最后，谁须对受害人的辅助人的过失负责，也存在疑问：是受害人还是加害人。如果在第 278 条的适用中，要求债之关系，那么，加害人对受害人的辅助人的行为负责。因为通常在侵权行为中，在损害发生的时点，加害人与受害人之间不存在给付关系。而适用第 831 条，对加害人不太有利，因为根据经验，本人在所有情况下，均能证明对其事务辅助人免责。所以，加害人对全部损害负有赔偿责任。但是，让加害人对受害人的辅助人的行为份额（Tatbeitrag）负责并不妥当；而是受害人必须分摊这一后果。所以，必须放弃债之关系存在这一要件。第 278 条的"类推适用"采此种对第 254 条第 2 款第 2 句的解释。

因此，尽管在事故发生时，X 与 H 之间并没有债之关系，根据第 254 条第 2 款第 2 句得类推适用第 278 条：H 必须对他辅助人的行为份量负责，他仅得请求部分的损害赔偿。因为 F 的过错与 X 同等，H 仅得就其损害的一半向 X 请求赔偿：他得请求 X 清偿他对 E 的债务，总计仅 5000 欧。

---

[42] 例如，参见 Palandt/*Grüneberg*, § 254, Rn. 48 ff.

[43] 参见 *Marburger/Sutschet*, 20 Probleme aus dem BGB, Schuldrecht, Allg. Teil, 7. Aufl. 2006, Problem 6, 26 f. 中的论证。进一步则参见 *Lange/Schiemann* § 10 XI 4.

[44] 参见 *Marburger/Sutschet*, 20 Probleme aus dem BGB, Schuldrecht, Allg. Teil, 7. Aufl. 2006, 27 f. 中的论证。进一步则参见 *Lange/Schiemann* §10 XI 4.

4. F 与 X 基于第 426 条第 1 款对彼此的追偿请求权

F 对 H 负有清偿 H 对 E 的债务的义务，共计 10000 欧，X 负有 5000 欧的清偿义务。根据第 840 条第 1 款，二者是连带债务人。根据第 426 条第 1 款，如果超过其内部关系对彼此应承担的份额，则对彼此享有追偿债务的请求权。因为二者过失相同，所以二者各承担一半。因此，F 得请求 X 清偿 F 对 H 的债务，共计 5000 欧。X 对 H 仅负有 5000 欧的赔偿义务，因为为了对他有利，也考虑了 F 的行为分量。这一有利于 X 的情况不能重复评价，因此，X 在内部关系中必须承担 5000 欧。他对 F 没有追偿请求权。

因此，在结果上，U 承担 E 因停业导致的损害，共计 20000 欧，X 与 F 各 5000 欧。

案例二十　有瑕疵的轿车

——产品自损

关键词

产品责任　生产者责任　继续侵蚀性损害（weiterfresserschaden）

案件事实

E在V处购买了一辆制造商F生产的新轿车。E第一次开车去兜风时，就发生了严重的事故，汽车完全毁损，E重伤。经查明，该车后推杆破损。该部分是在P的工厂里生产，并供货给F的，F将其组装进轿车中。在E的轿车中所组装的部分存在裂缝，因为在锻造的时候温度过低，这从外表是无法发现的。

经协商无果，E诉请损害赔偿。V表示，其不知也不应知轿车瑕疵。F辩称，对瑕疵其多少有一定的过错；但是，不愿意告知进一步的细节。P辩称，该缺陷源或因其自身过失或因员工的过失造成，他不知缺陷如何产生。所有的部件均按最新方法磁力探伤检测；所有的员工也经过谨慎的挑选与监督，特别是负责产品检测的X。如果X缺勤，P也雇用了代工人员。但是，P不愿提供代工人员的名字。目前，他也没有办法进一步确认，X或者代工人员是否检查了负有缺陷的部件。此外，他将管理经营，特别是将选任与监督员工的管理工作，交给了经营管理者L，L经由P谨慎的选任与监督。

E对V、F、P与L提起的损害赔偿之诉是否会胜诉？

解答

一、E对V的请求权

（一）基于第437条第3项结合第280条第1款及第3款、第281条第

1 款第 1 句、第 440 条，因物之瑕疵产生的请求权

（二）基于第 437 条第 3 项结合第 280 条第 1 款，因瑕疵结果损害产生的请求权

（三）基于《德国产品责任法》（ProdHaftG）第 1 条第 1 款第 1 句产生的请求权

（四）基于第 823 条第 1 款产生的请求权

二、E 对 F 的请求权

（一）基于合同的请求权

1. 基于瑕疵担保合同产生的请求权，第 443 条

2. 基于附保护第三人效果的合同产生的请求权（第 311 条第 3 款第 1 句）

3. 基于第三人损害清算产生的请求权

（二）基于信赖责任的请求权

（三）基于《德国产品责任法》第 1 条第 1 款第 1 句、第 8 条第 2 句产生的请求权

（四）基于第 823 条第 1 款的请求权

三、E 对 P 的请求权

（一）基于《德国产品责任法》第 1 条第 1 款第 1 句、第 8 条第 2 句产生的请求权

（二）基于第 831 条产生的请求权

（三）基于第 823 条第 1 款产生的请求权（组织过错）

四、E 对 L 的请求权

（一）基于《德国产品责任法》的请求权

（二）基于第 831 条的请求权

（三）基于第 823 条第 1 款的请求权（组织过错）

五、追偿（Ausgleich）

一、E 对 V 的请求权

（一）基于第 437 条第 3 项结合第 280 条第 1 款及第 3 款、第 281 条第 1 款第 1 句、第 440 条，因物之瑕疵产生的请求权

V 卖给 E 并交货的轿车既不符合默示约定的品质也不符合合同预设的品质（第 434 条第 1 款）；该车也不符合道路交通的用途。物之瑕疵的法律

效果源自第 437 条第 3 项、第 280 条、第 281 条。E 的损害赔偿请求权以 E 对 V 设置合理的补充履行期限为前提，[1] 而在本案中无需如此。根据第 440 条，在特定案例中，并无必要设置此种补充履行期限。本案中，需要考虑 E 无法期待 V 的补充履行。由 F 生产并由 V 交付的汽车证明存在重大物之瑕疵，严重侵害了 E 的健康、所有权及财产。对于 E 而言，另交付该型号的车辆也无法保证其没有缺陷。对由 F 生产并由 V 销售的汽车安全性的信赖也遭到了严重破坏，因此，对 E 而言，不可期待他接受再交付该车辆。所以，设置补充履行期限并无必要。

E 的损害赔偿请求权又以过错为要件，但是，在上述案件中，无法明确，V 可能负有何种过失。即使认为 V 可能违反检查义务，也并无任何证据。V 无法注意到轿车的瑕疵，因为从外表看来，瑕疵并不可见。尽管在第 280 条第 1 款第 2 句中设置了举证责任的规则，推定过错，但是，这并不影响受害人必须（在旧法第 282 条中同样如此）主张加害人的加害行为，如有必要，仍须予以证明；被推定的仅为加害人的过错。[2] 本案中，E 对于 V 哪里可能存在过错并未做说明。所以，E 因轿车负有瑕疵而产生的损害赔偿请求权不成立。

V 本身并无过错。尽管如此，根据第 278 条，如果 F 与 P 是 V 的履行辅助人，那么，V 需对瑕疵负责。根据部分观点，供货商是出卖商人的履行辅助人，[3] 其要件为，V 对 E 的义务通过 F 与 P 履行。然而，V 并不负有制造汽车并交货的义务，仅仅是负有交付其仓库中的汽车，也就说，置备已经制造完成的汽车并交付之。在这种案型下，制造商并非是 V 的履行辅助人，因为其义务并不在制造。[4]V 不承担损害赔偿责任。

（二）基于第 437 条第 3 项结合第 280 条第 1 款，因瑕疵结果损害产生的请求权

E 或因其固有利益（身体侵害）受侵害，基于第 437 条第 3 项结合第 280 条第 1 款，享有损害赔偿请求权。不过，问题在于是否得直接适用

[1] 也参见案例三之二。

[2] Palandt/*Grüneberg* § 280 Rn. 34.

[3] 仅参见 MükoBGB/*Grundmann* § 278Rn.31.

[4] Vgl. Palandt/*Grüneberg*, § 280 Rn. 13; *Looschelders* SchuldR AT § 23 Rn. 35.

第 280 条第 1 款，无需“转道”第 437 条第 3 项。基于第 437 条第 3 项结合第 280 条第 1 款产生的损害赔偿请求权，根据第 438 条，在 2 年后罹于时效届满，而直接基于第 280 条第 1 款产生的请求权则根据第 195 条、第 199 条，经过更长的时效期间后届满。或可做如下论证，出卖人过失对买受人造成了损害，不可以适用更短的时效，使得出卖人获利。[5] 相反，立法者通过第 437 条、第 438 条的适用，希望统一所有因物之瑕疵所生请求权的规则，希望统一所有损害（也即瑕疵损害与瑕疵结果损害）的时效期间。[6] 统一瑕疵损害与瑕疵结果损害的努力，完全具有公正价值，不应半途而废。因此，必须适用第 437 条并结合第 280 条。[7]

但是，本案中，E 的损害赔偿请求权因 V 没有过错而不予考虑。

（三）基于《德国产品责任法》第 1 条第 1 款第 1 句产生的请求权

《德国产品责任法》在其第 1 条规定了生产者因缺陷产品造成人身损害与物之损害的无过错责任（危险责任）。[8] 该责任与基于第 823 条以下的责任并列，适用于所有在 1990 年 1 月 1 日后交易的产品（参见《德国产品责任法》第 16 条）。由于过错并无作用，因此，例如对于“异常值（Ausreißer）”，* 也无免责的可能。《德国产品责任法》第 1 条第 2 款规定了唯一的免责事由。责任范围仅与结果损害相关，不包括负有缺陷的产品本身（第 1 条第 1 款第 2 句）。制造商的概念较宽（参见《德国产品责任法》

[5] Vgl. *Eidenmüller* JZ 2001, 283（286）; *Zimmermann* u. a. JZ 2001, 684（689 f.）; 同采此结论 *Canaris* ZRP 2001, 329（335）.

[6] Vgl. BT-Drs. 14/6040, 224, 229.

[7] 或有观点认为，本案中应当适用第 437 条第 3 项结合第 280 条、第 281 条，因为瑕疵结果损害也源自于不履行第 433 条第 1 款第 2 句的义务。除第 280 条中的要件外，第 281 条要求设置给付或补充履行的期限，然而，在瑕疵结果损害中，无需考虑给付或补充履行。所以，直接适用第 280 条是正确的，同样参见上文案例八之一（二）1。

[8] 该法以 1985 年 7 月 25 日的关于产品责任的第 19 号欧盟指令为基础，刊登于 *Taschner/Frietsch*, Produkthaftungsgesetz und EG-Produkthaftungsrichtlinie, 2. Aufl. 1990, 1 ff.; *Schmidt-Salzer*, Produkthaftung, III/1, 2. Aufl. 1990, 30 ff. 关于产品责任的案例参见 *Kullmann* ProdHaftG, Kommentar, 6. Aufl. 2010 的评注书。

* 非特征点是指在采取所有的预防措施仍不可避免的制造缺陷。Vgl. Palandt/Sprau, § 823, 77. Aufl., Rn. 173.——译者注

第 4 条）。[9] 在物之损害中，（受害人）自行承担 500 欧的损害（第 11 条）。在《德国产品责任法》规定的责任之外，目前由德国联邦最高法院发展的生产者之侵权责任规则仍然适用[10]（《德国产品责任法》第 15 条第 2 款），[11] 此种责任在很多方面超越了《德国产品责任法》规定的责任。[12] 在实践中，第 823 条第 1 款的侵权规则比《德国产品责任法》意义更大。

如果根据《德国产品责任法》第 4 条，V 是制造商，那么，V 根据该法第 1 条第 1 款第 1 句对 E 负有责任。根据第 4 条第 2 款与第 3 款，销售者仅在将源自第三国的产品带入欧共体或者无法确定实际制造商时才承担责任；二者在本案中均不成立。V 并不根据《德国产品责任法》第 1 条对 E 负有责任。

（四）基于第 823 条第 1 款产生的请求权

V 向 E 交付负有瑕疵的轿车，并因此侵害了 E 的健康且具有相当性，对 E 造成了所有因此而生的损害。相反，V 是否也侵害了 E 对该轿车的所有权，则存在疑问。轿车因组装了负有缺陷的部件，自始在整体上就负有瑕疵，不可使用。V 与 E 达成该车物权变动合意时，已经负有瑕疵。交付负有瑕疵之物并不是对物的所有权的侵害。[13] 但是，在本案中不仅仅是交付了负有缺陷的物，对 E 而言，产生了除此以外的损害：尽管被交付的轿车负有瑕疵，但是由于其他完好的部件存在，该车仍有重要价值。此种价值因事故而被毁，这由负有缺陷的单个部件造成。此种情况下，得否视为第 823 条第 1 款意义上的所有权受侵害存在争议。或可认为，这一问题在实践中意义不大，因为对 E 而言，在任何情况下，均根据第 437 条第 2 项对 V 享有解除权，继而根据第 346 条享有请求返还买卖价款的请求权。但是，这一观点没有考虑到由此 E 因身体受侵害而产生的损害未能获赔偿，因此，两种规则的时效期间不同。在“继续侵蚀性损害”学说产生、发展

[9] 根据《产品责任法》第 4 条第 1 款第 2 句确定制造商与“准制造商（Quasihersteller）”，vgl. BGH NJW 2005, 2695 und dazu *Wagener/Wahle*, NJW 2005, 3179.

[10] 术语上可以区分根据《产品责任法》产生的产品责任与根据第 823 条以下产生的生产者责任。

[11] Vgl. Palandt/*Sprau*, ProdHaftG § 15 Rn. 7. 关于后者也参见下文二之（四）、三之（三）。

[12] Vgl. *Medicus/Petersen* BürgerlR Rn. 650；同样参见 *Honsell*, JuS 1995, 211.

[13] 这是通说，参见 BGHZ 39, 367；Palandt/*Sprau*, § 823, Rn. 178；*Kötz/Wagner*, Rn. 150 ff.；*Fikentscher/Heinemann*, Rn. 1564 ff.

之前，根据《德国民法典》旧法第 477 条，请求解除（Wandelung）的请求权自交付起 6 个月后罹于时效届满，而基于第 823 条产生的请求权根据旧法第 852 条则经过 3 年后才罹于时效届满。此种区别在今日仍然存在，并且同样差距巨大：因买卖法上物之瑕疵而生的诸请求权根据第 438 条在物交付两年以后罹于时效届满，而侵权请求权根据第 195 条最快在 3 年后罹于时效，在身体受侵害的情况下，可能在 30 年后才罹于时效届满，在物之损害的情况下，可能在 10 年后才罹于时效（参见第 199 条第 2 款、第 4 款）。

最初，通说与德国联邦最高法院均认为在交付负有缺陷的物中，如果因此仅仅是所交付之物本身受损或被毁，那么，并无所有权受侵害。只有因所交付之物的瑕疵导致了受领人或第三人其他的物损害时，才承认所有权受侵害。[14] 之后，判例背离了这一原则，创立了“继续侵蚀性损害”学说。如果交付之物的瑕疵存于某有缺陷的部件上，而物的其余部分无瑕疵，单个部件的缺陷在一定程度上“继续侵蚀”了其余无瑕疵的物，并毁之，则可视为对物的整体的所有权的侵害。[15] 随后，德国联邦最高法院修正了其观点，所有权受侵害以在该物上发生的损害与所交付瑕疵部件“素材不同一”为要件。[16] 因为并非是买受人的等价性利益（对于所交付之物）受损，而是固有利益（对其财产）受损。

德国联邦最高法院的观点受到了正确的批判，[17] 因为买受人所买之物并不是一个有缺陷的物和除此之外的一堆零部件，而是一个整体的、负有缺陷的物。“继续侵蚀性损害”学说在法教义学上难获支持。

因此，本案中，V 向 E 交付负有瑕疵的轿车无法被看作是 V 侵害了 E 轿车的所有权。基于第 823 条第 1 款因所有权受侵害而生的请求权不成立，

---

[14] BGHZ 39, 366；55, 392；BGH NJW 1981, 2250.

[15] BGHZ 67, 359（“浮标开关”）；关于轿车轮胎负有瑕疵见 BGH NJW 1978, 2241 与最近的 NJW 2004, 1032，对此参见 *Gsell*, NJW 2004, 1931 ff. 关于继续侵蚀性损害同样参见 *Koch*, Produkthaftung, 1995, 117 ff.；*v. Westphalen*, MDR 1998, 805（807）.

[16] BGHZ 86, 256；BGH NJW 1983, 812；NJW 1985, 2420；NJW 1992, 1678；JZ 1992, 801；对此参见 *Franzen* JZ 1999, 702；*Koch*, Produkthaftung, 1995, 137 ff.；*Looschelders* SchuldR BT Rn. 181.

[17] Vgl. MüKoBGB/*Wagner* § 823 Rn. 252；*Kötz/Wagner*, Rn. 150 ff.；*Esser/Weyers* SchuldR BT I § 6 III 2；*Brüggemeier*, Deliktsrecht, 1986 Rn. 315 ff.；*Schubert*, JR 1977, 458 f.；*Schwark*, AcP 179（1979），57；*Lieb*, JZ 1977, 345 f.；*Rengier*, JZ 1977, 346 f.；*Marburger*, AcP 192（1992），6；*Tiedtke*, NJW 1990, 2961；*Koch*, Produkthaftung, 1995, 147 ff.；*Timme*, JuS 2000, 1154. 及具有阅读价值的判决 *LG Karlsruhe* NJW-RR 1987, 1511 f. 关于 2002 年债法改革以后对“继续侵蚀性损害”学说的适用参见例如 *Grigoleit*, ZGS 2002, 78 ff.；*Foerste* FS v. Westphalen, 2010, 161；*Staudinger* ZGS 2002, 145 f.

基于第 823 条第 1 款因身体受侵害而产生的请求权因 V 无过失而不成立。

二、E 对 F 的请求权

（一）基于合同的请求权

1. 基于瑕疵担保合同产生的请求权，第 443 条

在 F 与 E 之间可能成立担保 F 所生产轿车无瑕疵的担保合同——通过 V 作为使者。部分学者采纳了此种观点，认为在生产者与最终买受人之间默示成立了此种合同。[18] 生产者的担保意思（Einstandswille）可从下述事实推知，生产者为产品做了广告，在广告中规定了产品特征等。但是，除此以外，订立担保合同需通过拟制：生产者承担担保义务的意思通常是不存在的。[19] 但是，即使认为担保合同存在——例如因为生产者附了质保卡（Garantiekarte），生产者所承担的担保通常仅限于所交付之物，而不及结果损害。通过拟制的担保合同无法解决生产者责任的问题。

2. 基于附保护第三人效果的合同产生的请求权（第 311 条第 3 款第 1 句）

如果 F 与 V 之间缔结的供货合同同样为第三人利益，例如，为了最终买受人的利益，那么 E 或基于 F 与 V 之间的买卖合同享有请求权。因此，F 须在与 V 的合同中对 E——默示承担了保护义务。将他人当作合同当事人般，对其承担保护义务，对于这种可能性并没有争议。但是，对此种内容的默示的约定只能在有限的范围内予以承认：通说首先要求“近于给付（Leistungsnähe）”，只有在依约定，第三人与给付标的相关，并且受因给付标的而生危险威胁时，才构成“近于给付”。然后，需要以“近于债权人（Gläubigernähe）”为要件。最初要求合同当事人对被保护的人有身份法上的照顾义务（Fürsorgepflicht），而后又扩大了被保护人的范围：合同当事人可以预见到对该人的保护有特别的利益。[20] 可以很随意就认为，一方当事人有保护特定人的意愿，并为该人的利益而与对方合同当事人约定保护义

---

[18] 例如，参见 *Müller*, AcP 165（1965），285；关于生产者责任，同样参见 *Leßmann*, JuS 1978, 433；*Hager*, AcP 184（1984），413（436 f.）.

[19] Vgl. BGHZ 51, 98；78, 372；*Larenz* SchuldR BT § 41a；*Kupisch/Krüger* 96；*Baumgärtel* JA 1984, 660（661）；*Littbarski* JuS 1983, 345（347）.

[20] 例如，参见 Palandt/*Grüneberg*, § 328 Rn. 16 ff.

务；因为“附保护第三人效果的合同”的问题涉及合同解释。如果合同当事人对被保护的人的保护利益并不可知，那么，通常无法推出与对方合同当事人做了保护约定，不存在做出此种约定的动机。（附保护第三人效果的合同）是一种拟制，而此种拟制源自保护第三人的约定。[21]V 并无可为人知的利益，为 E 的利益，与 F 达成保护约定；所以，在 V 与 F 之间并不成立附保护 E 效果的合同。

3. 基于第三人损害清算产生的请求权

如果在本案中可适用第三人损害清算的思想，那么 E 或基于 V 与 F 之间的合同享有损害赔偿请求权。此种法律制度是损害赔偿通常仅得由直接受害人主张原则的例外，换言之，合同当事人也得作为侵权法中受侵害请求权的权利人或受保护权利的所有人。[22] 如果在损害中，权利受侵害的权利人没有经济损害，而是第三人遭受损害，那么必须要有例外，因为在权利人与第三人之间存在特殊的法律关系，此种法律关系移转了损害。第三人利益损害清算的典型例子是因特殊法律关系将权利受侵害人的损害移转给第三人。在第 275 条、[23] 第 447 条 [24] 和间接代理 [25] 的适用中，可能出现此种损害移转。具有决定性意义的是，如果没有特殊的法律关系，那么，此种损害产生于受侵害权利人处。

在所给出的案例中，并无损害的移转：E，他基于与 V 的合同所产生的请求权受到侵害，其法益受到影响，本身具有损害。本案中并不存在公认的第

[21] Vgl. BGHZ 51, 96; *Medicus* Gesetzl. Schuldverhältnisse, 61; *Larenz* SchuldR BT § 41a; *Berg* JuS 1977, 364.

[22] 《德国商法典》第 421 条第 1 款第 2 句规定了第三人损害清算的一种案型：货物的受领人可以以自己的名义主张发货人对货物承运人的损害赔偿请求权。这一规定将法学理论发展的第三人损害清算学说运用到了此种特殊案型中。

[23] 例如：E 是继承人，其所受的遗产需为 G 的利益，X 毁损了所继承之物。X 侵害了 E 的所有权（第 823 条第 1 款），但是 E 没有损害：根据第 275 条第 1 款，E 免于返还义务，第三人 G 有损害。

[24] 例如：出卖人 V 根据第 447 条寄送所卖之物给买受人 K，在运输过程中，X 损毁该物，且负有过错（第 823 条第 1 款）。受侵害的所有权人是 V，但是他并无损害：根据第 447 条、第 275 条，V 免于交付义务，根据第 447 条、第 326 条第 2 款，他仍享有价金请求权；K 有损害。在消费品买卖中，根据第 474 条第 2 款，应当限制第 447 条。

[25] X 委托 K，以 K 自己的名义为 X 向 V 购买某物。V 陷于履行迟延。K 基于第 433 条第 1 款享有请求权，但是不因迟延受有损害，可能受有损害的是 X。K 可以通过第三人损害清算的方式为 X 向 V 主张此种损害。Vgl. *Larenz* SchuldR AT § 27 IV b.

三人损害清算的案型。第三人损害清算也不是解决生产者责任适当的工具。[26]

（二）基于信赖责任的请求权

在学说中，也有相当一部分观点试图通过信赖构建生产者对最终购买者的责任，消费者对由生产者带入交易中的商品无瑕疵品质有信赖。有部分观点以外国法为例，引入生产者的担保责任，然而，在德国法秩序中并无基础。部分观点类推适用第 122 条，但此种观点忽视了第 122 条所基于的案型构造与生产者责任的问题迥异：第 122 条涉及的是对意思表示的信赖，对所给出文字、事实构成的信赖，而本案中并无此种事实构成。广告、产品描述和其他相同形式均未包含法律行为的拘束意思。最后，还有部分观点建议类推适用缔约过失的基本原则：制造危险商品的生产者负有交往安全义务，需确保无人因该产品而受有损害；此种义务源自特殊的社会接触，源自消费者对制造商产品无危险性的信赖。正如上文已述，此种观点混淆了合同责任与侵权责任的界限，不应类推适用缔约过失，因为消费者与制造者并无接触，而缔约过失以此为要件。[27]

（三）基于《德国产品责任法》第 1 条第 1 款第 1 句、第 8 条第 2 句产生的请求权

根据《德国产品责任法》第 4 条，F 极有可能系缺陷产品的制造商。所涉汽车在其工厂中制造，汽车为动产，因此是《德国产品责任法》第 2 条意义上的产品。根据《德国产品责任法》第 4 条，F 是最终产品的制造商。F 并没有亲自制造负有缺陷的后推杆，根据第 4 条的文义这不造成影响。

汽车负有缺陷，这就意味着，该车无法保障安全性，而此种安全性又是人们可以合理预期的（《德国产品责任法》第 3 条）。[28] 该后推杆锻造时温度过低，所以有裂痕。因为这只发生在单个部件，而非因错误设计而及

---

[26] Vgl. BGHZ 40, 91（105）（皮带案）；BGHZ 51, 93 f.；*Larenz* SchuldR BT § 41a；*Medicus* Gesetzl. Schuldverhältnisse, 110；*Kupisch/Krüger* 98.

[27] 关于信赖责任参见 BGHZ 51, 99；*Baumgärtel*, JA 1984, 662；*Larenz* SchuldR BT § 41a；*Baumgärtel* JA 1984, 660（662）.

[28] 《德国产品责任法》第 3 条基于的缺陷概念不同于《德国民法典》中瑕疵担保法中的概念。瑕疵担保法保护的是合同当事人主观的用益利益（Nutzungsinteresse）与相当性利益，而《德国产品责任法》保护的是每个使用人客观的固有利益，参见 Palandt/*Sprau*, ProdHaftG § 3 Rn. 1.

于全部部件，所以这构成制造缺陷。锻造要求更高的温度，这一要求是公知的，因为否则的话，经常会出现这一问题。因此，轿车在被带入流通的时点上是有缺陷的。

轿车因缺陷而毁损，由此造成了物之损害与身体损害。E能够证明缺陷、[29]损害及二者之间的因果关系，[30]根据《德国产品责任法》第1条第4款这是必需的。如果制造人得基于第1条第2款免责，只有在这种情况下，制造人才免于此种责任；[31]本案中，并不存在此种免责事由。然而，问题在于上述损害是否属于法律所规定的损害概念。根据《德国产品责任法》第1条第1款第1句，得承认身体损害属于此种损害概念。而在物之损害的情况中，只有在损害发生于负有瑕疵的产品以外的物时才产生责任（第1条第1款第2句）。因此，本案中产生了与第823条第1款中“继续侵蚀性损害”相类似的问题［参见上文一之（四）］。排除对负有缺陷产品本身的责任，这一规则违反了消费者保护团体的意愿，但是凭此不致合同规则（物之瑕疵责任）落空。如果在这些案例中，损害在瑕疵担保期限届满后才发生，那么，消费者必须回到一般侵权责任上。[32]

问题是，制造人对什么承担责任，什么是可以免责的。关键点是《德国产品责任法》第1条第1款第1句中所使用的“产品”，第2句中规定了该概念与“物”的概念的关系：物的概念比产品概念宽，并非每个物都是产品。制造人对其产品承担责任，但是不对他产品本身的损害承担责任，而是对其他物的损害承担责任。因此，仅当根据《德国产品责任法》第1条，在F可以被视为负有缺陷的后推杆的生产者，而后引起轿车其余部分毁损时，才有可能考虑F对轿车毁损的责任。但是，很明显，不应对《德国产

[29] E证明了在事故时存在缺陷，就已经足够；然后，根据《德国产品责任法》第1条第2款第2句、第4款第2句推定缺陷在产品被带入流通时已经存在。

[30] 关于因果关系，《德国产品责任法》与其他侵权法均未认可举证倒置，参见*BGH* NJW 1991, 1948 ff.《德国环境责任法》第6条第1款第1句例外地推定了因果关系，“如果根据个案的情形，该设备会引起所发生的损害”；对此参见*Fuchs* 326 ff.；*Larenz/Canaris* SchuldR BT II § 84 V 2c. 在特殊情况下，判例也认为在第823条以下的适用中存在因果关系的推定，例如参见BGHZ 104, 323 ff.；BGH NJW 1993, 528 ff.；NJW 1994, 945 f., 以及在Palandt/*Sprau*, § 823 Rn, 184中的案例。

[31] 例如，制造人没有把产品带入流通领域。

[32] *Taschner/Frietsch*, Produkthaftungsgesetz und EG-Produkthaftungsrichtlinie, 2. Aufl. 1990, Richtlinie Art. 9 Rn. 15.

品责任法》第 1 条第 1 句做此种解释。F 的产品并不是后推杆，而是轿车。

因此，对于《德国产品责任法》第 1 条第 1 款而言，自始排除如判例通过“继续侵蚀性损害”所构想的形态。不能将制造人的生产结果区分为负有缺陷的部件与无缺陷的部分，并又将其看作制造人的产品。只有制造人的整体生产结果才是他的产品，对于该产品，根据《德国产品责任法》第 1 条第 1 款第 2 句，制造人并不承担责任。这一结论不仅符合交易观念，而且也符合立法者“继续侵蚀性损害”构想不适用于《德国产品责任法》的意图。联邦政府 1988 年的草案[33]以交易观念为基准，所以最终产品通常应被视为一个整体的物。这也符合通说，在部分部件负有缺陷的情况下，否定对“剩余产品”的责任。[34]

据此，轿车整体上是一个负有缺陷的产品。F 将该车组装成一个整体，并将其交付。根据交易观念，须将该轿车视作统一的物。F 无需赔偿毁损的车辆。E 仅因其身体损害享有请求权。[35] 此外，E 得根据《德国产品责任法》第 8 条第 2 句，请求精神损害抚慰金。

（四）基于第 823 条第 1 款的请求权

F 将负有瑕疵的轿车带入流通，并因此相当性地侵害了 E 的健康，对 E 引起了所有由此产生的损害。问题是，F 是否也侵害了 E 轿车的所有权。交付负有瑕疵的物并不是对该物所有权的侵害。仅当采判例的“继续侵蚀性损害”的构想，才得承认 F 对 E 构成所有权侵害。因此，F 仅侵害了 E 的身体，并未侵害第 823 条第 1 款意义上的所有权。

---

[33] BT-Drs. 11/2447, 13.

[34] *Kullmann* ProdHaftG, Kommentar, 6. Aufl. 2010, § 1 Rn. 6 ff.; *Taschner/Frietsch,* Produkthaftungsgesetz und EG-Produkthaftungsrichtlinie, 2. Aufl. 1990, Richtlinie Art. 9 Rn. 15; ProdHaftG § 1 Rn. 38 ff.; *Schmidt-Salzer/Hollmann,* Kommentar zur EG-Richtlinie Produkthaftung, I, 1986, Art. 9 Rn. 27, und in BB 1987, 1404（1406）; *Larenz/Canaris* SchuldR BT II § 84 VI 1c; *Fuchs* 333; *Kötz/Wagner* Rn. 656; *Fikentscher/Heinemann* Rn. 1621; *Tiedtke* NJW 1990, 2961; *Marburger,* AcP 192（1992）, 1（6 ff.）——相反观点 *v. Westphalen* Jura 1992, 511（513 f.）; *Sack* VersR 1988, 439; *Buchner* DB 1988, 32（36）. 此种观点援引《德国产品责任法》第 2 条，根据该条，一个产品也得为物的一部分，然而，此种观点无济于事。该条明确规定，在一个物装进另一个物的情况中，该物不丧失其“产品”属性。与之相反，从该条无法推出，可以将最终产品的一部分当作是该制造人的产品加以处理。——对于该问题，德国联邦最高法院尚未表明立场，例如 *Kullmann* ProdHaftG, Kommentar, 6. Aufl. 2010, § 1 Rn. 6 ff.

[35] 根据《德国产品责任法》第 10 条第 1 款，并未超过责任的最高限额（8500 万欧）。

F 的过错则存在疑问。F 否认存在任何一种过错，但是未作详细说明。原则上应当由受害人证明加害人的过错。但是，在涉及生产者责任的案例中，买受人难以证明生产者的过错。因为买受人作为外部人员难以一窥生产者的经营；他无法知晓，生产工艺是否无瑕疵，生产过程是否可靠，是否以必要手段监督生产，组织运营是否无瑕疵。对此，仅生产者可以提供相关信息。因此，由生产者承担无过失的说明责任与举证责任是合理的，[36]否则的话，相当于自始将买受人置于无权利的地位。此种说明责任与举证责任的分配基于的是法律的价值，法律在类似案例中同样将此种责任分配给了那些单独能够认识与说明在其生活领域中事件的人（参见第 280 条第 1 款第 2 句、第 286 条第 4 款、第 831 条以下、第 836 条以下）。据此，根据生产者责任的基本原则，F 必须说明并举证，他对侵害了 E 的法益不具过错。

当然，负有缺陷的部件（后推杆）并不是在 F 的企业中生产的，而是在 P 的企业；仅在 F 的企业中进行了安装。尽管如此，对 F 仍须适用生产者责任的基本原则：即使是将从他人处取得的部件组装成产品的人，同样是生产者责任意义上的生产者，并按生产者责任的原则，对他带入流通中的产品承担责任。[37] 当然，能查明负有缺陷的部件由 P 生产，换言之，F 不可能在缺陷部件的生产方面有过错。但 F 的过错可能在于，F 没有检查 P 所生产的部件是否无瑕疵。将他人产品安装进自己产品的人，不应未加思索地信赖该部件无瑕疵，[38] 他对于所交付的部件原则上同样应当承担责任。

此种检查义务仅在制造人基于客观证据可以确信所交付部件具有无瑕疵的属性时，[39] 才得免除。F 并未说明，为什么他能确信 P 所交付的部件没有瑕疵，换言之，为什么没有必要独自检查该部件。因此，无法排除过错的可能性。F 也未说明，在其工厂中检验了该部件，该车的制造中没有过错。

---

[36]　如 BGHZ 51, 104 ff.; 59, 309; BGH NJW 1991, 1948; NJW-RR 1993, 988; NJW 1996, 2507 f.; NJW 1999, 1028 f.; *Fikentscher/Heinemann* Rn. 1619; *Medicus* Gesetzl. Schuldverhältnisse, 61; *Diederichsen* VersR 1984, 797; *Baumgärtel* JA 1984, 660.

[37]　Vgl. BGH JZ 1976, 524 f.; JuS 1978, 129 f.; Palandt/*Sprau* § 823 Rn. 181; MüKoBGB/*Wagner* § 823 Rn. 786 ff.

[38]　Vgl. BGH JZ 1976, 525; NJW 1988, 2611.

[39]　BGH VersR 1960, 855; JuS 1978, 129.

因为无法排除过错推定，所以须认为 F 存在过错。因此，第 823 条第 1 款的要件成立。E 得向 F 请求赔偿因健康受侵害而产生的损害，包括根据第 253 条第 2 款请求精神损害抚慰金。

三、E 对 P 的请求权

（一）基于《德国产品责任法》第 1 条第 1 款第 1 句、第 8 条第 2 句产生的请求权

《德国产品责任法》第 1 条第 1 款意义上的制造商不仅仅是最终产品的制造商（本案中为 F），根据《德国产品责任法》第 4 条第 1 款第 1 句，被指定用于安装最终产品的部件产品的制造商同样是制造商。本案中，后推杆在 P 的工厂中制造，由 F 安装在他所生产的轿车上。因此，P 是第 4 条第 1 款第 1 句意义上的部件产品的制造商。将后推杆作为部件安装在轿车上，该后推杆也不因此丧失《德国产品责任法》意义上“产品”的属性（参见《德国产品责任法》第 2 条）：产品的概念也包括被安装在其他动产或不动产之上的动产。后推杆是动产，被安装在了轿车上，因此成为该车的一部分；结论上，该后推杆是《德国产品责任法》意义上的产品。[40] 后推杆锻造错误，因此负有《德国产品责任法》第 3 条意义上的缺陷。P 根据《德国产品责任法》第 1 条第 1 款对后推杆负有责任。E 作为受害人，得证明缺陷、损害及二者之间的因果关系（《德国产品责任法》第 1 条 4 款）。如果 P 得根据《德国产品责任法》第 1 条第 2 款、第 3 款免责，那么其不承担责任。然而，在本案中不存在此种可能。因此，P 对 E 负有赔偿身体损害的责任。问题是，他是否同样负有赔偿轿车物之损害的责任。

根据《德国产品责任法》第 1 条第 1 款第 2 句，制造商不对缺陷产品本身负有责任。P 生产了负有缺陷的后推杆，对此他不承担责任。他是否对剩余轿车的损害承担责任呢？根据《德国产品责任法》的文义与目的 [41] 须承认这一点。P 的产品是后推杆，运出 P 的工厂则该后推杆就被带入流通中。之后，如果该后推杆造成了其他物的损害，例如，也造成了安装它

[40] *Taschner/Frietsch*, Produkthaftungsgesetz und EG-Produkthaftungsrichtlinie, 2. Aufl. 1990, § 2 Rn. 40; Palandt/*Sprau*, ProdHaftG § 2 Rn. 1.

[41] 应当赋予因产品受损害的人，可主张多个请求权的可能性，从中他得以最有可能获得赔偿，参见 *Fuchs*, 341 f.

的其他的物的损害，那么，交货人对此负有责任。[42]

根据其他观点，那么，被安装在最终产品上的缺陷部件的生产者尽管应当对所有因此而生的损害负责，但是排除对最终产品本身的损害。[43] 此种例外显得太过随意，违反了法律，并无令人信服的理由。“继续侵蚀性损害”应当被否定，但和本问题无关。本案中，不是将统一的合同标的人为割裂为各个部件，而是从产品与合同标的出发：根据《德国产品责任法》第 1 条第 1 款第 2 句对产品本身损害无需承担责任，但是对其他物的损害须承担责任。

据此，E 得向 P 请求身体损害的赔偿和对剩余轿车损害的赔偿，如果该损害超过了 500 欧（《德国产品责任法》第 1 条第 1 款第 1 句、第 11 条）。此外，他也得根据《德国产品责任法》第 8 条第 2 句请求精神损害抚慰金。

（二）基于第 831 条产生的请求权

产品生产中，P 的工人是他的事务辅助人，根据第 831 条，P 对其负责。此种责任的要件首先是事务辅助人之一满足侵权规范的客观要件，并因此侵害了 E 的权利。P 辩称，在生产或是质检环节，他的工人中的一个行为有缺陷。原则上，受害人必须证明事务辅助人客观违法导致损害。[44]E 并未证明，也无能力证明。他无法一窥 P 的工厂，所以无法知道其中发生了什么。为了使得在生产者责任的案型中，最终买受人不致无权利，在本案中，须倒置举证责任，适用基于第 280 条第 1 款第 2 句、第 286 条第 4 款、第 831 条以下、第 836 条以下的法律思想。[45] 制造人必须说明和举证，他的事务辅助人行为没有缺陷。尽管 P 大致声称，他的工人或没有缺陷，但是该主张未获证实。特别是他没有说明，如果他的工人没有缺陷，那么该后推杆的瑕疵是如何产生的。因此 P 未充分尽到其说明责任与举证责任，所以推断瑕疵因其事务辅助人之一的缺陷行为导致。

---

[42] 此为通说观点，参见 *Schimdt-Salzer/Hollmann*, Kommentar zur EG-Richtlinie Produkthaftung, I, 1986, Art. 9 Rn. 28；*Fuchs* 341 f.；*Kötz/Wagner* Rn. 649；*v. Westphalen* Jura 1992, 511（513）.

[43] *Larenz/Canaris* SchuldR BT II § 84 VI 1c；*Tiedtke*, NJW 1990, 2961 ff.；*Marburger*, AcP 192（1992）,（8 f.）.

[44] 例如，参见 Palandt/*Sprau*, § 831 Rn. 18.

[45] 如 BGH NJW 1973, 1603；Palandt/*Sprau*, § 823 Rn. 185；MüKoBGB/*Wagner* § 823 Rn. 858 ff. 本案中，类推第 280 条第 1 款第 2 句超越了文义：类推的不仅仅是过错，而且是加害行为。换言之，第 280 条第 1 款第 2 句的适用范围比上文脚注 36 中所言判决更广。

P可以排除第831条的责任，如果他得根据第831条第1款第2句证明免责：P须证明，他谨慎地选任和监督了造成损害的事务辅助人。因为在本案中，无法确定在生产中是哪个事务辅助人行为（可能）有缺陷，因此，P负担此种不确定的不利，P必须证明对所有参与生产的工人均可免责：也就是说，他必须指出并证明他对所有的工人均做到了谨慎的选任与监督。即使P可能证明，但是他仍然不得免于第831条的责任：他必须也说明和证明，对于为产品质检雇用的工人同样做到了谨慎的选任与监督。因为他们也相当性地引起了损害。

P声称，他谨慎选任和监督了X（为产品质检而雇用）。问题是，相应的证明得否使P免责。无法进一步查明，X或其代工人员是否检查了负有缺陷的部件。换言之，应当明确谁负担此种不明带来的不利。如果必须由受害人证明，企业中哪个工人行为有缺陷，那么受害人难以享有权利，因为他无法了解企业内部的关系。所以，应当由生产者说明和举证，特定事务辅助人行为负有缺陷；然后他得证明免责。如果生产者无法证明，何人行为负有缺陷，那么他必须证明对所有可能导致损害的工人均免责。[46] 因此，P必须证明对X和代工人员均免责。对此，P有必要指明代工人员。[47] 因为P对此保持沉默，所以他无法免责。

P进一步主张，他将企业管理委托给了L，对L尽到了谨慎选任和监督义务。借此，P主张分散的免责可能性（die Möglichkeit des dezentralisierten Entlastungsbeweises），早期判例对此是允许的：如果企业主将选任和监督员工的任务交给某一特定工人，那么他得因对该人尽到了谨慎选任和监督的义务而免责。[48] 然而，分散免责证明的可能性有利于雇用独立监事会的大企业，通过减轻企业主的免责证明，这一观点违反了法政策学趋势，趋势是让经营者承担其交付产品导致风险的责任。所以判例受到了学说的批评，随后根据事理（der Sache nach）放弃了分散的免责证明，要求企业主证明，监督人员对每个可能造成缺陷的工人均谨慎选任和监督。[49] 因为P无法证

[46] 如 BGH NJW 1968, 248；vgl. *Larenz/Canaris* SchuldR BT II § 79 III 3a.

[47] Vgl. BGH NJW 1968, 248.

[48] BGHZ 4, 1 ff.

[49] Vgl. *BGH* NJW 1973, 1602 f.；进一步参见 Staudinger/*Bernau*, 2018, § 831 Rn. 175；MüKoBGB/*Wagner* § 831 Rn. 44 f.；*Kötz/Wagner* Rn. 296；*Wandt* Gesetzl. Schuldverhältnisse § 18 Rn. 15；*Diederichsen* NJW 1978, 1281（1287）；*v. Westphalen* Jura 1983, 57（65）.

明，所以根据第 831 条，他对 E 负有赔偿全部数额的身体损害与物之损害的责任，也根据第 253 条第 2 款负有承担精神损害抚慰金的责任。

（三）基于第 823 条第 1 款产生的请求权（组织过错）

P 的工厂可能存在组织瑕疵，P 可能负有组织过错，由此可能导致了对 E 身体及所有权的违法侵害。即使 P 将企业的管理进一步交给了 L，他仍有义务，给予一般性的指示，保障正常经营。[50] 监督义务不能因交给雇员而免除。

除 F 外，P 是生产者，因为通过交付给 F，他将生产的汽车部件带入流通中。所以 P 也承担生产者责任。P 交付因锻造温度过低而负有缺陷，且在质检中未被挑出的部件，从这一事实可推定 P 的企业中存在组织瑕疵。[51] 当然，不应排除在缺陷部件中涉及所谓的“异常值”的可能性，也就是说，所涉缺陷部件，不存在人为过错，因通常无法避免的技术缺陷而被带入流通中。对于“异常值”生产者不承担第 823 条第 1 款的责任。

因为 E 无法知晓 P 企业中的情况，他无法证明该缺陷部件不是“异常值”。所以，P 负担说明和举证责任，说明和举证证明该瑕疵的产生没有违反企业经营的义务。[52]P 没有说明，没有他的缺陷行为，瑕疵何以产生。因此，P 承受不利，应当认为，缺陷源自（客观的）组织瑕疵。此外，在生产者责任中，推定过错。[53]P 也无法推翻该推定，特别是无法说明，X 的代工人员从事质检工作经过了充分的培训，换言之，无法说明，在本案中，企业运营中提前预防了原来的质检员 X 缺勤的情况。鉴于 P 负有过错的组织瑕疵，基于第 823 条第 1 款，P 对 E 负有赔偿所有身体损害、物之损害的损害赔偿责任，包括基于第 253 条第 2 款的精神损害抚慰金。

四、E 对 L 的请求权

（一）基于《德国产品责任法》的请求权

E 对 L 基于《德国产品责任法》的请求权不成立，因为 L 不是该法意

---

[50] Vgl. BGHZ 4, 2 f.; BGH NJW 1968, 248; VersR 1964, 297；也参见 MüKoBGB/*Wagner* § 823 Rn. 859.

[51] Vgl. BGH NJW 1968, 248.

[52] BGH NJW 1968, 249.

[53] 参见上文二之（四）。

义上的制造商。

（二）基于第 831 条的请求权

因为 P 将选任和监督员工的管理工作交给了 L，L 也基于第 831 条负有责任。本案中，同样适用 L 需证明瑕疵非因员工缺陷行为引起的举证责任分配，[54] 换言之，需证明缺陷源自特定工人的缺陷行为。如果 L 对此无法证明，则必须证明谨慎地选任与监督了所有在生产与质检中有可能有责任的人，才能免责。

（三）基于第 823 条第 1 款的请求权（组织过错）

L 受托管理工厂的运营，他对工厂的组织负责。L 或因组织过错而引起了 E 的损害。L 如同 P 一样负有义务且有能力组织企业，以确保无人因产品而致害。所以，德国联邦最高法院 [55] 对总经理（Geschäftsleiter）同样适用生产者责任的规则：推定组织瑕疵存在，L 负有过错。但问题是，以过错推定的方式加重责任，对于总经理是否适当。在生产者责任中，为使得生产者承担责任，而适用的推定过于宽泛，以致此种推定近乎于导致了事变责任（Zufallshaftung）。对于生产者而言，此种责任是适当的，这属于经营风险，与经营收益相对。而在管理人情况中则不然。以风险责任为边界的责任在管理人的情况下并不是适当的风险，因为欠缺相应经营收益的平衡。所以，将因组织瑕疵而导致的过错推定限于企业本身，而不及于管理人，显得更为正确。[56] 因此，E 作为受害人必须证明 L 的过错——如在第 823 条第 1 款中原则性规定一样。

当然，如果某一产品制造存在缺陷，且该瑕疵在质检时未被发现，那么，表面推定（prima-facie-Vermutung）支持组织过错。[57] 因此，L 须说明在生产与质检中没有组织过错，瑕疵是如何产生的。如果 L 作此说明，那么必须举证证明 L 的过错。如果举证成立，那么根据第 823 条第 1 款，L 对 E 负有赔偿所有身体损害和物之损害的责任。

---

[54] 参见上文三之（二）。

[55] BGH NJW 1975, 1828.

[56] Vgl. MüKoBGB/*Wagner* § 823 Rn. 785；*v. Bieberstein*, VersR 1976, 411.

[57] Vgl. BGH NJW 1968, 248 f.

五、追偿

E 因轿车的物之损害，对 P 享有赔偿请求权。由于身体损害，F 与 P 对 E 均负有责任。二者作为连带债务人承担责任（第 840 条第 1 款、《德国产品责任法》第 5 条第 1 句）。在内部关系中，需要考虑，谁主要引起了损害（《德国产品责任法》第 5 条第 2 句）。因为后推杆是在 P 的工厂中生产并负有瑕疵，在内部关系中由其承担责任。尽管 F 在与 P 的关系中，根据《德国商法典》第 377 条，负有检查与瑕疵通知义务，但是根据客观情势无法认为，F 违反了此义务，因为所交付后推杆的缺陷从外表无法辨识。F 也无进一步检查的义务，对此也无明显动机。[58] 因此，在内部关系中，F 不承担责任。

[58] 当然，如果 F 违反此种检查与通知义务，则根据《德国商法典》第 377 条第 2 款，存在对产品的追认；F 不得向 P 请求追偿。

案例二十一 夜间事故

——多数人侵权中加害人身份不明

关键词

择一因果关系　第 830 条第 1 款第 2 句中的“参与人（Beteiligten）”概念　在可以确定一方参与人具有因果关系的情况中，第 830 条第 1 款第 2 句的适用

案件事实

K 从舞厅回乡下老家，半路上想要停车。因为天比较黑，K 站的位置比较靠近路中间，他被一辆轿车撞翻在路上，他没能起身。大概两小时后，他又被 B 的轿车碾过去了。K 重伤，损害共计 15000 欧。K 承认，他对事故有一定的与有过失，他要求 B 赔偿 7500 欧。B 认为，尽管他确实应当看到 B 躺在行车道上，不过他当时正好点了根香烟。另外，也完全无法确定，他是否造成了 K 的损害，有可能在第一次撞车时，K 就已经受到了全部的损害。此外，也有可能在这段时间内，有其他司机撞到了 K。

法律状况如何？

解答：

K 或基于第 823 条第 1 款对 B 享有损害赔偿请求权

1. B 侵害了 K 的身体与健康，此种侵害具有违法性。B 的行为也有过错。他应当看到 K 躺在路上，但因为点烟分心了。因此，第 823 条第 1 款的要件具备。但是，问题是，他造成 K 什么损害。因为第一次撞到 K 的事故和

其他有可能碾过 K 的轿车司机，引起了 K 的全部损害的情况，所以无法查明，B 是否真的引起了损害。在这些证明困难的情况下，第 830 条可以帮助受害人。第 830 条第 1 款第 1 句和第 2 款处理的是故意行为的参与问题（Teilnahme an einer vorsätzlichen Tat），换言之，包括共同行为人（Mittäter）、教唆人（Anstifter）和帮助人（Gehilfe）。本案中并无此种情况。相反，第 830 条第 1 款第 2 句处理的是所谓"择一因果关系"。其要件是，不构成第 830 条第 1 款第 1 句和第 2 款意义上的参与；而是多数人（不是参与人）中每个人均违法且有过失地侵害了受害人。进一步的要求是，每个侵害法益之人均可造成损害，但无法查明谁真正造成损害。本案中，该要件具备，因为至少 B 与第一次轿车司机违法且有过失地侵害了 K，但无法查明，谁引起了 K 的身体损害。在这一情况中，第 830 条第 1 款第 2 句是对因果关系的推定（可反证，参见《德国民事诉讼法》第 292 条第 1 句），推定所有参与人均是加害人，并据此承担责任。

2. 存在争议的是，通过第 830 条第 1 款第 2 句的"参与人"这一表述，是否要求在加害人之间存在一定的关系。从第 830 条第 1 款第 1 句和第 830 条第 2 款的对立关系来看，此种表述没有指明有意识的共同行为人关系。早期有观点认为，本条情况下也需要——正如在共同行为人关系中——主观的共同性，此种共同性是指，每个人必须在明知他人行为的情况下，为自己的危险行为，因此，以致存在一个知情的、共同的危险（wissentliche gemeinschaftlich Gefährdung）。[1] 德国联邦最高法院正确地批判了这一观点，[2] 今日也无人再采该说。[3] 该说试图发现行为人的共同性（正如参与行为中那样），此种尝试并不成立。但是，就法条的文义来看，也没理由认为，根据立法者的意思不需要具有共同性的行为。[4]

即使德国联邦最高法院不要求主观共同性，但是也没有彻底放弃该要件，而是将其限于行为的客观统一性（objektive Einheitlichkeit der Tat）：侵害人的行为需是"事实上统一的，地点与时间上相关的过程"[5]。但是，通过

[1] 参见 *Bauer* JZ 1971, 4（5）的文献索引；还有 *Deutsch* JZ 1990, 733（739）.

[2] BGHZ 33, 289.

[3] 例如，参见 Palandt/*Sprau* § 830 Rn. 7；*Deutsch/Ahrens* Rn. 192 ff.；*Fuchs* 263 ff.；*Looschelders* SchuldR BT Rn. 1394；*Gernhuber* JZ 1961, 152；*Bauer* JZ 1971, 4（5）.

[4] Vgl. BGHZ 33, 289 f.；*Frommhold*, Jura 2003, 403（404 f.）.

[5] Vgl. BGHZ 25, 274；BGH VersR 1965, 1200.

放弃同时性的要求，德国联邦最高法院又进一步削弱了这一要件。危险行为构成统一的过程，也已足够。[6] 对该概念解释较宽，例如，一定时间内间隔发生的交通事故，也认为具有统一性。

第 830 条第 1 款第 2 句中的“参与”这一概念说明，行为人必须参与到对受害人的加害行为中。因此，不论是主观的共同性，还是客观的共同性均无必要。第 830 条第 1 款第 2 句想要解决的受害人的证明困境不仅发生在共同的侵害行为中，也会发生在完全独立的数个侵害行为的情况中。所以，没有理由违反第 830 条第 1 款第 2 句的文义，要求共同性和发生的整体性，以限制其适用范围。[7] 因此，在本案中，为了 K 的利益，而适用第 830 条第 1 款第 2 句，对此并无疑问。

3. 反对适用第 830 条第 1 款第 2 句的另一个顾虑是本案中可能不存在证明困境，因为可以通过一个加害人确定损害的因果关系：第一个司机撞到了 K（根据案件事实，不知道其身份，这里姑且称为 X），也因此创设了 K 再次被伤害的原因：被 B 或者可能被其他人碾压。如果 X 没有撞到 K，那么 K 就不会躺在路上，也就不会再被撞到。由此，可以确定，X 引起了 K 的全部损害，具有相当性。但是，第 830 条第 1 款第 2 句源自无法查明谁引起了损害。所以有观点认为，在一个行为人引起了之后的侵害行为，且具有相当性的情况下，不适用第 830 条第 1 款第 2 句。[8] 根据此种观点，则在本案中不能适用对 K 有利的第 830 条第 1 款第 2 句，K 无从请求，也无所获得；不能向 B 请求，B 对损害的原因力无法证明，也不得向 X 请求，尽管其原因力可以证明，但是他身份不明。本案中能否适用第 830 条第 1 款第 2 句，仍有待检讨。

第 830 条第 1 款第 2 句的文义并没有明确排除适用上述情况。也可以这样理解，即使可以确定某一加害人造成了损害，但是对于加害人原因力的不确定性也足以导致第 830 条第 1 款第 2 句的适用。当然，必须承

---

[6] BGHZ 33, 291; 55, 89; *Deutsch/Ahrens*, Rn. 195.

[7] 也采此种观点如 *Deubner* JuS 1962, 385; *Bauer* JZ 1971, 4（7）; *Brox/Walker* SchuldR BT § 51 Rn. 7; *Esser/Weyers* SchuldR BT II § 60 I 1b; *Benicke* Jura 1996, 130 f.; *Frommhold* Jura 2003, 403（404 f.）.

[8] BGHZ 67, 14 ff.; 72, 355 ff.; BGH VersR 1985, 269; 认可该判决的，*Medicus/Petersen* BürgerlR Rn. 792a; *Fikentscher/Heinemann*, Rn. 1681; *Gernhuber*, JZ 1961, 148 f.; *Köndgen*, NJW 1970, 2281; *Frommhold*, Jura 2003, 403（405）. 当然在这些判决中，多数是因为能够确定第一加害人，并且受害人因此有确定的债务人，而本案并非如此。

认，如果正确理解该条文，则该条文的基础是无法查明谁造成了损害。但是，本案中存在特殊的案例形态，立法者未曾预料此种形态，在此种形态中，第 830 条第 1 款第 2 句同样具备上述意义，并因此得适用于此种形态，所以，做此种理解或许是正当的。[9] 在起草第 830 条第 1 款第 2 句时，立法者所基于的案件情形是，参与人中的一个能够引起全部损害。因此，假设可以查明，谁引起了损害，那么，应当排除其他参与人作为引起人（Verursacher）。[10] 可是，本案中的情况不同。尽管可以确定 X 是引起损害的人，但是，B 是否引起了损害仍不清楚。在这种情况下，适用第 830 条第 1 款第 2 句的推定，有其良好的意义，当然，能否适用首先必须对该规则的目的加以确定。

第 830 条第 1 款第 2 句的目的在于，在多数加害人因果关系不明的情况下，由加害人承担损害比由受害人承担损害，更为妥当。[11] 在本案中，相应地也可以认为，由具有违法性和过错的行为人 B 承担损害比受害人 K 承担损害更好。因此，可以适用有利于 K 的第 830 条第 1 款第 2 句。但是，基于下述考量或有疑虑，无法查明加害人的身份是受害人承担的风险，此种风险不应移转给对损害的原因力无法确定的加害人。[12] 如果比较（前一种）案型，损害仅由一方加害人引起，但无法查明谁引起损害，就知道此种论证当然是不令人信服的。立法基于的是此种案型，而在此种案型中，承担某一加害人可能无法确认身份或破产的风险之人，同样是其他加害人，而非受害人。例如，如果受害人起诉某一可能的加害人，该加害人依法被确定为引起损害之人（第 830 条第 1 款第 2 句），受害人又因不可知的目的，放弃起诉该加害人，然而此时，第 830 条第 1 款第 2 句规定的推定仍可适用于起诉所有其他可能的加害人。这同样适用于先起诉的加害人支付不能的情况。因此，在择一因果关系的情况下，第 830 条第 1 款第 2 句避免了受害人执行请求权的风险，并将其移转给了其他可能的加害人。在可以确定一方当事人对损害发生具有原因力，其他加害人尚不确定的情况下，没有理由背离前述法律做出的价值判断。因此，本案中也可适用第 830 条

---

[9] 如 BGHZ 50, 99 ff.

[10] 例如：在一起没有共谋的群架中，K 被刀刺伤。如果可以查明，A 是行为人，那么，应当排除 B、C、D 是加害人。

[11] Vgl. *Larenz/Canaris* SchuldR BT II § 82 II 2f.

[12] 如 BGHZ 72, 355 ff.; *Kupisch/Krüger*, 128.

第 1 款第 2 句，[13]B 因第 830 条第 1 款第 2 句的因果关系推定而对 K 基于第 823 条第 1 款负有损害赔偿责任。[14]B 与 K 对损害的原因程度和过失程度均相同，鉴于此，K 可请求赔偿他的损害的一半，也即 7500 欧。

[13] Vgl. *Esser/Weyers* SchuldR BT II § 60 I 1c；*Larenz/Canaris* SchuldR BT II § 82 II 2f；*Deubner* JuS 1962, 385；*Bauer* JZ 1971, 4（7）；*Brehm* JZ 1980, 585；*Fraenkel* NJW 1979, 1202 f.；*Deutsch* NJW 1981, 2731；早期判决也如此，例如参见 BGHZ 55, 89 ff.；BGH NJW 1969, 2137（未作决定如 NJW 1976, 1934）.

[14] 根据《德国道路交通法》第 7 条也可产生对车辆保有人 B 的请求权。在危险责任中，也可以适用第 830 条第 1 款第 2 句，vgl. *Medicus/Petersen* BürgerlR Rn. 790.

条文索引

《德国民法典》

第 2 条：案例十四之一

第 13 条：案例三之二；案例十二之四（一）；案例八之一（一）1；案例七之三（2）1

第 14 条：案例二之一（二）；案例三之二；案例八脚注 2；案例九之二之（一）1；案例十二之四（一）

第 93 条：案例五之一（二）3；案例十三之一（一）1

第 94 条：案例五之一（二）3；案例十七之一（一）

第 104 条：案例十八之一（三）1

第 105a 条：案例十五脚注 1

第 106 条：案例十四之一、三（三）

第 107 条：案例十四之一；案例十五之二（二）；案例十八之二（一）

第 108 条：案例十四之一；案例十五之二（二）；案例十八之二

第 109 条：案例十六之二

第 116 条：案例十八之一（三）1

第 119 条：案例一之一（五）；案例三之一（一）3、一（五）；案例十八之一（三）1 和脚注 13

第 122 条：案例一之二（二）1；案例十一之三（一）2；案例十八之一（三）1 和脚注 13；案例二十之二（二）

第 123 条：案例十八之一（二）1 脚注 5

第 125 条：案例四之二（一）1

第 126 条：案例七之一（一）1（1）

第 126a 条：案例七之一（一）1（1）

第 126b 条：案例八之一（一）1

第 133 条：案例七之（一）2（2）第 134 条：案例九之一、二（一）2

第 138 条：案例九之一、二（一）3、脚注 16

第 139 条：案例十三脚注 28

第 142 条：案例一之一（五）

第 151 条：案例七之一（一）2

第 164 条：案例九之二（一）1

第 166 条：案例九之二（一）3

第 185 条：案例四脚注 44 中；案例十之一（二）5；案例十一之四（一）；案例十三之一（一）2、3、二（二）1

第 195 条：案例一之一（五）；案例三之一（四）；案例五之二（一）2；案例八之一（二）2、四（一）2、脚注 12；案例十八脚注 13 中；案例二十之一（二）、（四）

第 197 条：案例五之一（二）5

第 199 条：案例一之一（五）；案例三之一（四）、脚注 32；案例五之二（一）2；案例八之一（二）2、四（一）2、脚注 11；案例十八脚注 13 中；案例

二十之一（二）、（四）
第 204 条：案例十八脚注 13 中
第 209 条：案例十八脚注 13 中
第 218 条：案例一之二（四）2；案例三之一（二）
第 241 条：案例三之一（四）；案例四之五（一）；案例五之一（一）1
第 241 a 条：案例十二之四（一）
第 242 条：案例六之二（九）
第 249 条：案例四之四；案例九之二（二）2、3
第 251 条：案例十之二（二）3 和脚注 30
第 252 条：案例十之一（二）2；案例十八三之（二）1
第 253 条第 1 款：案例十之二（二）1
第 253 条第 2 款：案例四之一；案例八之一（二）4、二（二）4、脚注 34、四（二）2；案例十二之二（二）2；案例二十之二（四）
第 254 条：案例一之二（三）；案例五之一（一）1 和脚注 7；案例八之三（一）1、四（三）；案例十二之三（一）2 与脚注 25；案例十九之五（二）3
第 255 条：案例十三之一（一）2、3、（二）2、（三）2、二（三）3
第 258 条：案例十三之一（一）5
第 267 条：案例十六之一（一）、（二）、三、四；案例十八之一（三）1
第 271 条：案例七之三（二）1
第 271a 条：案例七之三（二）1
第 273 条：案例十之一（三）和脚注 22；案例十二之二（二）2；案例十六脚注 30；案例十八之一（三）1
第 275 条：案例一之一（一）2；案例三之一（一）5；案例十之一（二）1、二（二）3；案例十四之三（二）；案例十九之一（二）1 和脚注 5；案例二十之二（一）3 和脚注 23、24
第 276 条：案例一之一（一）1、二（二）2；案例二之二（三）3（1）、（2）；案例三之一（三）；案例六之二（三）；案例十四之三（一）
第 278 条：案例一之二（三）；案例二之二（三）3（2）；案例三之一（三）；案例十九之三（五）3、五（二）3；案例二十之一（一）
第 280 条：案例二之二（一）、（二）、（三）3、三（一）—（三）；案例三之一（四）；案例四之一（一）3、五（一）；案例五之一（一）1、二（一）1、二（二）1；案例七之二（三）、三（二）2；案例八之一（一）2、一（二）1、二（一）1、四（一）1、四（二）3、脚注 12；案例九之三（二）；案例十之一（二）2；案例十一之三（一）1、（二）1、脚注 24；案例十九之三（五）3；案例二十之二（四）、三（二）
第 281 条：案例二之二（一）、（三）2、三（二）、（三）3；案例五脚注 1 中、一（一）1、一（二）4、二（一）1、（二）1 和脚注 59；案例七脚注 29；案例十一之三（一）1、（二）1；案例二十之一（一）、（二）
第 282 条：案例五脚注 1 中第 283 条：案例二之（二）、三（三）；案例八之二（一）1；案例十之一（二）2
第 284 条：案例二之二（一）、二（四）、三（二）；案例十九之三（五）3
第 285 条：案例一之二（一）；案例十之一（二）1 和脚注 6；案例十三之二（一）

第 286 条：案例十九之三（五）3、四；案例二十之二（四）、三（二）
第 292 条：案例十三之二（二）2；案例十四之三（三）
第 293 条：案例七之二（一）2（1）
第 295 条：案例七之二（一）2（1）
第 296 条：案例七之二（一）2（1）
第 299 条：案例七之二（一）2（1）
第 305 条：案例一之一（三）2；案例六之二（三）；案例八之二（一）1
第 305 c 条：案例六之二（三）
第 306 条：案例六之二（二）
第 307 条：案例一之一（三）2；案例五之二（二）；案例六之二（三）；案例八之二（二）1
第 309 条：案例一之一（三）2；案例八之二（一）1、二（二）1
第 310 条：案例六之二（三）
第 311 条第 2 款：案例三之一（四）
第 311 条第 3 款：案例四之二（一）2
第 311 a 条：案例一之一（二）、二（三）；案例二脚注 24；案例三之一（三）；案例四之一（二）；案例十三之二（三）脚注 27
第 313 条：案例一之一（六）；案例三之一（六）；案例六之二（六）1、3、三（一）
第 314 条：案例六之二（五）
第 320 条：案例六之二（八）
第 323 条第 1 款：案例六之一（二）3；案例七脚注 29
第 323 条第 5 款：案例六之一（二）2
第 326 条第 1 款：案例一之一（三）1；案例三脚注 19；案例六之二（七）
第 326 条第 2 款：案例二之三（三）3；案例七之二（二）；案例二十之二（一）3 和脚注 24
第 326 条第 5 款：案例一之一（三）1、二（四）前言、二（五）；案例三之一（二）；案例十三之二（三）3
第 346 条第 1 款：案例一之二（四）1、二（四）2；案例二之三（三）2、3；案例六之三（一）、（二）；案例十三之二（三）3
第 346 条第 2 款：案例一之二（四）；案例二之二（五）
第 346 条第 3 款：案例二之二（五）
第 347 条：案例二之二（五）
第 348 条：案例一之二（四）2；案例六之一（二）5
第 349 条：案例一之二（四）2；案例六之一（二）5
第 355 条：案例六之三（二）
第 358 条：案例六之二（二）2、3、二（九）、三（二）
第 359 条：案例六之二（六）2、3、二（七）、二（九）、三（二）、（三）
第 362 条：案例十六之四；案例十八之一（三）1 脚注 6
第 366 条：案例十六之一（一）脚注 5；案例十八之一（三）1
第 387 条：案例七之三（二）2
第 393 条：案例五之二（一）4、（二）2；案例十之一（三）；案例十三之一（三）3
第 398 条：案例一之二（一）
第 406 条：案例十六之（四）
第 413 条：案例一之二（一）；案例三之一（一）1；案例六之一（一）
第 421 条：案例十二之三（二）3、四（三）

第 425 条：案例七脚注 39
第 426 条：案例七之三（一）、四（三）、脚注 25；案例十二之三（二）3；案例十九之五（一）、（二）1、4
第 433 条：案例一之二（3）；案例二之二（三）2、（三）3（3）、（五）、三（一）、（三）1、3；案例三之一（三）；案例六之二（八）；案例十二之五（一）1；案例十六脚注 4；案例十八之一（一）、（三）1；案例二十之二（二）和脚注 25
第 434 条：案例一之一（一）1、二（二）1；案例二之二（二）—（四）、三（一）—（三）；案例三之一（一）2、一（一）3；案例六之一（二）1；案例二十之一（一）
第 435 条：案例十三之二（三）2
第 437 条第 1 项：案例一之一（一）、二（二）；案例三之一（一）、二；案例六之一（二）3
第 437 条第 2 项：案例一之一（三）、一（四）、二（一）、二（四）、二（五）；案例三之一（二）、二；案例六之一（一）；案例十三之二（三）3；案例二十之一（四）
第 437 条第 3 项：案例一之一（二）、一（三）、二（三）；案例二之二（二）—（四）、三（一）—（三）；案例三之一（三）；案例七脚注 11；案例二十之一（一）、（二）
第 438 条：案例一之一（五）；案例三之一（二）、一（四）、脚注 20；案例二十之一（四）
第 439 条：案例一之一（一）2、二（二）；案例二之二（一）、二（三）1、二（五）、三（三）1、3
第 439 条第 1 款：案例一之（一）2；案例二之一、二（一）1；案例三之一（一）、一（一）5、二；案例六之一（二）3
第 439 条第 2 款：案例二之一、二（一）
第 439 条第 4 款：案例二之一（二）、二（三）1、二（五）、三（三）1—3
第 440 条：案例六之一（二）3；案例十三之二（三）3；案例二十之一（一）
第 441 条第 1 款：案例一之二（五）；案例三之一（二）
第 441 条第 3 款：案例一之二（五）
第 441 条第 4 款：案例三之一（二）
第 442 条：案例一之一（五）；案例三之一（一）4
第 443 条：案例二十之二（一）
第 444 条：案例一之（三）2；二（二）2；案例三之一（二）；案例六之二（三）
第 445a 条：案例三之二
旧法第 445a 条：案例三之二
第 446 条：案例一之一（三）1
第 447 条：案例二十脚注 24
第 453 条：案例三之一（一）1、一（一）2、脚注 1、脚注 5、脚注 18；案例六之一（二）1
旧法第 469 条：案例六之一（二）2
第 474 条：案例一之二（二）2；案例二之一（二）；案例三之二
第 475 条：案例二十脚注 24
第 476 条：案例一之一（三）2、二之（二）1、二之（二）2；案例三之二
旧法第 476 a 条：案例二之二（一）
第 477 条：案例三之二、脚注 45
旧法第 477 条：案例三之一（一）3；案

例二十之一（四）
第478条第1款：案例二之一（一）、（二）和脚注50；案例三之二、脚注37、脚注45
第478条第2款：案例三之二、脚注37
第478条第3款：案例三之二、脚注47
第478条第6款：案例三之二
第479条第2款：案例三之二
第488条：案例九之二（一）1、三（一）；案例十六之四
第491条：案例九之二（一）1
第492条：案例七脚注10
第506条：案例六之二（一）、二（六）2、3、二（七）、二（九）、三（一）、（二）、脚注50；案例七脚注10
第507条：案例七脚注10
第518条：案例十六之一（一）
第535条：案例四之一（二）和脚注14；案例五之一（一）1、二（一）1、二（二）；案例六之二前言、二（一）
第536条：案例四之一（一）1、脚注2；案例六之二（三）
第536a条第1款：案例四之一（一）1—3和脚注2、二（一）2、二（二）、三（一）1—2、四
第536a条第2款：案例二之二（一）、三（二）3
第536b条：案例五脚注8中
第536d条：案例六之二（三）、二（四）
第538条：案例五之二（一）1
旧法第538条：案例四之一（一）3
第539条第1款：案例五之一（二）1
第539条第2款：案例五之一（二）4、5
第540条：案例四之四、五（二）
第543条：案例四之五（六）；案例六之二（四）
第546条：案例四之五（四）；案例五之二（一）1和脚注43；案例十之一（一）1
第548条：案例五之一（二）4、5、二（一）1、二（一）2、二（二）、脚注44
第550条：案例四之一（一）1
第553条：案例四之四、五（一）、五（二）、五（五）
第558条：案例五之一（一）1
第562条：案例五之一（二）5
第562b条：案例五之一（二）5
第562c条：案例五脚注40中
第563a条第2款：案例五之一（二）1
第566条：案例四之二（一）1、三（一）1—2以及脚注14、15、29
旧法第571条：案例四之二（一）1
第573条：案例五之（一）1、2、3（1）
第573c条：案例五之一（一）1
第574条：案例五之一（一）1
第578条：案例四之三（一）1
第604条：案例九之一（一）1
第618条：案例四之二（一）2（2）
第631条：案例七之二（一）1；案例八脚注1中；案例十之一（二）1；案例十一之一（一）
第633条：案例八之一（一）1、二（一）1
第634条第2项：案例二之二（一）、三（三）3；案例八之一（一）1、一（二）1、二（一）1
第634条第4项：案例八之一（一）2、二（一）1、二（二）1、四（一）1、脚注12
第634a条：案例八之二（一）1、脚注11、四（一）1、四（一）2
第636条：案例八之一（一）2

第637条：案例二之二（一）、三（三）3；案例八之一（一）1
第640条：案例七之二（二）；案例八之一（一）1
第641条：案例七之二（一）1
第642条：案例七之二（一）2（1）、脚注25
第643条：案例七之二（一）2、（一）2（2）、二（二）
第645条：案例七之二（二）、二（三）
第647条：案例十之一（一）2
第648条：案例七之二（二）、二（三）
第648a条：案例七之二（二）
第650a条至第650h条：案例八之一（一）1
第650a条：案例八之一（一）1；案例十之一（一）
第650i条至第650o条：案例八之一（一）1
第650i条：案例八之一（一）1；案例十之一（一）
第650j条以下：案例八之一（一）1；案例十之一（一）
第650o条至第650t条：案例八之一（一）1
第650p条：案例八之一（一）1
第650t条：案例八之一（一）1
第666条：案例八之四（二）3
第667条：案例四之五（二）；案例九之三（三）、三（四）；案例十之一（二）3；案例十一之四（一）；案例十三之二（三）
第670条：案例十一之一（二）1、（三）1、二（一）1、（二）1；案例十二之二（一）4、（三）3、三（一）1、四（一）、（二）、（三）、五（二）、脚注25；案例十三之一（一）3
第675条：案例七之三（二）2
第677条：案例十一之一（三）、三（一）1、（二）1、2、3、四（一）、脚注24；案例十二之一（一）、（二）；案例十三之一（一）3、（三）
第678条：案例十一之二（二）1、三（一）2、（二）1、2、3；案例十二之一（二）；案例十三之一（三）
第680条：案例十二之一（一）1、（二）、（三）、二（一）1、三（一）1、2
第681条：案例四之五（二）；案例九之三（四）；案例十之一（二）3；案例十一之四（二）；案例十三之一（三）1、二（三）
第682条：案例十三之一（三）1；案例十四之三（三）
第683条：案例五之一（二）1；案例十一之一（二）1、（三）1、二（一）1、（二）1、四（一）；案例十二之一（一）2、二（一）4、（三）3、三（一）1、四（一）、（二）、（三）、五（二）；案例十三之一（一）3；案例十六之一（一）、四
第684条：案例二之三（三）3；案例五之一（二）1，脚注57；案例十之一（三）；案例十一之二（二）2；案例十三之一（一）3、（三）3、二（三）2；案例十六之一（一），四
第685条：案例十一脚注20
第686条：案例十一之一（二）1、（三）1、二（一）1、（二）1
第687条：案例四之五（二）；案例十之一（二）3、一（三）；案例十一之三

（二）3；案例十三之一（一）3、（三）、二（三）；案例十一三之三（三）
第688条：案例十七之一（一）
第691条：案例十之一（一）1
第695条：案例十之一（一）1
第762条：案例九之一、二（一）3和脚注9、二（二）
第765条：案例七之一（一）、二（二）
第766条：案例七之一（一）1（1）、（2）
第768条：案例七之三、三（二）1
第770条：案例七之三、三（二）2
第771条：案例七之三（一）
第773条：案例七之三（一）
第812条：案例一之一（五）；案例二之三（三）3；案例三之一（五）；案例四之五（四）；案例六之三（一）—（三）；案例九之一、二（二）；案例十一之一（二）2、（三）2、二（一）2、（二）2；案例十二之五（一）2；案例十三之一（一）3、4、（三）3、二（三）2；案例十四之三（一）、（三）；案例十五之一（一）、（二）2、3、二（一）；案例十六之一（一）、（二）、二、三；案例十七之一（三）、二（三）；案例十八之一（三）1、二（二）
第813条：案例六之三（二）、（三）
第814条：案例一之一（五）；案例十一之二（二）2
第815条：案例十一之二（二）2
第816条：案例四之五（四）；案例九之三（五）；案例十之一（二）5；案例十三之二（二）和脚注2；案例十七之二（三）；案例十八之一（三）1和脚注11
第817条：案例九之二（二）；案例十一之二（二）2
第818条第1款：案例十五之一（二）2、3
第818条第2款：案例二之三（三）3；案例四之五（五）；案例十一之二（二）2；案例十三之二（二）1；案例十四之三（一）；案例十五之一（一）、（二）2、3、二（一）；案例十六之二
第818条第3款：案例十三之二（二）2；案例十四之三（一）、（二）；案例十五之一（二）3；案例十六之二和脚注31；案例十七之二（三）；案例十八之一（三）1和脚注11、13
第818条第4款：案例十之一（二）5；案例十三之二（二）2；案例十四之三（三）
第819条第1款：案例十之一（二）5；案例十三之二（二）2；案例十四之三（三）
第822条：案例十六脚注18；案例十七之一（三）脚注7
第823条：案例四之一（三）、二（三）、三（一）2、五（六）；案例五之一（一）2、一（一）3（1）、（2）、二（一）2、二（一）3、脚注20、脚注50；案例八之一（一）3、4、一（二）2、3、二（一）2、二（二）2、3、四（一）2；案例九之三（六）；案例十之一（一）3、一（二）4（1）、（2）；案例十一之三（一）3、（二）4；案例十二之一（三）、二（一）1、4、（二）1、（三）1、三（一）2、（二）1；案例十三之一（一）3、（二）、（三）3；案例十九之一（一）、（二）2、二（一）、（二）2、三（一）、（二）1、（三）1、（四）1、五（二）3；案例二十之一（三）、（四）、二（三）

和脚注 30、(四)、三(三)、四(三);案例二十一
第 824 条: 案例十九之三(三)1(2)
第 826 条: 案例五之一(一)4; 案例十之一(二)4(3); 案例十九之三(三)1(2)
第 828 条: 案例十一之二(一)4; 案例十四之三(三)
第 830 条: 案例二十一
第 831 条: 案例五脚注 48; 案例十九之一(二)1、2、二(二)1、三(二)2、(五)1、五(二)3; 案例二十之二(四)、三(二)、四(二)
第 836 条: 案例二十之二(四)
第 840 条: 案例十九之五(二)3、4; 案例二十之五
第 850 条: 案例十三之一(二)3
第 852 条: 案例二十之一(四)
第 858 条: 案例五之一(一)3(2); 案例十三之一(二)1
第 868 条: 案例十七之一(一)
第 903 条: 案例十七之一(三)2; 案例十九之三(三)1(1)
第 929 条: 案例十一之四; 案例十三之一(一)2、二(二)1; 案例十七之一(一)、(三)1; 案例十八之一(二)、二(一)
第 930 条: 案例十一之一(一)
第 931 条: 案例十三之一(一)2
第 932 条: 案例十之一(一)2、3; 案例十一之四(一); 案例十三之一(一)1、2、二(二)1; 案例十七之一(一)、(三)1、2、二(二)、(三); 案例十八之二(一)、(二)
第 933 条: 案例十七之一(三)2
第 934 条: 案例十七之一(三)2; 案例十八之二(一)
第 935 条: 案例十之一(一)2 和脚注 4; 案例十三之一(一)2、二(二)1; 案例十七之一(三)2
第 937 条: 案例十七之一(三)1
第 946 条: 案例五之一(二)3; 案例十七之一(一)、(三)、二(一)、(三)
第 947 条: 案例十三之一(一)1; 案例十七之一(三)1
第 950 条: 案例十七之一(三)1
第 951 条: 案例五之一(二)3; 案例十一之一(三)2; 案例十三之一(一)4; 案例十七之一(三)、二(三)和脚注 1; 案例十八之一(三)1
第 953 条: 案例十一之四(一)
第 985 条: 案例五之一(二)5; 案例十之一(一)2; 案例十一之四(一); 案例十三之一(一)3、二(一); 案例十六之二; 案例十七之一(一)、(二)、(三)2、二(一)、(二); 案例十八之一(二)、二(一)
第 987 条: 案例四之五(三); 案例十三之一(一)3、二(三)1、2; 案例十五之一(二)1
第 988 条: 案例十五之一(二)1
第 989 条: 案例十三之一(一)、(三)3 和脚注 2; 案例十四之三(三); 案例十七之一(二)、二 2(二)
第 990 条: 案例四之五(三); 案例十三之一(一)、(三)3 和脚注 2; 案例十六之二脚注 19; 案例十七之一(二)、二(二)
第 992 条: 案例十三之一(二)、(三)3
第 994 条: 案例二之二(五); 案例五之

一（二）2；案例十三之一（一）3、4、二（二）2
第 996 条：案例五之一（二）2；案例十三之一（一）3
第 997 条：案例十三之一（一）5
第 999 条：案例十三之一（一）3
第 1000 条：案例十三之一（一）3
第 1001 条：案例十三之一（一）3、二（二）2
第 1896 条：案例十五脚注 1
第 1903 条：案例十五之一（一）、二（二）和脚注 1；案例十六之二
第 1922 条：案例十二之一（一）、二（三）1、2、3、（四）、三（一）1、2、（二）1、2

《德国民法典施行法》（EGBGB）
第 247 条 6 及以下：案例七脚注 10

《德国有限责任公司法》（GmbHG）
第 13 条：案例六之二（三）
第 15 条：案例三之一（一）1 和脚注 10
第 43 条：案例三之一（三）
第 50 条：案例三脚注 4 中
第 53 条：案例三脚注 4 中

《德国商法典》（HGB）
第 1 条：案例七之一（一）1（2）
第 2 条：案例七之一（一）1（2）
第 6 条：案例六之二（三）
第 110 条：案例十一脚注 24
第 343 条：案例七之一（一）1（2）
第 344 条：案例七之一（一）1（2）
第 349 条：案例七之三（一）
第 350 条以下：案例七之一（一）1（2）
第 350 条：案例七之一（一）1（2）
第 366 条：案例十之一（一）2
第 377 条：案例二之二（三）3（2）；案例三之二；案例六之一（二）4；案例二十之五
第 421 条：案例二十脚注 22

《德国支付不能法》（InsO）
第 286 条以下：案例七之一（二）

《德国产品责任法》（ProdHaftG）
第 1 条：案例二十之一（三）、二（三）和脚注 29、三（一）、五
第 2 条：案例二十之一（三）、二（三）和脚注 34、三（一）
第 3 条：案例二十之二和脚注 28、三（一）
第 4 条：案例二十之一（三）、二（三）、三（一）
第 5 条：案例二十之五
第 8 条：案例二十之二（三）、三（一）
第 10 条：案例二十之二（四）和脚注 35
第 11 条：案例二十之一（三）
第 15 条：案例二十之一（三）
第 16 条：案例二十之一（二）

《德国社会法典第 7 篇》（SGB VII）
第 2 条：案例十一脚注 27

《德国刑法典》（StGB）
第 229 条：案例八之一（二）3
第 246 条：案例九之三（六）；案例十之一（二）4（2）
第 263 条：案例五之一（一）3（3）

第 265 a 条：案例十四之三（三）
第 266 条：案例九之三（六）
第 284 条：案例九之一
第 303 条：案例五之二（一）3；案例八之一（一）4
第 319 条：案例八之一（一）4、一（二）3、二（二）3

《德国道路交通法》（StVG）
第 7 条：案例十二之二（一）2、4、（三）2、三（二）2；案例十九之三（四）2、（五）2、五（二）3；案例二十一脚注 14
第 10 条：案例二十之二（四）脚注 35
第 17 条：案例十二之二（三）2
第 18 条：案例十二之二（一）3；案例十九之三（三）2

《德国环境责任法》（UmweltHG）
第 6 条：案例二十之二（三）脚注 30

《德国民事诉讼法》（ZPO）
第 292 条：案例二十一之 1

内容索引

Abhandenkommen（占有脱离）：案例十脚注 4；案例十三之二（二）1
Ablieferung（交付、送交）：案例三之一（二）
Abnahme（验收）：案例七之二（二）
Abtretung der Gewährleistungsrechte（瑕疵担保权利的让与）案例一之二（一）；案例六之一（一）、二（一）、（三）
Abwicklungsverhältnis（清算关系）：案例十五之一（二）1
Abzahlungskauf（分期买卖）：案例六之二（六）1、三（三）
Actio de in rem verso vgl. Versionsklage（参见转化物之诉）
Adäquanz（相当性）：案例十二之二（一）1；案例十九之一（一）、（二）2、二（二）2、三（二）1（1）；案例二十一之 3
Affektionsinteresse（感情利益、感情价值）：案例十之二（二）1
Aliud（错误给付）：案例一之一（一）2
Allgemeine Geschäftsbedingungen（一般交易条件、格式条款）：案例一之一（三）2；案例五之二（二）1；案例八之二（一）1、二（二）1
Alternative Kausalität（择一因果关系）：案例二十一之 1
Aneignungsrecht（先占权）：案例十三之一（一）5
Anfechtung（撤销）
–wegen Eigenschaftsirrtum（因性质错误）：案例一之一（五）
–Wegfall des Rechtsgrund（法律之原因丧失）：案例一之一（五）
受领迟延：案例七之二（一）2（1）
Anspruchskonkurrenz（请求权竞合）：案例五之一（一）2、一（二）2、一（二）5、二（一）2；案例八之四（一）2 和脚注 31、37；案例十三之一（三）3
Anweisung（指示）：案例十六之一（一）；案例十八之一（二）、二（一）
Äquivalenzinteresse（等值利益）：案例五之一（一）2；案例二十脚注 28
Architektenvertrag（建筑合同）：案例八之二（一）1 和脚注 17
Arglistige Verschweigen（恶意的沉默）：案例二十之一（一）
Asset-deal（资产转让）：案例三之脚注 1
Auch-fremdes Geschäft（兼为他人事务）：案例五脚注 59；案例十一之一（三）1
Aufgedrängte Bereicherung（强迫得利）：案例十一之二（二）2；案例十四脚注 12
Aufklärungspflicht（说明义务）：案例三之

一（四）；案例八之四（二）3
Aufrechnung（抵销）
–mit Bereicherungsanspruch（用不当得利请求权）：案例十之一（三）；案例十六之四
–mit Ersatzanspruch（用赔偿请求权）：案例十八之一（三）1
–gegen Anspruch aus unerlaubter Handlung（对因侵权行为而生的请求权）：案例五之二（一）4；案例十之一（三）
Aufrechnungsverbot（禁止抵销的约定）：案例五之二（一）4；案例十之一（三）
Aufwendung（费用）：案例十二之二（一）4
Aufwendungsersatz（费用补偿）
–des Eigengeschäftsführers（自己事务管理人的）：案例十之一（三）
–bei Ersparnis（费用节省中）：案例十四之三（一）
–des Geschäftsführers ohne Auftrag（无因管理人的）：案例十一之一（二）1、（三）1、二（一）1、（二）1；案例十三之一（一）3
–Ansprüche des Mieters（承租人的费用补偿请求权）：案例五之一（二）1
–für Selbstgefährdung（自甘风险的费用补偿）：案例十二之二（三）3
–und stellvertretendes commodum（与代偿利益）：案例十之一（二）1
–des Werkbestellers（定作人的）：案例八之一（一）1
Ausbaupflicht des Verkäufer（出卖人的拆除义务）：案例二之一、三（三）3
Ausgleichsanspruch（追偿请求权、补偿请求权）：案例八之三、四（三）；案例十二之三（二）3；案例十九之五（二）2、3、4、
Auslegung（解释）
–der Zweckbestimmung（目的确定之解释）：案例十八之一（三）1
–„gespaltene“（“分裂的”）：案例二之一（二）
–richtlinienkonforme（指令相符的）：案例二之一
Ausweichmanöver（回避行为）：案例十一之二（一）4
Ausreißer（异常值）：案例二十之一（三）、三（三）
Ausschluss der Wertersatzpflicht（排除价值偿还义务）：案例二之二（五）
Bauvertrag（建筑合同）：案例六之一（一）1；案例十之一（一）
Beförderungsvertrag（运输合同）：案例十四之一
Befreiung von der Gegenleistungspflicht（免于对待给付义务）
–bei Unmöglichkeit（处于不能中）：案例一之一（三）1；案例三之一（三）；案例六之二（七）
Berechtige Geschäftsführung ohne Auftrag（适法无因管理）：案例十一之三（一）1；案例十二之一（一）1
Bereicherung vgl. ungerechtfertigte Bereicherung（得利，参见不当得利）
Bereicherungsanspruch（不当得利请求权）
–Anfechtung（撤销）：案例一之一（五）
–Aufrechnung mit（用以抵销）：案例十之一（三）；案例十五之四
–eines Beförderungsunternehmers（运输企业的）：案例十四之三

–Wert des Besitzes（占有价值的）：案例十六之二
–Dreiecksverhältnis（三角关系）：案例十六之一（一）；案例十七之一、二；案例十八之一（二）
–bei Einbau fremder Sachen（在用他人之物建造的情况下）：案例十一之一（三）2、二（二）2
–Erfüllung einer Spielschuld（履行赌债）：案例九之一、二（二）
–des Geschäftsführers ohne Auftrag（无因管理人的）：案例十三之一（一）3
–durch Nutzungsmöglichkeit（用益可能性的）：案例十五之一（二）3 和脚注 9
–auf Rückzahlung eines Spieldarlehens（返还支付因赌博而为的借贷）：案例九之二（二）
–Saldotheorie（差额说）：案例十五之一（二）3、脚注 2；案例十六之二和脚注 27
–bei unerlaubter Untervermietung（在违法转租中）：案例四之五（四）、五（五）
–bei unwirksamem Darlehensvertrag（在不生效的借贷合同中）：案例九之二（一）3、二（二）与脚注 16
–Vorrang vor Vindikationsanspruch（优先于原物返还请求权）：案例十五之一（二）1 和脚注 2
–wegen Zweckverfehlung（因欠缺目的）：案例十五之一；案例十六之一（一）
–Zweikonditionentheorie（双重不当得利说）：案例十六之二
Beschaffenheit（品质）：案例三之一（一）3
Beschaffenheitsgarantie（品质担保）：案例一之一（一）1、二（二）2
Beschaffenheitsvereinbarung（品质约定）：案例一之一（一）1、二（二）1；案例二之二（三）1；案例三之一（一）3 和脚注 10
Beschaffungspflicht（置备义务）
–des Rücktrittsberechtigten（解除权人的）：案例一之二（四）1
–des Verkäufer（出卖人的）：案例一之一（一）2；案例三之一（一）5 与脚注 18
Besitz（占有）
–als sonstiges Recht（作为其他权利）：案例五之一（一）2
–Wertberechnung（价值计算）：案例十六之二
Besitzbediener（占有辅助人）：案例十之一（一）2 与脚注 4
Besitzmittlungsverhältnis（占有媒介关系）：案例十七之一（一）
Besitzverschaffungsmacht（占有获得力）：案例十七之二（一）
Bestandteil, wesentlicher（成分、重要成分）：案例五之一（二）3；案例十三之一（一）1；案例十七之一（一）
Beteiligte am Delikt（参与到侵权中）：案例二十一之 2
Betreuung mit Einwilligungsvorbehalt（附同意保留的照管）：案例十六之二
Betriebsbezogenheit des Eingriffs（侵害具有营业关联性）：案例十九之三（二）1（2）和脚注 11 以下、（三）1（2）和脚注 24
Beweislast（举证责任）：案例二十之二（四）、四（二）
Beweislastumkehr（举证责任倒置）：案例二之二（三）3 前言；案例三之二；案

例五之二（一）1；案例二十之二（三）脚注 30、三（二）、（三）、四（二）
Beweisnotstand（证明困境）：案例二十一之 2
Bösgläubigkeit（恶意）
–des Besitzer（占有人的）：案例十三之一（一）1、3、4
–des Geschäftsführers（事务管理人的）：案例十三之一（一）3
–des Leistungsempfängers（给付受领人的）：案例十四之一（二）3
–des Minderjährigen bei Entreicherung（在利益丧失中，未成年人的）：案例十四之三（三）
Bürgschaft（保证）：案例七之一（一）
–Akzessorietät（从属性）：案例七之二
–Aufrechnung（抵销）：案例七之三（二）2
–Bestimmbarkeit der Forderung（债权的可确定性）：案例七之一（一）
–Eigenschaftsirrtum（性质错误）：案例七之一（三）
–Einrede des Hauptschuldners（主债务人的抗辩权）：案例七之三（二）1
–Einrede der Vorausklage（先诉抗辩权）：案例七之三（一）
–Form（形式）：案例七之一（一）1（1）、（2）
–künftige Forderung（将来债权）：案例七之一（一）1
–selbstschuldnerische Bürgschaft（独立保证）：案例七之三（一）
–Sittenwidrigkeit（悖于良俗）：案例七之一（二）
–und Verbraucherkreditvertrag（与消费者借贷合同）：案例七之一（二）
Causa（原因）
–donandi（赠与的原因）：案例十一脚注 20
–negotii gerendi（事务管理的原因）：案例十一之二（二）2
–obligandi（债因）：案例十一之一（三）1、二（二）2
–solvendi（清偿的原因）：案例十一之二（二）2
Commodum, stellvertretendes（代偿利益）：案例十之一（二）1 和脚注 6
–und Aufwendungersatz（与费用补偿）：案例十之一（二）1
Condicio sine qua non（必要条件、条件说）：案例五之一（一）1；案例十二之二（一）1、（三）1；案例十九之一（二）2、二（二）2
Condictio indebiti（非债清偿型不当得利）：案例六之三（三）；案例九之一、二（二）；案例十一之二（二）2；案例十六之一（一）
–ob causam finitam（目的嗣后消灭型不当得利）；案例一之一（五）；案例十六之一（一）
–ob rem（特定目的不达型不当得利）：案例十一之二（二）2
Corpora cohaerentia（具有相互关联性的标的物）：案例十之二（二）2 和脚注 28
Culpa in contrahendo（缔约过失）：案例三之一（三）3、一（四）与脚注 34；案例二十之二（二）
Dachziegel-Fall（房瓦案）：案例二之二（五）、三（三）2
Darlegungslast（说明责任）：案例二之二（三）3；案例二十之二（四）
Darlehen（借贷）：案例九之二（一）；案例十六之四

Datio（给予）
–donandi causa（赠与原因）：案例十六之一（一）
–obligandi causa（无因管理之债的发生原因）：案例十六之一（一）、四
–solvendi causa（清偿原因）：案例十六之一（一）
–ob rem（特定目的）案例十六之一（一）
Deckungskauf（填补买卖）：案例十之二（二）3
Deliktsansprüche（侵权请求权）：案例四之一（三）、二（三）、五（六）；案例五之一（一）2—4、二（一）2、3；案例八之一（一）3、4、一（二）2、3、二（一）2、二（二）2、3、四（一）2；案例十之一（一）3、一（二）4；案例十一之三（一）3；案例十二之一（三）、二（一）1、（二）、（三）1、三（一）2；案例十三之一（二）；案例十四之二；案例十九之一（一）、（二）2、二（二）2、三（二）1、五（二）2；案例二十之一（四）、二（四）、三（二）、（三）、四（二）、（三）；案例二十一
Deliktsfähigkeit des Minderjährigen（未成年人侵权能力）：案例十四之三（三）
Dezentralisierter Entlastungsbeweis（分散的免责可能性）：案例二十之三（二）
Differenzhypothese（差额说）：案例四之五（一）；案例十之二（二）1和脚注28
Dilatorische Einrede（一时之抗辩权）：案例六之三（三）
Do ut des（给付的牵连性）：案例十六之二
Dominium sine re（支配不存在之物）：案例五脚注43
Dreiecksverhältnisse（三角关系）：案例十六之一（一）和脚注5；案例十七之一、二；案例十八之一（二）
Drittschadenliquidation vgl Schadendrittliquidation（第三人损害清算、参见损害的第三人清算）
Due Diligence（尽职调查）：案例三脚注16
Durchführungsverschulden（施行过失）：案例十二脚注10
Durchgriff（直索）：案例十六之一（二）和脚注19；案例十七之一（三）1脚注2、4
Durchgriffsverbot（禁止直索）：案例十一之一（三）1和脚注4
Eigengeschäftsführer（自己事务的管理人）：案例四之五（二）；案例十之一（二）3、一（三）；案例十三之二（三）1
Eigenschaft（性质）：案例一之一（一）1
Eigenschaftsirrtum（性质错误）：案例七之一（三）
Eigentum（所有权）
–gutgläubiger Erwerb（善意取得）：案例十之一（一）3；案例十一之四（一）；案例十八之二（一）和脚注20
–Herausgabe（返还）：案例五之一（二）5；案例十脚注6中；案例十七之一（一）；案例十八之一（二）、二（一）
Eigentümer-Besitzer-Verhältnis（所有权人—占有人关系）
–Vorrang der Leistungskondiktion（给付型不当得利优先）：案例十五之一（二）1
Eigentumsverletzung（侵害所有权）：案例八之一（一）3；案例十之一（一）3；案例十三之一（二）1；案例十九之一（一）、三（三）1（1）；案例二十

之一（四）、二（四）
Einbaupflicht des Verkäufers（出卖人的安装义务）：案例二之一、二（一）、（二）
Eingriff in den eingerichteten und ausgeübten Gewerbetrieb vgl. Gewerbebetrieb（侵害所设立和所实施的营业，参见营业）
Eingriffskondiktion（侵害型不当得利）：案例四之五（四）、五（五）；案例九之三（五）；案例十之一（二）5；案例十四之一（一）、（三）；案例十六之一（二）；案例十七之一（三）1、二（三）和脚注4；案例十八之一（三）2、二（二）
Einrede des nichterfüllten Vertrags（未履行完毕合同的抗辩权）：案例六之二（八）
Einrede, s. Zurückbehaltungsrecht；Leistungsverweigerungsrecht；Einwendungsdurchgriff；dilatorisch；peremptorisch（抗辩权，参见留置权、给付拒绝权、抗辩穿越、一时、永久之抗辩）
Einrichtung（配备设施）：案例五之一（二）4
Einwendungsdurchgriff（抗辩穿越）：案例六之二（六）2、二（六）3、二（九）
Empfängerhorizont（受领人视角）：案例十八之一（二）、（三）1和脚注8
Entgangener Gewinn（逸失利益）：案例十九之三（二）1（1）、五（一）、（二）
Entlastungsbeweis（免责事由）：案例十九之一（二）1、二（二）1；案例二十之一（三）、三（一）、（二）、四（二）
Entreicherung（利益丧失）：案例十三之二（二）2；案例十五之一（二）3
–durch Aufwendungen（因花费）：案例十之一（二）5
–des beschränkt Geschäftsfähigkeit（限制行为能力人的）：案例十五之二（二）
–bei Dienstleistung（在服务中）：案例十四之三（二）
–im Dreiecksverhältnis（在三角给付中）：案例十六之二；案例十八之一（三）1和脚注11、13
–bei Nutzungsmöglichkeit（用益可能性中）：案例十五之一（二）3
Erbensucher（寻找继承案）：案例十一脚注3
Erfüllungsgehilfe（履行辅助人）：案例一之二（三）；案例二之二（三）3（2）；案例三之一（三）；案例六之一（二）4；案例十九之三（五）3；案例二十之一（二）
Erfüllungsverweigerung（履行拒绝）：案例五之一（一）1和脚注56
Erlangtes Etwas（有所获得、受有利益）：案例十四之三（一）
–Ersparnis von Aufwendung（费用节省）：案例十四之三（一）
–Ver- oder Gebrauch fremder Sachen oder Dienst（消耗或使用他人之物或服务）：案例十四之三（一）、（二）
Erlösherausgabe（收益返还）：案例十之一（二）1、3、4
Ersatzlieferung（交付替代物）：案例一之一（一）2
Ersitzung（时效取得）：案例十七之一（三）1
Exkulpation vgl. Entlastungbeweis（免责，参见免责事由）
Fabrikationsfehler（制造缺陷）：案例二十之二（三）

Fahrlässigkeit（过失）
–des Notgeschäftsführer（紧急无因管理人的）：案例十二之二（二）
Fehlerbegriff（缺陷概念）：案例二十之二（三）脚注 28；也参见物之瑕疵（Sachmangel）
Finanzierter Teilzahlungskauf（金融分期付款买卖）：案例六之二（六）2
Finanzierungsleasing（金融融资租赁）：案例六之二（六）2 和脚注 46、二（九）、脚注 72
Flugreisefall（飞机旅行案）：案例十四
Folgeschäden（结果损害）：案例十九之三（二）1（1）
（二）3；案例九之三（二）；案例十九之五（二）2
Freistellungsanspruch（免责请求权）：案例八之三（一）和脚注 23；案例十一之四（一）；案例十二三（二）；案例十九之五（一）、（二）2、3、4
Fremdbesitzerexzess（他主占有之僭越）：案例四之五（三）
Fremdes Geschäft（他人事务）：案例十一之一（三）1
Fremdgeschäftsführungswille（管理他人事务之意思）：案例五之一（二）1；案例九之三（四）；案例十一之二（二）1；案例十三之一（二）3、（三）1
–Vermutung（推定）：案例十一之二（二）1
Fürsorgepflicht（身份法上的照顾义务）：案例二十之二（一）2
Garantie（担保）：案例一之一（一）、一（二）、一（三）2、二（二）2；案例二之一、二（三）3（1）
–Stillschweigende（默示的）：案例二之二（三）3（1）
Garantiehaftung（担保责任）
–des Erwerbers einer Mietsache（租赁物取得人的）：案例四之三（一）2
–des Untervermieters（转租人的）：案例四之一（一）2
–des Vermieters（出租人的）：案例四之一（一）3 和脚注 10、三（一）2
Garantievertrag（担保合同）：案例二十之二（一）1
Gebrauchsstörung（妨碍使用）：案例十九之三（三）1（1）
Gefährdungshaftung（危险责任）：案例二十之一（三）
Gefahrgeneigte Arbeit（具有危险性的工作）：案例十九之五（二）2 和脚注 41
Gefahrübergang（风险移转）：案例一之一（三）1；案例三之二
Gegenleistung an einen Dritten（对第三人的对待给付）：案例十七之二（三）；案例十八之一（三）1
Gegenleistungspflicht（对待给付义务）
–Befreiung von（免于）案例一之一（三）1；案例三之一（三）；案例六之二（七）
Geheißerwerb（指令取得）：案例十八之二（一）
Geldersatz（金钱赔偿）：案例十之二（二）3
Geltungserhaltende Reduktion（维持效力的限缩）：案例一之一（三）2；案例八之二（二）1
Gesamtschuld（连带之债）
–Freistellungsanspruch（免责请求权）：案例八之三（一）和脚注 23、案例十一十二之三（二）、案例十九之五

（一）、（二）2、3、4
–Mitverschulden（与有过失）：案例八之三（一）1、四（三）1（1）
–Verjährung einer Forderung（债权罹于时效届满）：案例八之四（三）1（1）、四（三）1（2）
Gesamtschuldner（连带债务人）：案例十九之三（五）3、五（一）、（二）1
–Architekt und Bauunternehmer（建筑师与建筑企业）：案例八之三、四（三）1（1）
–Mittäter（共同行为人）：案例十二之三（二）3；案例十九之三（五）3、五（二）3
Geschäftsanmaßung（事务干涉）：案例四之五（二）；案例十之一（二）3、一（三）；案例十一之三（二）3
Geschäftsfähigkeit（行为能力）：案例十四之一
Geschäftsführung ohne Auftrag（无因管理）
–angemaßte Eigengeschäftsführung（事务干涉）：案例四之五（二）；案例十之一（二）3、一（三）；案例十一之三（二）3
–auch-fremdes Geschäft（兼为他人事务）：案例五脚注 57；案例十一之一（三）1 和脚注 8
–Aufwendungsersatz aus Geschäftsführung（因事务管理产生的费用）：案例十之一（三）；案例十一之一（二）1、（三）1
–Aufwendungsersatz des Notgeschäftsführers（紧急事务管理人的费用补偿）：案例十二之三（一）1、四（一）、（三）、五（二）
–bei bestehendem Vertrag（已经存在的合同中）：案例十一之一（三）1 和脚注 5
–bei öffentlichrechtlicher Verpflichtung（在公法上义务中）：案例十一之一（三）1
–bei unwirksamem Vertrag（在不生效的合同中）：案例十一之一（三）1 和脚注 5
–berechtige Geschäfts ohne Auftrag（适法无因管理）：案例十一之三（一）1；案例十二之一（一）1
–Bereicherungsansprüche des bösgläubigen Geschäftsführers（恶意管理人的不当得利请求权）：案例十三之二（三）2
–fremdes Geschäft（他人事务）：案例十一之一（三）1
–Haftung des bösgläubigen Eigengeschäftsführers（恶意自己事务管理人的责任）：案例十三之一（三）、二（二）、（三）
–neutrales Geschäft（中立行为）：案例十一脚注 1
–Notgeschäftsführung（紧急无因管理）：案例十二之一（一）1、（二）、（三）、二（一）1、三（一）1、2
–objektiv fremdes Geschäft（客观他人之事务）：案例十一之一（三）1；案例十二之二（一）4；案例十三之一（一）3
–subjektiv fremdes Geschäft（主观他人事务）：案例十一脚注 1
–unberechtigte Geschäftsführung ohne Auftrag（不适法无因管理）：案例二之三（三）3；案例十一之三（一）1；案例十二（一）2、（二）；案例十六之四
–Verhältnis zum allgemeinen Leistungsstörungsrecht（与一般给付障碍法的关系）：案例五脚注 57
Geschäftsgrundlage（交易基础）：案例一

之一（六）；案例三之一（六）和脚注 36；案例六之二（六）、（九）、三（一）
Geschäftsherr（本人、被管理人）：案例十一之二（二）1
Gespaltene Auslegung（分裂的解释）：案例二之一（二）
Gestaltungsrecht（形成权）：案例一之一（三）1、二（一）、二（五）；案例三之一（二）和脚注 20；案例五之一（一）1；案例六之二（九）
Gewährleistung（瑕疵担保）：案例二十之一（四）
–Frist（瑕疵担保期限）：案例二十之二（三）
Gewährleistungsausschluss（排除瑕疵担保）：案例一之一（三）2、一（五）、二（二）1、二（二）2；案例六之二（三）
Gewerbe（营业）：案例七之一（一）1（2）
Gewerbebetrieb（经营），Eingriff（侵害营业权）：案例十九之三（二）1（2）、（三）1（2）
Gewinnherausgabe（盈利返还）：案例十之一（二）1、5；案例十三之二
Glückspiel（赌博）：案例九之一
Grobe Fahrlässigkeit（重大过失）：案例十二之一（一）1
Großer/kleiner Schadenersatz（大/小损害赔偿）：案例一之二（三）
Gutgläubiger Erwerb（善意取得）：案例十之一（一）2、3；案例十七之一（三）1
Gutgläubigkeit（善意）
–des Bereicherten（得利人的）：案例十五之一（二）3；案例十六之二；案例十七之一（二）、（三）1
–des Eigentumserwerbers（所有权取得人的）：案例十之一（一）2、3；案例十三之二（一）1；案例十七之一（二）、（三）1；案例十八之二（一）
–des Geschäftsführers（事务管理人的）：案例十三之一（一）3
–des unrechtmäßigen Besitzers（无权占有人的）：案例十七之一（二）
Haftung（责任）
–des Architekten（建筑师的）：案例八之四（二）3
–des Erwerbers einer Mietsache（租赁物取得人的）：案例四之三（一）2
–des Geschäftsführers ohne Auftrag（ 无因管理人的）：案例十三之二（二）、（三）
–des Herstellers（制造人的）：案例二十
Haftungsbeschränkung bei Notgeschäftsführung（紧急管理中的责任限制）
–gegenüber Dritten（对第三人）：案例十二之二（一）1
–gegenüber dem Geschäftsherrn（对本人）：案例十二之一（二）、（三）
–gemäß § 17 StVG（根据《德国道路交通法》第 17 条）：案例十二之二（三）2
Handelsgewerbe（商事营业）：案例七之一（一）1（2）
Handelskauf（商事买卖）：案例六之一（一）4
Herausgabe（返还）
–Anspruch gegenüber Dritten（对第三人的请求权）：案例十之一（一）1
–des Besitzes（占有的）：案例十七之一 1；案例十八之一（二）、二（一）
–des Erlangten（取得的）：案例十之一

（二）1、3、5；案例十三之二（二）
–der ersparten Aufwendungen（节省费用的）：案例十四之三
–des erzielten Gewinns（取得盈利的）：案例十之一（二）1、5；案例十三之二（二）、（三）
–des aus der Geschäftsführung Erlangten（在事务管理中所取得之物的）：案例十三之二（二）、（三）
–der Nutzungen（用益的）：案例十五之一（二）1
Hersteller（制造人）：案例二十之一（三）、三（一）
Höhere Gewalt（不可抗力）：案例十二之二（一）4
Hypothetische Kausalität（假设因果关系）：案例十九之三（五）3、四
Hypothetischer Schaden（假设损害）：案例十九之三（五）3、四
Immaterielles Interesse（非物质利益）：案例十之二（二）1
Instandhaltungspflicht des Vermieters（出租人的维修义务）：案例五之二（二）1
Integritätsinteresse（固有利益）：案例五之一（一）2；案例八脚注 12；案例二十之二（三）脚注 28
Interesse des Geschäftsherrn（本人利益）：案例十一之二（二）1；案例十三之一（三）1
Irrtum（错误）
–über den Leistungszweck（关于给付目的）：案例十八之一（三）1
–und Sachmängel（与物之瑕疵）：案例一之一（五）
Jungbullen-Fall（小牛案）：案例十七之一（三）2 脚注 10
Kardinalpflicht（基本义务）：案例一之一（三）2
Kauf bricht nicht Miete（买卖不破租赁）：案例四之二（一）1
Kaufvertrag（买卖合同）
–s. Aufwendungsersatz；Ausbaupflicht；Beschaffungspflicht；Minderung；Nachbesserung；Nacherfüllung；Nachfrist；Nachlieferung；Rücknahmepflicht；Rücktritt；Sachmangel；Schadensersatzanspruch；Selbstvornahmerecht；Untersuchungspflicht；Verjährung（见费用补偿；拆卸义务；置备义务；减价；修补；补充履行；补充履行的期限；再交付；取回义务；解除；物之瑕疵；损害赔偿请求权；自行实施权；检查义务；时效）
Kausalität（因果关系）
–adäquate（相当）：案例十九之一（一）、（二）2、二（二）2、三（二）1（1）
–hypothetische（假设）：案例十九之三（五）3、四
–der Pflichtverletzung（义务违反的）：案例二脚注 41
–Risikoerhöhung（风险增加）：案例四之四
–überholende（修补）：案例十九脚注 36
–Vermutung（推定）：案例二十一之 1
Kenntnis des gesetzlichen Vertreters（法定代理人的知情）：案例十四之三（三）
Kondiktionsausschluss wegen Sittenverstoßes（因悖于良俗而排除不当得利）：案例九之二（二）
Kündigung（终止）
–Geschäftsgrundlage（交易基础）：案例六

之二（六）、二（九）、三（一）
–Leasingvertrag（融资租赁合同）：案例六之二（四）、（五）、（六）
–Mietvertrag（租赁合同）：案例四之五（六）；案例五之一（一）1；案例六之二（四）
–unberechtigte（不当）：案例五之一（一）1
Leasingvertrag（融资租赁合同）
–Abtretungskonstruktion（债权让与构想）：案例六之二（一）、（三）
–Einrede des nichterfüllten Vertrags（未履行完毕合同的抗辩权）：案例六之二（八）
–Einwendungsdurchgriff（抗辩穿越）：案例六之二（六）2、3、（九）
–Geschäftsgrundlage（交易基础）：案例六之二（六）、（九）、三（一）
–Rechtsnatur（法律性质）：案例六之二（一）
–verbundenes Geschäft（关联行为）：案例六之二（六）2、（九）
–s. auch condictio indebit；Kündigung，Rücktritt（也参见非债清偿型不当得利；终止、解除）
Leistung（给付）：案例十六之一（一）、三；案例十八之一（三）1
–Begriff（概念）：案例十七之一（三）1
–des Besitzes（占有的）：案例十六之二；案例十七之一（三）1
–donandi causa（赠与的原因）：案例十六之一（一）
–negotii gerendi causa（事务管理的原因）：案例十一之一（三）2；案例十六之一（一）、四
–ob rem（特定目的）：案例十一之三（二）2；案例十六之一（一）
–obligandi causa（无因管理之债的发生原因）：案例十一之一（三）2；案例十六之一（一）、四
–solvendi causa（清偿原因）：案例十八之一（三）1
Leistungskondiktion（给付型不当得利）：案例六之三（三）；案例九之一、二（二）；案例十四之三（一）、（三）；案例十六之一（一）、二、三；案例十七之一（三）1、二（二）；案例十八之一（三）1、二（二）
–Vorrang vor Vindikation（优先于原物返还）：案例十五之一（二）1；案例十六之二脚注 19
Leistungsverhältnis（给付关系）：案例十七之一（三）1
Leistungsverweigerungsrecht（给付拒绝权）：案例六之二（六）2；案例十之一（三）和脚注 22、二（九）；案例十三之一（三）2
Leistungszweck（给付目的）：案例十五之一（一）；案例十六之一（一）
–Bestimmung durch beschränkt Geschäftsfähigen（限制行为能力人确定给付目的）：案例十六之二脚注 21
–Empfängerhorizont（受领人视角）：案例十八之一（三）1
Mangel der Mietsache（租赁物瑕疵）：案例四之一（一）1 和脚注 2
Mängeleinrede（瑕疵抗辩权）：案例六之三（三）
Mangelfolgeschaden（瑕疵结果损害）：案例八之一（二）1 和脚注 11；案例

二十之一（二）
–beim Kaufvertrag（买卖合同中）：案例八之一（二）1 和脚注 12
–im Mietrecht（在租赁法中）：案例四之一（一）3、四
Mangelschaden（瑕疵损害）：案例八之一（一）2、脚注 12
Mieterhöhung（提高租金）：案例四之五（一）
Mietvertrag（租赁合同）
–Eintritt des Erwerbers（取得人加入）：案例四之一（四）1
–mündlicher（口头的）案例四之二（一）1
–Untermietvertrag（转租合同）：案例四之一（一）1
–s. Aufwendungsersatz; Garantiehaftung; Instandhaltungspflicht; Kündigung; Mangel; Minderung; Schadenersatzanspruch; Schönheitsreparatur; Untervermietung; Verjährung; Wegnahmerecht（参见费用补偿、担保责任、维修义务、终止、瑕疵、减价、损害赔偿请求权、美观修缮、转租、时效、取走权）
Minderjähriger（未成年人）
–Kenntnis des gesetzlichen Vertreters（法定代理人的知情）：案例十四之三（三）
–Schutz（保护）案例十四之三（三）
Minderung（减价）
–durch den Käufer（买受人减价）：案例一之一（四）、二（一）、二（五）；案例三之一（二）和脚注 34
–durch den Mieter（承租人减价）：案例六之二（三）
Mischmietverhältnis（混合租赁关系）：案例四之五（一）
Mittäter（共同行为人）：案例二十一之1、2
Mittelbare Schäden（间接损害）：案例八之二（二）1；案例十九之一（一）
Mittelbare Stellvertretung（间接代理）：案例二十之二（一）3
Mitverschulden（与有过失）：案例八之三（一）1、四（三）1（1）；案例十二之三（一）2；案例十九之五（二）3
Nachbesserung（修补）：案例一之一（一）2；案例二之二（一）；案例六之一（二）3
Nacherfüllung（补充履行）：案例一之一（一）2、二（二）；案例二之一、二（一）—（四）、三（三）；案例三之一（一）、二和脚注 38；案例二十之一（一）
–Ort（地点）：案例二之三（三）2
–Unmöglichkeit（不能）：案例一之一（一）2、二（二）3；案例三之一（一）5；案例八之二（一）1
–Unverhältnismäßigkeit（不合比例）：案例二之一
Nachfrist（补充履行的期限）：案例一之一（一）2、（三）1；案例二之二（四）；案例三之二；案例五之一（一）1、二（一）1、（二）1；案例八之一（一）1、二（一）1；案例二十之一（一）
Nachlieferung（再交付）：案例一之一（一）2；案例二之一、二（一）—（三）、三（三）2；案例三之一（一）5 脚注 18
Naturalobligation（自然债）：案例九之一脚注（一）

Naturalrestitution（恢复原状）：案例十之一（一）3、二（二）3
Nebenpflichtverletzung（违反从义务）：案例五脚注1、55中；案例八脚注12
Negatives Interesse（消极利益）：案例三之一（四）
Negotium（utiliter）gestum［（有效的）事务管理］：案例十一之三（一）1、（二）4、四（一）；案例十二之一（三）、二（一）4
–als Rechtsfertigungsgrund（作为正当化的理由）：案例十一之三（一）1、（二）4；案例十二之一（三）
–als Verfügungsermächtigung（作为处分授权）：案例十一之四（一）
Nemo auditur turpitudinem suam allegans（谁都不能以其过失作为自己辩护的理由）：案例五之一（一）1
Neutrales Geschäft（中立行为）：案例十一脚注1、13
„Nicht-so-Berechtigter"（"不完全有权占有人"）：案例四之五（三）；案例九脚注6
Nichtleistungskondiktion（非给付型不当得利）：案例四之五（五）；案例十四脚注5；案例十六之一（二）；案例十六之一（三）2
Notgeschäftsführung（紧急无因管理）：案例十二之一（一）1、（二）、（三）、二（一）1、三（一）1、2
–Doppelbegünstigung des Notgeschäftsführers（对紧急事务管理人的双重优待）：案例十二之一（一）1
Nutzungen（用益）
–Herausgabe（返还）：案例一之二（四）2；案例十五之一（二）1
Nutzungsinteresse（用益利益）：案例二十之二（三）脚注28
Nutzungsmöglichkeit（用益可能性）：案例十五之一（二）3和脚注9
Objektiv fremdes Geschäft（客观他人事务）：案例十一之一（三）1
Objektiver Erklärungswert（客观表示价值）：案例十七之一（一）；案例十八之一（一）
Obliegenheit（负担、不真正义务）：案例七之二（三）
Organisationsmangel（组织瑕疵）：案例二十之二（四）、三（三）、四（三）
Peremptorische Einrede（永久抗辩权）：案例六之三（三）
Pfandrecht des Vermieters（出租人的质权）：案例五之一（二）5
Pflichtverletzung（义务违反）：案例二之二（三）3、（2）；案例三之一（四）；案例五之一（一）1、二（一）1；案例六之一（一）2；案例八之一（一）2、二（二）1、四（二）3；案例十二之一（一）1；案例二十之三（三）
–unerhebliche（不重要的）：案例一之二（三）
Positive Interesse（积极利益）：案例三脚注34
Prima-facie-Beweis（表面证据）：案例五之二（一）2：案例二十之四（三）
Produkt（产品）：案例二十之二（三）
Produkthaftung（产品责任）：案例二脚注30；案例二十之一（三）和脚注7以下、二（三）、三（一）
Produzentenhaftung（生产者责任）：案例

二十之一（四）脚注 8、10、二（四）、三（二）、（三）、四（二）、（三）
Prüfungspflicht（检查义务）：案例二十之二（三）、（四）
Rat（建议）：案例七之三（二）2
Recht zum Besitz（占有的本权）：案例五之一（一）2；案例十三之一（一）1
Recht zur zweiten Andienung（"第二次给付之机会"的权利）：案例三之二和脚注 38
Rechtsmäßiges Alternativverhalten（合法的替代行为）：案例五之一（一）1
Rechtsfolgenirrtum（法律效果错误）：案例九之二（一）3
Rechtfolgenverweisung（法律效果的准用）：案例十七之一（三）
Rechtsfortbildung, richtlinienkonforme（法律续造、与欧盟指令相符的）案例二之一
Rechtsfortwirkungsanspruch（权利继续效果的请求权）：案例十七之一（三）2、二（三）
Rechtsgrund（法律上之原因）：案例十六之一（一）、三；案例十七之一（三）和脚注 4；案例十八之二（二）
Rechtsgrundverweisung（构成要件的准用）：案例五之一（二）1；案例十一之二（二）2；案例十七之一（三）和脚注 1
Rechtsgüter, geschützte（法益、被保护的）：案例五之一（一）2；案例十九之三（二）1
Rechtskauf（权利买卖）：案例三之一（一）1、2、一（二）；案例六之一（二）1
Rechtsschein bei Willenserklärung（意思表示中的权利外观）：案例十八之一（一）
Rechtswidrigkeit（违法性）
–bei Eigentumsverletzung（在所有权受侵害中）：案例十之一（一）3
–bei Eingriff in Gewerbebetrieb（在侵害营业权中）：案例十九之三（三）1（2）
–Indizierung（征引）：案例十九之三（三）1（2）
Regressanspruch（追偿权）：案例八之三、四（三）；案例十二之三（二）；案例十九之五
Restprodukt（产品剩余部分）：案例二十之二（三）
Richtlinienkonforme Auslegung（与欧盟指令相符的解释）：案例二之一
Risikoerhöhung（风险增加）：案例四之四
Rückabwicklung von Rechtsgeschäften（法律行为的返还关系）
–im Dreiecksverhältnis（在三角关系中）：案例十六之一（一）；案例十七之一、二；案例十八之一（二）
Rückforderungsdurchgriff（返还请求权穿越）：案例六之三（三）
Rückgriff des Verkäufers（出卖人追偿）：案例二之一（二）；案例三之二
Rückgriffskondiktion（追索之不当得利）：案例十四脚注 5
Rücktritt（解除）
–und Befreiung von Gegenleistungspflicht（与免于对待给付）：案例一之一（三）1
–Geschäftsgrundlage（交易基础）：案例六之二（六）1、三（一）
–des Lesingnehmers（融资租赁承租人）：案例六之一（一）、（二）、二（六）1、

三（一）
–Nutzungsherausgabe（用益返还）：案例一之二（四）2
–Ort（地点）：案例二之三 2
–beim Verkauf mehrer Sachen（在出让多个物的情况中）：案例六之一（二）2
–und Wertersatz（与价值补偿）：案例一之二（四）1
Sachmangel（物之瑕疵）
–und Eigenschaftsirrtum（与性质错误）：案例一之一（五）
–und Fehlen der Geschäftsgrundlage（与欠缺交易基础）：案例一之一（六）
–objektiver（客观的）：案例八之一（一）1
–subjektiver（主观的）：案例一之一（一）1；案例三之一（一）3
–Werkvertrag（承揽合同）：案例八之一（一）1
–s. Mangel；Untersuchungspflicht（参见瑕疵、检查义务）
Saldotheorie（差额说）：案例十五脚注 2；案例十六之二
–alte Konstruktion（早期构想）：案例十六与脚注 27
Schaden（损害）
–Berücksichtigung später eintretender Umstände（考虑到嗣后发生的情况）：案例一之二（三）2
–mittelbarer（间接的）：案例十九之一（一）1
–weiterfressender（继续侵蚀性侵害）：案例八之一（一）3 和脚注 9；案例二十之一（四）、二（三）、（四）
Schadensbegriff（损害概念）：案例二十之二（三）
Schadensberechnung（损害计算）：案例十之一（二）2、二（二）
–Differenzhypothese（差额说）：案例十之一（二）2、二（二）1 和脚注 28
–bei Eingriff in Nutzungsrechte（侵害用益权）：案例四之五（一）
–bei Mangelfolgenschaden（在瑕疵结果损害中）：案例五之一（一）1
–bei unberechtigter Untervermietung（在违法转租中）：案例四之五（一）、五（六）
–bei zusammenhängenden Sachen（在关联的物中）：案例十之二（二）2 和脚注 28
Schadensersatz（损害赔偿）
–großer/kleiner（大 / 小损害赔偿）：案例一之二（三）
–Mangelfolgeschaden（瑕疵结果损害）：案例四之一（一）3、四；案例八之一（二）1 和脚注 12；案例二十之一（二）
–Mangelschaden（瑕疵损害）：案例八之一（一）2、脚注 12
–neben der Leistung（与给付并存的）：案例二之二（三）2
–statt der（ganzen）Leistung［替代（全部）给付的］：案例一之二（三）；案例二之二（三）2；案例三之一（三）；案例五之一（一）1；案例八之一（二）1；案例十之二（二）3
–wegen Nichterfüllung（因不履行而产生的）：案例二之二（三）2；案例四之一（一）3；案例八之一（二）1
Schadenersatzanspruch（损害赔偿请求权）：
–aus Eigentümer-Besitzer-Verhältnis（基于所有权人—占有人关系）：案例十三

之一（一）
–bei Eingriff in Gewerbebetrieb（侵害营业中）：案例十九之三（二）1（2）、（三）1（1）
–des Käufers（买受人的）：案例一之一（二）、二（三）；案例二之二（二）、（三）、三（一）、（三）；案例三之一（三）、（四）
–des Mieters（承租人的）：案例四之一（一）3、三（一）、四；案例五之一（一）1、2
–auf Rückübereignung（请求返还所有权的）：案例十之一（一）3
–wegen entgangenen Gewinn（因逸失利益）：案例十九之三（二）1（1）、五（一）、（二）
–wegen unberechtigter Geschäftsführung ohne Auftrag（因不适法无因管理）：案例八之一（二）3；案例十一之三；案例十二之一（一）、（二）
–wegen Verdienstausfall（因停业）：案例十九之三
–des Werkbestellers（定作人的）：案例八之一（一）2
–vgl. auch cupla in contrahendo；Deliktsanspruch；Schmerzengeld（也参见缔约过失、侵权请求权、精神损害抚慰金）
Schadensliquidation im Drittineresse（第三人利益损害清算）：案例四之二（二）；案例十九之一（二）1；案例二十之二（一）3 和脚注 22
Schadensminderungspflicht（减损义务）：案例一之二（三）
Schadensverlagerung（损害的移转）：案例二十之二（一）3
Schmerzensgeld（精神损害抚慰金）：案例四之一；案例八之一（二）4；案例十二之二（二）2、（四）；案例二十之二（三）、三（一）
–Verjährung（时效）：案例八之四（二）2
Schönheitsreparatur（美观修缮）：案例五之二（二）
Schriftform（书面形式）：案例四之一（一）1
Schutzgesetz（保护性法律）
–Strafgesetze（刑法）：案例五之二（一）3
–verbotene Eigenmacht（禁止私力）：案例五之一（一）3（2）
–vertragliche Ansprüche（合同请求权）：案例五之一（一）3（1）和脚注 21
Schutzpflicht（保护义务）：案例二十之二（一）2
Sekundärhaftung（次生责任）：案例八之四（二）3 和脚注 35
Selbstgefährdung（自甘风险）：案例十二之二（一）4
Selbstvornahme（自行实施）：案例二之二（一）、三（三）前言、3；案例五之二（二）和脚注 59；案例八之一（一）1
Share-deal（股权转让）：案例三之一（一）1
Sicherheitsleistung（提供担保）：案例五脚注 40
Sittenwidrigkeit
–eines Darlehensvertrags（借贷合同悖于良俗）：案例九之二（一）3
–einer Bürgschaft（保证悖于良俗）：案例七之一（二）
Software-Überlassungsvertrag（交付软件的

合同、软件买卖合同）：案例六之一（二）1
Sonstige Rechte（其他权利）：案例五之一（一）2
Sozialtypisches Verhalten（社会典型行为）：案例十四之一
Spielschuld（赌债）：案例九之二（一）3
Stellvertrentendes commodum（代偿利益）：案例一之二（一）；案例十之一（二）1 和脚注 6
Stellvertretung（代理）
–Willensmängel（意思瑕疵）：案例九之二（一）3
Strafgedanke im Zivilrecht（民法中的刑罚思想）：案例四之四
Stückkauf（特定物买卖）：案例一之一（一）2
Subjektiv fremdes Geschäft（主观他人事务）：案例十一脚注 1
Subsidiarität der Eingriffskondiktion（侵害型不当得利的补充性）：案例十一之一（三）2 和脚注 4；案例十六之一（二）；案例十七之一（三）1、2 和脚注 1、2、4、5、9
Substanzverletzung（侵害物之物理完整性）：案例八之一（一）3；案例十九之三（三）1（1）
Substanzwert（物之物理完整价值）：案例十三之一（一）3
Täuschung（欺诈）
–des Angewiesenen（被指示人的）：案例十八之一（二）、二（一）、脚注 5
Teleologische Reduktion（目的性限缩）：案例二之一（二）；案例六之三（三）
Teilnahme am Delikt（参加到侵权中）：案例二十一之 1
Übereignung（动产所有权移转）：案例十之一（一）2；案例十八之一（二）
Überholdende Kausalität（修补因果关系）：案例十九之三（五）3 脚注 36
Übernahmeverschulden（承担过失）：案例十二脚注 10
Überwachungsmangel（监督瑕疵）：案例二十之二（四）、三（二）
Umweltbeziehung（环境因素）：案例一之一（一）2；案例三之一（一）3
Unabwendbares Ergebnis（不可回避的结果）：案例十二之二（一）4
Unangemessene Benachteiligung（不适当的不利）：案例五之二（二）1；案例六之二（三）
Unberechtigte Geschäftsführung ohne Auftrag（不适法无因管理）：案例十一之三（一）1
Ungerechtfertigte Bereicherung（不当得利）：案例十四
–das erlangte Etwas（有所获得、受有利益）：案例十四之三（一）
–Entreicherung（利益丧失）：案例十之一（二）5；案例十四之三（二）
–Entreicherung des Minderjährung（未成年人的利益丧失）：案例十四之三（三）
–Ersparnis von Aufwendungen（节省费用）：案例十四之三（一）
–peremptorische Einrede（永久抗辩权）：案例六之三（三）
–Umfang der Bereicherung（不当得利的范围）：案例十之一（二）5；案例十四之三（一）
–Ver- oder Gebrauch fremder Sache oder

Dienst(消耗或使用他人之物或服务):案例十四之三(一)、(二)
–Wert des Besitzes(占有的价值):案例十六之二
–Wert des Erlangten(得利的价值):案例十四之三(二)
–s. auch Bereicherungsanspruch; condictio; datio(也参见不当得利请求权、不当得利、给予)
Unmöglichkeit(不能)
–anfängliche(自始):案例一之一(二)、二(三);案例二脚注 24;案例三之一(三);案例四之一(二)
–der Herausgabe(返还):案例十之一(二)1、2;案例十三之一(一)1
–nachträgliche(嗣后):案例二之二(二)、三(三);案例六之二(七)
–qualitative Unmöglichkeit(质量不能):案例三之一(三)
–s. Nacherfüllung; Schadenersatzanspruch; Zweckerreichung(参见补充履行、损害赔偿请求权、目的实现)
Unrechtmäßiger Besitzer(无权占有人):案例十三之一(一)1
Unterlassen(不作为):案例四之一(三)
Unternehmenskauf(企业买卖):案例三之一
Unternehmer(经营者):案例三之二;案例八脚注 2;案例九之二(一)1
Untersuchungspflicht des Verkäufers(出卖人的检查义务):案例二之二(三)3(2)、(3);案例二十之一(一)
Untervermietung(转租):案例四之一(一)1
–Garantiehaftung(担保责任):案例四之一(一)2
–Gestattung(许可):案例四之四、五(二)
–Mieterhöhung(提高租金):案例四之五(一)
–unberechtigte(不法转租):案例四之五
–als Verfügung(作为处分):案例四之五(四)
Unzumutbarkeit der Nachfristsetzung(不可期待设置补充履行的期限):案例八之一(一)1
Verbindung(附合):案例十三之一(一)1
Verbotene Eigenmacht(禁止私力):案例五之一(一)3(2);案例十三之一(二)1
Verbotsgesetz(禁止性法律):案例九之一
Verbraucherbauvertrag(消费者建筑合同):案例八之一(一)1
Verbraucherdarlehen(消费者借贷):案例九之二(一)1
Verbrauchsgüterkauf(消费品买卖):案例一之二(二)1、二(二)2;案例二之一、三;案例三之二
Verbrauchsgüterkauf-RL(消费品买卖指令):案例一之一(一)2;案例二之一
Verbundenes Geschäft(关联行为):案例六之二(六)2、二(九)
Verdienstausfall(停业):案例十九之三
Verfügung durch Nichtberechtigten(无权利人之处分):案例四之五(四);案例十之一(一)2;案例十三之一(一)1、二(二)
Verfügungsbefugnis(处分权限):案例十之一(一)2
Verfügungsbegriff(处分概念):案例四之

五（四）
Verjährung（时效）
–bei Gesamtschuld（在连带债务中）：案例八之四（三）1（1）、四 1（2）
–Hemmung（未完成）：案例十八脚注 13
–im Kaufrecht（在买卖法中）：案例一之二（四）2；案例三之一（二）、一（三）脚注 20 中、一（四）、二；案例八之一（二）1 和脚注 12
–im Mietrecht（在租赁法中）：案例五之一（二）4、二（一）2
–Rechtskauf（权利买卖）：案例三之一（二）
–Schadenersatzanspruch（损害赔偿请求权）：案例八之一（二）2、四（一）2
–Schmerzensgeldanspruch（精神痛苦抚慰金请求权）：案例八脚注 32
–und Sekundärhaftung（与次级责任）：案例八之四（二）3 和脚注 35
–Vindikation（原物返还请求权）：案例五之一（二）5 和脚注 42
–im Werkvertragsrecht（在承揽合同法中）：案例八之一（一）2、脚注 11、脚注 30、二（一）1、四（一）1、四（一）2
–s. auch Anspruchskonkurrenz（也参见请求权竞合）
Verkehrssicherungspflicht（交往安全义务）：案例四之一（三）；案例八之二（一）2；案例二十之二（二）
Verletzergewinn（侵害人得益）：案例四之五（一）
Vermögensopfer（财产牺牲）：案例十二之二（一）4
Vermögensverletzung（侵害财产）：案例十九之三（二）1、（三）1（1）
Vermutetes Verschulden（推定过错）：案例二之二（三）3 脚注 30；案例二十之三（三）、四（三）
Verrichtungsgehilfe（事务辅助人）：案例十九之一（二）1、二（二）1；案例二十之三（二）、四（二）
Versari in re illicita（自陷禁区理论）：案例四之四
Verschulden（过错）
–des Erfüllungsgehilfe（履行辅助人的）：案例一之二（二）1、（三）；案例三之一（三）；案例十九之三（五）3、五（二）3；案例二十之一（二）
–bei Folgenschäden（在结果损害中）：案例十九之三（二）1（1）；案例二十之一（二）
–des Geschäftsherrn bei § 831（在第 831 条中事务管理本人的）：案例十九（一）2
–des Herstellers（制造者的）：案例二十之一（三）、二（三）、（四）、四（一）、（二）、（三）
–unabwendbares Ergebnis（不可回避结果）：案例十二之二（一）4
–Vermutung（推定）：案例二脚注 30；案例二十之三（三）、四（三）
–des Verrichtungsgehilfen（事务辅助人的）：案例十九之一（二）2；案例二十之三（二）、四（二）
Versionsklage（转化物之诉）：案例十七之一（三）1 和脚注 7、8
Vertrag mit Schutzwirkung für Dritte（附保护第三人效果的合同）：案例四之二（一）2；案例二十之二（一）2
Vertrauen des Bereicherten（得利人的信赖）：案例十六之二

Vertrauenshaftung des Produzenten（生产者的信赖责任）：案例二十之二（二）
Vertrauensschutz（信赖保护）：案例十八之二（一）
Vertretenmüssen（可归责）：案例一之一（二）；案例二之二（三）3 前言；案例三之一（三）；案例五之二（一）1、2
Verwahrungsvertrag（保管合同）：案例十之一（一）1
Verwendungen（费用）：案例十三之一（一）3、4、二（二）2
–des Bösgläubigen（恶意者的）：案例十三之一（一）4
–notwendige（必要的）：案例十三之一（一）3
Verwendungsersatzansprüche（费用补偿请求权）：案例二之二（五）；案例十三之一（二）3
–gemäß § 347（基于第 347 条）：案例二之二（五）
Verwendungskondiktion（费用型不当得利）：案例十四脚注 5
Verzug（迟延）：案例十九之三（五）3
Vindikation（原物返还请求权）
–und stellvertretendes commodum（与代偿利益）：案例十脚注 6
–Verjährung（时效）：案例五之一（二）5 和脚注 42
–Vorrang der Leistungskondiktion（给付型不当得利优先）：案例十五之一（二）1；案例十六之二脚注 19
Vindikationslage（返还适状）：案例十三之一（一）1；案例十五之一（二）1；案例十七之一（一）、（二）
Vorleistung（提前给付）：案例十六之二、脚注 27 与脚注 30
Vorrang der Nacherfüllung（补充履行优先）：案例三之二；案例二十之一（一）
Vorsätzliche sittenwidrig Schädigung（故意以悖俗方式加害他人）：案例十之一（二）4（3）
Vorschuss（预先支付、预付款）：案例八之一（一）1
Vorteilausgleichung（损益相抵）：案例十之一（二）4（1）
Wandelung（因瑕疵而导致的解除）：案例一之二（一）；案例六之一（二）2；案例二十之一（四）
Wegnahmerecht（取走权）：案例五之一（二）4；案例十三之一（一）5
Weiterfressender Schaden vgl. Schaden（继续侵蚀性损害，参见损害）
Werkvertrag（承揽合同）：案例六之一（二）1；案例七之二（一）；案例八；案例十一之一（一）
–Abnahme（验收）：案例七之二（一）、二（二）
–Annahmeverzug（受领迟延）：案例七之二（二）1
–Aufhebung（废止）：案例七之二（二）
–Fälligkeit（到期）：案例七之二（二）
–Gläubigerobliegenheit（债权人不真正义务）：案例七之二（三）
–Künigung（终止）：案例七之二（一）2
–Mitwirkung des Gläubigers（债权人的协助）：案例七之二（一）2（1）
–Pflichtverletzung（违反义务）：案例七之二（三）
–Rückgabepflicht（返还义务）：案例十之一（二）1 和脚注 8

–Teilvergütung（部分报酬）：案例七之二（二）
–vgl. auch Abnahme；Aufwendungsersatz；Nachfrist；Rücktritt；Schadensersatzanspruch；Selbstvornahmerecht；Verjährung（也参见验收、费用补偿、补充履行的期限、接触、损害赔偿请求权、自行实施权、时效）
Wertersatz（价值补偿）：案例十一之二（二）2；案例十二之二（一）4；案例十五之一（二）；案例十七之一（二）、（三）
Wertersatzpflicht（价值补偿义务）：案例一之二（四）2；案例二之二（五）
Wertsteigerung durch Geschäftsführung（因事务管理而增加价值）：案例十三之一（三）3
Wesentliche Bestandteile（重要成分）：案例十七之一（一）
Wille des Geschäftsherrn（无因管理本人的意思）：案例十一之二（二）1
Willenserklärung（意思表示）
–Zugang（到达）：案例七之一
–Zweckbestimmung（目的确定）：案例十六之二
Wucherdarlehen（高利贷）：案例九脚注 16
Zufallshaftung（事变责任）：案例十三之一（二）1、（三）1
Zug-um-Zug-Leistung（同时履行给付）：案例一之二（四）3；案例六之一（一）5；案例十三之一（一）3、（二）2、（三）2
Zurückbehaltungsrecht（留置权）：案例十之一（三）
–bei gleichartigen Ansprüchen（在同类请求权中）：案例十脚注 22 中
Zusicherung einer Eigenschaft（担保品质）：案例一之一（一）1、一（三）2；案例二十之一（一）
Zuwendung（给予）：案例十六之一（一）和脚注 3；案例十八之一（三）1
Zweckbestimmung（目的之确定）：案例十六之一（一）、二；案例十八之一（三）1、二（二）
Zweckerreichung（目的实现）：案例二之二（二）
Zwecksetzung（目的确立）：案例十六之一（一）脚注 5；案例十八之一（三）1
Zweckverfehlung（欠缺目的）：案例十六之三
Zweikondiktionentheorie（双重不当得利说）：案例十六之二
Zwischenursache（中间原因）：案例十九之一（一）

文献索引

BeckOK BGB/*Bearbeiter*	Bamberger/Roth/Hau/Poseck, Beck'scher Online-Kommentar zum BGB, 47. Edition, Stand 1.8.2018
BeckOGK BGB/*Bearbeiter*	beck-online. Großkommentar zum Zivilrecht
BeckOK BGB/*Bearbeiter*	Bamberger/Roth/Hau/Poseck, Beck'scher Online-Kommentar zum BGB, 47. Edition, Stand 1.8.2018
BeckOGK BGB/*Bearbeiter*	beck-online. Großkommentar zum Zivilrecht
Baur/Stürner	*Baur/Stürner,* Sachenrecht, 18. Aufl. 2009
Beuthien/Weber	*Beuthien/Weber,* Ungerechtfertigte Bereicherung und Geschäftsführung ohne Auftrag, 2. Aufl. 1987
Brox/Walker BGB AT	*Brox/Walker,* Allgemeiner Teil des BGB, 41. Aufl. 2017
Brox/Walker SchuldR AT	*Brox/Walker,* Schuldrecht, Allgemeiner Teil, 42. Aufl. 2018
Brox/Walker SchuldR BT	*Brox/Walker,* Schuldrecht, Besonderer Teil, 42. Aufl. 2018
Deutsch/Ahrens	*Deutsch/Ahrens,* Unerlaubte Handlungen, Schadensersatz und Schmerzensgeld, 6. Aufl. 2014
Ehmann/Sutschet	*Ehmann/Sutschet,* Modernisiertes Schuldrecht, 2002
Enneccerus/Lehmann	*Enneccerus/Lehmann,* Recht der Schuldverhältnisse, 15. Aufl. 1958
Erman/*Bearbeiter*	*Erman,* Handkommentar zum BGB, 15. Aufl. 2017
Esser/Schmidt SchuldR AT I bzw. II	*Esser/Schmidt,* Schuldrecht, Allgemeiner Teil, Teilband 1 und 2, 8. Aufl. 1995/2000
Esser/Weyers SchuldR BT I bzw. II	*Esser/Weyers,* Schuldrecht, Besonderer Teil, Teilband 1 und 2, 8. Aufl. 1998/2000
Fikentscher/Heinemann	*Fikentscher/Heinemann,* Schuldrecht, 11. Aufl. 2014
Fuchs	*Fuchs,* Deliktsrecht, 9. Aufl. 2017

Gursky BereicherungsR	*Gursky,* Bereicherungsrecht（20 Probleme aus dem BGB）, 6. Aufl. 2010
Harke SchuldR AT	Allgemeines Schuldrecht, 2010
Harke SchuldR BT	Besonderes Schuldrecht, 2011
Huber/Faust	*Huber/Faust,* Schuldrechtsmodernisierung, 2002
Jauernig/*Bearbeiter*	*Jauernig,* Bürgerliches Gesetzbuch, 17. Aufl. 2018
Kötz/Wagner	*Kötz/Wagner,* Deliktsrecht, 13. Aufl. 2016
Koppensteiner/Kramer	*Koppensteiner/Kramer,* Ungerechtfertigte Bereicherung, 2. Aufl. 1988
Kupisch/Krüger	*Kupisch/Krüger,* Deliktsrecht, 1983
Lange/Schiemann	*Lange/Schiemann,* Schadensersatz, 3. Aufl. 2003
Larenz SchuldR AT	*Larenz,* Schuldrecht, Allgemeiner Teil, 14. Aufl. 1987
Larenz SchuldR BT I	*Larenz,* Schuldrecht, Besonderer Teil, 1. Halbband, 13. Aufl. 1986
Larenz/Canaris SchuldR BT II	*Larenz/Canaris,* Schuldrecht, Besonderer Teil, 2. Halbband, 13. Aufl. 1994
Looschelders SchuldR AT	Schuldrecht, Allgemeiner Teil, 16. Aufl. 2018
Looschelders SchuldR BT	Schuldrecht, Besonderer Teil, 13. Aufl. 2018
Lorenz/Riehm	*Lorenz/Riehm,* Lehrbuch zum neuen Schuldrecht, 2002
Medicus Gesetzl. Schuldverhältnisse	*Medicus,* Gesetzliche Schuldverhältnisse, 5. Aufl. 2007
Medicus/Lorenz SchuldR AT	*Medicus/Lorenz,* Schuldrecht, Allgemeiner Teil, 21. Aufl. 2015
Medicus/Lorenz SchuldR BT	*Medicus/Lorenz,* Schuldrecht, Besonderer Teil, 18. Aufl. 2018
Medicus/Petersen BürgerlR	*Medicus/Petersen,* Bürgerliches Recht, 26. Aufl. 2017
Motive	Motive zu dem Entwurfe eines BGB für das Deutsche Reich, 2. Aufl. 1896
Mugdan	Die gesamten Materialien zum Bürgerlichen Gesetzbuch für das Deutsche Reich, 1899
MüKoBGB/*Bearbeiter*	Münchener Kommentar zum BGB, 7. Aufl. 2016 f., 8. Aufl. 2018
Oechsler	*Oechsler,* Vertragliche Schuldverhältnisse, 2. Aufl. 2017
Oetker/Maultzsch	*Oetker/Maultzsch,* Vertragliche Schuldverhältnisse, 5. Aufl. 2018
Palandt/*Bearbeiter*	*Palandt*（Begr.）, Bürgerliches Gesetzbuch, 77. Aufl. 2018
Prütting SachenR	*Prütting,* Sachenrecht, 36. Aufl. 2017

Reeb	*Reeb,* Grundprobleme des Bereicherungsrechts, 1975
Reinicke/Tiedtke	*Reinicke/Tiedtke* Kaufrecht, 8. Aufl. 2009
Reuter/Martinek	*Reuter/Martinek* Ungerechtfertigte Bereicherung, 1983
Reuter/Martinek II	*Reuter/Martinek* Ungerechtfertigte Bereicherung, Teilbd. 2, 2. Aufl. 2016
Soergel/*Bearbeiter*	*Soergel,* Kommentar zum BGB, 13. Aufl., 2000 ff.
Staudinger/*Bearbeiter*	*Staudinger,* Kommentar zum Bürgerlichen Gesetzbuch, 13. Bearb. 2001 ff.
Wandt Gesetzl. Schuldverhältnisse	*Wandt,* Gesetzliche Schuldverhältnisse, 8. Aufl. 2017
Westermann/*Bearbeiter*	*Westermann/Eickmann/Gursky,* Sachenrecht, 8. Aufl. 2011
Wieling BereicherungsR	*Wieling,* Bereicherungsrecht, 4. Aufl. 2007
Wieling SachenR I	*Wieling,* Sachenrecht I, Handbuch, 2. Aufl. 2006
Wieling/Finkenauer SachenR	*Wieling/Finkenauer,* Sachenrecht, Lehrbuch, 6. Aufl. 2019
Wolf/Neuner BGB AT	*Wolf/Neuner,* Allgemeiner Teil des deutschen Bürgerlichen Rechts, 11. Aufl. 2016

译后记

本书的翻译始于2014年，其中多有波折，直至今日才告完成。本书是德国经典的案例分析书之一，其解题结构采请求权基础分析方法。对于请求权基础的意义，丛书系列的主编朱晓喆教授已经在总序中做了详尽的说明，译者在此不再赘言。在此，译者更希望强调的是，本书具备的学术价值，并敬请读者注意，本书作者采纳的部分理论不是德国法目前的通说，但是有力说。此外，之所以如此强调本书的学术价值，也是希望能够纪念本书的作者之一汉斯·约瑟夫·威灵教授的学术成就。在本书的翻译期间，威灵教授于2018年离世。

威灵教授是德国著名的罗马法与民法教授，其师出罗马法名门，1971年威灵教授在迪特·内尔（Dieter Nörr）教授处完成教授资格论文《罗马法中遗嘱的解释》。1977年起担任德国特里尔大学民法、罗马法和近代私法史教席教授。威灵教授在德国法学界是一个知名的“不服从者”，正如他的学生芬克瑙尔在威灵教授的讣告中所言，威灵教授从来不盲从法学通说。最为典型的例证是，德国法通说认为原物返还请求权优先于其他债权性返还请求权，但正如本书案例十五、案例十六中所提到的，威灵教授认为给付型不当得利优先于原物返还请求权，也优先于德国法上的占有人—所有权人规则。此种观点目前虽仍为少数说，但也受到了如德国科隆大学物权法与民诉法权威普维庭（Prütting）教授的支持。此种观点可以更好地衔接不当得利与物权返还请求权之间的关系。

如果按照通说的观点，可能会出现矛盾：在买卖合同与物权合意同时无效的情况下，出卖人仍为所有权人，适用占有人—所有权人规则，仅得请求返还物；相反，如果仅买卖合同无效，出卖人按不当得利请求权，除了返还物本身，还可以请求返还用益，这就导致买受人的地位反而恶化的矛盾。通说为了化解这种矛盾，只能通过迂回的方式构造理论。而按威灵教授的观点，则无此问题。

威灵教授的学生芬克瑙尔教授的学术风格与其老师如出一辙，同样是经由法史研究构建现行法教义学，其学术观点也深受威灵教授影响。例如在案例四的第五部分第 3 点中，芬克瑙尔教授指出原物返还请求权之所以不成立，是因为如果成立的话，会架空不当得利返还规则。此处，其虽然遵循通说，但本案中涉及的是侵害型不当得利，因此没有违背威灵教授的观点。

此外，值得一提的是，作者芬克瑙尔教授精心编排了本书案例解题的结构、请求权基础检索的顺序。作者也将本书部分案例的观点形成了论文并发表在德国的学术期刊上。例如，案例六关于融资租赁中抗辩穿越和返还请求权的穿越的观点，也发表于德国的《法学家报》（JZ）。但是，杂志发表文章的结构与案例解题的结构有所不同。案例解题的结构更照顾学生的阅读与思考。在杂志发表的文章中，作者首先检讨了通说（交易基础丧失）的妥当性。相反，在案例六中，则在第二部分第 6 点中讨论交易基础丧失。作者芬克瑙尔教授与译者提及此种安排时言道，交易基础丧失作为从诚信原则中产生的制度，同样受制于“不得向一般条款逃避”。对于学者而言，这一点自然是明确的，但是，对于学生而言，这一点未必明确，因此，在解题时，将交易基础丧失放到相对靠后的位置检索。

威灵教授与芬克瑙尔教授德语文字优美，思路清晰，译者能承接本书的翻译，实属幸事。译者虽然也翻译过多篇文章，但是翻译 20 万字以上的著作尚属首次。本书最终能够出版，有赖朱晓喆教授的指点与帮助。在此也感谢南京大学的吴吉同学和上海财经大学的马强同学校对全文，南京大学的余偹然同学校对术语表。感谢中国法制出版社的马颖老师与靳晓婷老师提供的帮助。

冯洁语

2019 年 9 月于南京

著作权合同登记号：图字 01-2017-1049 号
© Verlag C. H. Beck oHG, München 2019

图书在版编目 (CIP) 数据

德国债法分则案例研习 /（德）汉斯·约瑟夫·威灵，（德）托马斯·芬克瑙尔著；冯洁语译. —北京：中国法制出版社，2019.11

ISBN 978-7-5216-0707-9

Ⅰ. ①德… Ⅱ. ①汉… ②托… ③冯… Ⅲ. ①债权法－细则－案例－德国 Ⅳ. ① D951.633

中国版本图书馆 CIP 数据核字（2019）第 255795 号

项目策划：马 颖　　本书策划 / 责任编辑：靳晓婷　　封面设计：李 宁

德国债法分则案例研习

DEGUO ZHAIFA FENZE ANLI YANXI

著者 /［德］汉斯·约瑟夫·威灵 ［德］托马斯·芬克瑙尔

译者 / 冯洁语

经销 / 新华书店

印刷 / 廊坊一二〇六印刷厂

开本 / 710 毫米 ×1000 毫米 16 开　　印张 / 20.25 字数 / 317 千

版次 / 2019 年 11 月第 1 版　　2019 年 11 月第 1 次印刷

中国法制出版社出版

书号 ISBN 978-7-5216-0707-9　　定价：79.00 元

北京西单横二条 2 号 邮政编码 100031　　传真：010-66031119

网址：http://www.zgfzs.com　　**编辑部电话：010-66034242**

市场营销部电话：010-66033393　　**邮购部电话：010-66033288**

（如有印装质量问题，请与本社印务部联系调换。电话：010-66032926）